차크라 바이블

임지혜 번역
신영호 감수

원저자 약력

저자 아노데아 주디스는 차크라 통합과 테라피의 선구자적 권위자다. 그녀는 소메틱 테러피스트, 카운슬러, 요가강사, 워크샵리더이자 동양적 몸, 서양적 마음, 자아로 이르는 통로로서의 심리학과 차크라 시스템의 저자이며, 일곱층의 여행의 공동저자다.

번역자 약력

영문학 전공
서양 점성술과 문학 강의
서양 예측 점성술의 기예, 이스턴 드래곤
서양 점성술의 12별자리 씨크릿, 이스턴 드래곤
점성술사가 들려주는 예이츠의 사랑과 운명 & 철학, 이스턴 드래곤
마법사의 그리모어 오컬트 힐링 강의 노트 공저, 이스턴 드래곤
카발라 마법과 오컬트 철학 공저, 이스턴 드래곤

감수자 약력

쿤달리니 요가명상, 홍릉과학출판사
오컬트 철학 백과사전, 공감북스
마법사의 힐링 강의 노트, 이스턴 드래곤
카발라 마법과 오컬트 타로, 이스턴 드래곤
타로의 철학과 실전 노하우, 이스턴 드래곤
그 외 10 여권 이상의 오컬트와 타로 관련 서적 출간

"Translated from"
WHEELS OF LIFE
Copyright© 1987 and 1999 Anodea Judith
Published by Llewellyn Publications
Woodbury, MN 55125 USA
www.llewellyn.com

Any images included within this product are intended for use
in this product only and are not to be extracted for other products,
applications or promotional usage. All artists and photographers
must be credited in same manner as the English Llewellyn edition.

KOREAN language Copyright Ó 2023 Eastern Dragon Publishing Co.
KOREAN translation rights arranged with Llewellyn Publications
through Agency-One, SEOUL KOREA

이 책의 한국어판 저작권은 에이전시 원을 통해 저작권자와의
독점 계약으로 이스턴 드래곤 출판사에 있습니다. 저작권법에 의해
한국 내에서 보호를 받는 저작물이므로 무단전재와 무단복제를 금합니다.

차크라 바이블
© 아노데아 주디스, 1987, 1999.

차크라 바이블 아노데아 주디스 저, 임지혜 번역, 신영호 감수, 임지혜 편집, 이스턴 드래곤 펴냄, 주소 영등포구 당산6가 294번지 서울빌딩, 메일 metal38316@gmail.com
등록 2018년 3월 6일, 2018-000066호
ISBN 9791199174535(03180)
2023년 6월 13일 발행(초판 1쇄)
2025년 7월 21일 발행(초판 2쇄)
정가 43000

아들 고지형을 위하여
그리고 청룡이에게 ...

본서를 읽을 때 유의할 점

liberating current는 해탈 흐름으로 번역함.
awareness는 깨달음으로 번역함.
grounding은 요가에서 사용 되는대로 그라운딩으로 번역함.
manifestation은 현현, 물질화 또는 현실화로 번역함.
communication 소통 또는 커뮤니케이션으로 번역함.

임지혜 역자 서문

본서는 좀 더 빨리 출간될 예정이었으나, 에너지 탈진으로 약 3개월간 책의 마무리 작업을 전혀 할 수 없었다. 정신 에너지가 너무 과도해졌을 때는 감각이 말소되서 현실적인 작업이 불가능했고, 반대로 물질 에너지만 가지고는 정신적 역량의 결핍으로 책 작업이 힘들었다. 정신과 물질 균형의 중요성을 깨닫는 순간들이었으며, 무력한 자아들의 한계를 체험하는 시간들이었다. 이 책이 독자분들에게 도움이 되었으면 하는 바람이다. 본서를 출간하는데 물심양면으로 도움을 주신 어머니께 진심으로 감사드리고, 아들 고지형에게 깊은 감사를 전한다.

신영호 감수자 서문

본인이 쿤달리니 차크라 체험을 시작한지 어언 45여 년이 넘어서게 되었다. 그리고 백두산 신선계에 근원을 둔 仙道, 佛道, Yoga 수행을 공부한지도 30여 년 가까이 된다. 역자 임지혜 선생님은 본인의 가르침을 계승한지 10여 년이 넘었으며, 차크라 명상과 쿤달리니 요가 그리고 위빠사나 명상 등을 십여 년 이상 수행해 온 분이다. 이 번 임지혜 선생님이 각고의 노력으로 번역/출간하게 된 《차크라 바이블》은 훌륭한 양서로 명상과 수련을 하는 모든 이에게 필독서로서 손색이 없다고 본다. 이 책은 명상가나 정신수련가나 혹은 타로마스터 등 역술가들에게도 훌륭한 양서가 될 것이다. 이 책을 공들여 번역하고 출간해 주신 임지혜 선생님께 깊은 감사를 드린다. 에너지와 의식 상승에 관심이 많은 독자제현님들에게 한 번쯤 필히 정독하면 좋은 책으로 추천하는 바이다.

목차

저자의 두 번째 서문...9
저자의 첫 번째 서문...15

1. 제 1장 수레는 굴러간다...24
2. 제 2장 1번 차크라 흙...81
3. 제 3장 2번 차크라 물..133
4. 제 4장 3번 차크라 불..173
5. 제 5장 4번 차크라 사랑..215
6. 제 6장 5번 차크라 소리..262
7. 제 7장 6번 차크라 빛..309
8. 제 8장 7번 차크라 사념..349
9. 제 9장 여정의 귀환..385
10. 제 10장 차크라의 상호작용...394
11. 제 11장 차크라와 관계...407
12. 제 12장 진화적 관점...416
13. 제 13장 자녀의 차크라 강화..437

저자의 2번째 서문

차크라라는 단어를 알게 된지 벌써 25년이 지났다. 그 당시에는 색인이나 카드 카탈로그에서 차크라라는 단어는 거의 발견할 수 없었던 시절이었다. 그러나 이제는 차크라에 대한 수 없는 참고문헌과 이 주제를 다룬 수없이 많은 뉴에이지 서적이 있다. 터닝포크, 칼라초, 향기, t-셔츠, 그리고 집단 무의식을 깨우는 원형적 주제를 장식하는 일상적인 장비는 말 할 것도 없이 말이다. 본서의 첫 번째 판이 그러한 추세에 획을 그은 책이라는 신뢰를 보내준 분들로 인해 나는 어느 정도 우쭐한 마음도 느꼈다. 나는 그들의 신뢰가 어느 정도는 통합과 전체성의 모델에 대한 문화적 목마름이었다고 믿는다. 간략하게 말해서 차크라 시스템의 시대가 도래했다.

세 번째 밀레니엄을 시작하면서, 우리는 인간 역사상 진대미문의 발전적 시간에 직면하고 있다. 역사를 통해서 우리는 삶을 다루기 위해 우리가 사용하는 시스템이 인간의 집단적 현실에 엄청난 효과를 미친다는 사실을 익히 알고 있다. 이러한 인식은 우리가 지성적인 영향을 주는 시스템을 혁신하는 일을 피할 수 없게 만든다. 역사의 이렇게 특별한 역사적 순간을 통과하는 이 때, 우리는 과거와 미래 사이의 다리를 세워야만 한다. 또한 새로운 현실에 맞는 모델을 창조해야할 뿐만이 아니라 급변하는 문화에서 그들이 성장할 수 있도록 낡은 모델을 지속적으로 업데이트해야만 한다. 21세기에 차크라 시스템이 의미 있게 되려면, 그것은 이미 존재했던 기저의 구조를 반영해야만하며 현대적 삶의 요구와 관련하여 유연성을 가져야 한다. 고대인들은 심오한 시스템을 창조했다. 우리는 보다 더 효율적인 시스템을 창조하기 위해서 자연 세계, 몸 그리고 심령에 대한 현대적인 정보와 지혜, 고대의 지혜를 결합할 수 있다.

내가 그라운딩이나 의식 하강의 흐름을 제안하는 차크라 이론을 처음 도입했을 때 회의적인 반응을 보이는 사람들도 있었다. 대부분의 차크라 이론은 물질과 현실의 초월에 초점을 두는데, 그들은 물질을 열등하거나 퇴보한 것으로 묘사한다. 만약 삶이 고통이고 초월이 해독제라면 이러한 공식의 논리는 초월이 삶 그 자체에 대한 대응책이라는 말인데, 이러한 견해에 대해 본서는 진지한 의문을 제기한다.

나는 우리가 영적으로 앞서 나가기 위해서 삶의 열기와 즐거움을 희생시킬 필요는 없다고 믿는다. 나는 영성이 세속적 존재와 상반되는 것이 아니며 더 나아가 그러한 영적 성장이 우리의 생물학적 본성을 지배하거나 통제할 것을 요구하지는 않는다. 나는 이것이 통제 패러다임의 일부로서 이전 세대들에게는 적합했을지 모르지만 현재 우리가 직면해야하는 도전에는 적절하지 않다고 믿는다. 우리 시대의 도전들은 지배보다 통합의 모델을 요구한다.

내가 본서를 처음 집필한 80년대 초반 이래로 집단적 패러다임은 상당히 변했다. 물질 고유의 영적 가치를 인정하는 사람들과 더불어 몸의 재생과 지구의 신성함을 긍정하는 사람들이 기하급수적으로 늘어나고 있다. 우리는 자연스러운 힘의 억제가 불쾌한 부작용과 그림자 에너지를 창조해왔음을 안다. 몸에 대한 무시는 병을 만든다. 지구를 저평가하면 생태위기가 온다. 억압된 성은 강간과 근친상간을 야기살 수 있다.

이제 우리가 잃어버렸던 것을 되찾아서 새로운 영역과 함께 그들을 통합해야할 시간이다. 동양과 서양, 정신과 물질, 마음과 몸이라는 서로 다른 개념들을 새로 짜는 일은 개인적으로나 문화적으로나 시급한 일이다. 마리온 우드맨은 말한다. "영성 없는 물질은 시체다. 물질 없는 영성은 도깨비다." 둘 모두 죽음을 언급한다.

차크라를 알게 해준 탄트릭 철학은 짜임새의 철학이다. 많은 실들이 어우러져 복잡함과 우아함 모두를 지닌 현실의 융단을 짠다. 탄트라는 삶과 영성 모두를 지향하는 철학이다. 그것은 정신과 물질을 엮어서 그들 고유의 전체성으로 짜서 되돌려놓지만, 여전히 그러한 전체성은 진화의 소용돌이를 따라 계속해서 나아간다.

우리는 마침내 지금 고대와 현대 문명의 지식을 짜서 의식 진화의 여행을 위한 우아한 지도안에 엮어 넣을 권리를 가지게 되었다. 본서는 그러한 여행의 지도를 제시한다. 본서를 차크라에 대한 사용 지침서로 생각하였으면 한다.

그렇다면 이번 에디션에서 달라진 점은 무엇일까? 신판에는 탄트릭의 가르침에 대해 더 많은 자료를 담았다. 나는 그들을 공부하는데 많은 시간을 들였고 단어사용에 있어서 가능한 서구적이되 난해하게 되지 않도록 신중을 기했다. 많은 사람들이 이전 판의 크기에 겁을 먹었기 때문에 개정판은 다소 짧게 줄였다. 20대인 나에게 너무나 중요했던 성치석 수사학은 배제했다. 이제 나는 40대 중반이다. 발날된 과학 문명만큼이나 물질에 대한 모델도 빠르게 변하고 있는 만큼 이제 나는 시스템이 스스로 말하게 하는 것을 더 선호한다.

나는 본서 고유의 형이상학적 향기를 유지하려고 했다. 본서는 다음에 소개하는 책들과는 뚜렷한 차이가 있다. 즉 일곱 층의 여행: 차크라를 통한 마음, 몸, 영성의 회복(1993년, by 셀렌느 베가)은 본서의 이론에 대한 수행 워크북으로 차크라시스템을 통한 개인 발전에 도움이 되는 정신과 신체의 일상 운동에 대한 내용을 담고 있다. 나의 세 번째 책인 동양적 몸, 서구적 마음(부제: 자아로 가는 통로로서의 심리와 차크라 시스템)은 차크라에 대한 심리와 그들의 발전 그리고 각 차크라 단계에서 경험한 트라우마와 상처 그리고 그들을 어떻게 치유할 것인가에 대해서 다루고 있다. 서구 심리학과 신체 요법을 동양적 차크라 시스템에 엮어 넣었다.

여러분이 지금 들고 있는 이 책은 차크라 시스템 뒤에 숨겨진 근원적인 형이상학 이론을 언급한다. 단지 몸 안에 위치하는 에너지 센타들의 집합 이상으로 차크라는 현실장을 초월하여 서로 간에 복잡하게 둥지를 튼 채 보편적 원칙에 관한 심오한 지도를 보여준다. 차크라가 보여주는 의식의 차원은 다양한 장으로 진입하는 문이다. 이러한 장(planes)들이 서로 중첩되어 있기 때문에 어떤 차크라도 시스템에서 배제될 수 없다. 그들은 이론적으로나 경험적으로 서로 함께 존재한다. 나는 하위 세 개의 차크라를 무시하기 위해서 일곱 개의 차크라 시스템을 부여받은 것은 아니라고 믿는다.

본서는 내적진실과 외적진실 모두를 본다. 본서는 차크라 시스템을 영적 성장을 위한 심오한 체계로서 뿐만이 아니라 인간이 내재되어 있는 신성한 건축물의 설계도로 본다. 다시 말해서 그것은 우리 모두를 함유하고 있는 커다란 구조다. 만일 우리가 정말 '신의 이미지대로 만들어졌다면' 자연에서 발견되는 신성한 건축물들은 인간의 내적 구조에 대한 청사진일 것이다. 몸과 정신, 이 둘 모두 안에서 말이다. 우리의 내적 세계와 외적 세계 사이에 다리가 세워질 때, 그들은 끊김 없는 하나가 될 것이고 더 이상 내적 성장은 세계 안에서의 외적 작업들과 상치되지 않을 것이다. 그러므로 본서는 현대적 메타포를 가지고 고대의 지혜를 설명하는 방식으로 자연에서 찾을 수 있는 과학적인 모델을 자주 사용했다.

탄트릭 학자들과 쿤달리니 구루들은 종종 쿤달리니 경험을 통해서 목격된 차크라와 '개인 성장 시스템'으로서의 서구적 차크라 모델 사이에 차이를 비교하는 일이 많다. 일부에서는 그 차이가 너무 커서 이 둘 사이에 의미 있는 관계가 성립될 수 없다고 주장하며 하나를 사용하여 다른 것의 정당성을 부인하기도 한다. 예를 들어 통찰력 또는 비전(6번 차크라와 관련된)의 발현과 쿤달리니 각성과 관련되어 일어나는 내면의 압도적인 빛 경험 사이에 두드러진 차이가 있음은 의심할 여지가 없다. 그러나 이 경험들은 서로 무관한 것이 아니라 하나의 연속선상에 있다고 생각한다.

나는 그들 본성의 이해를 통해서 차크라를 명료하게 하고, 관련된 운동을 하며, 시각화와 명상을 사용해서 차크라를 정화하는 것이 쿤달리니 각성의 경우에서 종종 보여지는 것보다 훨씬 자연스러운 영적 개화를 위한 준비라고 믿는다. 나는 이러한 서구화가 우리가 살고 있는 환경에 대치되기보다 조화를 이루는 방식으로 서구적 마음에 대해 말하는 중요한 단계라고 믿는다.

마찬가지로, 많은 사람들이 미세신 내부의 소용돌이인 차크라가 물질적 몸 또는 척추에서 방출된 중앙신경절과는 어떤 관련도 없으며, 영적 각성이 신체 경험과 무관하다고 말한다. 이 경험이 전면적으로 몸의 경험을 통해 이루어지는 것이 아니라고 해서 그것이 신체적 측면을 온전히 무시해도 됨을 의미하는 것은 아니다. 물리적 감각 또는 전형적인 쿤달리니 각성인 자연발생적인 운동성(kriyas)을 목격하거나 경험한 사람들이라면 차크라와 신체적 부분이 관련 있음을 부인할 수 없을 것이다. 나는 이러한 견해가 영성과 몸이 분리되었다는 망상으로부터 우리를 깨워내는데 도움이 될 것이라고 믿는다.

한 인도인이 내 워크샵에 참가한 일이 있었는데, 그는 차크라를 배우려면 미국에 와야 한다고 말했다. 인도에서 차크라는 너무나 난해하기 때문에 비밀지식으로 다루어지며, 가족이나 직업을 가진 사람들이 배우는 것은 금지되어 있다고 했다. 차크라를 그라운딩이라는 물질적인 측면에서 보면 더 많은 사람들이 쉽게 접근할 수 있다고 본다. 동양의 구루들은 이 방법이 위험하다고 경고할지 모르지만 나는 25년간 차크라와의 작업에서 차크라에 일반적 감각으로 다가감으로써 많은 사람들이 위험 없고, 또한 쿤달리니와 너무 자주 연관되는 근거 없는 증상을 겪지 않고도 자신의 삶을 변형시킬 수 있다는 사실을 알게 되었다. 이러한 접근은 차크라가 뿌리내리는 영적 기반을 약화시키는 것이 아니라 오히려 강화시킨다.

시간을 내서 본서를 읽어보길 권한다. 생각할 것이 많을 것이다. 차크라가 여러분이 자신과 세계를 들여다보는 렌즈가 되게 하라. 이 여행은 풍요롭고 다채롭다. 여러분의 길을 걸을 때 여러분 앞에 소울의 무지개 다리를 펼쳐놓기를...

저자의 첫 번째 서문

옛날에, 나는 양가죽 러그에 앉아서 깊은 명상에 들어있었던 적이 있었다. 그때 이상한 경험을 했다. 나는 조용하고 의식적으로 호흡을 세고 있었고, 갑자기 내가 몸 밖으로 나온 것을 알게[1] 되었다. 또 다른 나는 가부좌를 틀고 앉아있는 또 하나의 나를 보고 있었다. 내가 몸 밖에서 명상 중인 그녀(나)를 바라보고 있다(그녀는 다소 늙어보였다)는 사실을 알아차리자마자 나의 무릎 위에 책 한권이 떨어졌다. 책이 착지하자 나는 다시 내 몸 속으로 들어갔다. 나는 아래를 보고 책의 제목을 읽었다. 그 책은 쥬디스 멀[2]의 '차크라 시스템'이었다.

그것이 1975년 이었다. 나는 그때 처음으로 '차크라'라는 단어를 알았는데, 그것은 명백히 어떤 중요성을 지니고 있었다. 나는 명상 상태에서 빠져나와서 람다스의 책에서 읽었던 문장을 찾기 위해 책을 뒤적였으며, 거의 곧바로 그 문장이 나와 있는 페이지를 펼쳤다. 그 문장을 몇 번이나 읽었는데 나는 마치 탐정이 중요한 단서를 발견했을 때 느끼듯이 내 몸 안의 에너지가 즉시 소용돌이치는 것을 느꼈다. 그것은 나의 내면을 심히 감명케 했다. 그것은 뭔가 수태된 듯한 느낌이었다. 무엇인가가 새롭게 성장하고 있었다. 나는 그때 내가 결국 이 책을 집필하게 될 것을 알았다.

차크라라는 단어가 도서 색인과 카드 목록에 나타나기 시작하기까지 수년이 걸렸다. 정보가 흔하지 않았기 때문에 나는 실험을 통하여 나만의 이론을 만들어야만(다행이도) 했으며 내가 요가를 가르치고 몸 작업[3]을 실시했던 다른 사람들을 통해 검증해야만 했다. 오래지 않아 내가 봤던 모든 것들이 이 깔끔하고 작은 패턴인 '일곱가시'-색상, 사건, 행동, 날들-로 정리되는 듯이 보였다. 그러나 나는 내 이론들과

---

1) 유체이탈의 경험을 말한다.
2) A.Judith Mull/당시 저자의 이름
3) bodywork

연관되는 실제적인 정보는 거의 찾을 수 없었다.

나는 포기하고 시골로 내려갔다. 리츄얼 마법에 대한 공부를 하기 시작했는데 그들은 특히 지수화풍 4대 원소를 다루는 공부였다. 나의 명상은 계속되었고, 내 이론들도 성장했고 나도 성장했다. 나는 여전히 내가 원하는 단어들을 찾아내지 못했다. 그래서 차크라에 대해서 쓰는 대신 나는 그들을 그렸다. 시각화의 과정은 비선형적인 방식으로 나의 생각을 개선하는데 도움을 주었다.

2년 후에 도시로 돌아오게 되었다. 차크라라는 단어는 훨씬 더 많이 사용되고 있었다. 나는 의식연구 그룹에 참여하게 되었고 다시 학교로 돌아갔다. 나는 몸 작업4)을 다시 시작했다. 나는 투시를 경험했고 다른 사람들이 동일한 패턴을 보고 있음을 알게 되었다. 나는 새롭게 발견한 투시력을 인가받았고 이 작업으로 되돌아왔다.

지난 10년간 나는 몸 작업, 심령읽기, 상담 그리고 강의를 통해 만난 수 백명의 고객들로부터 이러한 이론을 발전시켰다. 나는 산스크리트 경전과 양자 물리학, 신지학, 마법, 생리학, 심리학과 개인적 경험을 탐구하여 옛것과 새것을 연결하는 일관적인 시스템을 나의 작업도 나도 모두 많은 변화를 겪었다.

11년이 지난 오늘, 나는 마침내 임신을 포기했다. 완전히 형성되든 아니든, 이 아가는 태어나기로 결정했다. 나는 일곱 쌍둥이를 임신한 기분이다. 긴 산통이 있겠지만 한 번 시작된 것은 멈추기 불가능 하다.

이 차크라로 불리는 이 일곱 개의 아가들은 고유의 책이 되어야 함이 마땅하다. 나는 그들에게 이름-생존, 성, 힘, 사랑, 소통, 투시력, 지혜-을 붙였다. 물론 그들은 다른 많은 이름 특히 숫자로 불린다. 그러

---

4) Body Work

나 이 작업에서 그들은 함께 일하고 성장하는 가족, 통합 단위로 설명된다. 각 장은 성이나 권력 등과는 관계가 없으며, 오로지 땅에 연원을 둔 뿌리와 하늘의 잎사귀를 가진 가계도의 가지들을 따라 접근될 것이다.

본서는 보통 매우 영적으로 간주되는 주제에 대한 실질적인 지침서다. '영적 주제'가 너무나 자주 비현실적이거나 접촉할 수 없는 것으로 간주되기 때문에, 본서는 영적인 차원에 대해 재검토 했으며, 일상적 삶의 모든 측면에 그들이 얼마나 깊게 스며들어있는지를 보여주려고 시도했다. 나는 사람들이 자신의 영적 본성을 이해하고 가치있게 여기는 것은 그것이 실질적으로 쓸모가 있을 때라고 믿는다. 우리가 의무적으로 해야 한다고 생각했을 때 보다, 원해서 할 때 성취가 더 잘된다.

수억 명의 사람들이 핵재앙의 위험에 직면하고, 남녀가 밤거리 걷기를 두려워하며, 소외감과 방향감각 상실이 최고조에 이른이때, 영성은 매우 실질적인 것이 된다. 일상생활 속에서 통합적 요소를 찾고, 이해와 방향을 탐구하며, 의식을 향해 필연적으로 이끌리는 것은 우리의 영적 본성에 대한 비판을 가능하게 한다. 믿음에 대해서 너무 청교도적으로 받아들이는 서구 사람들은 영적 세계 그리고 그것이 가져오는 통합적 감각과의 접촉을 상실했다. 언어와 문화 속에서 표현되는 고대의 시스템은 우리의 것과는 너무나 달라서 종종 서구인의 마음에 너무나 외계인처럼 느껴진다.

본서는 오늘날 우리에게 물리적으로 그리고 정신적으로 더 나아가 영적으로 직면하는 욕구의 정당화를 시도한다. 본서는 지성을 위한 이론과 비전을 위한 기술, 에텔체를 위한 명상 그리고 몸을 위한 운동을 담고 있다. 바라건데 본서가 모든 사람들이 보다 더 중요한 근원적 본질을 억누르지 않고 현실적으로 모든 사람에게 실질성을 줄 수 있었으면 한다.

서구적 마음을 만족시키기 위해 나는 약간의 과학 이론들을 포함시켰지만 사실 나 자신의 배경은 과학적이지 않다. 나에게 차크라의 발견은 처음에는 직관적인 감각에서 기인되었고, 후에는 이성적으로 성장하고 합류하게 되었다. 나는 독자들에게도 이러한 이치를 전하고 싶다.

문학은 선형적이고 이성적인 반면, 차크라에 의해서 유도된 상태는 다른 형태의 의식을 요구한다. 결과적으로 정보는 다양한 방식을 제시된다. 이성적 마음을 만족시키기 위해서 나는 구체적이고 과학적인 메타포를 지닌 이론들 및 의식 연구의 장과 현대 요법 테크닉들에서 나온 패러다임을 제시할 것이다. 이것은 지성적인 부분이다. 이것의 목적은 정보를 전달하고 사고 과정을 강화하기 위해서이다.

뇌의 다른 부분을 부르기 위해서 나는 유도명상, 체조, 삽화 그리고 차크라를 좀 더 생생하게 만들려는 바람으로 개인적인 일화를 삽입했다. 이것은 재밌는 부분이다. 목적은 가까이에 있는 정보에 직관적으로 연결되는 경험을 하는 것이다.

명상은 천천히 그리고 시적으로 읽히도록 쓰여 졌다. 나는 읽기에 지루할 수 있기 때문에 각 명상 전에 깊은 휴식의 국면은 포함시키지 않았다. 그러나 만일 여러 명이 자신이나 그룹 체험을 위해 명상을 사용할 계획이라면 충분히 시간을 두고 명상의 상태에 천천히 들어갈 것을 제안한다. 본서의 제 2장에서 제시된 깊은 이완 운동 혹은 그라운딩 명상을 사용하거나 혹은 여러분 고유의 테크닉을 사용할 수 있다. 차크라에 맞춘 전문적으로 녹음된 배경음악은 르웰린 출판사를 통해 얻을 수 있다.

신체운동은 난이도에 따라 다양하다. 대부분 일반 평균정도의 사람들 따라할 수 있다. 머리로 물구나무서는 차크라사나와 같은 일부 운동은 보다 더 유연하고 개발된 체력이 있어야 행할 수 있다. 본서에서 제시된 신체 운동은 천천히 그리고 조심스럽게 행하는 것이고 밀어붙이거나 근육을 조이거나 어떤 식으로든 고통스럽거나 불편한 자세로 몸에 무리가 가지 않도록 주의해야한다. 불편함을 느끼면 멈추어야한다.

만일 여러분이 이전에 차크라나 형이상학을 잘 몰랐다면 각 수준에 동화할 시간을 가지라. 어울림은 둘 다 광범위하고 미묘하다. 그것은 다른 분야의 정보처럼 공격받을 수 없다. 가장 중요한 것은 탐험을 즐기는 것이다. 나는 이 책을 쓰는 일이 그렇다는 것을 안다.

인디아 코노락(Konorak)사원에 있는 구원의 바퀴

제 1부
시스템 탐험하기

인생의 수레바퀴

시간은_
사랑은_
죽음은_
그렇게 수레는 굴러간다.
그리고 또 그렇게 수레는 굴러간다.
그리고 다시 우리는 모두 수레에 함께 타고 있다.
그리고 현자가 말한다.
보라! 수레를 만든 사람은 다름 아닌 그대 자신임을!
그렇게 수레는 굴러간다.
그리고 또 그렇게 수레는 굴러간다.
그리고 우리는 모두 이 수레에 묶여있다.
그리고 현자가 말한다.
수레를 만든 사람은 다름 아닌 그대 자신임을!
그렇게 수레는 굴러간다.
그리고 또 그렇게 수레는 굴러간다.
그리고 우리는 모두 수레에 함께 타고 있다.
그리고 현자가 말했다.
우리는 모두 하나라는 사실을 알라!
수레를 만든 사람은 다름 아닌 그대 자신임을!
수레를 만든 사람은 다름 아닌 그대 자신임을!
그리고 우리는 모두 수레에 함께 타고 있다.
그리고 현자는 말했다.
수레에서 벗어나라.
그대가 바로 그 '한사람'이라는 사실을!
그대만의 사명을 받아들이라
그대를 수레로부터 자유롭게 하라

그리고 우리는 모두 수레에 함께 타고 있다.
그리고 현자는 그 수레로부터 벗어났다
그리고 바로 '그 한사람'이 되었다.
불멸의 신은 수레를 벗어났고,
환영으로부터 자유로워 졌다.
그리고 나서 왜 그 '한사람'이 수레를 창조했는지를 알았다.
그리고 그 '한사람'은 많은 사람이 될 것이다.
'그 한사람'은 바로 우리다.
시간은-
사랑은-
죽음은-
그리고 또 그렇게 수레는 굴러간다.
또 그렇게 수레는 굴러간다.
우리는 모두 수레에 함께 타고 있다.

제 1장
수레는 굴러간다.

" 우리는 원 속의 원이다...시작도 끝도 없는..."

거대한 나선은하들로부터, 수천 광년을 건너, 한 알의 모래 속에서 소용돌이치는 무수히 많은 원자에 이르기까지, 우주는 회전하는 수레와 같은 에너지로 이루어져 있다. 회전하는 작은 수레로 만들어진 꽃, 나무, 식물, 그리고 사람 모두는 지구라는 거대한 수레를 탄 채 자신의 궤도를 돌며 우주를 통과한다. 근본이 '건축돌' 5)의 성질을 지닌 수레는 존재하는 모든 측면을 뚫고 흐르는 인생의 원이다.(그림1.1 & 그림 1.2)

우리 모두 각자의 내면 중심부에는 차크라라고 불리우는 일곱 개의 바퀴(wheel)처럼 생긴 에너지 센터가 돌고 있다. 소용돌이치는 생명력의 교차로인 차크라는 인간의 삶에 가장 중요한 의식의 국면들을 반영한다. 이 일곱 개의 차크라가 함께 모여, 마음과 몸 그리고 영혼을 통합하는 전체성이라는 심오한 공식을 창조한다. 완전한 시스템으로서, 차크라는 인간과 행성의 성장 모두에 강력한 수단을 제공한다.

차크라는 생명 에너지를 수용하고 동화시키며 전달하는 조직센터이다. '핵심 중심부' 6)로서, 우리의 차크라들은 개인의 복잡한 심신 체계의 조화로운 네트워크를 형성한다. 본능적인 행동에서부터 의식적으로 계획된 전략에 이르기까지 그리고 감정에서부터 예술적 창조성에

---

5) 빌딩블록(building block): 건축돌 또는 건축요소, 건축자재란 의미이지만, 시스템이나 모델을 구성하는 구성소, 즉 컴포넌트(component)와 개념적으로 유사하다.
6) 여기서 말하는 근본적인 중심부란 가장 뼈대가 되는 핵심 센터를 의미한다. 즉, 차크라는 몸과 마음의 근간이 되는 힘의 뼈대들이다.

이르기까지, 차크라는 인간의 삶, 운명, 사람, 배움 그리고 각성을 지배하는 마스터프로그램이다. 일곱 개의 진동성을 지닌 차크라는 신비로운 무지개다리를 형성하여, 하늘과 땅, 마음과 몸, 정신과 물질, 그리고 과거와 미래를 이어주는 연결 통로다.

우리는 빙글 빙글 돌면서 격동하는 시대의 시간 속을 통과하고 있다. 차크라는 진화의 소용돌이를 돌리는 기어처럼 움직이며, 아직 미개발 개척지인 의식과 그의 무한한 잠재력으로 우리를 이끈다.

몸은 의식의 수레다. 차크라는 인생의 시험과 시련 그리고 변형을 통과하여 이 탈 것[7]을 나르는 윤회의 바퀴다. 그러나 수레를 부드럽게 운행하기 위해서는 사용자 매뉴얼뿐만이 아니라 가이드가 필요한데, 그것은 우리가 탐험할 영역을 찾아가는 방법을 알려줄 것이다. 본서는 의식으로의 여행을 위한 지도다. 따라서 본서를 차크라 시스템을 여행할 때 필요한 사용자 가이드로 생각하면 좋을 것이다. 다른 지도들과 마찬가지로 이 지도 역시 여러분이 가야할 곳이 어디인지를 알려주지는 않는다. 그러나 여러분이 선택하기를 희망하는 여행지를 안내하는데 도움을 줄 것이다. 본서는 우리의 삶에 영향을 미치는 일곱 개의 상징적인 차원을 통합하는데 그 주안점을 두었다.

---

7) 인간의 몸을 뜻하지만 신비주의 오컬트에서는 머카바(merkaba)라고 하여, 우주적 권능을 지닌 이동수단을 뜻하기도 한다. 금강승(金剛乘)이라고 하는 말에서처럼 수레라고 하는 승(乘)은 탈 것을 뜻한다. 결국 인간의 몸은 중생들의 세포들을 하나하나 태우고 있는 탈 것이자 수레(승)이다.

그림1.1 자연에서 반복적으로 발견되는 차크라 형태들의 예

좌측 위: 근구해파리목(rhizostomeae)종, 좌측 아래: 고르곤 머리 불가사리,
우측 위: 지의류(Lichen), 우측 아래: 성게

그림1.2 자연에서 반복적으로 발견되는 차크라 형태의 예들

이제 손에 든 지도를 가지고 즐겁게 여행을 시작할 수 있다. 여타 다른 여행이 그러하듯 차크라 여행을 시작하기 전에 어느 정도의 배경정보가 필요하다. 이들은 심리 체계, 역사적 문맥에서의 차크라 시스템, 차크라가 무엇인지에 대한 심도 깊은 연구, 그리고 그들이 설명하는 에너지 흐름에 관한 정보들이다. 이들은 여행을 떠나는 우리에게 필요한 언어를 부여해 줄 것이다. 여행을 떠날 준비가 다 되면 우리는 차크라를 하나하나 올라가며 척추등반 여정을 시작할 것이다.

우리가 만나는 모든 차크라들은 물질과 정신 사이의 매개체이다. 그러므로 이 여행은 물리적이고 본능적인 자각이라는 물질적 측면에서부터 사회적 상호작용이라는 대인관계의 차원에 거쳐, 초개인적 의식의 추상적인 차원에 이르기까지, 우리의 삶의 영역들을 총망라한다. 모든 차크라를 이해하고, 차크라가 열리고, 그리고 차크라들이 서로 연결되면, 물질과 정신 사이의 간격이 메워질 것이다. 그때 우리자신이 지구와 천계를 연결하는 무지개 다리라는 사실을 다시 한 번 깨닫게 될 것이다.

몸에서 마음이, 행성에서 문화가, 그리고 물질이 영성에서 단절된 이 분열된 세상 속에서, 인간의 전체성을 회복시켜줄 수 있는 시스템이 절실하다. 이러한 시스템은 우리의 마음과 몸을 통합하고, 일상에 기반을 둔 우리가 매일 직면하는 현실을 부인하지 않고, 새롭고 확장된 영역으로 이끌어줄 수 있어야 한다. 차크라가 우리에게 바로 그러한 시스템을 제공해 줄 것이라고 믿는다. 사실 차크라가 없이 통합을 논할 수 없다. 그리고 이러한 사실이 당연시되는 시대가 분명히 올 것이다.

시스템에 접근하기

시스템-1)본질적 원리나 사실에 대한 완벽한 조망으로 이성적이고 조직적인 전체 속에 배열되었거나 정합적인 전체를 형성하는 복잡한 아이디어나 원칙.

웹스터 뉴 대학 사전

여러분이 도서관에 갔는데, 책들이 복도를 가로질러 혼란스럽게 쌓여 있다고 상상해보라! 무엇이든 찾아내기 위해서 길고 지루한 시간동안 책 더미들 사이를 찾아 헤매야하지만 성공 가능성은 희박하다. 이때 여러분은 이러한 비효율성에 대해 어처구니없어하며 투덜거릴 것이다.

시스템 없이 의식에 접근하는 것은 바로 이처럼 지루한 일이다. 우리의 뇌 속에는 신경회로가 있어서 생각을 끝없이 창조한다. 의식의 구현물들은 어떤 도서관에 존재하는 책의 수보다 훨씬 많다. 따라서 오늘날 생활의 리듬과 속도를 감안해 볼 때, 과정을 능률적으로 만드는 효율적인 시스템이 없다면 이러한 정보에 접근하기가 어렵다.

많은 시스템들이 이미 존재하지만, 오늘날의 변화하는 문화에는 충분하지 않다. 지그문트 프로이드는 인간의 정신을 이드와 에고 그리고 수퍼에고로 나눴는데 이것은 인간행동을 연구한 단순한 시스템 중 최상의 모델이다. 그것은 20세기 초반에 행해진 정신요법의 토대를 형성했다. 그러나 이 모델은 현대에 적용하기에 그렇게 적합하지 않다. 왜냐면 그것은 몸에 대해서는 거의 다루고 있지 않을뿐더러, 깨달음의 초월적인 자각 상태 대해서는 더더욱 다루고 있지 않기 때문이다.

인간의 잠재적 운동성 안에, 새로운 시스템이 필요함은 명백하다. 특이한 영적 에너지의 각성을 자연스럽게 경험한 사람들이 늘어난 만큼, 심리경험을 한 사람들을 위한 상담 클리닉들이 열리고 있다. 우리는 날마다 새로운 문제에 직면한다. 바이오피드백, 컬리언의 사진술, 침술, 동종요법(同宗療法), 아유르베다, 약용식물연구, 그리고 뉴에이지의 영적이고 언어적이며 신체적인 요법들은 해마다 더 광범위하게 실용적으로 사용되고 있다. 우리는 이제 치료나 의식상승, 그리고 종교나 라이프스타일에 있어서 너무나 많은 대안들을 가지고 있어서 그 정보와 선택지는 우리를 압도할 정도다. 이러한 분야들은 이미 열려있으며, 만일 우리가 혼돈으로부터 어떠한 감각과 질서를 끌어낼 수만 있다면, 이들은 틀림없이 유지될 것이다. 이것이 시스템의 목적이다. 시스템은 우리로 하여금 복잡한 작업에 접근하는 체계적인 방법을 제시한다.

하나의 시스템을 세우는 논리적인 방식은 지속적 패턴들을 관찰한 기반 위에 그것을 세우는 것이다. 우리의 조상들은 이미 이러한 패턴들에 대해서 언급한 바 있다. 그들은 신화나 은유에 가려진 채 오랜 세월에 걸쳐 우리에게 전수되었으며, 발화되지 않은 씨앗처럼 만개할 수 있는 적절한 시기를 기다리고 있다. 변화하는 세대를 위한 새로운 방향을 찾고 있는 이때, 과거 고대 시스템의 먼지를 털어내고 그들을 우리가 살고 있는 현시대의 상황에 유용하도록 업그레이드시켜서 보존해야할 시간이다. 그리고 그전에 먼저 그러한 시스템의 기원과 진화에 대해 조사해야하며, 고대의 뿌리에 대해 마땅한 존경심을 표해야 한다.

차크라 시스템의 역사

의식의 원형적 요소로서 차크라가 마침내 집단의 사고방식 안에서 중요성을 획득했다는 사실은 근사한 일이다. 차크라를 다루는 서적들과 참고할 수 있는 문헌들이 이 전보다 훨씬 많아졌다. 이러한 인기는 차크라를 누구나 아는 단어로 만들었지만, 동시에 혼란스럽고 상충되는 정보들이 확산되고 있는 것도 사실이다. 차크라가 고대의 전통으로부터 유래되었다는 사실을 인식하는 것은 중요하다. 그러나 많은 뉴에이지 강사들이 이러한 사실을 거의 탐구하지 않는다. 자! 여기서 차크라의 기원에 대해 홍미를 느낄 독자들을 위하여 차크라 시스템이 역사적으로 어떻게 발전해 왔는지에 대해서 간략하게 소개하고자 한다. 관심이 없는 독자들은 다음 장으로 넘어가도 무방하다.

차크라는 요가의 과학 및 수행과 밀접한 관계가 있다. '결합하다(yoke)' 라는 의미를 지닌 요가는 필멸(必滅)의 자아가 순수의식의 신성한 본성과 결합하도록 설계된 철학과 수행의 시스템이다. 요가의 기원과 차크라가 최초로 언급된 것은 베다까지 거슬러 올라간다. '지식' 을 의미하는 베다는 일련의 찬가로, 기록된 전승으로서 인도에서 가장 오래되었다. 이 작품들은 고대 아리아의 구두전승문화로부터 만들어졌다. 아리아인은 기원진 2000년 동안, 인도를 침략하고 휩쓸어버린 인도 유럽 종족으로 추측된다.

아리아인들은 전차를 타고 인도에 들어갔다고 전해지는데, '차크라' 라는 단어의 본래 의미는 바퀴로 침략한 아리아인들의 전차 바퀴를 언급한 것이다(산스크리트어로 바른 표기는 cakra지만, 교회에서는 ca를 cha로 발음했다. 따라서 영어표기는 chakra다). 또한 차크라는 아리아전차 지배자의 이름인 차크라바르틴이라는 빛나는 전차처럼 하늘을 가로질러 굴러가는 거대한 바퀴로서 태양을 상징한다. 이 바퀴는 또한 칼라차크라라고 불리우는 영원한 시간의 주기를 표상한다. 이러한 방식으로, 바퀴는 천상의 질서이자 균형을 나타낸다. 다른 의미를 하나 더 들자면 차크라는 숭배자들로 이루어진 탄트라 단체를 뜻한다.

차크라바르틴의 탄생은 새로운 시대의 개막을 알렸다. 이것은 또한 인간 역사에 3번 차크라 시대적 여명이 두드러지는 시기로 볼 수 있다. 또한 비슈누신이 네 개의 팔 안에 차크라, 연꽃, 곤봉, 소라껍질을 안고 지구로 강림했다고 전해진다. 이것은 아마도 차크라를 원반과 같은 무기로 언급하고 있는 것일지도 모른다.

베다 다음으로 우파니샤드, 즉 스승으로부터 제자에게 전수되어진 지혜의 가르침이 있었다. 요가 우파니샤드와 후기 요가수트라 파탄잘리[8]에서는 차크라를 의식의 정신중심부로 언급하기도 한다. 우리가 여덟 분야의 요가전통(야마, 니야마, 아사나, 프라나야마, 프라티야하라, 다라나, 디아나, 사마디)을 얻은 것은 파탄잘리의 수트라로부터 유래됐다. 이 전통들은 자연과 영혼이 서로 무관하다고 언급했다. 또한 각성의 방법으로 금욕수행을 할 것과 개인의 욕망[9]을 포기할 것을 조언하는 데, 대체로 이중적이다.

차크라와 쿤달리니가 요가철학의 필수적 부분이 된 것은 비이원적인 탄트릭의 전통 안에서였다. 탄트릭의 가르침은 인도의 많은 영성전통들로 이루어진 통합 조직체로, 이 가르침은 이원론적 철학에 대한 일종의 반작용으로 서기 6, 7 세기경에 인기를 끌었다. 이 전통은 세상과 분리되기보다 세상 안에 머무르라고 조언한다. 서구에서는 탄트라를 섹슈얼한 전통으로 바라보는 경향이 일반적인데, 탄트리즘이 신성한 문맥에 섹슈얼리티를 집어넣었고, 바디를 의식이 내재한 신성한 사원으로 간주했기 때문이다. 그러나 사실 이것은 하타요가와 쿤달리니요가, 여신 숭배, 특히 힌두 여신들에 대한 숭배에 대한 많은 관례들을 통합하고, 더 나아가 우주적 힘의 통합에 초점을 둔 광대한 요가철학들 중 극히 일부에 지나지 않는다.

탄트라라는 단어는 문자 그대로 '직기(織機)'이다. 이것은 전혀 다른 실들을 엮어서 전체성의 양탄자를 만드는 것을 의미한다. 그리하여 탄트릭 전통으로부터 기인된 차크라 시스템은 대극을 이루는 정신과 물질, 몸과 마음, 남성성과 여성성, 하늘과 땅을 하나의 철학으로 엮어

---

9) 프로이드가 리비도라고 이름붙인 욕동을 참고할 것

서 베다보다 앞서 존재하던 구전의 전통으로 회귀하려고 함이다.

이러한 전통들 속에서 미세신 안에 존재하는 일곱 개의 기본적인 차크라들은 인체에 완전히 퍼져있다. 미세신은 비물질적 심령 바디로 신체에 겹쳐 있다. 그것은 모든 생명체의 내부와 그 주변을 흐르는 전자기장으로 측정될 수 있다. 컬리안의 사진은 실제 모든 식물과 동물 내부의 미세신 방출을 사진으로 찍은 예다. 미세신이 외적으로 구현된 오라 내부에서 에너지장은 인체를 둘러싼 부드러운 빛으로 보여 지며, 가늘고 긴 섬유질로 되어 있다. 요가 심리학에서 미세신은 코샤로 불리는 미세신 안에서 다양하고 세련된 다섯 가지 외피로 분류된다. 몸의 가장 중심부에서 원반처럼 돌고 있는 미세장[10]이 다름 아닌 차크라다. 차크라는 오라장의 정신적 발전기다. 오라는 그 자체가 만남의 장으로 차크라가 생성하는 근원적 패턴과 외부세계의 영향력 사이에 존재한다.

현대의 생리학을 통해 일곱 개의 차크라가 척추에서 방출되는 일곱 개의 주요한 신경절 근처에 위치한다는 사실을 알 수 있다. (그림1.3) 고대 문헌에서는 두 개의 마이너 차크라를 언급한다. 그것은 제 3의 눈 바로 위에 위치한 소마차크라와 심장차크라의 천상계 소망 나무(Kalpataru)를 포함하는 아나다칸다 연꽃이다. 일부 에소테릭 시스템에서 9개 또는 12개의 차크라를 거론하는 반면, 금강승 불교[11]와 같은 또 다른 전통에서는 5개의 센터만을 언급한다. 카르마는 문자 그대로 에너지의 소용돌이이기 때문에 차크라의 숫자에는 어떠한 제한이 없다. 그러나 본래 7개의 마스터 차크라는 신경절을 통해 신체에 논리적으로 사상하는 심오하고 우아한 시스템을 형성한다. 이 시스템은 인간이라는 물리적 존재를 그 보다 높고 더 깊은 비 물리적 영역과 연결한다. 처음의 7개의 차크라를 마스터하는 것은 평생이 걸리는 일이다. 신체 외부에 존재하는 더 복잡하고 모호한 차크라를 마스터하는

---

10) subtle field
11) Vajrayana Buddhism라고 한다.

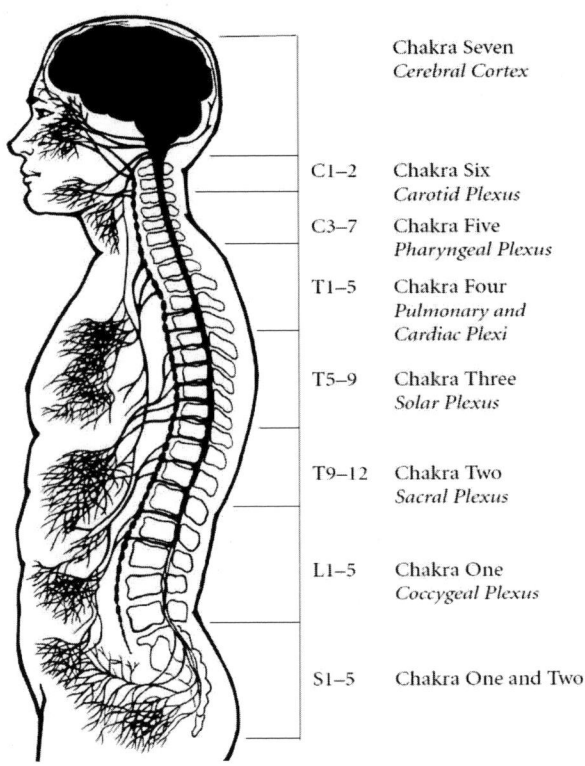

그림1.3 이 그림에는 신경절과 다양한 기관들이 분포되어 있는 척추신경에 기반을 둔 차크라들을 보여준다. 만일 이 척추들이 척추 신경에 영향을 주는 방식으로 손상된다면 관련된 차크라들은 연이어 영향을 받는다.
(우측영문 위부터: 7번 차크라 대뇌피질
C1-2 6번 차크라 목동맥신경얼기
C3-7 5번 차크라 인두신경얼기
T1-5 4번 차크라 폐신경얼기와 심장신경얼기
T5-9 3번 차크라 태양신경총
T9-12 2번 차크라 천수신경얼기
L1-5 1번 차크라 꼬리신경얼기
S1-5 1번 차크라와 2번 차크라

일에 착수하기 전에 바디와 연관된 7개의 차크라를 충분히 숙지하라고 조언하고 싶다. 더 광활한 상위 차크라를 위해서 하위 차크라를 초월하라는 해석들이 많이 있지만, 나는 이러한 철학에 동의하지 않는다. 또한 이것이 탄트라 문헌이 의도하는 바는 아닐 것이라고 믿는다. 이러한 관점은 역사의 특정한 시기에 발생했다. 당시의 가부장적 종교들은 정신이 물질보다 위에 있음의 중요성을 주장했다. 그리하여 일상속에 편재된 영성의 존재를 부인했다. 탄트라 서적들을 주의 깊게 읽어보면 상위 차크라를 위해 하위 차크라를 부인하거나 무시할 것을 암시하지는 않는다. 그러나 단지 전개상에서 각각의 더 높은 레벨에 도달함은 초월을 의미하고, 그 초월은 바로 그 아래 단계 레벨 위에서 이루어진다. 이것은 아래 단계를 포함하고 그 위에 세워져야함을 의미한다. 이러한 방식으로 보다 낮은 차크라들은 우리의 영적 성장기반의 토대를 제공한다. 나무의 뿌리처럼 아래로 밀어붙임으로써 나무는 더 크게 성장한다. 나무의 뿌리가 끊어진다면 성장하기 어렵다. 다음 장에서 소개할 1번 차크라의 중요성을 탐구해보면 더 자세히 인식하게 될 것이다

다양한 문화 시스템들

힌두 문헌과는 별도로, 인간과 자연, 또는 물리적인 장들의 7차원으로 특징지어지는 다양한 형이상학 시스템들이 있다. 신지학파들을 예로 들어보자. 그들은 진화된 7종족과 7개의 우주적 빛의 창조에 대해서 언급한다. 기독교인들은 7일 동안의 창조뿐만이 아니라 7번의 성찬, 7봉인, 7천사, 7가지 미덕 그리고 7대 죄악을 말하고 있다. 요한계시록(Revelateio 1;16)의 "그리고 그 분은 자신의 오른손에 7개의 별을 가지고 있었다." 라는 언급은 아마도 7차크라에 대한 언급으로 보인다. 케롤라인 미스 또한 7차크라와 기독교인들의 7개의 성찬을 연결한 바 있다.

행동과 의식을 공부하는 시스템인 카발라 생명의 나무 또한, 7개의 수평선에 3개의 수직기둥과 10개의 세피로스가 분포되어 있다. 생명의 나무는 차크라 시스템과 마찬가지로 땅에서 하늘까지의 통로를 언급한다. 카발라가 차크라의 시스템과 정확하게 일치하지는 않는다. 그러나 그 안에 중요한 유사성을 가지고 있는데, 그것은 카발라 또한 물질에서 지고한 의식으로 이르는 진화의 여행을 다루고 있다는 점이다. 차크라 시스템을 카발라와 결합해서 사용하면 몸에 세피로스를 그리는데 도움이 된다. 이것은 두 가지의 고대 전통을 함께 사용하는 것이 되는데, 이 두 시스템은 명백하게 하나의 뿌리를 가지고 있다.

'7'이라는 숫자는 신화와 종교 밖에서도 역시 발견된다. 무지개가 일곱 개의 색상이고, 서구의 주요음계가 7음표이며, 일주일은 7일이다. 또한 주요한 인생주기가 7년을 단위로 운영된다는 믿음이 있는데, 7세까지를 유아기, 14세를 사춘기, 그리고 21세를 성인의 시작으로 보는 것이 그것이다. 쎄턴이 처음 자신의 자리로 회귀하는 시기도 28세이다. 아서 영은 재귀 우주(Reflecsive Universe)에서 7단계의 진화에 대하여 언급하고, 원소 주기율표를 통해서 진화가 원자 무게에 의해 일곱 가지 패턴으로 떨어진다는 견해를 보인다.

많은 문화들에서 에너지 센타 또는 차크라와 유사한 의식의 차원에 대해 언급하고 있음에도 불구하고, 그들의 시스템이 언제나 일곱 개의 센터인 것은 아니다. 두 개의 주요한 우주적 힘인 음과 양에 기반을 둔 주역의 핵사그램은 6차원(단계)의 시스템으로 구성된다. 또한 다섯 가지의 물질요소인 불, 흙, 철, 물, 나무에 상응하는 여섯 쌍의 장기경락이 있다. 호피 인디안들은 신체 내부의 에너지 중심부에 관해서 말하고 있으며, 티벳 역시 이들과 동일한 견해를 가진다.

이러한 사안들을 이해하기 위한 주요한 열쇠로 다양한 신화와 신비자료(데이터)의 연결고리를 모색해 볼 필요가 있다. 의식의 모험을 위한 우주 지도가 어딘가에 있다. 그리고 이에 대한 힌트는 세계적

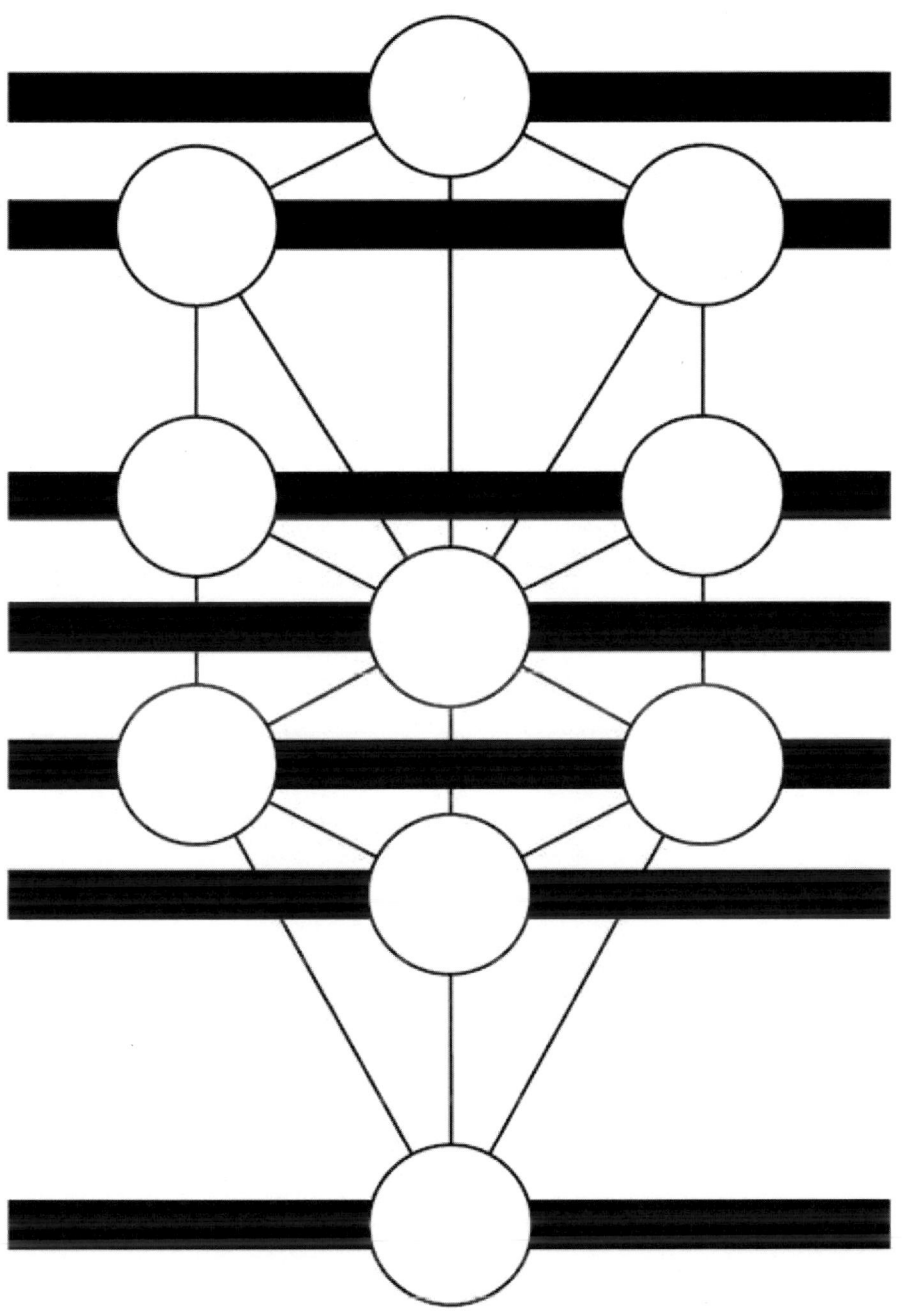

그림 1.4 세피로스(원)을 포함한 카발라 생명의 나무, 22개의 길(원을 연결하는 선), 세 개의 수직 기둥, 일곱 단계(수평막대기)

으로 몇 세대에 걸쳐 전해져 내려왔다. 지금이 바로 이러한 실마리들을 통합시켜서 현재 난국의 어려움으로부터 우리를 구원해야 할 시기가 아닐까?

다행히도 차크라와 그의 짝인 쿤달리니 에너지의 존재를 지지하는 많은 연구들이 행해지고 있다. 이러한 시스템에 대하여 우선 자신의 경험을 신뢰하고, 그 다음에 과학적인 증거들을 참고하는 편이 바람직하다. 과학적인 측면은 지성적 확신 이외에 실질적으로 시스템을 사용하는데 있어서 현실적인 가치를 거의 제공해주지 못한다. 왜냐하면 차크라는 궁극적으로 개인의 내면적 경험이기 때문이다. 차크라에 대한 지식은 단지 여행의 한 부분일 뿐이다. 진정한 도전은 그들을 몸소 경험해보는 것이다.

그래서 이 가장 고전적이면서도 현대적인 시스템을 이해하기 위해서, 독자들 자신이 편안하다고 발견한 조건이 무엇이든 간에 그 안에서 불신을 지양하고, 개인적 경험이라는 신비로운 차에 올라타 내면으로부터 나온 진실을 판단했으면 한다. 본서를 통해서 훌륭한 모험소설이나 러브스토리를 읽을 때보다 조금 더 많은 경험을 할 수 있을 것이다. 그들 모두의 요소를 조금씩 가지고 있다고 생각해도 좋을 것 같다. 스스로의 의식 영역을 통과하는 모험소설로, 자아와 자신을 둘러싸고 있는 우주 사이에 존재하는 러브스토리를 바로 이 책에서 제공하기 때문이다.

차크라는 어떻게 작동하나?

우리는 앞서 차크라 시스템의 역사를 검토해 보았다. 이제 차크라 그 자체에 대해서 보다 면밀하게 살펴보고, 그들이 인간의 몸과 마음에 주는 영향력이 어떤 것이지를 검토해볼 것이다.

이미 앞서 언급한 바와 같이, 산스크리트의 단어로 '바퀴[12]' 또는 '원반'을 뜻하는 차크라는 마음과 몸이 만나는 교차점을 의미한다. 연꽃으로 불리우는 차크라는 꽃잎의 개화를 상징하는데, 차크라 개화(開花)에 대한 메타포이다. 인도에서는 아름다운 연꽃을 신성하게 여긴다. 진흙에서 피어난 연꽃은 원시적 존재로부터 완전한 의식의 만개(滿開)로 이르는 발달의 통로를 상징하며, 땅 속에 뿌리내린 기초 차크라를 반영한다. 그들은 사하스라라 차크라에서 1000개의 연꽃잎으로 진화한다. 연꽃처럼 차크라 또한 꽃잎을 가지고 있는데, 그들 꽃잎의 숫자는 차크라마다 모두 다르다. 가장 기저에 존재하는 1번 차크라로부터 시작해서 그들의 수는 각각 4, 6, 10, 12, 16, 2, 1000개이다(그림 1.5참고). 꽃들처럼 7개의 차크라 또한 내면의식의 상태에 따라 열리거나 닫히며, 시들거나 피어난다.

차크라는 서로 다른 차원들 간의 통로이자 중심부이다. 이곳에서 감정과 생각같은 한 차원의 행위들이 물질적 몸과 같은 또 다른 차원과 연결되어 상호 작용한다. 한편 이러한 상호작용은 우리와 다른 사람과의 관계성에 영향을 주고, 다시 이것은 외부세계의 우리의 활동과 같은 또 다른 차원에 영향을 준다.

예를 들어서 두려움과 같은 감정경험은 1번 차크라와 연결된다. 두려움은 신체에 특정한 방식으로 작용하는데 이때 우리는 당황하고 호흡은 짧아지며 목소리와 손을 떨게 된다. 이러한 신체적 특징은 세계를 대하는 자신감의 부족으로 나타나서, 사람들이 부정적 방식으로 우리를 대할시 모른다. 이러한 요인들은 두려움을 지속시킨다. 이러한 두려움은 어린 시절의 해결되지 않은 경험들에 뿌리를 두고 있을 수 있으며 지속적으로 우리의 행동을 지배한다. 차크라와 작업하는 것은

---

[12] wheel

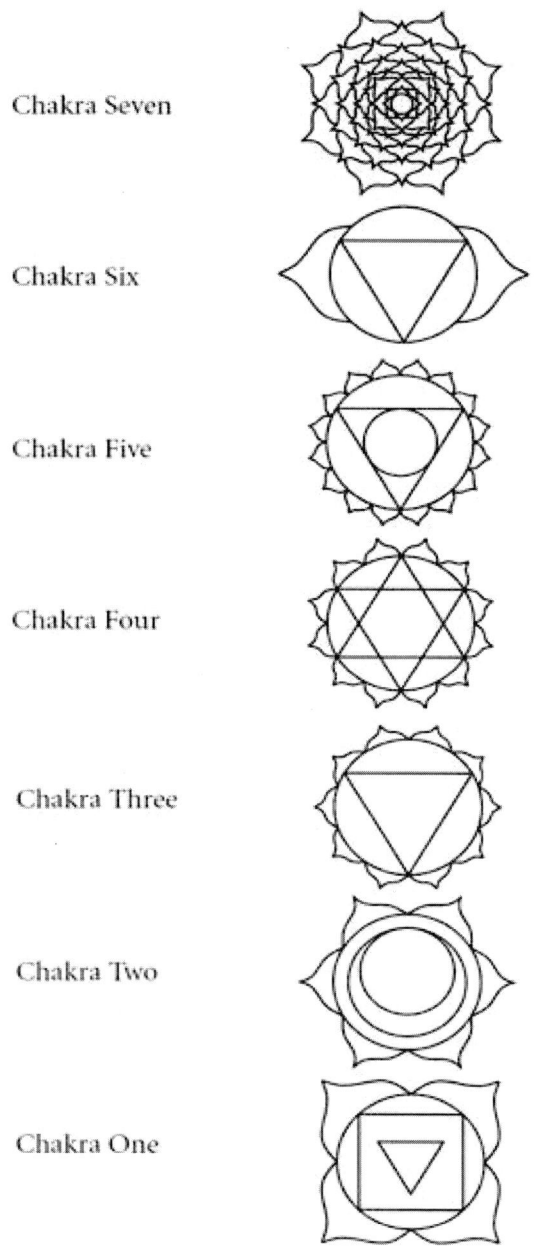

그림1.5 일곱 개의 차크라를 나타내는 일곱 개의 연꽃

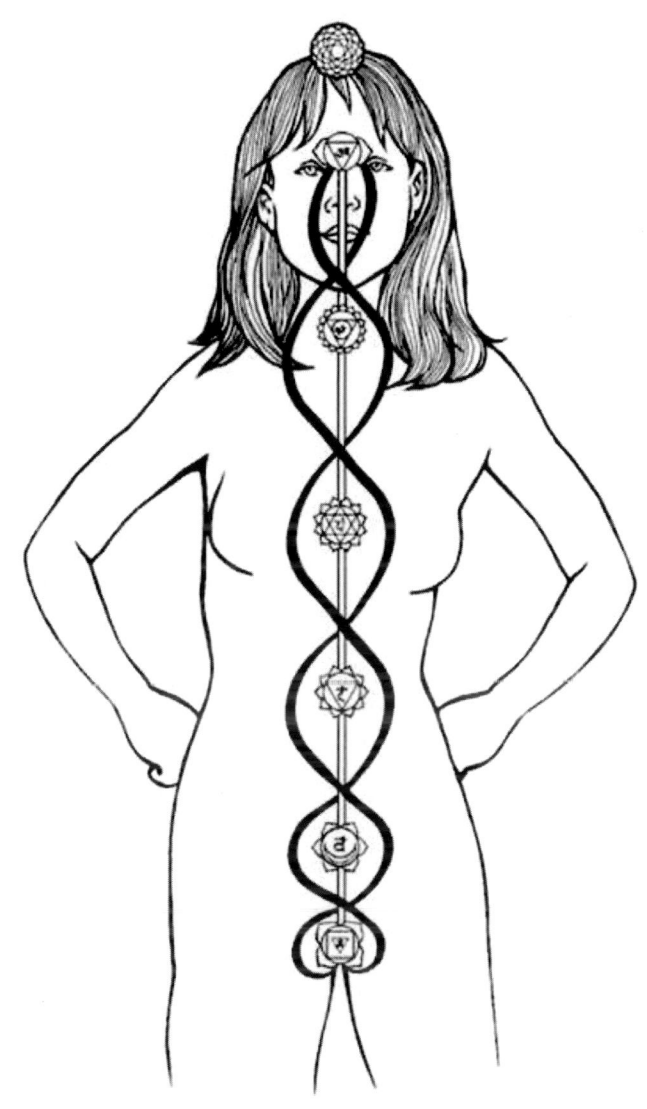

그림 1.6 슈숨나, 이다, 그리고 핑갈라
(일부 텍스트에서는 이다와 핑갈라가 차크라들 사이를 단순히 교차하는 것으로 소개되고, 또 다른 문헌에서는 이다와 핑갈라가 차크라를 매개체로 통과해서 교차하는 것으로 보여준다. 또한 왼쪽과 오른쪽 비공(鼻孔)에서 끝나거나 시작하는 흐름을 강조하기도 한다.)

몸과 마음 또는 습관적 행동에 박혀있는 오래되고 억압적인 패턴들을 치유하는 것이다.

차크라는 모두 모여서 몸 안에 우리 몸 속에 있는 슈숨나라고 불리우는 수직 기둥을 형성한다. 이 기둥은 중앙통합통로로서 차크라와 다양한 차원을 연결한다(그림 1.6참조). 이 기둥은 에너지들이 여행하는 '고속도로'로 간주 될 수 있는데, 마치 아스팔트 고속도로를 통하여 생산자의 물건이 소비자에게 전달되는 것과 비슷하다. 슈숨나는 순수의식(신성마음, 신, 여신, 힘, 자연 등등)인 생산자로부터 온 심령에너지를 소비자에게 전달한다고 말할 수 있다. 여기서 소비자는 지구 위에 거하는 정신과 물질적 존재인 인간이다. 차크라는 고속도로를 따라 위치하는 주요도시로 볼 수 있다. 이 차크라들은 고유한 물품을 생산할 책임이 있다. 그러나 나는 차크라를 도시라기보다 몸이라는 사원 안의 신성한 방으로 본다. 그곳에서 의식의 생명력이 다른 차원에서 함께 모일 수 있다.

슈숨나의 측면과 주변 그리고 그를 통과해서 여행하다보면 힌두인들이 미세신 안에서 발견했던 한의학의 침술경락, 수 천개의 나디들, 그리고 미묘 에너지 도관들과 같은 많은 후방도로들도 있다.(그림 1.7 참고) 나디는 전화통신망, 가스라인 또는 강바닥과 같이 대체 통로로 생각할 수 있는데, 그 곳에는 모두 동일한 소용돌이를 통과하는 특정한 에너지들을 이동시키는 특별 통로가 있다.

만일 차크라가 어떤 느낌인지를 경험하고 싶다면, 다음에 소개하는 간단한 운동을 통해서, 핸드 차크라를 여는 운동을 따라해 보고, 그들의 에너지를 느껴보면 된다.

양팔을 앞으로 내밀어 팔꿈치를 편 채 마룻바닥과 평행을 이루도록 한다.

한 손바닥은 위로, 다른 손바닥은 아래로 향하게 한다. 이제 열 두어 차례 또는 그 이상 손바닥을 신속히 펼쳤다 접기를 반복하라.

손바닥을 반대로 하여 위 동작을 반복하라. 이 운동은 핸드 차크라를 열어준다.

이제 에너지를 느끼기 위해 손바닥을 펴서 서로 마주보도록 한다. 이 때 두 손바닥 사이에 약 10센티 정도의 거리를 둔다. 공과 같은 에너지 덩어리가 느껴질 것이다. 이것은 양 손바닥 사이에 형성된 전자기장 에너지다. 제대로 한다면 에너지 볼이 도는 것을 느낄 수 있을 것이다.

시간이 경과하면 느낌도 감소된다. 그러나 손바닥 열고 젖힘 운동을 반복하면 다시 손 차크라가 열리는 경험을 할 수 있다.

신체적 차원에서 차크라는 고도의 신경활동이 일어나는 신경절 및 내분비계와 부합한다(그림 1.8참조). 차크라는 신경 및 내분비계와 상관성이 있지만 신체의 특정한 부분과 동일하지는 않으며, 미세신 안에 존재한다.

쿤달리니 운동을 경험한 사람들이 증언한 것처럼, 그들이 신체에 미치는 영향은 강력하다. 마치 마음이 감정에 영향을 주는 것처럼, 차크라가 신체의 행동과 형태를 창조하는 것으로 보인다. 과도한 3번 차크라는 크고 단단한 배로 나타나고, 억눌린 5번 차크라는 굳은 어깨와 목의 통증을 낳는다. 1번 차크라와의 연결이 제대로 이루어지지 않으면 다리가 얇아지고 무릎이 부실해지는 결과를 낳는다. 척추를 정렬시키는 것 또한 차크라의 개방과 상관성이 있다. 예를 들어 척추반곡이나 신체 또는 감정적 억눌림에 의해서 가슴이 내려 앉는다면, 가슴 차크라에 장애가 생길 수 있다. 우리가 이번 생애에 다시 태어나거나, 더 강한 몸을 가지고 태어난 것은 이전 생애에 우리가 개발한 상태에 의해서 결정될 것이다.

형이상학적인 용어로 차크라는 소용돌이다(그림 1.9참조). 차크라는 회전하는 바퀴처럼 작동하면서 소용돌이와 유사한 패턴으로 특정 차원을 끌어당기거나 밀쳐낸다. 특정한 진동레벨 위에서 차크라는 자신이 만나는 것을 내부로 흡수하고 가공해서 다시 밖으로 내보낸다.

차크라는 인간의 정신과 물질이 프로그램 된 상징적 패턴으로 만들어진다. 이 프로그램은 인간의 행동방식을 지배한다. 마치 컴퓨터 내의 프로그램처럼, 차크라는 시스템을 통과한 에너지가 흐르는 길을 유통시켜서, 우리에게 다양한 종류의 정보를 공급한다. 문자 그대로 '디스크'를 의미하는 각각의 차크라들은 플로피 디스크 위에 프로그램 된 것으로 이해할 수 있다. 이것은 인간의 생존 프로그램에서부터, 성(性)프로그램, 그리고 생각하고 느끼는 방식에 이르기까지 삶의 특정한 요소들을 운영한다.

차크라들은 몸의 핵심부로부터 에너지를 내보내고, 핵심부로 진입한 외부의 에너지를 동화시킨다. 이러한 방식으로 차크라는 삶의 에너지를 수용, 동화, 전달하는 구조적 중심부이다. 우리가 생성한 것은 우리가 받는 상당부분을 결정한다. 이러한 방식으로 우리는 차크라에서 작업해야하고, 시대에 뒤떨어지거나 기능장애를 일으키거나 부정적으로 프로그램 된 방해 요소들을 정화해야 한다.

차크라의 내용물은 주로 인간의 일상적 행동 중 반복된 패턴에 의해서 형성된다. 우리는 항상 이러한 행동의 중심점이 된다. 반복된 행동과 습관은 우리를 둘러싼 세상에 장(fields)들을 형성한다. 우리의 부모와 문화로부터 프로그래밍 된 것들, 신체적 생김새, 더 나아가 그가 태어난 상황과 전생에 받은 정보 모두 중요한 요소이다. 투시가들은 차크라 투시를 통해 이러한 패턴들을 볼 수 있다. 그들의 해석은 우리의 행동에 다양한 통찰력을 부여한다. 점성술 차트처럼 그들은 인간의

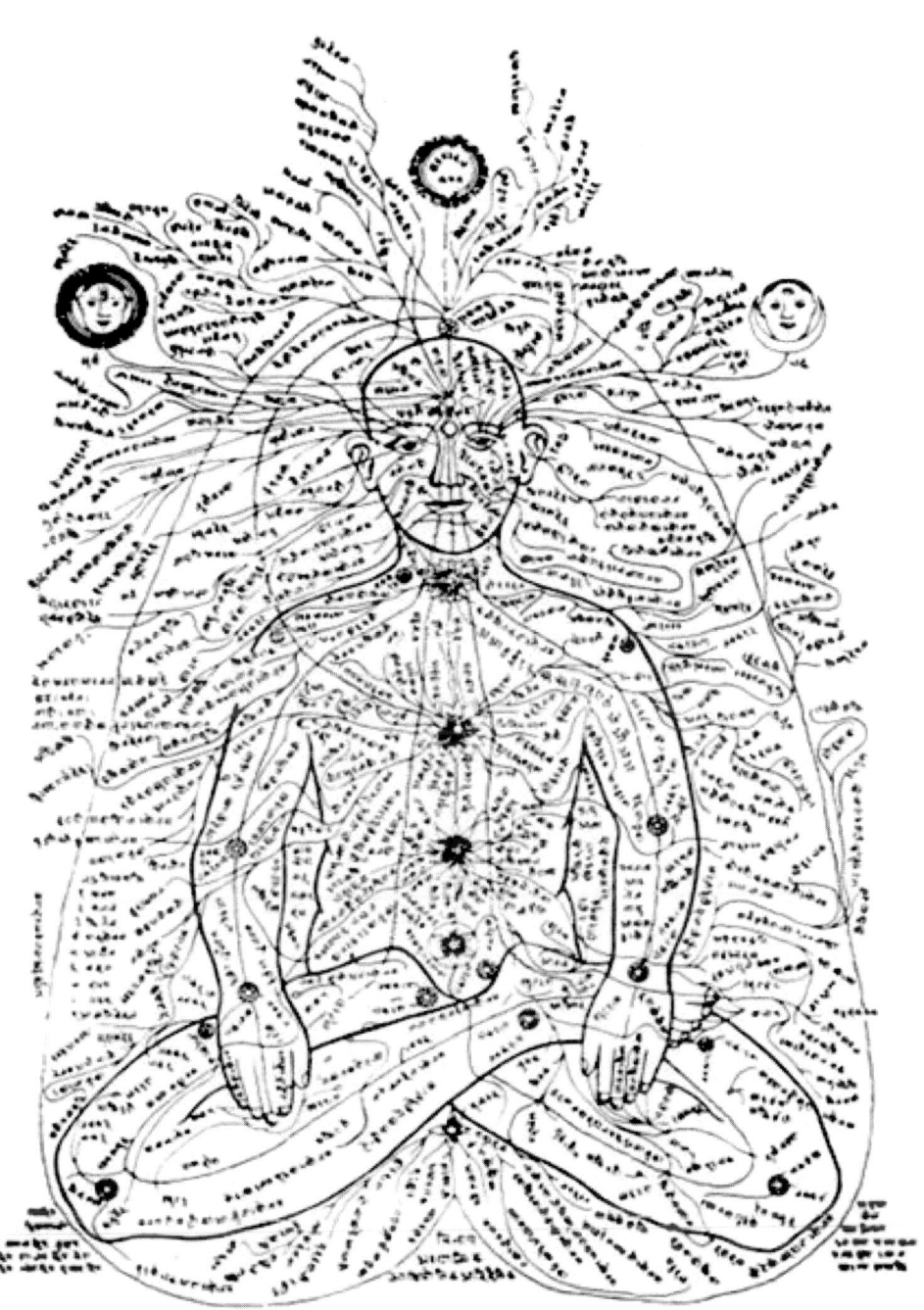

그림 1.7 나디와 차크라를 그린 고대 힌두 그림

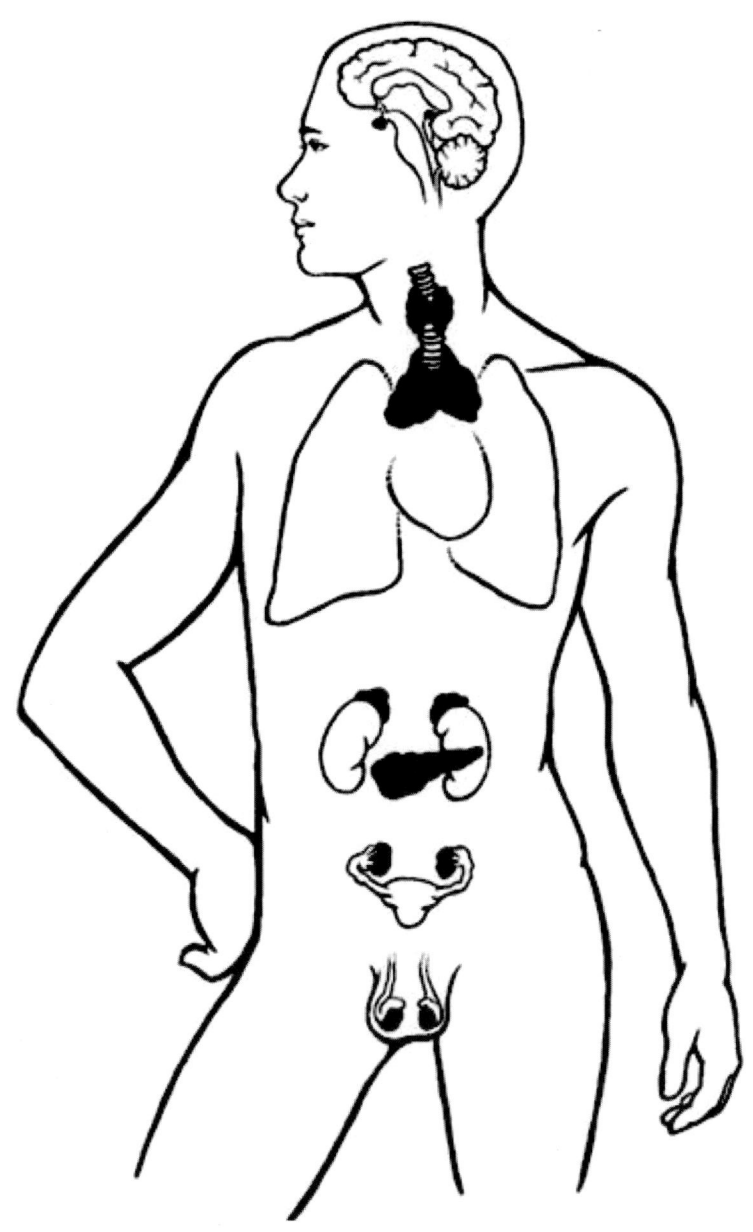

그림 1.8 차크라와 내분비기관 사이의 일반적인 관계(일부 시스템에서는 7번 차크라와 송과체를 연결시키고, 6번 차크라와 뇌하수체를 연결시킴으로써 6번 차크라와 7번 차크라를 바꿔서 설명하기도 함

성격의 성향을 보여주지만, 절대로 바꿀 수 없는 것은 아니다. 이러한 성향을 알게 되면 우리가 조심해야할 것과 향상시켜야할 점을 알 수 있다.

외부세계와의 연계를 통해 차크라 내부의 패턴들은 영속하는 경향이 있다. 이것은 카르마로서 행동이나 인과법을 통해서 형성된다. 이러한 패턴들 중 어느 하나에 묶이는 일이 일반적인데, 이것을 차크라에 갇혔다고[13] 말한다. 특정한 차원에 머무르게 하는 사이클에 잡힌 것이다. 이것은 관계나 직업 또는 습관이 될 수 있는데, 무엇보다도 생각하는 방식도 이러한 경우에 속한다. 갇힌다는 것은 차크라가 지나치게 강조되거나 무시해서 기능이 차단된 것을 의미한다. 우리가 작업할 대상은 오래되고 해로운 패턴의 차크라다. 그들의 기능을 정화함으로써, 습관적으로 지속되고 반복되는 행동에 긍정적인 영향을 주고, 삶의 에너지가 보다 높은 장으로 지속적으로 확장되게 해야 한다.

차크라는 의식의 기본적인 일곱 단계와 관계있다. 차크라가 열리면, 그 차원과 연관된 의식 상태에 대한 이해가 보다 더 깊어지는 경험을 하게 된다. 이러한 상태는 다음에 소개할 키워드로 요약할 수 있다.

물론 각 단계의 차크라가 지닌 복잡성을 최대한 단순화 시킨 단어들이라는 점을 꼭 기억할 필요가 있다(p42와 p43의 상응성 표를 참조할 것). 다음에 이어지는 챕터들에서 각각의 차크라들을 더 자세히 설명할 것이다. 원소들은 차크라의 성질을 이해하는데 매우 중요하기 때문에 서로 상응하는 원소들이 소개될 것이다.

---

13) 우리가 살아가는 현상계는 일종의 감옥으로 완벽히 해탈하지 않는 이상 욕망의 굴레에 갇혀 살면서 카르마를 짓고 계속 윤회를 이어간다. 욕망은 집착을 불러들이고 집착은 중독을 일으키며 중독은 에너지 고갈을 가져온다. 결국 에너지 고갈은 죽음을 의미한다. 한편 죄의식 자체도 일종의 카르마 에너지다. 큰 개념으로 보면 우리가 만든 매트릭스가 있고 작은 개념으로 보면 개인의 매트릭스가 있다. 〈마법사의 그리모어 오컬트 힐링 강의노트〉

1번 차크라: 척추 기저에 위치하며 생존과 관련 있으며, 원소는 흙이다.
2번 차크라: 하복부에 위치하며 감정, 성(性)과 관련 있다. 원소는 물이다.
3번 차크라: 태양신경총에 위치하며, 힘, 의지, 자부심과 관련 있다. 원소는 불이다.
4번 차크라: 흉부 위쪽에 위치하며, 사랑과 관련 있다. 원소는 공기다.
5번 차크라: 목에 위치하며 소통, 창조성과 관련 있다. 원소는 소리다.

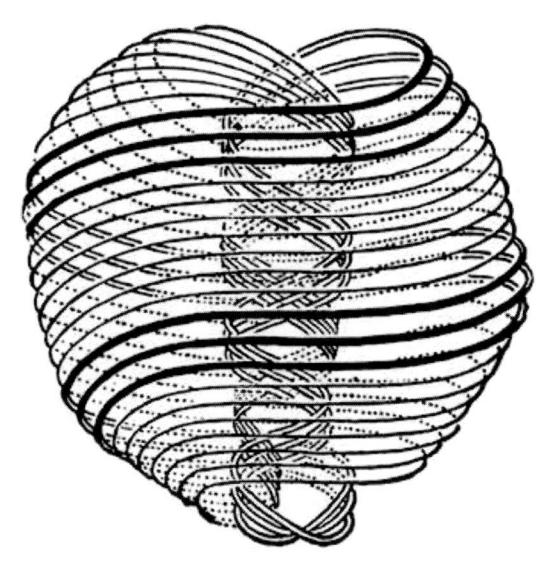

그림 1.9 소용돌이의 형이상학적 삽화

6번 차크라: 이마 중심에 위치하며 투시, 직관, 상상력과 관련 있다. 원소는 빛이다.

7번 차크라: 머리 꼭대기에 위치하며 지식, 이해, 초월 의식과 관련 있다. 원소는 생각이다.

차크라는 개화되거나 닫힐 수 있고, 과도하거나 결핍될 수 있으며, 이 둘 사이에 다양한 상태 중 어떤 상태가 될 수 있다. 이러한 상태는 인생 전반에 걸쳐 인간이 지닌 개성의 기본적인 측면이 될 수 있으며, 특정 상황에 반응하여 순간순간 변하는 어떤 것이 될 수 있다. 차크라가 병들면 그 상태를 쉽게 바꾸기 어려우며, 차크라가 열리거나 닫힌 상태에서 갇혀버릴 수 있다. 이때 차크라를 막고 있는 요인이 무엇이든 그것을 밝혀내서, 제거하고, 또한 치료할 필요가 있다. 차크라가 닫힌 상태에서 막혀있다면, 사랑의 에너지나 소통과 같은 특정한 장에서의 에너지를 생성하거나 수용하지 못할 수 있다. 차크라가 열렸거나 과도하게 열린 상태에서 차단되었다면, 힘을 향상하거나 성(性)적 욕구를 충족시키고자 하는 특별한 상황을 통해서 에너지를 유통시키고 있음을 의미한다. 그러나 이런 시기에는 다른 방식으로 에너지를 유통시키는 것이 보다 더 바람직하다. 차단된 차크라는 특정 에너지를 만성적으로 회피하는 반면, 과도하게 열린 차크라는 특정 에너지에 고질적으로 집착한다.

특정한 차원에서 개인이 만나는 에너지의 질과 양은 각각의 차크라들을 어떤 방식으로 개폐하는지, 혹은 그가 적절한 시기에 차크라의 개폐를 얼마만큼 통제할 수 있는지와 관련 있다. 차크라는 주어진 차원에서 개인이 효과적으로 다룰 수 있는 활동량과 난이도를 통제한다.

예를 들어 개인적 힘을 의미하는 3번 차크라가 단단하게 닫힌 사람들은 충돌을 두려워하는 반면 좀 더 개화된 사람들은 너무 잘 모험을 건다. 성을 의미하는 2번 차크라가 열린 사람들은 다수의 파트너들과 교류할 수 있지만, 닫힌 사람들은 성욕을 느끼는 것조차 거부한다. 목

차크라가 과도하게 열리면 말을 너무 많이 하거나, 진지하게 듣지 않을 수 있다. 반면 반대의 경우에는, 입 밖으로 말을 꺼내는 것조차 두려워할 수 있다.

차크라의 개방을 촉진시키거나, 방출하거나 또는 차크라 센터들을 강화하기 위해 설계된 특별한 운동이 있는데, 운동을 시작하기 전에 먼저 차크라 시스템에 대한 전체적인 이해가 있어야 한다. 시스템을 이해했다면, 개별적인 단계들에 대해서 여러 가지 방식으로 접근할 수 있다.

• 신체의 해당부위에 관심을 집중하고, 그 부분이 어떻게 느껴지는지, 또한 그 부위가 움직이는 방식을 조심스럽게 주목하라.

• 해당 차크라의 철학적 작용을 이해하고 그것을 적용해 보라.

• 일상생활의 특정한 단계와 그에 상응하는 차크라와의 작용을 검토하라.

이 작업에서 특정 차원과의 어떠한 상관성도 차크라에 접근하는데 사용하거나 내부 에너지를 변화시킬 수 있다.

예를 들어서 신체의 해당 부분(배, 성기)을 먼저 조율하여 2번 차크라(성)가 어떤 상태인지를 이해할 수 있다. 상태가 유동적인가? 살아있는가? 고통스러운가? 긴장하고 있는가? 편안한가? 물리적 상태는 내부 프로세스에 대해 많은 단서를 제공한다. 다음 단계는 특정 차크라의 의미와 기능을 검토하는 것이다. 감정과 성[14]에 대해 어떤 의미를 부여하는가? 그들은 여러분에게 어떠한 가치를 지니고 있는가? 그런 다음 생활 속에서 느끼는 감정과 성적 작용 간의 질(質)과 양을 조사하게 될 것이다. 주고 받음에 균형이 잡혔는가? 쉬운 감정의 흐름인가?

---

14) 감정과 성은 2번 차크라와 연관된다.

아니면 두려움과 걱정의 대상인가?

그리고 나서, 아래 제시된 사안 중 하나를 시행해서 2번 차크라의 건강을 개선시킬 수 있다.

- 몸의 천골(薦骨) 부위를 완화하고, 열고, 강화시키는 것과 관련된 운동을 하라.

- 2번 차크라와 연관된 이미지, 색상, 소리, 여신, 또는 지속적 움직임과 물의 흐름 또는 2번 차크라를 정화하는 자산(즉 다량의 물 마시기, 강가 산책, 수영 등)을 활용하라. 이들은 모두 물 원소와 2번 차크라를 연결시키는 수단이다.

- 성과 감정에 대한 자신의 느낌과 가치를 통해 작업하고 그렇게 얻은 새로운 통찰을 타인과 자신의 행동에 활용한다.

이 과정 중 일부 또는 전부는 감정이나 성적 기질의 변화를 초래할 수 있다.

몸과 마음은 떨어질 수 없는 불가분의 관계이다. 둘은 서로를 지배하고 서로에게 영향을 주며, 서로 간에 상대를 통해서 자신에게 접근할 수 있다. 예를 들어서 일곱 개의 주요한 차크라 역시 분리해서 생각할 수 없으며 서로 깊이 연결되어 있다. 특정 차크라의 기능 장애는 그 상위 차크라나 그 하위 차크라의 활동에 영향을 끼칠 수 있다. 개인적 힘(3번 차크라)으로 고통을 겪는 경우에 그것은 소통(5번 차크라) 단절이 원인일 수 있다. 반대의 경우도 마찬가지다. 가슴(4번 차크라)에 문제가 생긴 경우에 오히려 다른 부분의 질환으로 나타날 수 있는데, 이것은 소인(素因)이 너무 깊이 묻혀있기 때문이다. 이론적 시스템을 전체적으로 검토하고 개인 시스템에 적용해 보면서, 각자 내면에 고유하게 발생하는 여러분의 개인 차크라에 그것을 적용해보면 포착하기 어려운 미묘함과 패턴들을 분류하고 자신의 목표에 따라 스스로 개선하는 것을 배운다. 우리가 각각의 차크라를 더 깊이 탐구할 때 이 과정은 더 자세하게 설명될 것이다.

차크라는 동시에 많은 차원으로 존재하며, 그러한 차원으로 들어가는 진입점을 제공한다. 물리적 차원에서 그들은 몸의 특정 부위에 상응하며, 안절부절 못함, 쉰 목소리, 가슴 두근거림 또는 오르가즘의 형태로 경험할 수 있다. 신체적 연관성을 검토해봄으로써, 차크라 시스템을 사용하여 분석할 수 있으며 어떤 경우에는 질병이 치료되기도 한다.

차크라는 또한 다양한 타입의 행동에 상응한다. 일과 노동은 1번 차크라의 작업으로 생존과 관계있다. 소리 및 소통과 연관된 음악은 5번 차크라에 상응한다. 꿈은 내면 통찰력의 기능으로 6번 차크라의 활동이다.15)

시간의 차원에서 차크라는 개인적이고 문화적인 인생 주기 안에서의 무대들을 설명한다. 어린이들의 경우 차크라는 순서대로 열린다. 생애 첫해를 지배하는 1번 차크라로부터 시작해서 성숙한 어른이 되어갈수록 7번 차크라를 향하여 점점 상층부로 올라간다. 성인의 경우에는 자신이 활동하는 무대에 따라 특정 차크라에 더 집중할 수 있다. 차크라에 따라 개인적 번영 창조, 성적 탐구, 개인의 힘과 인연법, 그리고 창조력 개발 혹은 영적 탐험 등을 창조한다.

진화의 관점에서 볼 때, 차크라는 주어진 시기에 세상에 편재하는 의식의 패러다임이다. 원시시대의 사람들은 주로 1번 차크라에 존재했는데 생존이 문화의 주요 주제였다. 농업과 선박 여행은 2번 차크라 시작을 나타낸다. 이 밀레니엄 시대에 우리는 힘과 에너지에 기본적 주안점을 두었던 3번 차크라를 지나서, 사랑과 연민에 중점을 둔 4번

---

15) 5번 차크라가 꿈과 무의식을 관장한다고 소개하는 문헌들도 있다.

차크라, 즉 심장 영역으로 진입하는 중에 있다. 이러한 변형의 과정 중 어떤 것도 평이하거나 또는 갑작스럽게 일어나지 않으며, 역사의 과정 속에서 분명하게 목도할 수 있는 특정한 국면들도 있을 수 있다.(12장 참고).

마음에서 차크라는 의식의 패턴이며, 믿음 시스템으로 이를 통해 우리는 자신의 세계를 경험하고 창조한다. 이러한 방식 안에서, 차크라는 실로 삶을 경영하는 프로그램이다. 하위 차크라의 프로그램은 생존과 성(性) 그리고 행동의 견지에서 바디에 관한 정보를 가지고 있다. 상위 차크라는 우리를 보다 더 광활한 우주 의식의 상태로 인도하며 영성과 진리에 관해서 우리가 더 깊은 믿음 시스템을 가지고 활동하게 한다. 때때로 개인이 어떤 프로그램에 갇히면, 그를 둘러싼 세상과의 교류가 습관적이고 구태의연한 방식으로 이루어질 수 있다. 모든 상황을 자신의 힘에 대한 도전으로 인식하는 사람들은 3번 차크라를 지향하는 사람들이다. 건강이나 돈과 같이 생존문제로 끊임없이 분투하는 사람들은 1번 차크라로 인해 어려움을 겪고 있는 것이다. 환상 속에서 사는 사람들은 아마도 6번 차크라 안에 갇혀버린 것일지 모른다.

살펴본 바와 같이 차크라는 다양하고 복잡하다. 행위의 다채로운 장 위에서 현현되는 의식에 대한 은유로써 그들의 가치는 헤아릴 수 없을 만큼 귀중하다. 또한 차크라는 완벽한 시스템으로서 인간 존재의 활기찬 역동성과 심오한 이해를 제공한다.

쉬바와 샥티

힘이 없다면 힘을 가진 자도 없다. 힘의 보유자가 없다면 어떠한 힘도 존재하지 않는다. 쉬바는 힘을 가진 자다. 힘은 샥티, 즉 우주의 위대

한 어머니다. 샥티 없이는 쉬바도 존재하지 못하고, 쉬바 없이는 샥티도 존재하지 않는다.

힌두신화에 따르면, 우주는 쉬바 신와 샥티 여신의 결합으로 창조되었다. 남성법칙인 쉬바는 현현되지 않은 순수의식과 동일시된다. 그는 지복을 나타내며, 깊은 명상상태에 있는 무형의 존재로 그려진다. 쉬바는 순수의식과 동일한 활성화되지 않은 신성한 잠재력으로 현현과는 별개다. 때때로 파괴자로 인식되기도 하는데, 무형의 의식으로 의식을 드러내 보이기 위해서 종종 형태를 파괴하기 때문이다. 쉬바는 사하스라라 차크라에서 가장 강력한 존재감을 가진 것으로 인식된다.

샥티는 이 활동하지 않는 의식인 쉬바의 파트너이며 생명 부여자이다. 그녀는 창조성 전체이며, 우주의 어머니이다. 그녀가 창조한 세계 안에서 샥티는 마야의 창조자로서 흔히 환영으로 간주된다. 초기 산스크리트어에서 마야는 마법, 예술, 지혜 그리고 엄청난 힘이라는 의미를 지녔다. 현현된 우주물질로서 마야는 신성한 창조의 여신(여주인)이다. 마야는 의식의 투사이지만, 의식 그 자체는 아니다. 카르마가 무르익으면 샥티는 창조되기를 갈망하여 자신을 마야로 덮어버린다고 한다.

어원(語源) 샥(shak)은 '힘을 가진' 또는 '할 수 있는'을 의미한다. 샥티는 생명 에너지로서 생명의 형성에 힘을 제공한다. 쉬바 의식이 하강하여 우주(샥티)에게 자신의 신성한 의식을 부여하는 것은 오로지 샥티와의 결합을 통해서만 가능하다. 필멸(必滅)의 인간 중에서, 여성이 아이를 낳는 것도 오로지 남성의 정자가 있을 때만 가능하다. 마찬가지로 샥티가 우주를 창조하지만, 쉬바로부터 전해진 의식의 씨앗 없이는 불가능하다.

이 두 신은 서로를 향하여 움직이는 경향이 있다. 대지를 밀치고 상승하기 때문에 샥티를 인간 영혼의 성스러운 염원으로 묘사하는 반면,

쉬바가 위에서부터 하강하는 것은 신성한 고결함의 끌어당김에 저항할 수 없기 때문이거나 현현을 위해서이다. 그들은 영원한 포옹 속에서 끊임없이 사랑하는데, 서로가 상대 없이는 결코 존재하지 못한다. 그들의 영원한 관계는 현상계와 영성계를 창조한다.

쉬바와 샥티는 각자 모두의 내면에 거한다. 우리가 오로지 특정한 원칙들을 수행할 때만이 이러한 힘들이 모두 갈무리되어 우리를 마야의 상태로부터 각성의 상태로 데려다 주거나, 소위 환영 안에 묻혀있는 의식을 자각 상태로 이끌어 줄 것이다. 이것이 실현되면, 오래된 문구가 암시하듯이, 예술과 지혜, 그리고 창조의 힘을 우리의 손안에 가지게 될 것이다.

자유와 현현

의식은 쌍둥이처럼 두 가지 측면을 가지고 있다. 자유[16]*는 의식이 지닌 무형의 측면으로, 그 안에서 의식은 지복의 형태로만 존재한다. 우주는 의식이 지닌 유형의 측면으로, 그 안에서 의식은 세계를 향유(享有/)*[17]*한다. 영적 수행의 주요한 원칙 중 하나는 자유와 향유함 모두를 확보하는데 있다.*

쉬바와 샥티는 차크라를 통해서 상승하고 하강하는 두 가지 에너지 흐름을 상징한다.(그림 1.10 참고) 하강은 현현의 흐름으로, 순수의식에서 시작하여 차크라를 따라 하강하여 현현의 장으로 들어선다. 그 흐름은 각 차원을 지날 때마다 점점 더 조밀해진다. 가령 연극을 창안한다고 생각해 보자. 처음에는 아이디어와 컨셉을 구상한다(2번 차크라). 아이디어는 일련의 이미지가 되며(6번 차크라), 이 이미지들을 기지고

---

16) mukti
17) bhukti

스토리텔링 형식으로 타인과 소통한다(5번 차크라). 아이디어가 더욱 발전되면 우리는 그것을 실현하는데 도움이 되는 일련의 관계를 맺게 된다(2번 차크라). 이렇게 형성된 관계에 의지와 에너지를 쏟아 붓는다 (3번 차크라). 연극을 연습하고 관념적 요소와 물리적 요소들을 융섭(融攝)한다(2번 차크라). 마침내 연극이 무대 위에 올려지고(2번 차크라), 관객들은 공연을 관람하게 된다. 생각 속에 시작된 추상적 개념이 차크라를 통해서 발현된다. 이것이 삶의 즐거움, 즉 부크티에 의해 끌어당겨진다고 말해지는 현현의 길이다.

해탈 흐름이라고 불리는 다른 흐름은 우리를 현현의 장이 주는 제한으로부터 벗어나서, 보다 더 자유롭고 광활하며 포괄적인 존재 상태로 이끌어준다. 이 통로에서 물질 내의 에너지는 방출되어 점점 더 가벼워진다. 또한 에너지가 원소를 통과하여 상승할 때 어떠한 제약도 없는 상태의 순수한 존재로 확장되고 변형된다. 그리하여 견고한 흙은 경직성을 상실하여 물이 되고, 또 다시 불 에너지로 화하며, 공기로 확장되고, 진동하는 소리로, 방출되는 빛으로 그리고 추상적인 생각으로 변화한다.

해방 흐름은 차크라 학습에서 일반적으로 강조되는 관문인데 이것이 개인적 자유를 태동하게 하기 때문이다. 이 관문을 통해서 천천히 움직이는 속박되었던 에너지가 점차로 새롭고 차원 높은 자유로운 에너지로 향도된다. 이것은 우리를 진부하고 억압적인 습관으로부터 그리고 마야의 베일로부터 벗어나게 해준다. 이 관문을 통해 우리는 물리적 세계의 제약으로부터 자신을 해방하고, 추상적이고 상징적인 차원에서 더 광대한 영역을 발견한다. 해탈의 흐름을 경유하는 모든 발걸음은 물질과 의식을 재배열한다. 더 나아가 에너지가 보다 더 효율적이고 풍부하게 결합되고 생산되다가 근원으로 소멸되 사라진다. 이러한 흐름은 아래쪽에서 시작한 것으로, 하위 차크라의 힘(요소)들인 우리의 뿌리, 배짱, 필요성, 그리고 욕망을 연료로 한다.

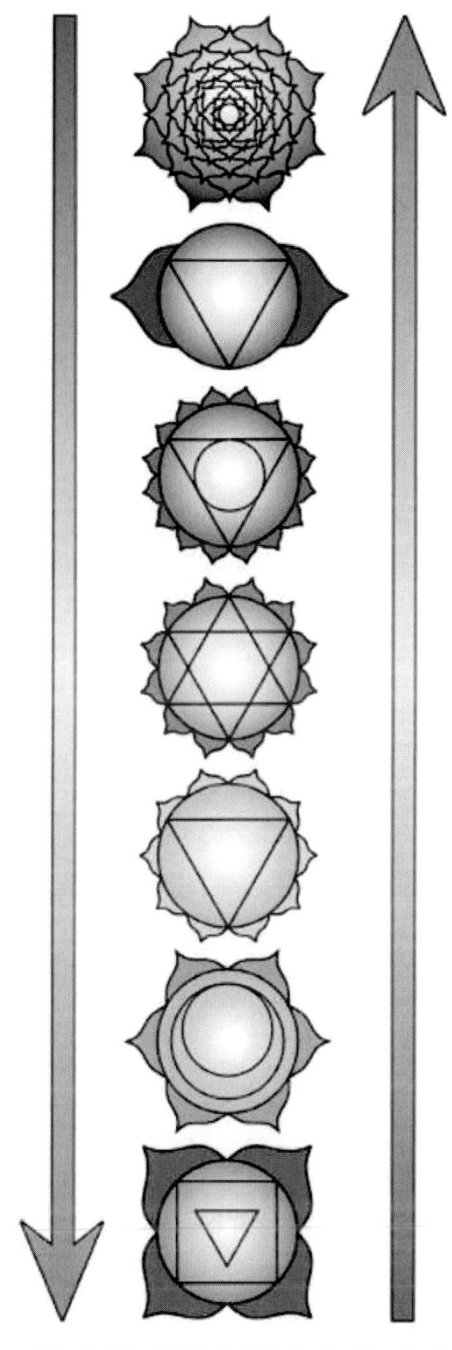

그림 1.10 현현흐름(하강)과 해탈 흐름(상승)

하강의 흐름은 똑같이 중요하다. 왜냐하면 하강은 현현을 가능하게 해주기 때문이다. 하강하는 매 단계는 창조적인 행위이자 의식적인 선택의 과정으로 자유의 제약을 허용하는 제한으로 나아가는 일보이다. 다시 말해서 이러한 선택을 하는 의식이 일련의 제약을 받게 된다. 이러한 제약 또는 속박을 통하여 추상적이고 확장되었던 의식은 자신을 응축시켜서 굳어지게 만드는 컨테이너 즉 통제자가 된다. 하강하는 흐름 속에서 각각의 차크라들은 우주적 에너지들의 응축센터로 간주될 수 있다.

현현하기 위해서 우리는 한계를 지어야만 한다. 이것은 경계를 정하고 구체적이 될 것과 구조와 형태를 정의할 것을 요구한다. 본서를 집필하기 위해서 내 인생에 구조를 정해야만 했고 나의 다른 활동들에 제한을 가해서 집필을 완성하기에 충분한 시간을 내야 했다.

직업을 가지고, 자녀를 양육하며, 학교를 졸업하거나 혹은 여타의 유형적인 모든 행위를 할 때에도 우리는 기꺼이 제약을 받아들여야만 한다.[18]

해탈의 흐름은 우리에게 흥분, 에너지, 새로움을 주는 반면 하강의 흐름은 평화, 우아함, 안정감을 가져온다. 해탈의 흐름을 바텀업, 하강의 흐름을 탑다운이라고 말한다. 이 관문 중 어떤 것이든 완벽하기 위해서 차크라는 개방되고 활동적일 필요가 있다. 제약 없는 자유는 우리를 모호하고 산만하며 혼란스럽게 한다. 멋진 생각과 많은 지식을 향유할는지는 몰라도 완성된 열매를 얻지는 못할 수 있다. 반면 자유 없는 제약은 지겹고 답답하다. 반복되는 패턴에 구속되어, 안전에 집착하고 변화를 두려워하게 된다. 진정한 전체가 되기 위해서 이 두 가지의 흐름은 모두 개방적이고 활동적이어야만 한다.[19]

---

18) 자유는 책임이라는 제약을 필수 요건으로 가져야 한다.
19) 자유와 제약은 상보적이다.

차크라는 두 가지 힘이 서로 다른 조합으로 섞이는 신체내부에 존재하는 방으로 간주된다. 모든 차크라가 누리는 자유와 드러남의 상태는 다르다.

시스템 안에서 하강할수록 현현흐름의 추진력은 강해진다. 반면 상승할수록 차크라는 해탈 흐름의 영향을 더 많이 받는다. 이 기초적인 대극은 시스템이 전체적으로 움직이는 방식을 이해하는 근원적 구성 요소들이다.

세 가지의 구나

힌두신화에서 우주는 프라크리티라고 불리는 원질료로부터 진화되었는데 이것은 서양 연금술의 프리마 마데리아[20]와 유사하다. 프라크리티는 구나 또는 질료로 불리는 일종의 세 가지 실로 직조되며, 인간이 경험하는 모든 것을 창조한다. 이 세 가지 질료는 물질, 에너지 그리고 의식에 상응한다.

첫 번째 구나는 타마스로 물질, 질량, 또는 타성의 무거운 고요함을 나타낸다. 가장 밀도가 높은 프라크리티다. 두 번째 구나는 라자스로 움직임과 힘의 형태를 지녔으며 타성을 극복한다. 역동성과 가변성을 지닌 프라크리티다. 세 번째 구나는 사트바로 마음, 지성, 의식을 나타낸다. 가장 추상적인 형태다. 구나는 또한 자기력을 지닌 타마스와 운동력을 지닌 라자스, 그리고 이 두 물질 사이에 균형을 잡아주는 힘을 지닌 사트바로 구성된다. 사트바는 인과장을 지배하고, 라자스는 미세장[21]을 지배하고 타마스는 물리장을 지배한다. 라자스는 청탁정, 타마스는 탁정, 사트바는 청정이다.

---

20) prima materia
21) subtle plane

우주의 영속적인 창조성 속에서 이 세 가지 구나는 서로 얽혀서 다양한 상태 또는 우리가 경험하는 존재의 장을 형성한다. 구나는 평형의 기본적 상태로부터 태동했기 때문에, 끊임없는 유동성을 통해서도 이러한 평형상태를 유지한다. 타마스가 지배할 때, 우리는 타마스로부터 물질을 받는다. 라자스의 지배를 받는 경우 라자스로부터 에너지를 받는다. 사트바가 우세한 경우도 있다. 이때는 주로 정신적이며 영적인 경험을 한다. 그러나 이 세 가지 구나는 언제나 자신만의 정수를 보유하며, 마치 땋아있는 세 갈래의 올처럼 또렷하게 자신을 드러낸다. 결과적으로 이 모든 것은 함께 엮여서 하나의 직조물을 만든다. 라자스는 혼, 사트바는 영, 타마스는 육의 성질을 구성한다.

구나의 전체성은 영속적이라고 여겨지며 오늘날 물리학이 수용하는 에너지보존의 법칙을 반영한다. 이때 직조물내의 각 구획 안에 존재하는 가닥의 수는 바뀌기도 하지만, 직조물 전체의 크기는 불변한다.

차크라는 다양한 비율로 형성된 세 개의 구나로 구성된다. 이 세 가지 물질은 근원적이며 통합되지 않은 원시물질의 정수(精髓)다. 이들은 함께 우주의 춤을 연출하지만 분리되면 완전히 별개다. 구나는 우주적 춤 안에서 스텝을 만드는데, 우리는 이 세 가지 물질간의 상호 연관성을 학습함으로써, 구나가 창조하는 스텝을 배우게 될 것이며 스스로 우주의 무희(舞姬)와 합류하게 될 것이다.

다음에 소개할 내용들에서도 물질과 에너지 그리고 의식이라는 세 단어는 아주 자연스럽게 사용될 것이다. 이 단어들은 세 개의 구나의 성질을 지닌 삶의 모든 측면에 내재한다. 이 세 개의 물질은 분리된 존재가 아니며, 어느 하나의 물질도 다양한 비율로 형성된 다른 물질 없이 홀로 존재할 수는 없다. 사실 이들을 분리하는 것은 사실상 불가능하다. 에너지, 물질, 의식[22]이 서로 얽혀서 우리가 경험하는 모든 것들을 형성하는데 같은 방식으로 구나는 함께 모여서 우주를 구성한다.

---

22) 타마스 물질, 라자스 에너지, 사트바가 의식이다.

차크라는 이들 다양한 강도의 성분들이 모여 구성된다. 물질(타마스)은 하위 차크라를 지배하고, 에너지(라자스)는 중간 차크라를 지배하며 의식(사트바)은 상위 차크라를 지배한다. 이 각각의 실들은 모든 차원에서 그리고 모든 살아있는 생명체들 속에서 발견된다. 이 세 가지의 기본실의 직조가 균형을 이루면, 개인의 몸과 마음 그리고 정신에 균형을 가져다준다.

차크라와 쿤달리니

쿤달리니여! 강렬하게 빛나는 광휘로 가득 찬 젊음의 빛이여! 그녀의 달콤한 속삭임은 사랑에 빠진 벌무리들이 떼지어 비행할 때 울려퍼지는 웅얼거림의 소리와도 같다. 보는 존재계의 존속이 그녀의 숨결에 의해 이루어지니, 여신은 휘황한 광명의 빛처럼 연꽃뿌리 속에서 찬란하게 빛난다.

사-차크라-나루파

샥티가 차크라 기저에 거주할 때, 그녀는 휴식중이다. 이곳에서 샥티는 또아리 튼 뱀이자 쿤달리니 샥티로서, 물라다라 안에 위치한 쉬바 링감의 둘레를 세 바퀴 반을 돌아 감고 있다. 그녀는 물질에 내재하는 잠재력이며 창조의 원시적이고 여성적인 힘이자 인간의식에 진화를 일으키는 힘이다. 대부분의 사람들의 쿤달리니 샥티는 활동을 멈춘 채 척추기저에서 또아리를 튼 상태로 평화롭게 잠들어 있다. 그녀의 이름은 "또아리를 튼"의 의미를 지닌 쿤달라에서 기인되었다.

여신이 깨어나면, 그녀는 또아리를 풀어 차크라를 타고 상승하여 머리 최상승부에 주재하는 사하스라라 차크라까지 도달한다. 그리고 이곳에서 쉬바가 자신을 맞이하러 내려오기를 소망하며 기다린다. 샥티는 모든 차크라의 마디마디를 뚫고 상승하여 차크라 각성을 일으킨다. 사실 차크라 개방이 쿤달리니 샥티의 힘만으로 이루어진다는 믿음도 일부 있다. 만일 샥티가 크라운 차크라에 도달하는 여행을 완수할 수 있다면, 그녀의 상대이자 신성한 의식인 쉬바와 결합하여 각성과 지복에 이르게 될 것이다.

고대 비전으로 전해지는 쿤달리니 요가는 쿤달리니 샥티의 힘을 각성시켜 척추를 타고 상승하도록 설계된 수련법이다. 쿤달리니 요가는 흔히 단련된 그루가 행하는 입문식이나 다년간의 특수요가 또는 명상 훈련을 수반한다. 그러나 이러한 영적 통과과정을 자연스럽게 간헐적으로 경험하는 사람들도 많은데, 일부는 참된 쿤달리니의 각성을 경험하기도 한다. 이렇게 신비롭고 파워풀한 힘을 탐구해보는 것이 가치 있는 일이 아닐까?

쿤달리니가 선택하는 통로는 매우 다양하다. 대부분 쿤달리니는 발이나 척추기저로부터 시작해서 머리를 향해 상승한다. 이때 격렬한 경련이나 강렬한 열감이 동반될 수 있다. 그러나 머리 아래로 하강하거나 중앙에서 시작해서 외부로 향하는 격렬한 느낌 또한 쿤달리니에서 기인된 현상이다. 쿤달리니 현상은 때때로 순식간에 발생했다가 사라지며, 어떤 경우에는 몇 시간이나 몇 해 간격으로 발생하며, 몇 주나 몇 달 또는 몇 년에 걸쳐서 지속되기도 한다.

쿤달리니는 일반적으로 심오한 의식의 변화를 가져오는 독특하고 강력한 경험이다. 이러한 변화는 기민함의 증가, 갑작스럽게 생긴 통찰력, 비전, 목소리, 무게감이 사라진 느낌, 바디의 정화된 느낌 또는 초월적 지복으로 경험할 수 있다. 쿤달리니가 뇌척수액에 파도같은 유동성을 야기하여 뇌중앙부에 즐거움을 촉발하는 것은 어느 정도 증명된 사실이다. 신비주의자들은 이것을 '지복의 상태'라고 언급하곤

한다.

 그러나 쿤달리니 경험이 항상 즐거운 것은 아니다. 쿤달리니가 차크라를 격렬하게 뚫고 지나갈 때, 일상생활에서 극단적인 어려움을 겪는 사람들이 많다.[23] 가령 쿤달리니가 차단된 곳을 밀고 지나갈 때, 수면장애를 겪거나, 삼키는 느낌 또는 리비도의 발생처럼 하위차크라와 관련된 불쾌감을 느낄 수 있다. 또한 일부는 심각한 우울증을 겪거나 마치 서펀트 여신의 눈을 통해서 자신의 삶을 바라보는 것과 같은 두려움을 느끼기도 한다. 그녀는 치유의 힘이다. 그러나 언제나 친절한 것은 아니어서 당신이 향유하는 평균적인 진실로부터 망상의 베일을 벗겨버릴 수도 있다. 영적지도자의 도움 없이 자연스럽게 쿤달리니의 각성을 경험하는 사람들이라면, 숙련된 요법사들의 도움이 필요하다. 그리고 자신의 경험이 실성했거나 정신병적인 것이 아니었음을 깨달을 필요가 있다.

 뱀은 각성과 불멸 그리고 신에게 이르는 통로를 표현하는 세계의 원형적 상징이다. 구약의 창세기에서 뱀의 유혹을 받은 아담과 이브는 지식의 나무에 열린 열매를 먹었다. 이것은 쿤달리니의 시작을 의미했으며 앎에 대한 끝없는 욕망을 자아냈으며 사과가 의미하는 물질적 세계로 하강하게 됐다. 이집트에서 왕은 자신의 신적인 지위를 표현하기 위해 뱀의 상징이 부착된 왕관을 썼다. 이것이 상승하는 쿤달리니를 암시하는 것일까? 헤르메스 신의 지팡이로 알려진 카두서스는 두 마리 뱀이 지팡이 둘레를 타고 올라가는 형상이다(그림 1.11참조). 카두서스는 이다와 핑갈라가 감고 올라가는 모습을 본뜬 것이 분명하다. 이다와 핑갈라는 중앙 나디로 슈숨나를 둘러싼 차크라들 사이에서 교차한다. 이 서로 엉킨 뱀은 삶을 영위하는 기본 정보인 인간의 DNA인 이중나선형패턴을 상징한다.

---

23) 이러한 상태를 깔리 상태라고 한다. 반대로 지복의 상태를 두르가 상태라고 한다.

쿤달리니는 강력한 각성의 힘에 대한 우주적 개념이다. 쿤달리니는 매우 교묘하고 예측할 수 없는 힘이다. 각성과정에서 강력한 통증과 혼란이 수반되기도 하며, 세상으로부터 정신병자로 오해받는 일이 흔하다. 위에서 언급한 긍정적인 힘을 동반할 수도 있지만 그렇지 않을 수도 있다. 쿤달리니의 힘이 차크라를 개방하면, 마치 감옥의 문을 여는 것처럼, 그것이 무엇이건 차크라 안에 적재되어 모든 것을 방출할 것이다. 이 힘은 통찰력이나 경험의 확장을 가져올 수도 있지만, 오래된 트라우마나 상처의 경험을 촉발하여 차크라를 근본적으로 폐쇄시킬 수도 있다.

쿤달리니는 심오한 의식상태를 창조하는데, 결과적인 의식상태는 대부분 각성되지 않은 세계에서 살아가는 것을 매우 어렵게 만들지 모른다. 현재의 패러다임을 지지하지 못하거나, 자신의 삶 속의 환경과 조화를 이루지 못하거나, 청정한 몸 상태를 유지하는데 도움이 되지 않을 수 있다. 이러한 어려움은 엄청난 불편을 가져다주지만 일반적으로 피하기 어렵다. 쿤달리니는 기본적으로 치유의 힘이다. 각성시 고통을 느낀다면 우리가 아직 방출할 준비가 되지 않은 내면의 긴장과 불순물이 있기 때문이다. 고통을 줄이기 위해 차크라 개방법을 학습하면 도움이 될 것이다.

이론적으로 쿤달리니는 머리 최상승부에 위치하는 크라운 차크라를 여는데 도움을 주는 힘이다. 차크라 내부의 여러 막(block)들이 척추에 너지를 차단하고 있기 때문에, 사하스라라 차크라에 도달하기는 매우 어렵다. 전통적으로 사하스라라 차크라는 깨달음의 자리로 간주되곤 한다. 그러나 나는 차크라들이 결합되고 연결되어, 의식적으로 왓칭하면 깨달음이 온다고 믿는다. 많은 사람들에게 있어서 상위 차크라의 의식을 유형의 인식으로 끌어내릴 때[24] 깨달음을 얻을 수 있는 기회

---

24) 이러한 의식의 하강을 탑다운 방식이라고 한다. 최상승에 있는 쉬바와 샥티가 결합해서 하나가 된 상태에서 하강하면서 온 몸이 떨리고 진동하면서 영적인 각성이 일어난다. 사하스라라에는 모든 차크라의 결합, 연결성, 허브가 있다. 시스템 허브, 네트워크의 허브, 중심 맥이 있다. 사하스라라에는 7개의 차크라 총 헤드쿼터 즉 사령탑이

가 더 많다. 반대의 경우보다 말이다.

 만일 자신의 심신을 완전히 이완시키고 차크라들에/ 대해서 진지하게 주의를 기울이면, 상위차크라로 에너지를 상승시키는 일은 자연스럽고도 자발적으로 실현된다. 의식을 확장시키기 위해서 강제적인 방식으로 에너지를 상승시킨다면 긴장, 스트레스 그리고 '멍한' 느낌을 가져오거나 같은 방식으로 의식을 상승시키지 않는 주변의 모든 사람들에게 짜증을 유발할 수 있다. 강제적인 방식은 바람직하지 않으며 각성의 결여를 가져온다. 전자의 방식은 자연스럽게 일으키는 것이고 두 번째 방식은 강제로 의식의 각성을 가져오는 것인데 이것은 깨달음의 결여 즉 각성이 되더라도 약하다. (이러한 상황을 드러내는 한 컨퍼런스에서의 경험이 있다. 많은 참가자들이 다가왔고, 자신의 7번 차크라 각성 경험에 대해 흥분해서 토로했다. 그러나 그들은 예의를 인식할 수 있는 최소한의 민감성도 없이 무례하게 대화에 끼어들었고 마치 나무토막이 된 듯 끔찍하게 무시당한 기분을 느낀 경험이 있다. 역자 주25))

 쿤달리니를 제외하고 차크라를 논하는 것은 불가능하다. 그러나 쿤달리니 상승이 본서의 초점은 아니다. 다음 길모퉁이에 위치한 집에 쉽게 도착하기 위해서 벽을 뚫고 운전하는 것이 최선의 방법은 아니듯이 각성을 얻는 최고나 최선의 길이 반드시 쿤달리니는 아니다. 물론 특별히 완고한 막을 통과하는데 강한 힘이 필요할 때도 있다. 그러나 나는 자연스럽고 안전하며 즐거운 방식을 더 선호하는 편이다. 경치가

 있다. 거기에서 의식이 각성되서 빛이 나면서 그 에너지가 온 몸으로 다 내려오면 탑다운이라고 한다. 이 방식에 의해서 강렬한 영적 각성을 경험한다. 정수리에서 쉬바와 샥티가 하나되서 다시 하강한다. 그리고 이때 최상승에 있는 쉬바와 샥티가 결합해서 그 에너지기 다시 하강할 때 온몸이 진동하고 떨리면서 영적인 각성이 일어난다. 사하스라라에는 네트워크의 중심맥, 즉 허브가 있다. 사하스라라에는 일곱 개의 차크라 헤드쿼터가 있어. 거기에서 온몸으로 내려오면서 빛이 온몸으로 샤워링한다. 샤워히듯이 정수리에서 회음부로 다시 내려간다. 그것을 탑다운이라고 한다.
25) 7번 차크라의 각성이 잘못 이루어지면 에고 강해져서 그것이 교주카르마로 확장될 수 있음을 지적함

좋은 도로를 선택하면 여행을 즐기면서 목적지에 도달할 수 있다.

본서는 쿤달리니의 상승을 위해 창안된 법칙들을 지지하지도 비난하지도 않는다. LSD와 같은 약품으로 순간적으로 초의식 세계를 경험하는 경우가 있다[26]. 그러나 반드시는 아니며, 더욱이 긍정적인 변화를 초래한다고 보장할 수 없다. 쿤달리니는 예측이 거의 불가능하고 더 심오하며 보다 더 성취하기가 어렵다. 쿤달리니는 약품의 결과물이 아니며, 우리의 생활에너지를 재정립한 결과물이다. 그것은 고도의 각성을 추구하는 진지한 구도자들이 할 수 있는 매우 가치 있고 독특한 경험이다.

그것은 고도의 각성을 추구하는 진지한 구도자들이 할 수 있는 매우 가치 있고 독특한 경험이다.

과정 중에 겪는 모종의 고통들은 경험자 자신의 저항의 결과물이며, 상층부에 도달하기 전에 쿤달리니가 연소시켜야만 하는 불순물들이다.

쿤달리니 현상에 대한 많은 연구들이 진행되고 있으며, 쿤달리니의 정체성과 그들을 촉발하는 방법을 다루는 많은 이론들도 여러가지로 소개되고 있다. 몇 가지 이론들을 다음과 같다.

쿤달리니는 구루에 의해서 촉발된다. 우리가 타인과 맺는 어떠한 상호관계도 차크라의 레벨 하에서 수립된다(그림1.12참고). 만일 하위 차크라를 많이 사용하는 사람들과 연결된다면 우리의 차크라 센타도 그들에 따라 반응하며, 이와 같이 상호작용을 통해 우리자신의 차크라 의식도 하강한다. 마찬가지로, 쿤달리니가 각성된 구루와의 접촉에서처럼, 어떤 관계를 통해서 상위차크라가 자극받는다면, 이 새로운 에너지의 흐름은 그를 각성시킨다. 구루가 제자에게 쿤달리니를 각성시

---

26) 우리나라에서는 허용되지 않는다.

그림1.11 치유의 현대적 상징인 카두서스는 차크라와 나디의 경로를 따라 바닥에서 위쪽의 두 개의 날개달린 꽃잎으로 방출된다.

키는 것을 샥티파티라고 한다. 샥티파티는 차크라를 깨워내서 쿤달리니 에너지가 흐르게 하는 요가 행법이다.

* **쿤달리니는 성적이다.** 탄트라 수행은 때때로 쿤달리니를 상승시켜서 초월 의식을 성취하려고 창안된 요기들의 정교한 리비도 수행법을[27] 포함한다. 그러한 기술은 금욕수행에서부터 비금욕 수행에 이르기까지 다양하다. 쿤달리니와 리비도의 연관성을 완전히 부인하는 사람들이 있는 반면, 서로 불가분의 관계라고 주장하는 사람들도 있다[28].

* **쿤달리니는 화학물질이다.** 6번 차크라는 일반적으로 송과체와 관련이 있다. 송과체에서 생산되는 멜라토닌이라는 화학물질은 심령능력을 개발하고 꿈을 회상하게하며 비전과 환각을 유발한다고 알려져 있다. 어떤 사람들은 쿤달리니에 의해 유도된 비전이 신경전달물질의 순환이라고 믿는다. 쿤달리니는 커피나 마리화나 또는 환각유발성 물질에 의해서 촉발되기도 한다.[29]

* **쿤달리니는 신체안에서 진동하는 리듬 동반 결과다.** 척추의 파동이 리듬을 유발하면, 이것은 두뇌 안의 다양한 중심부를 자극하는 심장박동과 뇌파 그리고 호흡에 패턴을 동반한다. 이들은 명상과 호흡률 또는 자발적인 각성의 경우에서처럼 순수한 기회에 의해 촉발된다. 이것은 5번 차크라 영역에서의 진동을 탐구할 때 더 자세하게 논의될 것이다.[30]

---

27) 이것은 외도수행으로 만 명 중 한 명 될까 말까하는 바람직하지 못한 수행법이다. 안 하는 것이 좋다. 만약 잘못 탄트라 수행에 빠지면 성적 문란함으로 타락한다. 이것은 각성을 위해서 에너지 변질을 무릅써야하기 때문이다. 중요한 것은 각성이 된다하더라도 에너지는 변질되었기 때문에 타락을 면할 수 없다. 얻는 것보다 잃는 것이 많다.
28) 금욕수행을 하는 수행자는 청정파 수행이라고 한다. 그러므로 문제가 없다. 그러나 비금욕 탄트라 수행자는 재접파로서 카르마의 문제를 상당히 겪어야 한다.
29) 이러한 물질을 사용한 쿤달리니 각성은 심각한 중독성 부작용을 야기할 수 있으며 건강에 문제를 일으킨다.

* 쿤달리니는 모든 차크라를 연결하는 명확하고 개방된 통로가 있을 때, 자연스럽게 창출된다. 마지막 사안은 본인의 이론으로 앞서 소개한 사안들과 상충되기보다 보충할 수 있는 이론이다. 만일 차크라들을 기어로 본다면, 쿤달리니는 그가 차크라를 따라 움직일 때 발생하는 에너지가 취하는 구불구불한 움직임이다. 사실 차크라는 쿤달리니 억제자(조절자)다. 차크라는 쿤달리니를 느리게 하강시킴으로써 쿤달리니가 발생하는 필멸(必滅)의 유기체들이 타버리는 것을 막을 수 있도록 쿤달리니가 합리적으로 흐르게 한다. 우리의 현재 존재 상태에서 차크라 자체는 블록이 아니라 계단이다. 그러나 때때로 차크라 내부에 해결되지 않은 패턴들이 불필요하게 생명력을 차단할 수 있다. 개인의 차크라시스템을 철저하게 이해함으로써 우리는 쿤달리니 에너지를 안전하고 예측할 수 있는 방식으로 사용할 수 있다.

---

30) 쿤달리니 각성은 자연스럽게 이루어지는 것이 정상이다. 인위적이며 의도를 가지고 이루어지는 쿤달리는 각성은 다소 문제가 발생한다.

도입부 결론(상응성 표)

차크라	1	2
산스크리트 이름	물라다라	스와디스타나
의미	뿌리 지탱	달콤함
위치	회음부	천골, 엉치뼈
원소	흙	물
에너지 상태	견고함, 고체의	액체
심리적 기능	생존	욕망
결과	기반	섹슈엘러티
정체성	물리적 정체성	감정적 정체성
자아에 대한 지향성	자기 보존	자기만족
악마의 성향	두려움	죄책감
발달 단계	자궁~12개월	6~24개월
내분비선	부신	생식선
여타의 신체 부분	다리, 발, 뼈, 큰창자	자궁, 성기, 신장, 방광, 아랫등
고장 났을 경우	비만, 거식증, 좌골신경통, 변비	성적문제, 소변문제
색상	붉은색	오렌지색
종자소리	람(Lam)	밤(Vam)
모음소리	rope의 오우(oh)	Pool에 우(Oo)
세피라	말쿠스	예소드
행성	지구, 토성	달
금속	납	주석
음식	단백질	액체
보석	루비, 가넷, 적철광	산호, 홍옥수, 노란지르콘
향기	개잎갈나무	다미아나
요가	하타요가	탄트라
권한	소유하는 것	느끼는 것
구나(물질속성)	타마스	타마스

3	4	5
마니푸라	아나하타	비슈다
광휘의 보석	부딪히지 않는	정화
태양신경총	심장	목
불	공기	소리, 에텔
플라즈마	가스	진동
의지	사랑	소통
힘	평화	창조성
에고 정체성	사회적 정체성	창조성 정체성
자기 규정	자기 수용	자기표현
부끄러움	슬픔	거짓말
18-42 개월11	3.5~7년	7~12살
췌장, 아드레날린	흉선	갑상선
소화시스템, 간, 담낭	폐, 심장, 순환기, 팔, 손	부갑상선
소화장애, 고질병, 고혈압	폐, 심장, 순환기 시스템, 팔, 손	목, 귀, 입, 어깨, 목
노랑색	초록색	밝은 파랑색
롬(Ram)	얌(Yam)	함(Ham)
father의 아(Ah)	Play 에서의 에이(Ay)	Sleep에서 이-(Ee)
호드, 네자	티페렛	게부라, 헤세드
마스(또한 태양)	비너스	머큐리
철	구리	머큐리
녹말	야채	과일
호박, 토파즈	에메랄드, 토르말린, 제이드	터키옥
생강, 선갈퀴	라벤다	유향, 안식향
카르마	박티	만트라
행동하기	사랑하기	말하고 듣기
라자스	라자스/사트바	라자스/사트바

차크라	6	7
산스크리트 이름	아즈나	사하스라라
의미	명령 중심지	천개의 꽃잎
원소	눈썹	머리의 최상승부
에너지 상태	발광	의식
심리적 기능	직관	이해
결과	상상	지복
정체성	원형 정체성	우주적 정체성
자아에 대한 지향성	자기 반영	자기 지식
악마의 성향	망상	애착
발달 단계	사춘기	전인생을 통해서
내분비선	송과체	뇌하수체
여타의 신체 부분	눈, 머리뼈 바닥, 눈썹	중추신경계(CNS), 대뇌 피질
고장 났을 경우	비전문제 두통 악몽	우울증 분리감 혼란
색깔	인디고	보라색, 흰색
종자소리	옴(Om)	없음
모음 소리	므음(Mmmm)	sing의 응(Ng)
세피라	비나, 호크마	케테르
행성	쥬피터. 넵튠	우레너스
금속	은	금색
음식	엔테오겐	단식
겜스톤	라피스, 쿼츠	다이아몬드 자수정
향기	쑥	몰약 고투콜라
요가길	얀트라	즈나나
권리	보는 것	아는 것
구나	사트바	사트바

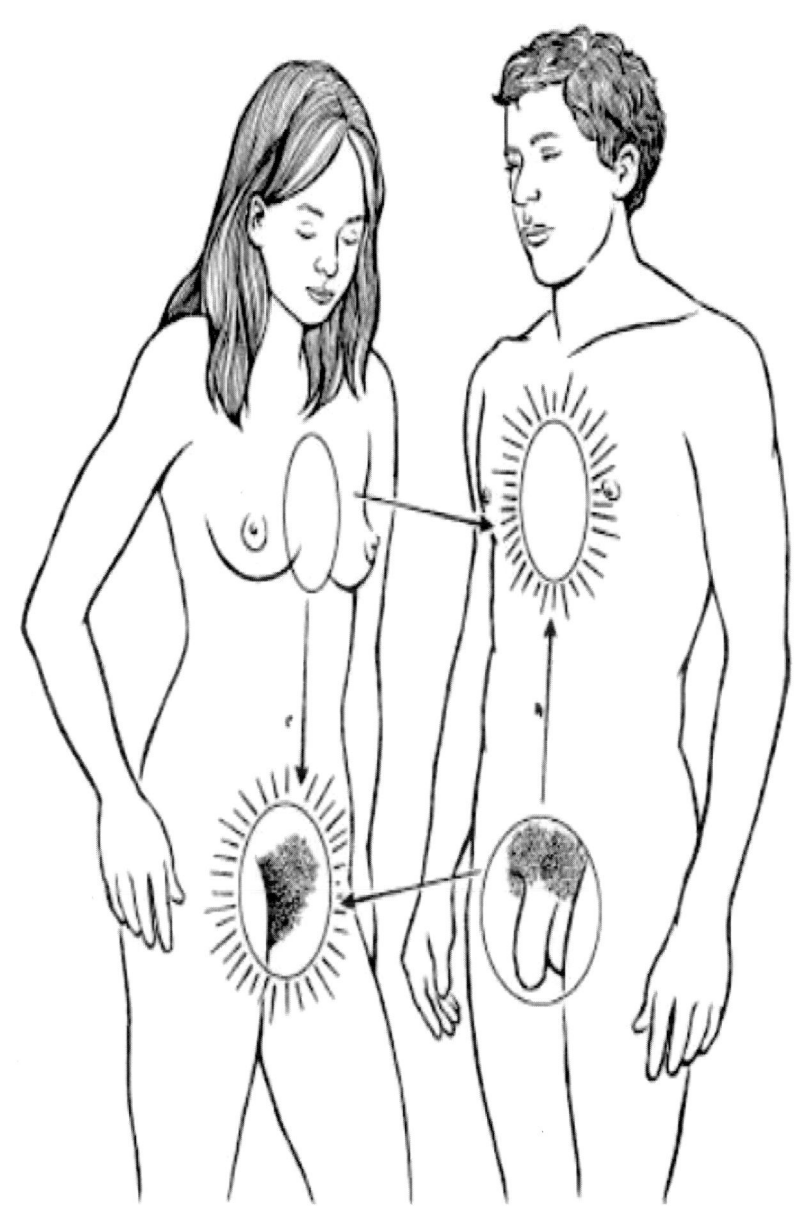

그림 1.12 그가 낮은 차크라의 신체적/성적 수준에서 행동하여 그녀의 관심을 이 영역으로 가져오는 동안 그녀는 이 수준에서 발산히여 그의 심장 차크라를 자극할 수 있다.

이 시점에서 본서의 몇 가지 기초적인 이론들과 기준을 밝힐 필요가 있다. 사실 일반적인 시스템에 상응하는 많은 정보들이 있지만 그 정보들은 서로 상충된다. 다음 페이지에 소개될 이론들은 차크라 시스템에 대한 과거와 현재의 믿음, 그리고 미래예측을 통해 연구된 정보를 연결해서 얻은 결론이다. 동시에 다양하고 상반된 형이상학과 심리적 시스템을 통합해서 내린 것이다. 그러나 이들은 단지 이론이며 아이디어일 뿐이지 도그마나 종교는 아니다. 바라건대 종교나 철학적 지향성과 무관하게 개인의 의식 확장을 위한 유용한 참고가 되었으면 한다.

* 미세신 내부에 존재하는 7개의 메이저 차크라와 몇 몇 마이너 차크라는 물질로부터 의식에 이르는 차원으로의 관문으로 작용한다.

* 인간존재에게 7개의 영역은 다양한 물리적 요소뿐만이 아니라 의식의 원형차원에 상응한다.

* 차크라는 두 개의 주요한 수직 흐름의 상호교섭에 의해 창조된다.

* 인간의 현재 발달 차원에서 하위 차크라는 상위 차크라와 똑같이 가치 있고 중요하다.

* 차크라 시스템은 진화의 패턴을 설명한다. 인간은 현재 동물차원에서 인간차원으로 진화 중[31]이다.

* 차크라는 색상, 소리, 신들, 차원 그리고 다른 미세한 현상들에 상응한다.

* 차크라 시스템은 개인의 성장에 강력한 영향력과 지대한 가치를 지

---

[31] 인간은 육도 윤회를 한다. 광물계, 식물계, 동물계, 인간계, 천사계, 신계의 육도 윤회가 있다. 1번 차크라는 광물계, 2번 차크라는 식물계, 3번 차크라는 동물계, 4번 차크라는 인간계, 5번 차크라는 천사계, 6번 차크라는 신계에 상응한다.

니며 진단과 치료에 활용된다.

* 이 7단계는 무지개의 일곱가지 색상과 전자기파의 스펙트럼과 유사한 비율로 가능한 차원수에 비례한다. (50분47초에 다시 들어볼 것, 4월 14일분) 7개의 기본 차크라는 일종의 진동으로 마치 우리가 무지개를 눈으로 볼 수 있는 것처럼, 특수한 장비를 사용해야 감지할 수 있다.

* 차크라들은 지속적으로 상호작용하며, 결코 지성적인 측면에서만 분리할 수 있다[32].

* 차크라는 다양한 신체운동과 일, 그리고 명상 혹은 치료법, 더 나아가 삶의 경험을 통해서 열릴 수 있다. 차크라의 개화는 우리를 보다 심오한 의식 상태로 인도한다.

기본 운동

정렬

차크라가 부드럽게 움직이려면 잘 정렬되어 있어야 한다. 가장 직접적인 정렬방법은 척추를 비교적 곧게 세우는 것이다. (너무 곧은 척추는 완고하고 긴장되서 차크라 개방을 막는다)

선 자세로 발은 어깨넓이로 유지하라. 두 팔을 머리 위로 높이 올린 상태에서 몸을 쭉 뻗어 모든 차크라를 스트레칭 하라. 몸을 늘린 자세가 차크라가 정렬되는네 어떠한 도움을 주는지 느껴보라.

---

32) 차크라들은 서로의 작용을 알고 있다.

일반적인 기립자세로 돌아오면, 몸의 자세를 정렬하고 골반, 태양신경총, 가슴, 목, 머리와 같은 신체 중앙의 주요 핵심부위가 몸의 중앙축을 따라 제대로 정렬되었는지 느껴보라. 자신의 발을 굳게 붙여서 모든 차크라들이 중앙축, 즉 슈슘나에 제대로 연결되어있는지 느껴보라.

의자에 앉은 상태나 바닥에 결가부좌 혹은 반가부좌로 앉은 상태에서도 차크라를 정렬시키는 방식을 동일하게 연습해보라. 몸을 구부렸다 다시 척추를 바로 세워보고, 몸 내부 에너지와 마음의 명료함 사이의 차이를 느껴보라.

에너지 흐름을 바로 세우기

현현의 흐름

편안하게 서거나 앉은 자세로 척추를 곧바로 세워보자. 신발을 벗고 발을 마룻바닥 위에 굳게 내딛은 상태(혹은 앉은 상태)로 몸의 세로축을 튜닝하라. 몸의 세로축이 고요와 집중된 상태로 특별한 수고를 들이지 않고도 균형잡힌 편안함을 유지할 수 있는 자세를 찾아내라. 천천히 그리고 깊게 호흡하라.

마음을 머리 꼭대기 밖으로 쭉 뻗어, 창공 위로 펼쳐진 하늘과 머리 위로 보이는 우주의 무한한 광활함을 경험하라. 그리고 이 광활함을 호흡하라. 머리의 상층부를 통해서 우주의 광활함을 들이 마시고, 그것을 머리 하단부로 끌어당겨 내린다고 상상해보라. 이제 하늘과 우주 에너지를 얼굴과 귀, 뒤통수, 그리고 어깨와 팔을 가로질러서 폭포수가 떨어져 내리듯이 흘려보내라.

이 우주 에너지로 머리를 가득 채우고 이번에는 그들이 자신의 목으로 그리고 가슴 아래로 구르듯이 떨어져서 흘러 내려가도록 하라. 다시 숨을 들이 마시고...내시고...들이마시고...내시면서, 가슴 가득 우주에너지를 채우라. 가슴에 포만감이 느껴지면 배의 긴장을 풀고 이 우주에너지가 여러분의 태양신경총과 배, 그리고 허벅지를 가득 채우고 다리를 통과한 후, 발바닥으로 들어가서 다시 나오도록 하라. 이제 우주에너지를 지구 깊숙한 곳으로 흘러 보내라.

머리 상층부로 다시 돌아가서 같은 과정을 되풀이 하되 이번에는 좀 더 견고한 형태-빛, 특정 색상, 신성한 형태, 거품, 바람이 흐르는 기둥과 같은-, 또는 단순한 움직임으로 선택하여 연습해보라. 이미지가 쉽게 나타나고 사하스라라 차크라 위에서 발 아래 지구로 부드럽게 흐른다고 느껴질 때까지 이 과정을 반복하라.

해탈의 물결

이제 앞서 소개했던 운동이 익숙해졌다면, 상향 흐름과 작업하는데 도움이 되는 비슷한 방식의 운동을 소개한다.

땅(밤색, 녹색, 붉은 색깔로 굳었거나 진동하는 성질을 지닌)에서 올라온 에너지가 다리를 통해 1번 차크라까지 상승해서 그곳을 가득 채우고, 골반주위와 복부, 그리고 태양신경총으로 흘러들어간다고 상상하라. 다시 가슴과 어깨, 목 위로 그리고 얼굴과 머리를 가득 채우고, 머리를 통과해서 밖으로 나가서 우주공간에서 만난 모든 긴장을 풀어준다. 이 흐름이 부드럽게 흐를 때까지 연습하라.

익숙해졌다면 두 가지 흐름을 동시에 시도 해보라. 각각의 차크라 단계에서 그들을 함께 적용해보고, 이들이 통합되는 면모를 관찰하라 (색상으로 연습해보고 싶다면 제 7장 '6번 차크라'의 후반부에 소개

된 명상을 참고하라)

　하루 일과를 마무리한 후, 이 두 가지 흐름이 신체를 통과하도록 연습해보라. 어떠한 흐름이 더 강한지 그리고 하루 중 어떤 시간과 어떤 활동 중에 연습했는지를 주의 깊게 살펴보라. 몸과 이 에너지가 서로 균형을 이루기 위해서 둘 중 어떤 한 흐름이 다른 흐름보다 더 개발될 필요가 있을 것이다. 흐르는 과정에서 긴장이 느껴진다면 주의 깊게 살펴보라. 흐름이 특정한 긴장 블록에 걸리는 곳을 주목해서 보라. 두 가지 흐름을 모두 연습하면서 어느 흐름이 블록을 통과해서 밀어내는데 더 효과적인지를 살펴보라.

제 2부
차크라를 통한 여행

1번 차크라

지구
뿌리
그라운딩
생존
몸
음식
물질
시작

제 2장
1번 차크라: 흙

명상

이제 여행을 시작한다. 이 여행은 여러분의 지층을 통과하는 여행이다. 그것은 삶을 통한 여행으로 자신의 내면과 주위의 세계를 통해서 이루어지는 여행이다. 여행은 여러분의 몸 안에서 시작된다. 그것은 개인적인 탐구여행이다.

여러분 자신을 편안하게 하라. 여행은 짧지 않기 때문이다. 몇 달이 걸릴 수도 있고 몇 년이 걸릴 수도 혹은 인생 전체가 걸릴 수도 있지만 여러분은 이미 여행을 떠나기로 선택했다. 이미 오래전 아주 오래전에 여행을 시작했다.

여러분은 여행에 타고 갈 수레를 제공받았다. 그것은 여러분의 바디이다. 바디에는 여행에 필요한 모든 것이 장치되어 있다. 여행에서의 도전 중 하나는 자신의 수레를 잘 가꾸고 행복하게 하고 잘 수리하는 것이다. 몸은 여러분이 받은 단 하나의 것이다.

이제 자신의 수레를 탐구함으로써 여행을 시작한다. 잠시 자신의 몸을 느껴보라. 몸은 숨 쉰다. 호흡을 들이 마시고 숨을 내쉰다. 자신의 심장이 고동치는 것을 느껴보고 입안의 습기를, 뱃속에 음식을 자신의 피부에 닫는 옷의 감각을 느껴 보라. 자신의 몸이 차지하고 있는 공간을 탐구하라. 좌, 우, 앞, 뒤, 위, 아래의 육방을 바라보라. 여러분의 몸과 대화를 나누면 몸의 언어를 배우게 된다. 자신의 몸에게 기분이 어떤지를 물어보라. 피곤한지 긴장되었는지. 몸의 대답을 들어보라. 여행을 시작하는 느낌이 어떤지를[33]...

여러분은 이 여행을 위해 수레를 제공받았지만 그것은 자신의 소유물이 아니다. 이것은 여러분에게 중요한 것이다. 여러분은 몸을 수레로 선물 받았다. 몸이 수레이고 수레가 몸이다.34) 물질적 세상에 사는 몸으로 아침에 일어나고 먹고 일터에 나가고 접촉하고 자고 샤워하는 게 여러분의 일상이다. 몸이 하루의 일과를 진행하는 것을 느껴보라. 하루에 외부세계와 얼마나 많은 상호작용이 있는지를 관찰해보라. 문의 손잡이, 다른 손, 종이 접시, 어린이, 음식, 그리고 연인을 만지는 손의 교환에 주의를 기울여보라. 여러분의 몸이 수년에 걸쳐서 어떻게 성장했으며 어떻게 배우고 어떻게 변화했는지를 생각해 보라. 그것은 여러분에게 무엇을 의미하는가? 스스로를 돌보는 것에 감사해 본 적이 있는가?

몸이 관계 맺는 세상은 어떤 것인가? 주위의 질감, 색상, 소리를 들어 보라. 몸으로 그들을 느껴보라. 마음이 놓치고 있지만 몸이 경험한 것을 느껴보라. 나무와 시멘트 안에서 땅의 경도를 느껴보라. 땅의 직선과 견고함 그리고 영원성을 느껴 보라. 나무와 풀, 호수 시내 그리고 산이 있는 자연 속에서 지구의 부드러운 견고함을 느껴보라. 산의 굽은 부드러움과 그 보호감, 그리고 그 풍요로움을 느껴보라. 이 지구의 무한한 형태를 지닌 풍요로움을 느껴보라. 이 지구가 지닌 광대함을 느껴보라. 이 지구의 견고함을... 이 지구가 여러분이 제자리에 앉아서 이 책을 읽고 있는 동안 어떻게 지탱해주는지 느껴 보라! 자연이 지닌 곡선의 부드러움, 자연이 제공하는 보호와 풍요로움을 느껴보라! 무한한 형태를 지닌 이 지구의 풍요로움을 느껴보라. 그의 거대함, 견고함, 그리고 당신이 이 책을 읽으며 자연에 앉아있을 때 어떻게 지탱해주는지를 느껴보라!

이 행성도 그 자체로 탈것(수레)이다. 그것은 시간과 공간을 뚫고

---

33) 명상가나 요가 수행자가 내면의 소리를 듣는 것은 기본이다. 늘 깨어있는 마음으로 내면의 소리를 들어야 한다.
34) 불교에서 소승(小乘), 대승(大乘), 금강승(金剛乘)이라고 하는 승(승은 수레를 뜻하고 몸을 뜻함)

여러분을 데려왔다. 통합된 중심체로서의 지구를 느껴보라! 마치 여러분처럼 무한한 세포를 지닌 살아있는 바다로, 전체로 작용하고 있는 것을 느껴보라. 여러분은 거대한 몸속의 세포이며, 지구 어머니의 부분이고, 그 자녀들 중에 하나다.

우리의 이 여행은 여기 위대한 지구의 몸 위에서 시작된다. 우리는 하강함으로써 다시 길고 긴 상승이 시작할 것이다. 우리가 몸 안으로 들어설 때 우리는 몸속으로 하강한다. 우리의 살 속으로, 배로, 다리로, 발로-지탱해주고 영양을 공급해주는 지구 깊숙이 우리의 뿌리를 찾아낼 것이다. 바위와 흙 속으로 깊숙이, 그녀의 붉고 뜨거운 용암같은 뱃속 깊숙이 들어가서, 깊은 그 아래서 끓어오르는 삶과 움직임 그리고 힘의 근원 속으로 들어간다.

우리가 깊이 가라앉아 침잠할 때 척추 기저까지 내려가서 붉게 달아오르는 공 모양의 에너시 찾게 된다. 그것은 지구의 핵처럼 끓고 있다. 이 녹아내리는 에너지가 다리를 타고 하강하여 무릎을 지나 발로 내려가는 것을 느껴 보라. 그것이 발을 통과하여 디디고 있는 마루바닥 속으로 들어가 땅속으로 하강함을 느껴보라. 그리고 더 나아가 그 속의 바위와 뿌리사이로 들어가고 그 자양분을 통해서 지지와 안정을 얻음을 느껴보라. 이 닻과 같은 에너지가 여러분을 정착시키고, 고요하게 하고 그라운딩하게 하는 것을 느껴보라.

여러분이 가지게 될지 모르는 경제적 풍요를 생각해 보라. 그것이 크던 작던 지구로부터 온 선물이라고 생각해보라. 그것은 어떻게 당신에게 도달했는가? 무엇을 위해 그것을 사용하는가? 이 돈이 삶의 냇물처럼 여러분에게로 흐르고 여러분 밖으로 나와서 손, 발, 심장 그리고 마음을 통과한다고 생각해 보라[35]. 여러분으로부터 흘러나가 손을 통과하고 발과 심장 그리고 마음을 통해 흐르는 생명의 에너지를 느껴

---

35) 쿤달리니와 차크라의 핵심은 에너지가 흘러나가서 흘러들어오는 그 프로세스를 살펴보고 아는데 있다. 쿤달리니 작용의 핵심은 에너지가 순환되고 소통되고 흘러가고 흘러나가는 그 과정을 면밀히 목도하는데 있다.

보라. 에너지가 여러분을 통해서 흐를 때, 지구와 지속적으로 교류하고 있는 자신을 생각해 보라. 풍요의 느낌이 지구로부터 올라와서 여러분의 다리, 골반, 배, 심장 그리고 손 안으로 들어오는 것을 느껴보라. 목 안에서의 표현욕구와 비전안의 인식능력 그리고 마음속의 이미지를 느껴보라. 깊게 호흡하고 그것을 다시 아래로 흘려보내고 몸과 머리, 목, 어깨, 팔, 가슴, 배, 골반, 다리 그리고 발로 통과하게 하고 지구 표면 아래로 흘러가게 하여 안정과 자양분 그리고 평화를 발견해보도록 하라.

여러분의 몸은 여행이자 여행을 시작하는 곳이다. 그것은 여러분의 물질 세상 그리고 그 터전, 더 나아가 즐거운 고향집으로 연결될 것이다. 모든 행위와 이해가 일어나는 장소이며 돌아갈 곳은 바로 여러분 자신이다. 여러분은 진리의 시험 장소이다.

여러분은 만물이 쉬는 기반이다. 만물이 성장하는 지구이다. 여러분은 여기 있다. 여러분은 단단하다. 여러분은 생명체로 살아있다.

여러분은 만물이 시작하는 바로 그 중심점36)이다.

1번 차크라의 상징과 상응성

산스크리트어 이름: 물라다라
의미: 뿌리지탱
위치: 회음부, 척추기저, 꼬리 신경 얽기
원소: 흙

---

36) 늘 현재 이 시간만 생각하고 깨달은 현자는 바로 지금의 위치에서 현재만 생각하고 과거와 미래는 생각하지 않는다. 그는 정지점(Still Point)이다. T.S. Eliot도 말한 것처럼 정신이 자신에 안착된 것을 말한다.

기능: 생존, 토대(그라운딩)
내부 상태: 고요함
외부 상태: 견고함
권한: 바로 여기 존재함, 소유할 권리
외부 현현: 견고함
내분비선: 부신
다른 몸의 부분: 다리, 발, 뼈, 큰창자, 치아
고장 날 경우: 몸무게 문제, 치질, 변비, 좌골신경통, 퇴행성 관절염, 무릎문제
색상: 붉은색
감각: 후각
종자소리: 람(Lam)
모음소리: rope에서 오(o)
꽃잎수: 네 개-vam, sam, sam, sam
타로 수트: 펜타클
세피라: 말쿠스
금속: 납
음식: 단백질, 고기
상응 동사: 나는 소유한다.
요가: 하타요가
허브향: 개잎갈나무
미네랄: 천연자석, 루비, 가넷, 혈석
구나: 타마스
동물: 코끼리, 소, 황소
연꽃 상징: 네 개의 붉은 꽃잎, 노랑 사각형, 꼭지점이 아래로 향하는 삼각형, 쉬바링감 둘레로 세 바퀴 반 또아리를 튼 채 감겨있는 쿤달리니, 흰 코끼리, 외부로 향하는 여덟 개의 화살, 비자(종자 음절) 위에 있는 차일드 브라흐마와 샥티 다키니
힌두신: 브라흐마, 다키니, 가네샤, 쿠베라, 우마, 락슈미, 프리스니
그 밖의 판테온: 가이아, 데메테르/페르세포네, 에르다, 에레쉬키갈, 아

나트, 케리드웬, 게브, 하데스, 프욀, 두무지, 타무즈, 아틀라스
대천사: 우리엘
주요작동원리: 중력

물라다라-뿌리 차크라

의식이 활동하여, 브라흐만이 뭉치면, 그로부터 물질이 태어나고, 그 물질로부터 생명과 마음과 세계가 태어난다. 의식의 에너지화 작용으로 브라만 신은 물질화 된다. 그로부터 물질이 탄생하고, 물질로부터 생명과 마음과 세계가 탄생한다...

문다카 우파니샤드

척추 기둥 위로 올라가는 우리의 여행은 1번 차크라의 집인 척추 기저에서 시작된다. 이 차크라는 전체 시스템의 기반이자 다른 모든 차크라들이 머무는 건축돌이기 때문에 매우 중요하다. 흙 물질로서 견고하며 세속적인 일체와 관련되는 1번 차크라는 몸, 건강, 생존, 물질 및 금전생활과 연관되고, 자신의 필요에 집중하고 그것을 구현하는 능력과도 결부된다. 이것은 의식 현현의 최종 단계로서, 견고하고 현실적이다. 삶을 유지하고 건강을 지키는 일은 곧 우리의 필요이며, 제한의 수용, 자기수련은 물질을 구현하는데 있어서 결정적이다.

이 시스템에서 흙은 형태와 견고함, 물질의 가장 압축된 상태, 그리고 차크라 스펙트럼의 '최하단부' 끝을 나타낸다. 1번 차크라는 눈에 보이는 가시성 스펙트럼 안에서 시작하는 색이자 가장 긴 파장과 가장 느린 진동을 지닌 색상인 깊고 진동하는 붉은 색으로 시각화된다.
이 차크라의 산스크리트어 이름은 '물라다라'로서 '뿌리기반'을 의미한다. 천수신경얼기[37]로부터 하강하여 다리를 통과하는 좌골신경[38]은 인체 내에서 가장 큰 말초신경(엄지손가락 굵기)으로서 신경시

스템의 뿌리처럼 기능한다(그림 2.1). 이동을 가능하게 하는 발과 다리는 우리가 지구와 그 환경으로부터 삶의 자양분을 획득하는데 있어서 필요한 일을 할 수 있게 한다. 인간의 다리는 땅을 접촉하고 있으며, 자신의 신경시스템과 1번 차크라의 원소인 지기(地氣)를 연결한다. 우리는 우리를 끊임없이 아래쪽으로 끌어당기는 지구의 기본적이고 근원적인 힘인 중력에 운동감각적으로 반응한다. 이 힘은 우리와 지구를 지속적으로 연결하며 우리를 물질적인 존재로 뿌리내리게 한다.

이 센터는 네 개의 연꽃잎으로 묘사되는데, 안에는 사각형이 있다(그림 2.2참조). 이것은 4방위와 물질세계의 굳건한 기반을 상징한다. 많은 시스템들 안에서 물질세계를 사각형으로 나타내왔다. 1번 차크라는 카발라 생명나무의 기초 영역인 말쿠스와도 관련있기 때문에, 이 네 개의 꽃잎은 물질 왕국의 4대 물질원소를 반영한다.

사각형 안에는 꼭지점이 아래로 향하는 작은 삼각형이 있다. 이 삼각형은 슈숨나를 나타내는 에너지 기둥으로부터 나왔다.(그림 2.2.) 이것은 1번 차크라의 흙 지향적 하향 성향을 암시한다. 삼각형 내부에는 쉬바링감의 둘레를 휘감고 있는 쿤달리니 뱀이 있다. 쉬바링감은 위를 향하고 있다. 이 차크라는 쿤달리니의 거주지이자 그녀의 휴식처 다. 삼각형 아래에는 에어라바타로 불리는 일곱 개의 코를 지닌 코끼리가 있다. 그는 1번 차크라의 무겁고 물질적인 성향을 암시한다. 일곱 개의 코는 일곱 개의 경로를 상징하며 세븐 차크라와 상응한다. 우리는 또한 코끼리 머리를 가진 장애물의 신 가네샤를 1번 차크라와 연결시킬 수도 있을 것이다. 그는 기반이 단단하고, 큰 배를 가졌는데, 자신의 신체에 만족해하는 모습이다. 사각형 안에 새겨진 또 다른 신은 다섯 개의 얼굴을 지닌 '차일드 브라흐마'로 두려움을 떨쳐내는 힘을 지녔다. 여신 다키니는 1번 차크라 차원에서의 샥티의 현현으로 창, 검, 컵 그리고 해골을 들고 있다. 사각형의 중앙에는 1번 차크라의

---

37) sacral plexus
38) sciatic nerve

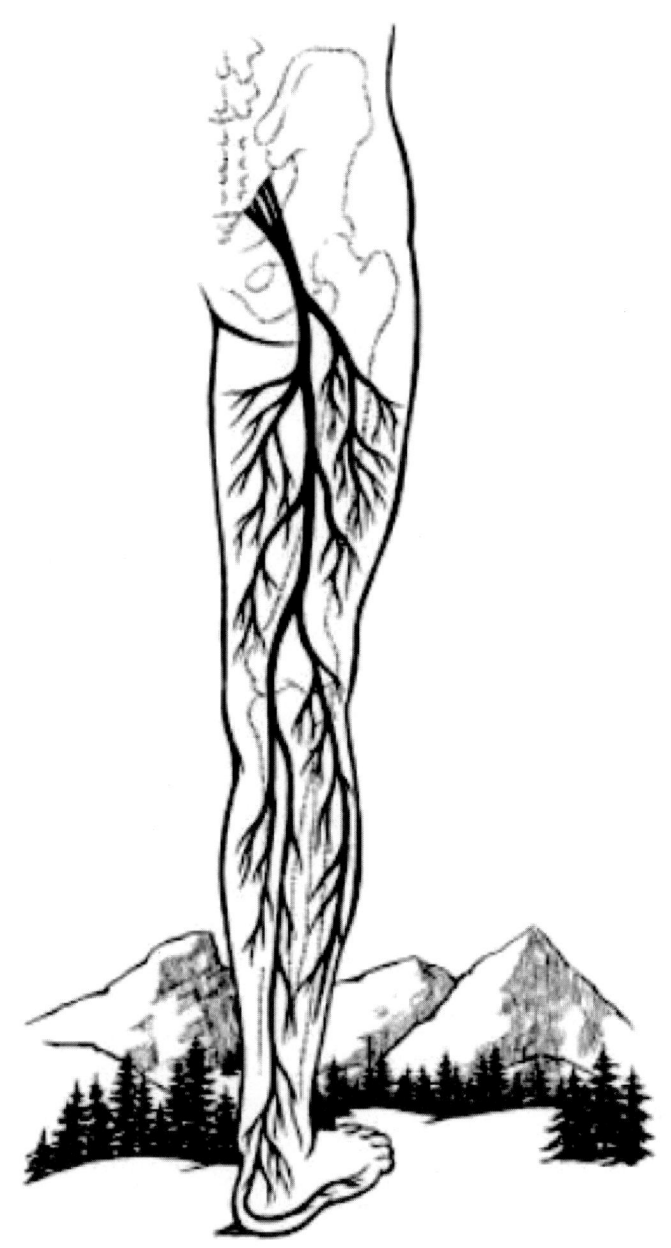

그림 2.1 뿌리로서의 좌골신경

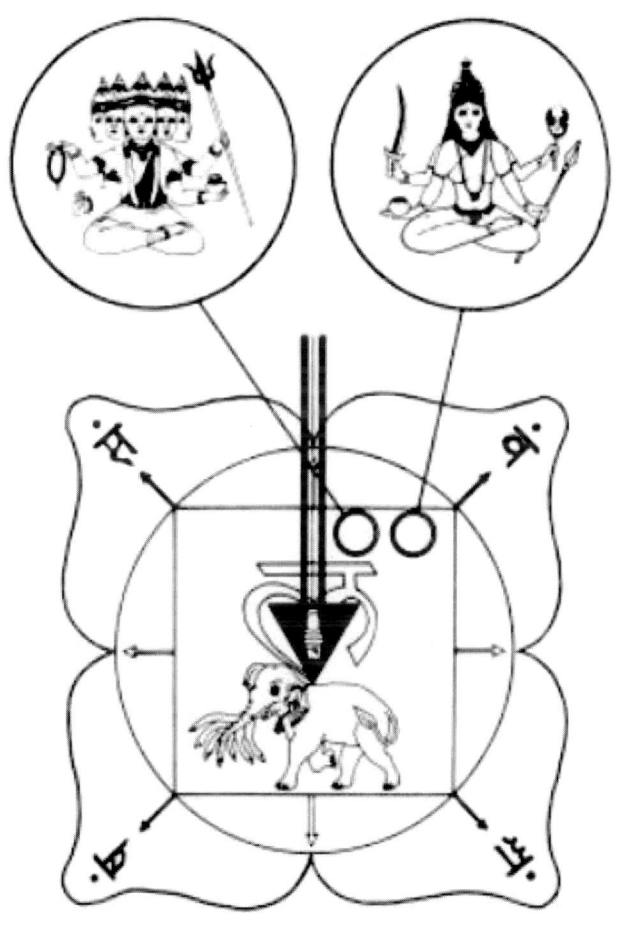

그림 2.2 물라다라 차크라

정수가 내재하는 종자소리 람(lam)이 있다. 이 이미지들과 소리는 1번 차크라를 명상할 때 사용되는 상징들이다.

몸 안에서, 1번 차크라는 척추기저에 위치하는데, 더 정확하게는 회음부, 즉 성기와 항문 사이에 위치한다. 이것은 꼬리뼈로 불리는 척추 부위 뿐만이 아니라 꼬리뼈 척추 신경절[39]과 이 신경절이 뻗어나오는 하부 요추[40]에 해당한다. 견고한 물질과 관계있는 1번 차크라는 몸의 단단한 부위 특히 뼈, 대장(견고한 물질을 지나감) 그리고 전체 몸의 살들과 연관된다. 무릎과 발에는 작은 차크라들이 있는데, 이들은 운동 활동과 관련된 정보를 얻기 위해 아래 땅으로부터 올라오는 감각들을 척추로 전달한다. 이들은 1, 2번 차크라의 하위 차크라로서 전체로서의 몸을 위한 기반 출구다. 차크라는 에너지의 소용돌이라고 일컬어진다. 이 소용돌이는 다른 어떤 차크라 차원에서보다 1번 차크라에서 가장 밀도가 높다. 1번 차크라는 근본적으로 타마스로 휴식중인 비활성체다.

만일 급류가 매우 강하게 흐르는 시내를 건넌다고 가정한다면, 이 때 자신을 향해서 격하게 밀어붙이는 물살의 힘을 통과하기 어려움을 알게 된다. 그러한 거대한 힘들이 중앙에 초점을 두고 사방에서 들이닥친다면, 강을 통과하는 것이 불가능할 수 있다. 이러한 힘들이 모여서 하나의 장(field)을 형성하는데 너무 밀도가 높아서 단단하게 느껴진다. 1번 차크라는 이런 종류의 밀도를 지닌다.

몸의 관점에서 볼 때 이러한 견고함은 타당하다. 그리고 몸은 그러한 견고함을 통과하지 못한다. 그러나 지성이라는 고도의 비물질적 활동은 그렇지 않다. 우리는 원자가 거의 빈공간이라는 사실을 알고 있다. 우리는 유리가 비록 견고해도 유리를 통해서 볼 수 있다. 우리는 벽을 통해서 들을 수 있으며 우리의 지성을 사용해서 견고한 실체로

---

39) coccyxgeal spinal ganglion
40) lumbar vertebrae

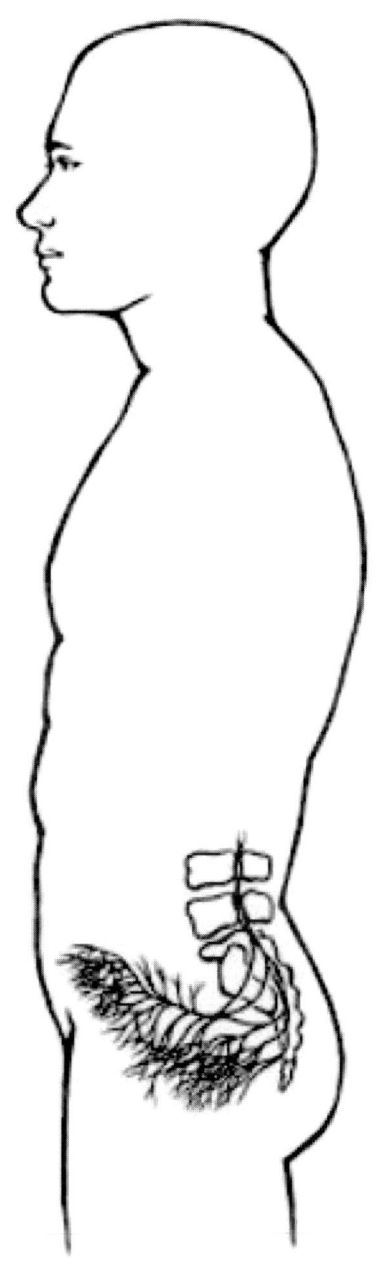

그림 2.3 꼬리척추 신경절과 하단부위요추

서 물질의 환영을 꿰뚫어 볼 수 있는 기구를 만들 수 있다.

그러나 비록 그렇다 하더라도 우리에게 합의된 진실의 기초를 제공해주는 것은 바로 견고한 물질이다. 만일 지속적이면서 비교적 변하지 않는 견고함이 없다면 우리의 삶은 매우 어려워질 것이다. 여러분이 집에 갈 때마다 집의 모양이 달라진다거나 매번 다른 장소에 집이 위치한다고 생각해보라. 또한 자녀가 날마다 변해서 알아볼 수 없다고 상상해보라. 얼마나 혼란스럽겠는가? 견고함이 물질세계에서는 중요하다.

현재 단계의 진화에서, 물질은 부인할 수 없는 현실이며 필요이다. 인간은 물질로 형성된 존재이기 때문에 물질과 분리될 수 없다. 몸이 없다면 죽을 것이고, 몸을 부인하는 것은 미리 죽는 것이다. 마찬가지로 우리는 우리가 살고 있는 지구와의 연결성을 부인할 수 없을 뿐만 아니라 우리의 미래를 지탱하는데 있어서 지구의 주요한 역할을 부인할 수 없다. 기반에 대한 관심을 거부한다면, 그것은 척박한 땅에 건물을 세우는 것과 마찬가지일 것이다. 1번 차크라의 목적은 이 기반을 확고히 하는 것이다.

물라다라 차크라 안의 의식은 기본적으로 육체적인 생존과 결부된다. 그것은 인간의 본능적 투쟁 또는 도피 반응이다. 이 차크라나 이 차크라의 흙 원소를 무시하는 것은 개인적으로나 집단적으로나 생존 자체를 위협하는 것이다. 만일 우리가 다른 차크라로 진전하기 전에 1번 차크라와 균형을 이루지 못한다면 우리는 뿌리와 그라운딩이 되지 않은 성장을 하게 되는 것이어서, 참된 성장에 필요한 안정성을 상실하게 될 것이다.

생존을 위협받으면 두려움을 경험한다. 두려움은 1번 차크라의 악마적 요소로, 1번 차크라가 이상적으로 가져다주는 안전감각을 좌절시킨다. 적절한 수준을 넘은 두려움은 1번 차크라의 기반이 손상됐다는 신호가 될 수 있다. 우리의 두려움에 직면하는 것은 1번 차크라를 깨우는데 도움이 된다.

다양한 영성철학들이 지닌 일반적인 믿음이 있는데, 그것은 인간이 물리적인 몸에 갇혀서 그 구속으로부터 해방을 기다린다는 것이다. 그러나 이러한 믿음은 신체를 폄하에 동조하고 몸과 마음의 분리시킨다. 이것은 인간의 수조개가 넘는 세포 안에 저장된 광활한 아름다움과 지성으로의 접근을 부인한다.

척추 상층부로 여행할 때, 우리는 또 다른 차원들과 그 현현에 관해 더 많이 이해하게 될 것이다. 그리고 물질과 물질로부터 나온 신성과 안정성에 대해서 감사하게 될 것이다41).

그라운딩

언제나 더 높은 의식을 향하여 흐르는 해탈의 흐름은 차크라 시스템과 가장 일반적으로 연결된 통로다. 최근까지도 현현의 흐름을 따라 에너지를 땅 속 아래로 보내는 일에 대한 논의는 잘 이루어지지 않았다. 이것은 그다지 영적이지 않아서 우리의 시간과 관심을 투자하기에 가치 없다고 보는 일이 많았다. 너무나 많은 영적인 길들이 그라운딩의 중요성을 무시한다. 그러나 영적인 길에 대한 편향된 탐구와 모색은 터전으로서의 물질적 기반을 외면하는 것이다.

그라운딩42)은 땅과의 역동적 접촉과정이다. 그것은 경계와 한계 그

---

41) 신성과 안정성 전에 현실과 물질이 중요하다. 거기서 신성과 안정성이 이루어진다.
42) 그라운딩은 접지로, 땅과 접속하는 것이다. 건전지에 접속하는 것과 똑같다. 차후 본서에서 그라운딩과 접지를 번갈아 사용할 것임.

리고 제약을 가진다. 이것은 인간을 확고하고 현실적이게 하며 그를 지금 여기에 존재하도록 한다. 또한 땅으로부터 기인된 생명력과 더불어 삶을 역동적으로 살게 한다. 만일 인간이 걸을 때마다 기계적으로 발걸음을 내딛는다면 우리의 발과 다리는 느낌으로부터 분리되어 그 접촉이 공허해질 것이다. 물질적 기반을 다지는 행위는 하위 차크라를 개방하고 중력과 결합한 채, 수레로서의 바디 안으로 깊숙이 하강하는 것이다.

그라운딩 없이, 우리는 불안정하다. 중심을 잃고 손잡이를 놓치거나 환상의 세계 속에서 백일몽을 꾸는 삶을 살게 된다. 또한 소유하며 유지하는 능력을 잃어버리고 자연스럽게 즐거움을 느끼거나 재충전하는 일이 불가능하여 약화되고 비효율적이 될 것이다. 기반을 상실할 때 인간의 관심은 현재의 순간으로부터 벗어나서 "바로 지금 여기에 존재하지 않게" 된다. 이러한 상태에서는 힘을 상실하는 악순환이 되풀이 될 것이며, 그는 더 이상 여기에 존재하기를 원치 않게 된다.

우리의 기반은 이 차크라가 불려지는 이름인 바로 그 뿌리를 고정시킨다. 뿌리를 통하여 우리는 영양분, 힘, 안정성을 얻고 성장한다. 이러한 연결성이 없다면 우리는 자연, 더 나아가 생물학적인 근원으로부터 유리될 것이다. 근원으로부터 단절되면 길을 잃는다. 인생에서 자신의 진정한 길을 찾지 못한 많은 사람들은 아직 자신의 기반을 찾지 못한 것이다. 간혹 아래를 바라보는 대신 위를 바라보며 사느라 바쁜 사람들이 많다. 우리의 발이 자신의 길과 만나는 그곳은 바로 아래서이다.

우리의 뿌리는 우리의 본능으로부터 만들어진다. 이것은 본능적 느낌으로 과거의 기억, 인종적 문화적 유산, 그리고 파괴할 수 없는 인간의 존재성으로부터 프로그램된 것이다. 융은 이 본능의 영역을 집단무의식이라고 불렀는데, 이것은 유전적으로 상속된 본성과 진화의 추세를 담고 있는 광활하고 힘이 넘치는 영역이다. 인간이 자신의 뿌리를 회복할 때, 그의 정체성은 강화될 것이고 본능 영역의 광대한 지혜와 가까워질 것이다.

그라운딩 될 때, 우리는 겸허하고 땅에 더 가까워진 것이다. 우리의 삶은 단순하고 우아한 상태가 된다. 고요함과 굳건함 그리고 명료함을 수용할 수 있다. 그라운딩되면 일상의 스트레스에 대처할 수 있으며, 기본적 삶의 힘에서 나오는 생기를 확장할 수 있다.

땅에 의존한다면 우리는 넘어질 수 없으며, 그것은 내면의 안정감을 부여한다. 의식이 현현의 흐름을 완성하는 것은 그라운딩을 통해서이다. 1번 차크라에 도달하면 관념은 실재가 된다. 광활한 상상력에서부터 물리적 세계의 미묘한 요구사항에 이르기까지 지구 차원은 우리의 신념을 시험하는 무대다. 토대와 실체 그리고 타당성을 내포하고 있다면 현현의 방법을 찾을 수 있다. 뿌리를 가지고 있는 것은 이겨낼 수 있다.

오늘날 도시생활에서 자연스럽게 그라운딩된 사람은 거의 찾아보기가 어렵다. 인간의 문화와 언어적 가치는 낮은 것보다 높은 것의 우월성을 반영한다. 사회적으로나 경제적으로 정신노동이 육체 노동보다 보다 좋은 보상을 받는다. 오염물 처리, 성문제, 출산, 모유먹이기 또는 누드와 같은 자연스러운 신체과정은 불결하게 인식되거나 은밀히 행해지며 죄의식을 동반하기도 한다. 스스로의 건강통제권을 엘리트 계층의 손에 넘김으로써, 인간은 선천적인 자가치유능력을 부인한다. 기업, 정부, 그리고 조직적인 종교 안에서의 권력구조는 계층적 흐름을 따라 위에서 아래로 흐르고 높은 존재의 큰 뜻을 위해 낮은 존재는 종종 지배당하거나 유린당한다.

땅과의 접촉상실로 인간은 모든 살아있는 생명체와의 복잡한 연결감각을 상실했다. 그리하여 전체가 아닌 **부분**으로부터 지배를 받고, 더 나아가서는 분리되고, 분열되었으며, 접촉도 불가능한 부분으로부터의 지배를 받아왔다. 땅을 무시함으로써 인간이 건강의 위기와 생태계 붕괴에 직면했음은 그리 놀라운 사실도 아닐 것이다.

분리되고 기반을 상실한 문화에서는 대부분의 가치가 몸과 몸의 즐거움을 무시하고 고통을 만든다. 우리는 하루 동안의 컴퓨터 작업이나 운전 후에 고통을 받곤 한다. 경쟁과 빠른 삶이 야기한 스트레스는 휴식이나 회복의 기회 또는 고통을 처리하고 그것을 방출할 수 있는 기회조차 주지 않는다. 인간은 고통을 받으면 모순적이게도 더 그라운딩을 거부한다. 그라운딩은 접촉이기 때문이다. 접촉하는 것은 고통을 느끼는 것을 의미한다. 그라운딩은 우리자신을 전체화하는 첫 단계이며, 이 걸음을 내딛어야 치유는 시작된다.

우리가 기계화되고 도시화됨에 따라 땅 그리고 자연과의 접촉은 줄어들고, 건강과 자존감도 낮아진다. 우리의 힘은 상체로 전이되는데, 상체는 약해서 지속적으로 보호받아야만 한다. 우리는 자신을 분리된 존재로 바라보기 때문에, 힘은 연결이라기보다 조작의 행위가 된다. 우리는 우리의 동물적 본성, 그리고 그와 함께 우리의 본능적 힘, 우아함, 그리고 평화에 대한 감각도 상실한다. 인간이 자신의 몸에서 비롯된 자아 감각을 가지게 될 때, 비로소 에고팽창을 통해서 스스로를 확언할 필요성은 줄어든다. 기반은 집이다. 그것은 친밀하고 굳고 안전하다. 그것은 자신의 힘을 가진다.

그라운딩은 제약과 제한을 의미한다. 상위차크라의 멘탈에너지는 무한한 반면, 하위 차크라는 그 영역이 훨씬 좁다. 언어는 한계가 있기 때문에 우리의 생각을 특정화한다. 그러나 나는 큰 집에 들어가지 못하는 사물들의 이름을 수천가지라도 말할 수 있다. 물리적인 세계는 훨씬 더 많은 제약과 구속을 받기 때문이다. 차크라를 통해 하강하는 매 단계는 더 단순하고, 더 명확하며, 더 제한을 받게 된다.

제한을 창조의 필수원칙으로 언급한다면 놀랄 사람도 있겠지만 그것은 사실이다. 만일 인간이 자신의 행동에 제한을 두지 않는다면 어떤 것도 성취할 수 없을 것이다. 문서를 타이핑할 때 생각에 제한을 두지 않는다면 쓸 수 없을 것이다. 이것은 부정적인 것이 아니다. 오히려 한계는 제약을 창조해서 에너지를 쌓아올리고 뭉치게 해서 물질화한다. 현현하기 위해서 우리는 기꺼이 제약을 수용해야만 한다. 그라운딩은 자연스럽게 한계를 수용하는 조화로운 행위다. 그것은 의식 개발에 있어서 명상이나 에너지를 고양시키는 행위만큼이나 중요하다. 다음은 주역의 한 구절이다.

한계는 성공을 내포한다...
무한한 가능성은 인간에게 어울리지 않는다.
만약 그런 것이 존재한다면, 삶은 무한 속에서 사라질 것이다.
강자로서의 삶을 살기 위해서는 의무적으로 그리고 자발적으로
수용할 수 있는 한계를 정할 필요가 있다.

주역 60괘 [43]by 빌헬름 베인즈

그라운딩은 단순화시키는 힘이다. 인간은 현실적인 목적을 위해서 몸에 의식을 입식했다. 몸은 특정한 시간과 특정한 공간 즉 지금 여기에 존재한다. 이와 대조적으로 생각은 훨씬 다재다능해서 공간과 시간 밖으로 확장된다. 여름휴가 동안에 산위에서 따뜻한 태양을 만끽하는 모습을 그려보는 것은 상상만으로 가능하다. 그러나 그의 몸은 정작 고지서가 잔뜩 쌓여있는 책상 앞에 머물러 있을 뿐이다. 너무 많은 시간을 공상으로 보낸다면 충분히 일하지 못할 것이고, 결과적으로 편안한 휴가를 보내기 어려울 것이다. 이제 상상을 멈추고 지구로 돌아올 시간이 된 것이다. 기반을 단단히 다지고 생존에 필요한 일들을 돌봐야한다.

인간은 엄청나게 다양한 에너지의 수용과 전달이 가능하도록 질 조율된 유기체이자 일종의 기관(악기)이다. 입체음향 송신기를 사용하기

---

43) 수택절(手澤節)괘에 관한 설명이다.

위해 플러그를 꽂아야하는 것처럼 인간 역시 다양한 주파수를 수용하기 전에 자신을 지구에 꽂을 필요가 있다. 기반을 다지는 행위는 지구와 우리를 둘러싼 세상에 자신을 연결하는 행위이다. 그리고 매우 다양한 에너지들의 통로를 만들 수 있게 해주는 회로를 완성하는 것이다.

 피뢰침이 과도한 전류를 땅에 전달함으로써 빌딩을 보호하는 것처럼 인간은 토대를 견고히 다짐으로써 일상의 긴장들로부터 육체의 과부화를 막는다. 기반을 다짐으로써 스트레스성 진동(파장 혹은 주파수)은 더 큰 신체로 전달된다. 설명하자면 어린 아이는 어머니의 어깨에 머리를 묻은 채 큰 소음들을 듣는다. 그는 어떤 의미에서 어머니의 인체의 진동으로부터 힐링을 받고 있는 것이다. 이것이 바로 더 큰 시스템(어머니)으로부터 기반을 다지는 것이다.

 측정결과는 인간이 땅위에 서있을 때, 몸이 전기적으로 접지되고 있음을 알려준다. 초당 약 7.5도 사이클의 공명주파수를 지닌 정전기장이 지구를 둘러싸고 있다. 이차크 벤토프는 심장, 세포 그리고 체액들의 지속적인 진동을 구성하는 몸의 미세운동에 대해 논한바 있다.[44] 그는 이러한 미세운동이 초당 6.8에서 7.5싸이클의 주파수로 진동한다고 밝힌다. 따라서 인체의 자연스러운 주파수는 지구의 이온층과 공명한다. 인간은 땅위를 걷거나 누운 자세에서 거대한 몸과 물리적으로 연결되는데, 이때 인간의 인체는 보다 더 심오한 공명 속으로 진입한다.

 그라운딩은 스트레스에 대처하는 일이기도 하다. 하강경로는 우리에게 나가는 회로를 제공하고 정신적인 과부하로부터 우리를 보호한다. 물리적 세계는 안전하고 안정적이다. 인간은 언제나 안락한 의자로 돌아와서 양질의 식사를 할 수 있다. 물리적 공간은 그가 필요하다면 언제든지 다시 돌아올 수 있는 친근한 환경이다. 이러한 안정성이 확보

---

44) 이차크 벤토프의 '우주심과 정신물리학'을 참고하기 바란다.

되어 있기에 인간은 보다 더 고차원적인 상황에서 훌륭하게 일을 해낼 수 있다. 자신의 신체가 편안하고, 섭생이 잘되며, 건강할 때, 인간의 의식을 다른 레벨로 흘러갈 수 있다.

차크라는 환경에서 에너지를 걸러낸다. 그들의 회전 패턴은 특정 비율로 진동하여 일치하는 진동만이 의식의 내부 핵심부로 진입할 수 있다. 나머지는 뒤편으로 퇴각해서 곧 의식적 마음에 의해서 완전히 망각된다(비록 무의식적 마음에 의해 기억된다고 할지라도 말이다). 우리 주변에 과도하게 공격적인 에너지들이 발견되면 신랄한 공격으로부터 미세신을 보호하기 위해 차크라를 닫는다. 과부화된 차크라는 개방하기가 어렵다. 그라운딩은 이러한 과도한 긴장을 해체(해소)하는 방법이다.

그라운딩은 고요함을 통해서 명료함을 가져온다. 모든 행동은 반응을 야기한다. 만일 우리가 특성한 측면의 악한 사이클에 대해 고요함과 평온함으로 대응할 수만 있다면 카르마의 영향을 피해갈 수 있을 것이다. 그때 우리는 대응하지 않음으로써 카르마 싸이클을 멈추게 할 수 있을 것이다. 마치 컵 속에 담긴 오염된 물을 오랜 시간 동안 그대로 두면 오염물질이 바닥에 가라앉아 깨끗한 물로 거를 수 있는 것과 같은 원리다.

많은 사람들이 상위차크라가 너무 열려있는 반면 하위차크라는 주변의 존재하는 넘쳐나는 심령에너지의 포화를 지탱할 수 있을 만큼 충분히 안정적이지 않아서 어려움을 겪는다. 극단적 상황에서 이것은 심각한 정신병과 같은 장애를 낳는다. 정신병은 자신의 토대나 합의된 진실과의 접촉상실에서 기인한다. 기반을 쌓는 기법은 환자에게 자신의 민감성에 조응할 안정성을 부여함으로써 과부화된 심리를 해체할 수 있다. 간단한 물리적 접촉만으로도 심각하게 고통 받는 사람들이 기반을 다지는데 도움을 줄 수 있다. 기반 쌓기에 유용한 신체운동이나 손을 이용한 활동들이 있는데, 이 장의 후반부나 '일곱층의 여행45)'을 통해서 소개될 예정이다.

그라운딩은 두 개의 이미지를 하나로 합병하는 카메라 렌즈의 초점 맞추기와 비슷하다. 아스트럴바디가 물리적바디와 견고하게 연결될 때, 우리를 둘러싼 물리적 세상에 대한 감각은 날카롭고 명료하게 된다. 특별히 단단한 토대를 쌓은 사람들은 비록 오라를 통해 확인하지 않는다고 하더라도 눈빛이나 신체적 존재감에서 역동적인 명료함이 전달된다.46)

그라운딩 된 상태에서 결정은 보다 더 쉬워지고 미래에 대한 걱정은 훨씬 줄어들며, 현재 순간의 즐거움으로 새로운 영광과 도전을 받아들인다. 이것은 확장된 의식을 저해하는 것이 아니라 고양하는 일이다.

그라운딩은 기초를 형성한다. 약학을 공부하기 갈망하는 사람은 대학원생으로서 물리과학을 자신의 의학적 그라운딩으로 삼을 것이다. 새로운 사업을 시작하는 사람은 먼저 해당 분야에서 누군가 더 경험이 많은 사람을 찾아 기반쌓는 법을 배우고나서, 재정적 지원을 찾는다. 1번 차크라는 우리가 행하는 모든 일들이 휴식을 취할 수 있는 기반이다. 인체는 우리가 자신의 주위에 창조한 세계의 축소판이다. 개인의 일이나 토대를 쌓는 것은 앞으로의 성공에 중요한 영향력을 행사한다.

많은 사람들에게 일은 그 자체로 기반을 다지는 행위다. 일을 통해 생존수단인 돈을 번다는 사실을 차치하고서라도 규칙적인 스케줄에 따라 반복적인 일을 하는 것은 삶을 지탱하는 기본적인 구조를 제공한다. 일이 지닌 판에 박힌면은 때때로 지루함을 주기도 하지만, 한계를 지어준다는 점에서는 유익하다. 일은 기반을 건립한다. 몰입과 반복을 통해서 표상화와 현현이 가능할 만큼 에너지의 밀도가 높아진다. 인간이 지속적으로 변한다면 그는 마치 구르는 돌처럼 이끼가 끼지

---

45) The seven folded journey 저자의 책제목
46) 안정감 있는 사람들은 나중 오라를 전문가들처럼 영안이 열린다. 안정감 있는 사람들은 오라를 느낄 수 있다.

않을 것이다. 인간은 지속적으로 새로운 기반을 건설하기 때문에 생존 차원을 유지해야한다. 몰입과 집중을 통해서만이 한 분야에서의 전문적 기술을 습득할 수 있으며, 이것은 물리적으로든 사상적으로든 인간이 보다 큰 목표를 실현하게 해준다.

차크라는 균형을 이루어야만 한다. 그라운딩을 통한 안정성은 우리가 성취해야할 필요가 있는 상태지만, 안전에 대한 과도한 집착은 해로울 수 있다. 물질적 세계는 목표가 아니며 단지 수단일 뿐이다. 물질적 안락에 대한 중독이 우리의 의식을 지배하면, 더 많은 물질 획득이 많은 사람들의 삶의 기반이 된다. 이것은 의식 성장에 해로우며, 물질 존재를 함정이 되게 한다. 다시한번 언급하지만, 물질에 대한 과도한 집착은 단지 함정이 될 뿐, 이러한 욕구를 근본적으로 충족 시켜주는 것은 아니다.

그라운딩은 지루하거나 혹은 생명력을 고갈시키지 않는다. 이는 역동적이고 생동감 있는 일이다. 일반적으로 우리를 무기력하게 하는 것은 긴장감이다. 긴장은 우리가 지닌 다양한 자아들 사이에 존재하는 괴리감에서 비롯된다(인간의 내면에는 다양한 자아들이 있어서 서로 긴장감을 일으킴을 의미함). 이러한 자아들이 단순화되고 통합될 때, 우리는 생명력이 확장되는 경험을 한다[47].

인간에게 그라운딩이 필요한 이유를 지적으로 이해한다는 것은 어렵지 않다. 그렇지만 경험을 언어로 설명하기는 힘든 것이다. 그것은 축적된 기술로서 한 분기 정도의 기반명상을 하고 난 후에 어느 정도의 효과를 볼 수 있다. 이것이 바로 경험이다. 그러나 진정한 효과를 얻기 위해서는 반복적인 시간과 기간이 필요하다. 그라운딩은 인간이 하는 모든 일들의 토대가 되므로 충분한 시간을 바칠 가치가 있다.(이 챕터 후반부의 그라운딩 운동을 참고하시오.)

---

[47] 자아와 의식들에 대한 보다 심도 있는 내용은 '카발라 마법과 오컬트 타로'를 참고하시오.

생존

1번 차크라의 의식은 생존을 지향한다. 이것은 인간의 신체적 건강과 일상적인 필요들을 보호하는 관리 프로그램이다. 생존은 본능적 차원에서 기능하며 배고픔과 두려움, 휴식에 대한 필요성과 따뜻함 그리고 주거지와 관련이 있다.

생존은 인간의 의식이 깨어있을 것을 요구한다. 생존에 대한 위협은 부신48)을 강화시켜서 싸움과 도피에 필요한 추가적인 에너지를 분출한다. 신체에 에너지가 차면 의식이 고양된다. 그리고 때때로 생존에 대한 도전은 신속하게 생각하고 행동할 것과 그리고 새로운 해결책에 대한 쇄신을 요구한다. 인간의 의식은 다른 경우에는 거의 일어나지 않는 방식으로 자신의 상황에 자발적으로 집중한다.

1번 차크라의 에너지를 견고하게 하기 위해서, 생존에 대한 욕구가 직접적이고 건강한 방식으로 충족되어야한다. 그리고 이들에 의해 의식이 휘둘리지 않도록 주의해야 한다. 이러한 요구를 무시한다면 계속적으로 생존의식에 끄달리게 되서, 시작하는 게 불가능해진다.

우리 집단적 무의식의 원초적 뿌리 속에는 인간이 땅과 하늘 그리고 계절 및 동물들과 보다 더 밀접하게 연결되어있었던 시간의 기억이 존재한다. 이러한 연결성은 우리의 생존에 필수적이었고 최초의 지성 발전을 위한 토대가 되는 것이었다. 인간은 자신이 식용하는 동물들처럼 사냥의 대상이 된 적도 있었다. 우리는 삶을 살지만 우리도 삶의 일부다. 생존은 종일 시간을 투자해야하는 중요한 관심사였다.

현대의 우리는 아주 다른 상황 속에 살고 있다. 이제 생존은 간접적인 문제가 되었다. 상점에서 먹거리를 구입하고 벽에 부착된 버튼만

---

48) adrenal glands

누르면 추운 방안은 온기가 돈다. 굶주린 동물들로부터 식량을 지키기 위해서 더 이상 한 밤 중에 잠을 자지 않고 깨어있을 필요가 없다. 불을 일으키는 방법을 알지 못했기에 불씨를 꺼뜨리지 않기 위해 노심초사할 필요도 없어졌다. 대신 우리는 출근하는 도중에 일어날지 모르는 자동차의 고장과 공과금을 낼 수 있는 돈이 충분한지, 혹은 장거리 여행 시에 혹시 있을 수 있는 도난사고에 대해서 걱정한다.

그러나 생존본능은 여전히 존재한다. 실직이나 병에 대한 걱정, 또는 살고 있는 아파트에서 쫓겨나지 않을지에 대한 걱정 등은 1번 차크라를 과도하게 일하게 한다. 이러한 일이 발생하면 사람들은 공포를 경험한다. 생존 에너지가 인간의 시스템을 잠식할 때 어떻게 그것을 다루어야할지 모를 수 있다. 해법은 우리가 몸이 하도록 하는 뛰고 도망가고 싸우는 것이 아니라 의식적인 측면에서 우리의 뿌리를 더욱 견고하게 하는 것이다.

물라다라 차크라가 위험이나 절박한 상황에 의해 활성화되면, 컴퓨터가 플로피디스크에서 정보를 검색하는 것과 비슷하게 반응한다. 1번 차크라의 디스크는 우리의 생존에 대한 모든 정보를 담고 있다. 몸의 '운영체제'는 정보를 구동시켜 의식적 마음의 주의력에 정보를 집어넣는다.

몸은 즉시 반응한다. 척추는 다리를 통해 땅과 접촉한다. 혈류를 뚫고 아드레날린이 솟구치면 심장박동이 가속화 되고 혈액공급이 증가되는데, 이때 감각은 극적으로 날카로워진다. 인간의 잠든 의식은 깨어난다. 이것은 물라다라 주위에 또아리를 튼 채 잠들어있던 쿤달리니가 깨어나고 상승함으로써 의식이 고조되기 시작했음을 알리는 것이다.

생존 정보가 즉시 요구되지 않을 때 차크라는 자동으로 움직인다. 이때 차크라는 인체의 내·외부환경을 정기적으로 체크하여 모든 것이 질서있게 유지되고 있는지, 그리고 그들이 유기체의 존재에 도움이 되는지 확인한다. 위협적인 상황이 발생하면 1번 차크라에 사전프로그래밍 된 것이 발동하여, 인간의 의식은 몸에 의해 지배 받게 된다[49].

1번 차크라가 일단 인계를 받으면, 신체에 해를 주지 않고 이 과정에 간섭하기 위해 우리가 할 수 있는 일은 거의 없다. 만일 휴식을 취하지 않는다면 병은 진행될 것이며 선택불가의 상황으로 치달을 것이다. 수입에 문제가 생기거나 갑자기 살던 집에서 퇴거당하는 상황이 발생할 때, 인간의 관심은 그 문제가 해결될 때까지 상황의 지배를 받게 된다. 중력의 힘이 그러하듯 인간은 그의 끌어당김을 수용하고 그와 함께하는 법을 배울 수밖에 없다.

건강문제나 경제적 위기로 지속적인 괴로움을 당하면 1번 차크라 차원에 사로 잡혀있게 된다. 신체적으로든, 환경적으로든, 아니면 심리적으로든 이러한 분쟁을 해결하지 못하면 의식은 계속해서 1번 차크라 차원에 갇혀있게 된다. 불안정하며 공황상태와도 같은 느낌이, 전혀 그럴 필요가 없는데도 불구하고 삶의 여러 분야에 스며든다. 이러한 상황이 해결되지 않는 한, 보다 높은 단계로의 눈에 띄는 의식 상승은 성취하기 어렵다. 이런 문제를 다루는 운동은 그라운딩 및 1번 차크라와의 작업과 연관된다. 이들 중 일부를 본 장의 말미에서 소개할 예정이다. 그러나 우선 뿌리 차원에서, 즉 바로 여기에 존재할 권리 위에서 의식의 분화와 확산을 이해하는 것이 중요하다[50].

만일 여러분에게 이런 경험이 있다면, 물어보라! 바로 지금 여기에 존재하는 것을 막는 것이 무엇인지? 자신을 보살피는데 어느 누구로부터의 허락이 필요한지? 스스로의 기반을 다지고 안정을 도모하며 자신의 두발로 서는데 왜 두려움을 느껴야하는지? 자신의 생존에 대해 누가 책임져야 하는가? 비현실적인 일을 꿈꾸느라 자신을 둘러싸고 있는

---

49) 위협적인 상황에서는 무의식이 의식을 지배한다.
50) 뿌리 차원의 1번 차크라가 견고하지 못하면 몸 전체가 무너질 수 있다.

세상에서 기반을 다지고 있지 못하는 것은 아닌가? 어린 시절에 생존과 관련된 문제에 있어서 어떤 도움을 받았으며 누구로부터 도움을 받았는지, 또 그러한 도움을 받기 위해 어떠한 댓가를 치러야했는가? 여러분은 자신의 몸과 연결되어 있는가? 스스로의 몸이 말하는 소리를 듣고 있는가? 여러분은 바로 지금 여기에 존재하며, 자신에게 필요한 공간을 차지하고, 생존을 위해 필요한 일을 할 권리를 가지고 있는가?

안정적인 수준에서 생존을 유지하는 능력의 중요한 측면은 소유력(소유욕)과 연관된다. 다시 말해서 수용하고, 유지하고, 자신의 영역으로 물질을 끌어당기는 능력이 그것이다. 존재하고 소유하는 것, 이것은 1번 차크라의 권리이자 힘이다.

소유하는 능력은 증득하는 기술이다. 일부 부유하게 태어난 사람들은 인생에서 풍요를 기대하면서 성장한다. 그들은 상점에서 최고의 브랜드를 구입하고 레스토랑에서 가장 값비싼 요리를 주문한다. 그렇게 길들여졌기 때문에 이것이 그들에게는 자연스럽다. 경제가 원활하지 않을 때조차, 그 수준을 유지하는 것은 그들에게는 쉬운 일이다. 번영을 기대하면 창조는 보다 더 용이하다.

대부분의 사람들은 그런 행운을 가지고 있지 않다. 결핍의 개념과 함께 성장한 사람들은 새 옷을 살 때 고민한다. 또한 봉급은 낮지만 즐거움을 주는 직업을 선택하는데 있어서 두려움 섞인 고민을 한다. 그들은 하루를 낭비하면 신경이 예민해 진다. 사치라는 모험을 감행하기보다 가능한 자신이 가진 것만큼 누리려고 한다. 또한 스스로 사치를 허용하지 않는데 만일 그렇게 한다면 죄책감을 느끼고 걱정하게 된다. 이것은 '가지는 것'에 대한 무능력으로 풍요보다는 결핍의 기반 위에 프로그램 된 1번 차크라 때문이다[51].

---

51) 1번 차크라에서의 무소유 개념은 잘못하면 결핍으로 전락할 수 있다. 그래서 중도가 필요하다.

사물이나 물질을 소유하는 능력은 자기 가치의 증대로부터 비롯된다. 역설적이게도 스스로 더 많이 소유함을 허용하는 것은, 문자 그대로나 비유적으로나 우리의 가치를 더 증대시킨다. 그것은 돈, 사랑, 우리 자신을 위한 시간, 휴식과 즐거움의 측면에서 우리 자신이 소유하는 것을 객관적으로 바라보는데 도움이 된다. 내가 알던 한 선생님은 자신을 위해서 새 양말 한 켤레도 살 수 없다고 털어놓은 일이 있다. 그러나 남편을 위해서는 당연하게 그들을 구입하고 자신은 남편이 신던 헌 양말을 신는다고 말했다. 사실 그녀는 돈을 쓸 수 있지만 스스로가 그런 혜택을 누리지 못한다. 어떤 사람들은 사치품에 돈을 쉽게 쓰지만 자신의 휴식을 위해서 선뜻 시간을 사용하기는 어려워한다. 또 어떤 사람들은 사랑과 즐거움을 수용하는데 어려움을 느낀다. 우리가 스스로에게 갖도록 허용할 때, 자신을 바라보며 웃을 수 있는 기회를 얻게 된다. 다시 말해서 스스로 소유할 수 있는 것과 스스로에게 소유하도록 허용하는 것 사이의 차이를 알게 된다. 스스로를 돌보는 일은 이기적이거나 악하게 느껴지는 경향이 있다. 그러나 자신을 돌보지 않는다면 결과적으로 다른 영역에서 보충해야하거나 우리를 위해 다른 사람이 그것을 해주어야하는 결과로 이어진다.

　여기에 완전히 존재하기 위해서 자신 스스로를 주장할 수 있어야만 한다. 세상 안에서 자신의 자리를 주장하고 생존을 보장해야 한다. 인간은 자신의 필요에 충분히 들어맞도록 충분히 가지는 능력을 기를 필요가 있다. 만일 자신의 무의식이 "아니야, 나는 그것을 받을 자격이 없어." 라고 말한다면 그의 의식적 마음은 극복해야 할 또 다른 장애를 가지고 있는 것이다.

　인간의 궁극적인 생존의 토대는 지구 그 자체이다. 불행하게도 지구는 또한 이 시간에 살아남아야하는 상태에 놓여 있다. 생태학적 붕괴의 위협과 핵참사, 그리고 깨끗한 공기 및 물 부족과 같은 모든 것들이 의식적으로나 무의식적으로나 생존의 느낌에 영향을 준다. 새로운 시대로 진입하는 것은 오래된 것을 버리는 것이 아니라, 그들을 통합하는 것을 의미한다. 우리가 지구를 무시하면 그녀는 위협받은 것에 균형을 맞추기위해 지금 여기로 우리를 다시 끌어내릴 것이다.

문화적으로 지구는 인간 모두를 생존의 상태에 집어넣었다. 우리가 지구와 파장을 맞추고 보다 더 깊히 접촉해보면 우리 미래의 존립에 대해 행성적 공황 상태를 느끼지 않을 수 없다. 개인적 생존에 대한 위협이 개인의 자각을 고취하듯이, 생태학적이 위협은 행성적 자각을 고취시킨다. 위기가 때로는 사람에게 경각심을 주고 각성시킨다.

우리가 만일 상위 차크라의 영적 수준에 도달한다면 물질적 존재의 영적 측면을 봐야만 한다. 인간이 살고 있는 이 행성은 물질이 표현할 수 있는 아름다움과 조화 그리고 영성의 가장 좋은 예 중 하나다. 이것을 이해함으로써 인간은 고유한 물질적 존재 안에 내재된 아름다움을 보다 더 잘 계발하고 표현할 수 있다.

생존한다는 것은 '깨어있다' 는 신호이며, 우리의 자각을 고양시키고 더 나아가 우리의 토대 즉 우리의 기반이자 몸인 지구를 점검하고 있다는 신호이다. 이것은 1번 차크라의 목적이다. 몸은 우리가 시작한 곳이며 우리가 이 여행의 끝에 휴식할 곳이다.

몸

여기 이 몸 안에는 신성한 강이 흐른다. 태양과 달이 있고 순례자들의 장소가 있다. 나는 나의 몸만큼 지복이 가득한 또 다른 사원을 만나본 적이 없다.

사라하 도하

가정이 인간의 몸을 위한 집이듯이, 몸은 그의 영성을 위한 집이다. 생각이 먼 곳을 배회할 지라도 우리는 여전히 동일한 살과 뼈의 덩어리로 된 몸으로 되돌아온다. 일생동안 말이다. 몸은 일생 동안 드라마틱한 변화를 겪지만, 몸은 여전히 우리가 평생 동안에 가질 수 있는 유일무이한 집이다. 인간의 몸은 세상과 관계를 맺기 때문에, 그것은 세계의 개인적 축소판이다.

1번 차크라를 마스터하는 작업은 궁극적으로 몸을 이해하고 치유하는 것이다. 자신의 몸을 수용하고, 느끼고, 검증하고 더 나아가 사랑하는 것, 이것이 여기서 우리를 기다리는 도전이다. 1번 차크라의 언어는 형태다. 우리의 몸은 개인적 형태의 물질 표현이다. 이러한 형태를 점검함으로써-보고, 만지고, 움직이거나 또는 내적으로 자각함으로써- 몸이 말하는 언어를 배우고 자신의 보다 더 깊은 부분들을 발견한다.

모든 차크라는 우리에게 특정한 차원의 정보를 가져다준다. 몸은 하드웨어이고, 이 하드웨어를 통해서 우리 내부의 모든 데이터가 출력되고 프로그래밍 될 뿐만 아니라 정보를 받아들인다. 살과 뼈의 형상에 인간의 고통과 즐거움이 새겨져[52]있다. 우리의 욕망, 습관, 기억, 그리고 재능이 신경 충동 안에 코드화되어 있다. 유전자 속에는 우리의 조상이 그리고 세포 속에는 먹는 음식의 화학적 성질이 코드화되어 있다. 심장은 리듬에 맞춰 뛰고, 근육은 우리의 일상적 활동을 반영한다.

몸을 이해하기 위해서는 몸 자체가 되어야만 한다. 우리는 그의 고통, 즐거움, 두려움 그리고 행복이 되어야 한다. 영적 존재를 분리해서 보는 것은 우리 자신을 땅과 뿌리, 그리고 집과 단절시키는 것이다. 그럼으로써 우리는 전체보다 작아지고, 분열되며, 몸이 전달할 수 있는 정보와 접촉하지 못하게 된다.

---

[52] 척추가 기울어지고 안 기울어지며, 그 사람이 어떤 자세로 앉고 서고 걷느냐에 그 사람의 인생이 녹아있다

이것은 "여러분은 여러분의 몸이 아니라 그 이상이다"라고 말하는 철학을 거부하는 것이 아니라, 강화하는 것이다. 우리는 우리의 몸이며, 이러한 이해를 통해서 그 이상이 된다. 우리는 기반을 다지게 되고, 여기에서 우리 자신 속에서 진행되는 모든 것과 접촉하게 된다. 우리 자신의 영적인 부분과 감정적인 부분을 충분히 경험하고 이를 위해서 몸은 탈것이 된다.

몸은 수조의 작은 세포들로 구성되며 그것은 어떤 기적에 의해서 하나의 복잡한 전체로 결합된다. 중력장처럼, 1번 차크라는 물질과 에너지를 자신에게 끌어당기는 반면, 다양한 차원의 의식은 그들을 전체적으로 작동하게 조직한다. 몸을 수용하는 것은 우리의 많고 다양한 부분들을 통합하는 중앙 통합 구조를 받아들이는 것이다. 그것은 소울을 위한 그릇(컨테이너)다.

인간의 바디는 자신의 인생을 표현한다. 어깨가 짐스럽고 무겁게 느껴진다면 몸은 우리가 너무 많은 짐을 지고 있음을 말하고 있는 것이다. 무릎이 아프다면, 몸이 자신의 삶에서 적절한 지지를 받지 못하거나 유연성이 부족함을 뜻한다. 배가 고질적으로 아프다면, 삶 속에서 자신이 소화하지 못한 무언가가 있음을 말해주는 것이다[53].

내가 바디작업을 시작한 고객들과 함께 자주하는 운동은 자신의 몸 각 부분에 대해서 "나는 ..해. 또는 나는 느껴..." 라고 시작하는 글을 써보는 것이다. 만일 자신의 목에 대해서 말하는데 목에서 경련이 일어난다면, "나는 경련이 일어 난다"라고 쓴다. 무릎이 약하다고 느끼면 "나는 약해"라고 쓴다. 그리고 나서 전체적으로 몸에 대한 언급을 다시 읽어본다. 이때 그것이 신체의 어느 부분을 의미하는지는 밝히지 않는다. 이것은 그 시기에 자신의 삶 속에서 스스로를 전체적으로 어떻게 느끼는지에 대한 진술이 될 것이다[54].

---

53) 이와 같은 조언을 명상적인 조언이라고 한다. 실제 삶에서 명상과 관조를 함으로써 지혜를 얻게 된다.
54) 저자가 말하는 글에는 위빠사나 명상의 기법이 스며들어있다. 위빠사나 명상이란

몸을 인식하는 것은 몸과 일체감을 느끼는 것이다. 만일 가슴이 아프다면 나는 내 감정적 심장이 고통 받고 있음을 인정한다. 이 단계에서 자신을 견고하게 하기위해 몸과 평화롭게 지내야 한다. 그래야 우리는 몸 안에서 평화롭게 존재55)할 수 있을 것이다. 인간이 자신의 육체적인 정체성을 얻는 것은 바로 이 1번 차크라를 통해서이며, 이것은 인간존재로서 우리에게 견고함을 준다.

자신을 돌보는 것은 몸을 돌보는 열쇠다. 휴식이 필요할 때 쉬고, 잘 먹으며, 운동하고, 몸에 즐거움을 주는 이 모든 것들이 1번 차크라를 행복하게 만드는데 도움이 된다. 마사지, 뜨거운 목욕, 좋은 음식 그리고 즐거운 운동은 모두 우리 자신에게 영양분을 주고 물질을 몸보다 우위에 둠으로서 균열된 심신을 치유하는 방법이다. 만일 두 개의 대극이 서로 대립한다면 우리는 통합되어 전체가 될 수 없다. 그러나 몸을 통해서 물질 안의 마음을 경험할 수 있다.

먹는 것-단단한 음식을 몸속으로 받아들이는 것-은 1번 차크라의 활동이다. 그것은 우리에게 토대를 마련해주고, 영양분을 주고, 육체적 구조를 유지하게 해준다. 음식을 통해서 1번 차크라의 요소인 땅의 열매를 흡수한다. 우리 존재의 물질적 부분을 공부하기 위해서 우리의 '물질적 몸'을 구성하는 성분이 무엇인지 살펴볼 필요가 있다. 우리는 음식이라는 물질을 소화시켜서 에너지로 변형시킨다. 우리가 먹는 것은 우리가 내보내는 에너지에 영향을 준다. 깨끗하고 영양가 있는 음식을 섭취하는 것은 1번 차크라에 건강한 기반을 다지는 첫 단계다.

어떤 사람들에게 이것은 지역 농장에서 공수된 가장 순수하고 신선한 음식이 아니면 어떤 것도 먹지 않는 것을 의미한다. 그러나 대부분

관찰, 통찰, 주시명상이라고 하여 상황과 사건 그리고 생각의 흐름을 지켜보는 것을 말한다.
55) 몸과 화해가 되어야지 몸의 평화가 약속된다. 자기가 몸을 사랑하지 않으면서 어떻게 몸의 평화가 오겠는가?

의 사람들에게 이것은 현실적이지 않다. 전형적인 도시 환경 속에서 그 정도의 순수성을 요구한다면 우리는 굶주리게 될 것이다56). 우리가 바랄 수 있는 최대치는 자신이 먹는 것에 대해 의식적이 되는 것이다. 과도하게 가공되거나 정제된 설탕에 잔뜩 버무려진 음식, 그리고 "영양가 없는 음식57)"을 피하는 것이 자신의 바디와 1번 차크라를 강화시키기를 바라는 사람에게 시작인 것이다. 건강 음식 상점에서 나온 음식만을 먹는 사람도 여전히 영양 부족일 수 있다. 자연음식이 언제나 균형잡힌 식생활을 의미하는 것은 아니다. 균형은 순수함만큼 58)중요하다.

사람에게 필요한 영양소에 대한 사안은 너무 복잡해서 본서에서는 언급하지 않았다. 영양소에 대한 책을 읽는 것은 1번 차크라에 대한 서비스다. 먹는 것이 인간의 삶 속에서 너무나 기초적인 기능인데도 불구하고 많은 사람들이 이것을 중요하게 생각하지 않는 것은 놀랄만한 일이다. 사용자 매뉴얼을 참고하지 않고 90년 동안 자신의 몸을 사용한다면 그들이 망가진다고 해도 놀랄 일59)은 아닐 것이다.

음식과 차크라

문화와 의식의 지속적 진화가 불가피하듯, 인간의 신체 상태도 변하는 것은 자연스럽다. 우리 신체의 상태가 변하면 식습관도 변해야만 한다. 그러나 깨달음을 얻기 위한 수단으로 식이요법을 생각하는 사람

---

56) 세속인은 먹어야 살지만 공부인은 단식이나 소식을 통해서 공부를 성취한다. 공부인에게는 채식, 소식, 단식 등이 좋다.
57) 정크푸드나 인스턴트 식품도 물라다라 차크라에 장기간으로 볼 때 좋지 않다.
58) 균형을 이루기 위해서 순수함을 저버리는 것은 어리석은 행동이다. 균형을 이루는 것은 순수함을 더 견고하게 지키기 위해서이다.
59) 망가지지 않는다고 해도 제대로 활용할 수는 없다. 몸을 제대로 활용하기 위해서는 푸드나 차크라 등을 공부해야 한다.

들은 이 방법이 느리고 고되다는 것을 알게 될 것이다.

의식을 확장하기 위해 적합한 식단은 누구에게나 일반적이고 비슷하게 처방될 수는 없다. 개인이 선택하는 식생활은 자신의 필요와 목표 그리고 바디타입에 맞아야 한다. 몸무게가 220파운드이며 하루종일 건설현장에서 일하는 노동자는 사무실에 앉아서 일하는 99파운드의 몸무게를 지닌 비서와 필요한 것이 다를 것이다. 민감성 개발과 높은 의식 상태로의 고양을 위해 일반적으로 채식 식단을 추천한다. 그러나 이런 식사는 모든 사람에게 일반적인 것은 아니며, 영양의 균형이 유지되지 않는다면 오히려 해로울 수 있다.

음식은 기본적인 진동성질을 가지고 있는데, 그것은 자신의 영양구성성분을 뛰어넘는 것이다. 가족구성원에 의해 사랑하는 마음으로 준비된 음식은 패스트푸드 레스토랑에서 일하면서 자신의 일을 싫어하는 누군가에 의해서 만들어진 음식보다 훨씬 더 유익하다. 음식의 다양함만큼 그들의 진동성향도 다양한데, 그들은 다음과 같이 다양한 차크라 수준에 대략 상응할 수 있다.

1번 차크라: 고기와 단백질

고기는 아마도 여러분이 먹는 음식 중 가장 물질적 지향성을 지닌 음식일 것이다. 고기는 다른 음식보다 소화시간이 길어서 소화 경로 안에 더 오래 머문다. 이러한 이유로 고기는 몸의 하위부분에서 에너지를 차지하며, 그렇지 않으면 상위차크라를 향할 수도 있는 에너지를 제한하고 지배하는 일이 많다. 고기와 단백질은 그라운딩에 좋은 음식이다. 그러나 과다하게 섭취하면 몸을 게으로고 과도하게 게으르거나 우울한 상태로 만든다. 만일 약해진 느낌이 들거나, 방향감각을 상실했거나, 자신의 몸 또는 물질 세계와 접속되지 않았다는 느낌이 들때, 한끼의 고기 식사는 그라운딩을 하는 중요한 역할을 할 수 있다.

그라운딩을 위해서 반드시 고기를 먹어야할 필요는 없다. 1번 차크라와 연관된 구조적 섬유를 위해 가장 중요한 성분은 단백질이다. 적당한 단백질이 함유된 채식 식사는 1번 차크라를 행복하게 유지시켜주는 기반음식이 되기에 충분하다. 된장, 콩, 땅콩, 달걀 같은 유제품 음식을 섭취하는 것은 중요하다.

2번 차크라: 액체

2번 차크라는 물과 관련이 있어서 액체를 향한다. 액체는 고체보다 더 빨리 몸을 통과해 흐르며, 몸을 정화하고 콩팥이 독(毒/toxin)으로 과부화되는 것을 막는데 도움이 된다. 주스와 허브티는 이 정화과정에 도움을 준다. 건강 유지를 위해 충분한 수분을 섭취해야 한다.

3번 차크라: 전분

전분은 에너지화 되기 쉬운 음식이며 3번 차크라의 불 원소와 관계 있다. 통곡물로 만들어진 전분은 가공된 밀가루보다 몸에서 보다 느리고 더 완벽하게 동화된다. 단순한 설탕이나 자극제처럼 더 빠르게 흡수되는 음식들 또한 에너지를 공급해주지만 이들을 장기적으로 섭취할 경우 3번 차크라의 전반적 건강에 좋지 않다. 에너지 음식에 중독되면 3번 차크라에서 불균형이 일어난다. 설탕 중독은 3번 차크라 불균형의 원인이다.

4번 차크라: 채소

채소는 광합성 제품으로 인간의 몸이 생산하기 불가능한 것을 만든다. 채소는 태양의 생명에너지를 저장하고 또한 지수화풍의 좋은 균형을 이루게 해준다. 채소는 자연적 균형 속에서 우주와 지구의 신진대사의 산물로서 심장 차크라의 균형잡힌 기질을 반영한다. 중국 시스템에서 그들은 음(陰)도 아니고 양(揚)도 아니며 4번 차크라의 균형과 중도적 성질을 나타낸다.

과일 5번 차크라

과일은 먹이사슬에서 높은 위치를 차지한다. 과일은 익으면 땅에 떨어지고 추수과정에서 식물이나 동물의 살상을 요구하지 않기 때문이다. 과일은 비타민 C가 풍부하고 자연 당도가 높다. 그들은 모든 견고한 음식들 중에서 가장 빠르게 시스템을 통과하면서 상위 차크라로 자유롭게 여행하는 에너지다.

6번 7번 차크라

이들은 육체의 작용과는 관련이 없고 정신적 과정과 관련이 있다. 그러므로 이 가장 높은 차크라를 위한 음식을 소개하기가 어렵다. 음식[60]보다는 기도나 명상이 유익하다.

노트: 단지 고기 섭취만으로 자연스럽게 기반을 다진다거나, 신선한 야채섭취만으로 심장 차크라가 개방된다고 이해해서는 안 된다. 목적은 차크라들 사이에 균형을 얻는 것이다. 조화로운 식사는 균형을 가져오는데 도움을 준다. 앞서 소개한 목록들은 단지 존재하는 불균형을 바로잡기 위한 가이드라인일 뿐이다. 야채를 거의 먹지 않고서는 개인이 식이요법으로 심장 차크라를 진동시킬 수 없다. 단백질이 부족한 사람은 가볍고 기반이 다져지지 않았다는 느낌을 가질 수 있다.

---

60) 호두가 유익하다.

인체는 음식이 아니라 에너지에 의해 움직인다. 그 에너지의 많은 부분은 음식을 통해 얻어지지만, 사랑, 힘, 높은 상태의 의식과 같은 다른 차크라에서 기인된 에너지가 종종 음식에 대한 욕구를 감소시킨다는 사실을 알게 될 것이다

물질

물질세계는 단지 환상일 뿐이지만 너무나도 현란하게 질서 잡힌 환상이다.

아노데아 쥬디스

우리는 각각의 차크라들을 일종의 소용돌이로서 선회하는 힘의 교차점으로 언급해 왔다. 이러한 힘들은 마찰 없는 공간을 통과하여 이동하는 수직 운동(선형 벡터)으로 시작한다. 차크라 시스템의 맥락에서 우리는 그들을 응축과 확장과 비슷한, 하강하는 현현의 움직임과 상승하는 해탈의 움직임으로 언급했다. 하나는 구심력의 움직임으로 안쪽, 즉 중심을 향하여 자신 쪽으로 움직이고, 다른 하나는 원심력의 움직임으로 중앙으로부터 멀어지는 움직임이다. 이 두 가지의 힘이 서로 만날 때 그들은 반대와 대극으로 만나고, 보조적이고 원형적인 움직임 또는 소용돌이를 띠며 차크라를 창조한다.

공에 줄을 달아 돌린다고 가정해 보자. 줄은 제약, 즉 중력과 비슷한 구심력의 힘을 의미한다. 만일 공을 돌릴 때 줄을 짧게 한다면 궤도는 더 빠르고 더 작아질 것이며 중심부를 축으로 너 쌩쌩하게 돌 것이다. 회전하는 공에 의해 창조되는 장(field)은 줄이 탄탄해질 때 그 밀도는 더 높아지는데 이것은 마치 움직이는 프로펠러날과도 비슷하

다. 줄을 짧게 하면 중력장을 확장하는 것과 유사하다. 몸의 질량이 커질수록 중력장은 더 강해지고 서로를 더 강하게 끌어당긴다.

물질화는 유사한 성질과 방향성의 힘이 충분해지면 임계 질량에 도달하게 되어 현현될 때 발생한다. 이것은 바다로 흘러가는 물의 흐름에서부터 같은 마음을 지닌 사람이 공통된 목적을 중심으로 결속하는 것까지 모든 것에서 볼 수 있다. 에너지의 집중이 고도화되면, 현현은 점점 더 두드러지면서 자신에게 더 많은 에너지를 끌어당기게 되는데, 이를 긍정적 되먹임(피드백)의 회오리라고 한다. 이러한 초점의 중심은 힌두인들이 빈두라고 불렀던 것과 비슷한데, 이것은 현현을 위한 씨앗으로 작용하는 무한 차원의 근원점이다.

차크라 기둥의 바닥에서 상층부로부터 하강한 힘이 여섯 단계를 거쳐 각 단계에서 밀도가 강해지는데 1번 차크라에서 가장 단단하다[61]. 그러나 퍼져서 상승하는 힘은 1번 차크라 안에서는 상대적으로 미분화되었다. 내부는 무겁게 강화되고 바깥쪽으로는 거의 움직임이 없으며 서로를 가두는 구심력을 가지게 되면 우리 주변에서 볼 수 있는 물질 세계가 창조된다.

물질화는 중심의 끌어당김에 의해서 창조되는 유사성의 응집이다. 이 핵심 구조는 특정한 응집력에 반응하는 형태들을 자신을 향해 끌어당긴다. 특히 임계 질량에 도달하면 돈은 돈을 끌어당긴다. 돈을 더 많이 가지고 있다면 돈은 더 쉽게 창조된다. 사각은 사각을 끌어당긴다.

중력은 기본적인 1번 차크라의 원칙으로 의식과 에너지를 압축해서 물질화 시킨다. 질량이든 돈이든 더 많이 소유할수록 같은 것이 더 쉽게 끌려온다. 이러한 원칙은 우리에게 안전과 현현을 제공하여 우리가 그라운딩할 수 있게 하고, 우리의 의식을 제한된 형태에 묶어서 우리

---

61) 6번 차크라에서 1번 차크라로 하향식(탑다운)으로 내려온다.

를 덫에 가둘 수도 있다. 더 크고 조밀해질수록 더 비활성화되고 더 타마식하게 된다. 이것은 변화의 가능성이 줄어듦을 의미한다. 만일 여러분이 다량의 소유물이 있는 큰집을 가지고 있다면 이동하기가 더 어려울 것이다.

물리적인 영역은 상대적으로 견고하고 변하지 않는 것처럼 보인다. 그러나 실제로 견고함에 대한 우리의 인식을 구성하는 원자는 거의 전적으로 빈 공간이다. 다소 작은 원자를 100만 배 확대해보면, 높이와 넓이는 축구장만큼이나 커진다. 이때 원자핵은 토마토 씨 정도의 크기가 되서 우리가 작업하기에 충분히 커진다. 핵 주변을 움직이는 전자는 훨씬 작고 바이러스 크기정도도. 이 전자/바이러스가 중앙에 토마토 씨앗을 가진 풋볼 운동장만큼 큰 공간을 차지한다고 상상해보자. 핵과 전자 사이에 단지 빈 공간 밖에 어떤 것도 존재하지 않지만 (그것을 통해 전자는 이동하고) 우리는 견고한 상태의 환상을 보고 있다.

사실 물리학자들은 전자와 광자를 방산 에너지 장(널리 흩어진 에너지 장)으로 묘사하는데 이것은 적당한 기구로 관측했을 때 이산입자로 존재할 뿐이다. 이 혼재된 장을 이산입자로 붕괴시키는 것은 관측 시 의식 자체이다[62]. 알버트 아인슈타인은 말한다.

그러므로 우리는 물질을 공간의 영역들로 구성되어있다고 생각한다. 그런 점에서 장이라는 것은 극히 밀도가 높다....그러나 새로운 물리학에서는 장이나 물질에 대한 공간은 존재하지 않는다. 그 이유는 장이라는 것은 유일한 실제이기 때문이다.

아이슈타인은 물질이 응집된 에너지임을 증명했다. 에너지가 고도로 집중되면, 시공간의 구조를 왜곡히여 물리학자들이 중력우물이라고 부

---

62) 관찰하는 의식은 부정성을 긍정성으로 세상을 새롭게 변화시킬 수 있다. 관측의 힘은 혼재된 장을 의식에 의해 변화시킨다. 부정성을 긍정성으로...

르는 것을 창조한다. 사물의 질량이 클수록 중력우물은 더 깊어져서 객체를 끌어당기는 힘이 더 강해진다.

힌두인들은 물질 세상을 마야나 환각으로 만들어졌다고 말한다. 이 세기에 물리학 연구는 물질의 견고함을 떠받치는 망상의 베일을 간파하는데 성공했다. 물리학자들은 대형입자가속기 사용을 통해서 아원자 영역을 탐구했고, 물리적 세계에 대한 뉴턴식의 인식을 흔들어놓는 진실을 발견했다. 원자핵 속에 있는 소립자들의 견고함조차도 환상인데 그들은 전자만한 크기의 쿼크라고 불리는 점 같은 존재로 만들어져있기 때문이다. 이상하게도 초기 과학을 매우 부적절하게 만든 이러한 발견들은 대부분의 동양 종교의 신앙과도 밀접하게 관련되어 있다. 바야흐로 과학과 종교는 우주가 에너지와 의식을 지닌 다양한 측면의 역동적 상호작용임을 밝히는데 이르렀다. 만일 우리가 경험하는 세계 뒤에 통합장이 존재한다면, 그것은 바로 우리가 자각하는 의식이 아니겠는가?

1번 차크라 운동

그라운딩 명상

편안한 의자에 등을 곧게 세운 상태로 앉아서, 양 발은 마룻바닥에 심은 듯 단단히 놓는다. 깊게 호흡한다. 호흡할 때 몸이 확장하고 수축하는 것을 느껴보라. 다리와 발, 그리고 그들이 위치한 바닥을 느껴보라. 그 접촉의 견고함을 느껴보라. 여러분이 기대고 있는 의자를 느껴보라. 의자 안에 위치한 몸의 무게감을 느껴보고 중력의 힘이 여러분을 어떻게 쉽고 부드럽게 아래로 끌어당기는지를 느껴보자.

발에 주의를 두어라. 발로 바닥을 가볍게 누르고 지구 영역에 맞물려있는 다리를 느껴보라. 이 압력이 긴장이 되지 않도록 하고 다리의 근육을 조여보라. 그러나 1번 차크라로부터 지구로 흘러들어가는 에너지의 미묘한 흐름을 느껴보라. 상체의 그라운딩으로 옮겨갈 때, 이러한 흐름이 계속 되도록 하라.

자신의 몸무게를 조율(튜닝)할 때 척추 기저에 위치한 중력 중심부를 서서히 자각하게 될 것이다. 바디가 어떻게 그 지점에 의존하는지를 느껴보고 그 중심부가 마치 닻인 것처럼 그것에 초점을 맞추라. 이 지점에서 닻을 내렸다고 느껴질 때, 바디의 나머지를 자신의 기반 안으로 통합하라.

상체를 조율하고, 몸의 중앙 통로에 관심을 집중하라. 이것은 바디의 뒤쪽에 더 가까운 척추가 아니라 우리의 중력장 중심부에 정렬된 내면 핵심의 일부이다.

잠시 시간을 내서 정수리, 목, 가슴, 배, 복부의 모든 차크라들을 정렬하고 이러한 차크라들이 의지하고 있는 1번 차크라에 조율하고 조화를 이루도록 해라. 깊게 호흡하고 이러한 정렬이[63] 1번 차크라와 부드럽게 균형을 이루도록 해라.

우리는 수직의 에너지 기둥을 세운다. 이 기둥을 짙은 붉은색의 거대한 줄로 상상하라. 그리고 이것이 여러분의 정수리에서 몸의 중앙부를 지나 바닥으로 내려가 자신이 앉은 자리와 마루바닥 사이의 빈 공간을 곧장 통과한다고 상상해 보라. 특별히 시간을 내서 이 코드(기둥)가 여러분의 1번 차크라의 닻점을 통과하여 땅 뿐만이 아니라 땅속 깊은 곳으로 들어가는지 확인하라. 가능하다면 그것이 지구의 중앙부까지 곧장 들어간다고 상상하라-더불어 지구의 중력장이 이 코드를 그의 핵으로 끌어당기는 모습을 시상화하라.

---

[63] 여기서 정렬이란 몸 시스템을 일정하게 균형과 조화를 이루도록 맞추는 것을 말한다. 이것은 조율과 비슷한 개념으로 차크라를 튜닝하는 것이다.

이 지점에서 시간을 들여 모든 부분들이 제대로 작동하고 있는지 점검한다. 발은 가볍게 마룻바닥 위에 잘 놓여있는지, 차크라는 잘 정렬되어 있는지, 그리고 붉은 에너지 기둥은 우리를 아래로 끌어당기고 있는지, 중력의 조화로운 느낌은 우리를 뿌리내리게 하고 있는지, 바디와 미세신이 함께 닻을 잘 내리고 있는지를 점검하라.

조금씩 상체를 앞뒤로 그리고 옆으로 흔들다가 1번 차크라를 기점으로 원을 그린다. 어떻게 척추 기저에 위치한 점을 움직이지 않고도 그 주위로 몸을 돌릴 수 있는지를 주목하라. 우리는 움직일 때조차 기반을 유지하기를 원하며, 이것은 바디가 이러한 기술을 연습하도록 해 준다.

과도한 긴장을 땅속으로 방출하고, 가볍게 마룻바닥을 발로 누른다. 그리고 나서 다시 고요함으로 돌아온다.

요가 자세

다음은 하타요가로서 물라다라 차크라로부터 나오는 에너지를 강화하고 방출하기 위해 행하는 운동이다.

무릎에서 가슴까지

이 자세[64]는 단순한 버전은 바닥에 등을 대고 누워서, 양 무릎은 구부리고 엉덩이에서 약 60센티 떨어진 곳에 발을 위치하게 한다. 한 쪽 발을 마루에 두고 다른 한쪽 무릎은 가슴 쪽으로 구부리되 팔을 뻗은 상태에서 깍지 낀 손가락으로 무릎 바로 아래 정강이 뼈 주위를 묶듯

---

64) 아빠나사나/Apanasana

이 감싼다. (그림 2.4)

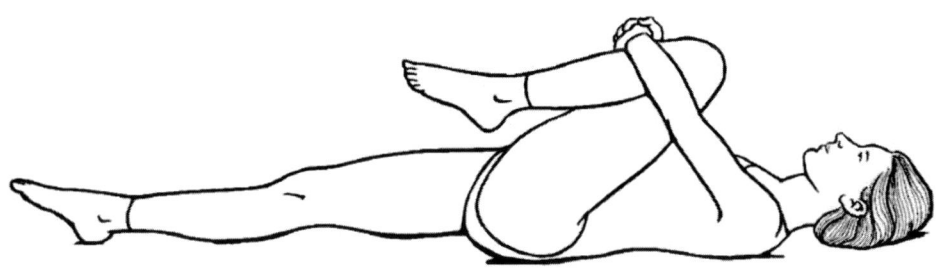

그림 2.4 무릎에서 가슴까지

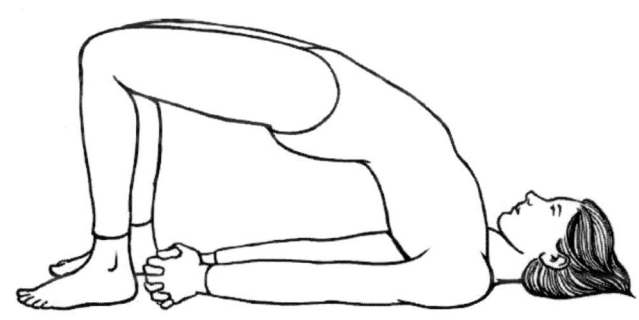

그림 2.5 브리지 포즈

깊게 호흡하고 내뱉으며 무릎을 더 타이트하게 당긴다. 척추기저의 뿌리부분이 열려서 확장된다고 상상하라. 회음부를 편안하게 하고, 다리가 상체를 만나는 지점까지 1번 차크라가 계속 확장된다고 상상하라. 어깨를 릴렉스하라.

다른 쪽을 되풀이하여 연습하라.

 양 쪽 다리를 모두 시행한 후, 이제 여러분은 양쪽 다리를 동시에 가슴 쪽으로 구부릴 수 있다.

브리지 포즈

 브리지 포즈[65]는 다리가 척추와 역동적으로 접촉하면서 땅과 굳게 연결하도록 한다. 바닥에 등을 대고 누워서 손바닥을 아래로 하여 팔을 양 옆으로 나란히 둔다. 무릎을 구부리고 양발을 엉덩이 넓이만큼 벌린 채 바닥에 나란히 위치하게 한다. 발꿈치가 손가락 끝에 닿도록 한다.

 발을 누르고(몸을 들지 않은 상태로) 땅의 에너지가 다리에 견고함을 가져다주는 것을 느낀다.

 다음에, 발로 마룻바닥을 좀 더 세게 누르면서 바닷가의 진주를 한 번에 하나씩 들어 올리듯이 척추를 들어 올리고 발과 상위 척추골에 의지해 버틴다. (가능하면 손을 함께 모아서 등 아래 놓는다) 이상적인 자세는, 무릎부터 어깨까지의 라인이 일직선을 유지하게 하는 것이다. 마룻바닥 위에 등뼈를 천천히 내려놓는다. 둔부의 긴장을 풀고, 발과 다리도 편안하게 하라. 이 자세에서 다리와 발의 지탱을 느껴보라. 척

---
65) Setu Bhandasana

추가 연결되어 지탱하는 힘에 의해 에너지를 받고 있음을 느껴보라.

세 번의 온전한 호흡을 유지한다. 자세를 반복하기 위해 준비할 때 무릎을 구부리고 있거나 혹은 마룻바닥에 다리를 평평하게 놓은 상태로 하위 차크라가 이완되는 것을 느껴보라.

반 메뚜기 자세와 완전 메뚜기 자세

얼굴을 마룻바닥 대고 눕는다. 팔은 몸 옆으로 붙인 채 손바닥은 허벅지 앞으로 닿게 놓는다.

무릎은 쭉 피고 오른쪽 다리를 마루바닥을 따라 바깥쪽으로 향하게 하여 가능한 길게 뻗는다. 이제 오른 발을 바닥에서부터 몇 인치 들어 올린다. (그림 2.6) 이 자세를 시행할 때 1번 차크라가 작동하는 것을 느껴보라.

몇 분이 지난 후(할 수 있는 만큼 버틴 후), 다리를 내려놓고 반대 다리로 위의 동작 같이 반복한다.

만일 이 동작이 쉽다면 위에서 언급한 방법을 적용하여 양쪽 다리를 한꺼번에 들어 올리는 완전 메뚜기 자세를 시도해 본다(그림 2.6)

숨을 내쉬면서 엉덩이와 몸통을 구부리고 팔을 앞으로 쭉 뻗어 왼쪽 발에 닿게하고 등은 가능한 한 평평하게 한다. 이것은 당신의 뒷다리 관절과 무릎의 뒷면을 스트레칭해줄 뿐만 아니라 척추를 늘려준다

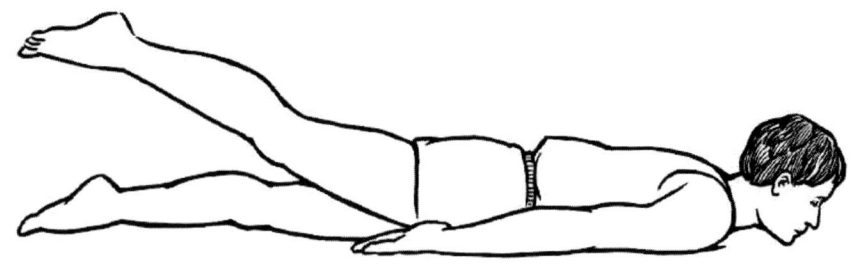

그림 2.6 반메뚜기자세(Half Locust)

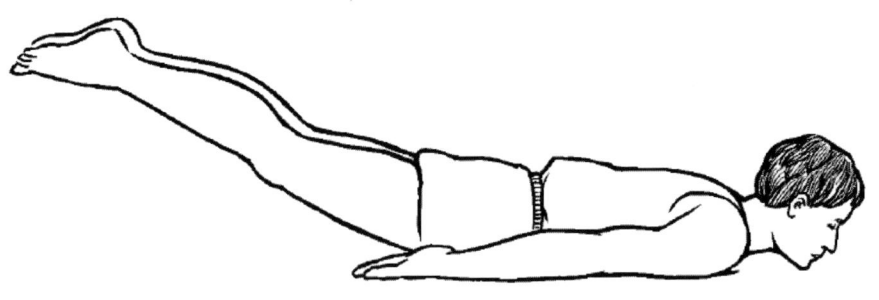

그림 2.7 완전메뚜기 자세(Full Locust)

깊은 이완자세

이 하타 요가 운동은 소위 의식의 릴렉스라고 불리는 운동이다. 이것은 근본적으로 그라운딩을 수반하고 몸의 각 부분을 이완시킨다. 레코더에 지시사항을 녹음하여 들으며 따라 하거나 다른 사람이 부드럽고 최면상태의 목소리로 읽어주는 지시사항에 따라 시행한다. 지시 없이 자신의 리듬에 맞춰서 하는 것도 좋다.

바닥에 등을 대고 편안하게 눕는다. 자신이 충분히 따뜻한지 확인하라. 이 운동에서 몸이 너무 이완된다면 이따금 추워질 수 있다. 가벼운 담요가 필요할지 모른다.

깊게 호흡하며 시작하라. 전체 명상 내내 편안하고 안정된 리듬으로 호흡을 유지한다.

왼쪽 다리를 마루에서 몇 인치 들어올린다. 몇 초간 호흡을 참으며 다리의 모든 근육을 타이트하게 조인다. 그리고 나서 숨을 세차게 내뱉으면서 모든 근육을 이완시키고 마룻바닥에 다리를 내려놓는다. 오른쪽 다리도 반복적으로 시행하며, 타이트하게 조이고, 유지하고, 내버려두기를 반복하라.

오른쪽 팔로 옮겨가서 주먹을 쥐고 가능한 모든 근육을 타이트하게 조인다. 이제 왼쪽 팔을 조인다. 올리고...조이고..유지하고...방출한다.

머리를 좌우로 굴리면서 목의 모든 근육을 스트레칭 한다. 머리를 마루에서 가볍게 들어 올려서 유지하고 타이트하게 조이고 방출한다.

코를 웅크리고 입을 꽉 닫고 두 눈을 찡그린다. 유지하고 조이고 방출한다. 입을 벌리고 혀를 내밀고 얼굴을 스트레칭하는 것을 반복한다. 유지하고 조이고 방출한다.

몸의 각 부분을 한 번에 하나씩 정신적으로 점검하고 부분들이 정말 이완되었는지를 확인한다. 발가락으로 시작해서 발, 발목, 정강이, 무릎, 허벅지까지 점검한다. 엉덩이가 이완되었는지 체크하고 배와 가슴도 확인하며 호흡을 천천히 깊게 들이마시고 내뱉고, 들이마시고 내뱉는다. 목과 입, 혓바닥, 볼, 이마가 이완되었는지 확인하라

이제 스스로 자신의 몸을 관찰한 지금 평화롭게 호흡을 들이마시고 내뱉고 들이마시고 내뱉으며 깊게 이완한다. 자신의 생각을 관찰하고 힘을 빼고 그들이 오고가도록 하라. 만일 몸에 변화가 있기를 바란다면 지금이 조용하게 명령을 내리거나 확언하기 좋은 시간이다. "나는 약해지지 않을 거야."보다는 "나는 강해질 것이다."와 같이 긍정적으로 확언하라.

돌아올 준비가 되었으면 손가락과 발가락을 구부리고 다리와 팔을 옴질옴질 움직인다. 눈을 뜨고 일상으로 돌아온다.

운동 연습

대지와 접촉하게 하는 거의 모든 것은 그라운딩이다. 에너지가 발로 들어가게 하는 것이 첫 번째 단계다. 다음 소개하는 운동은 이러한 목적에 매우 효과적인 바이오에너지 운동이다.

팔을 옆으로 한 채 편안하게 선다. 발끝을 세우고 일어서서 발뒷꿈치로 힘 있게 내려오고 무릎을 구부린다. 마룻바닥에 빠진 것처럼 흉내내보라. 몸을 위로 올렸다가 내림과 더불어 손을 들었다가 내리면 하강의 흐름을 강화시키는데 도움을 줄 수 있다. 몇 차례 반복한다.

코끼리
이 운동은 다리에 더 많은 에너지를 공급하기 위해 디자인 되었다.

다리를 일자로 한 상태로 엉덩이 넓이만큼 벌리거나 좀 더 넓게 벌린다. 무릎을 가볍게 구부리고 손바닥은 마루에 댄다. 호흡을 들이 마시고 무릎을 45도 정도 구부린다. 호흡을 내뱉으며 무릎을 부드럽게 편다. 너무 꼿꼿이 펴지 않도록 한다. 발이 떨리거나 다리 안으로 에너지가 흘러들어올 때까지 반복하라. 바르게 연습했다면 보통 몇 분 이내가 될 것이다.

몸을 일으키되 척추는 구부정하게 하고 배를 이완한다. 이 운동 중에는 호흡을 완전하고 깊게 마셔야한다는 것을 잊지 말고 어떠한 소리든 자연스럽게 내 뱉는다. 무릎을 몇 번 구부리고 다리를 흔들고 안하게 서서 효과를 느껴라. 필요한 만큼 자주 반복한다.

발 밀기

이 운동 역시 바이오에너지 운동이다.

등을 바닥에 대고 누워서 무릎을 비교적 핀 채 다리를 들어올린다. 단 무릎을 완전히 펴지는 않는다. 발을 구부리고 발가락은 머리를 향하게 한 상태에서 다리를 공기중으로 민다. 발꿈치 쪽으로 민다.(그림 2.10)

만일 다리를 진동하게 할 장소를 찾는다면 다리와 엉덩이에 에너지가 생길 때까지 그 지점에서 진동을 계속하게 하라

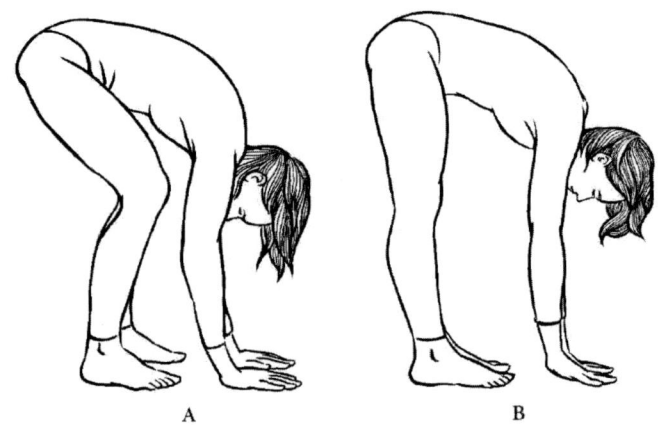

그림 2.9 코끼리

그림 2.10 발밀기

일반감각 그라운딩 운동

발 구르기

이 운동은 아침에 일어난 후 하는 것이 좋으며 운동 후에는 '발 롤러'나 테니스 공으로 발을 부드럽게 마사지해주면 좋다.

한 발을 여러 번 구른 후 반대 발을 구른다. 이 운동은 발 차크라를 열고 견고함과 접촉하는데 도움을 준다.

위 아래로 점프하기

이 운동은 중력을 밀어붙이고, 중력 안으로 가라앉음으로써 지구 영역과 접촉하는데 도움을 준다. 이 운동은 다리에 에너지를 주는데 도움을 준다. 다리에 대한 영향 때문에 포장도로나 단단한 마루바닥보다는 흙 땅에서 하는 것이 좋다.

자신이 어린 아이인 것처럼 폴작폴짝 점프하면서 몸을 완전히 이완하고 해방감을 느껴본다. 점프할때는 반드시 무릎을 구부린 채로 한다

차기

이 운동은 다리의 긴장을 없앤다.

침대에 누워서 리듬있게 다리를 차라. 무릎을 구부린 채로도 해보고 다리를 똑바로 한 채로 해본 후 결과가 어떤지 평가해 보라.

조깅

조깅은 발과 다리 그리고 상체에 에너지를 준다. 신진대사를 올리고 호흡률을 증가시킨다.

 기반을 다지는데 굉장히 좋은 운동이다. 조깅은 야외에서 하는 것이 좋다.

타기

 이것은 도시 환경에서 흥미로운 그라운딩 운동이다.

 버스나 기차를 타고 어떤 것에도 매달리지 말고 서서 간다. 다리를 굽히고 발란스를 유지하기 위해서 무게를 낮게 둔다. 자신의 중력 중심부가 어디인지 배운다.

휴식

 그냥 의자에 앉아서 천천히 이완하는 것의 극적인 이득에 대해서는 거의 전해지는 바가 없는 것 같다. 휴식은 오늘날 가장 일반적인 그라운딩 운동이다.

마사지

어떤 종류의 마사지든 긴장을 완화하고 몸과 정신을 재연결하는데 도움을 준다. 발마사지는 특히 그라운딩에 좋다.

먹기

대부분의 사람들이 먹음으로써 기반을 다진다. 이것은 효과가 있다. 그러나 과식은 몸과 접촉할 수 없기 때문에 기반을 허문다.

수면

수면은 신체에 휴식과 고요함을 가져다준다. 하루의 끝에 수면은 우리를 재생시키고 다음날을 가져다준다. 즐거운 꿈이여!

2번 차크라

물
변화
대극
움직임
감정
성
양육
초감각 지각력

제 3장
2번 차크라: 물

명상

여러분은 고요하고 평화롭게 지구위에 누워있다. 지구는 조용하고 견고하고 움직이지 않는다. 변화가 있다. 안에서 밖으로, 밖에서 안으로, 세계들 사이에 통로는 여러분을 통과하면서 짜여 진다. 변화의 길...

가슴이 높아질 때, 호흡은 코, 목, 그리고 폐를 통과하여 움직인다. 그것은 파도가 기슭 위로 솟구치듯이 고르고 우아하게 들어갔다 나온다. 뒤로 앞으로... 텅비고 가득차고... 안으로 밖으로.

내면에서 여러분의 심장은 뛰고, 혈액은 진동하며, 인생의 강물은 내면의 모든 세포와 연결된다. 피는 바깥으로 흐르고... 다시 중앙으로 흐른다. 세포는 확장되고 다시 수축하며, 복제되고, 소멸된다. 손가락을 앞뒤로 오물오물 움직여보라. 신경의 자극이 팔을 따라 하강한다. 호흡은 계속된다. 안으로... 밖으로... 안으로... 밖으로...

뱃속 깊은 곳에서 여러분은 따뜻하게 빛나는 오렌지 색상을 자각한다. 그것은 골반을 통과하고 배를 통과해서 맥동한다. 고동치는 오렌지 빛은 다리를 따라 흘러가서 다시 허벅지를 통과하고 배를 통과하여 등으로 올라가서 여러분 모든 곳에 영양을 준다.

여러분은 살아있다. 여러분은 움직임의 파도다. 여러분 안의 어떤 것도 진실로 고요하지 않다. 여러분 주위의 어떤 것도 멈춰 있지 않다. 만물은 매순간 지속적으로 변한다. 모든 소리, 모든 빛의 광선, 모든 호흡은 진동하고, 앞으로 뒤로 움직이며, 흔들리고 그리고 흘러간다. 지속적인 변화의 흐름은 모든 순간 그리고 마지막까지 변한다. 이 명상을 마칠 때 쯤 여러분과 세계는 달라질 것이다.

여러분의 몸 안에는 변화하는 강물이 흐르고 있다. 내면의 미묘한 움직임과 생각의 흐름을 찾아내고 위로 올라갔다, 아래로 내려가고, 돌아서가다가, 통과하라. 흐름의 추진력을 얻도록 하라.
여러분이 발견하게 되는 어떤 긴장도 완화하여 장애물을 제거하도록 하라. 바깥으로 움직이면서 그들의 흐름을 확장하라. 의자에 앉아 앞뒤로 흔들면서 리듬있는 움직임을 창조하라.

여러분이 일어난다고 느낄 때까지 리듬을 세우고, 이 책을 손에 들고 있을 때 조차도- 일어나서 돌아다녀라. 발로 왔다갔다 움직이면서 엉덩이로 원을 그리고 무릎은 구부린 채 언제나 고르고 안정적으로 흐름을 유지하라...그리고 아래의 기반을 기억하라. 여러분은 움직인다. 앞으로...뒤로...위와 아래로...안과 밖으로...확장한다. 그러나 다시 여러분의 근원적 자아로 돌아간다.

여러분은 물의 흐름과 함께 움직이고, 때로는 거대한 강처럼 천천히 움직이고, 때로는 고요한 호수처럼 침묵하며, 때로는 바다의 파도처럼 격정적이다. 팔을 들어 올려 물이 그것을 통과해 흐르는 것을 상상하라. 촉촉한 액체가 여러분의 등, 배, 그리고 발가락 사이로 흘러내려가는 것을 느껴보라.

하늘로부터 떨어져서 산을 어루만지고 지류를 이루어 다양한 웅덩이로 흘러가는 물을 생각해 보라. 물이 비가 되어 내리고 여러분의 몸을 어루만지고 골반과 다리 아래로 흐르고 땅 아래로 부드럽게 떨어지는 것을 상상하라. 여러분은 하늘에서 땅으로 자연스럽게 떨어지는 비다.

마음으로부터 떨어져 내리는 생각들처럼 여러분은 많은 물방울들이다. 작은 움직임 속에서 여러분 안의 조수는 자라고 움직인다. 그들이 아래로 빠르게 떨어질 때 땅 위로 흩어져서 천천히 여러분의 비옥한 땅의 계곡을 가로질러 미끄러지듯 살며시 나아간다.

여러분은 바다의 조수에 밀려 나갔다 밀려들어오고 어둠과 빛의 춤을 추는 달에 의해서 이끌리게 된다. 광활하고 깊은 바다는 생명으로 가득 차 있다. 열정은 바깥으로 도달하여 기슭에서 범람하고 다시 여러분 안으로 되돌아온다. 주변의 모든 변화를 들이켜 마시고, 여러분을 통과하는 움직임을 끌어당기며 마치 인생의 조수간만처럼 여러분을 통해 그 움직임을 끌어당긴다. 안으로...밖으로..호흡하면서.

거대한 깊이의 조수간만으로부터, 여러분은 도달한다. 접촉한다. 그리고 자신의 몸을 발견한다. 손 안으로 흘러들어간 느낌이 온 몸을 가로질러 흐른다. 이러한 느낌은 오로지 당신 자신만이 감각할 수 있다. 손이 살의 굴곡을 가로질러 움직임의 선을 따라간다. 접촉으로 감각은 동요한다. 내면에서 올라온 감정은 휘젓고, 갈망하고, 흘러가고, 거품친다. 그들은 도달하고 접촉하고 오르고 움직임이게 된다. 파도는 변화하고, 물은 흐른다. 내면으로... 그리고 외면으로.

그대는 혼자다. 그러나 주위에는 다른 사람들이 있다. 그들 또한 조수처럼 빠졌다가 흘러들어오고 변하고 접촉하고 그리워한다. 그대는 움직여서 그들과 합류하기를 갈망하고 하나 되기를 원하며 무언가 새로운 것을 향해 움직인다. 그대의 손은 접촉하기를 바라고, 대양을 좀 더 가까이 끌어당기기를 바라며, 대양을 끌어당겨 다른 조수가 그대의 흐름과 섞여서 함께 흐르기를 바란다.

당신의 배는 파도치고, 성은 깨어난다. 접촉에 대한 갈증은 그대를 넘나든다. 여러분은 여러분의 다르지만 같은 '다른 반쪽'을 찾는다. 탐험을 하고, 여러분은 하나 되기 시작한다. 여러분 안에 세워진 움직임은 여러분을 고양시키고 표현하며 돌봐준다. 바다의 파도 속에서 넘실거리는 열정은 기슭에 부딪혀서 욕망을 충족시킨다. 그들의 간절한 바람과 모든 움직임과 모든 호흡으로 흐를 때, 물은 흘러들어갔다 흘러나가고 보살피고 정화하며 치유한다.

여러분은 물로서 모든 형태의 근원이지만 형태 없는 근원이다. 여러분은 모든 방향으로 흐르는 점이다. 여러분은 흐름이다. 여러분은 느끼는 자다. 여러분은 움직이는 자다. 여러분은 포옹하는 자다.

우리가 함께 인생의 강물로 흘러가는 이 여정 속에서 하나로 합류될 수 있을까? 진실로 우리 모두는 바다로 흘러가 하나 될 수 있을까?

2번 차크라의 상징과 상응성

산스크리트어 이름: 스와디스타나(svadhisthana)
의미: 달콤함
위치: 아랫배 성기, 자궁
원소: 물
기능: 욕망, 즐거움, 성, 생식
내부 상태: 느낌
외부 상태: 액체
내분비선: 난소, 고환
다른 몸의 부분: 자궁, 성기, 콩팥, 방광, 순환시스템
고장날 경우: 발기부전, 불감증, 자궁, 방광 또는 콩팥기능이상, 등 아래가 경화 현상 등
색상: 오렌지
감각: 맛
종자소리: 밤(vam)

모음소리: 'due' 에서 우(Oo)
구나: 타마스
타로 수트: 컵스
세피라: 예소드
천체: 달
금속: 구리
음식: 액체
상응동사: 나는 느낀다
요가: 탄트라
허브향: 흰 붓꽃뿌리, 치자나무, 다미아나
미네랄: 홍옥수, 문스톤, 산호
꽃잎수: 6개
동물: 마카라, 물고기, 바다생물
연꽃 상징: 주홍색이나 오렌지 색상의 여섯 개의 꽃잎을 지닌 연꽃으로 그 안에 흰 반달을 가지고 있다. 달 안에는 마카라라고 불리는 동물이 있다. 마카라는 반은 악어, 반은 물고기의 형태를 지닌 동물로, 즐거움으로서 욕망과 희열의 성질을 나타낸다. 남신은 네 개의 팔, 소라고둥, 전투용 곤봉, 그리고 연꽃을 가진 비슈누신이다. 여신은 샤티 라키니로 삼지창과 연꽃, 북 그리고 도끼를 가지고 있다. 비자 만트라 (종자소리)는 밤(vam)으로 진동하는 물을 나타낸다.
힌두신: 인드라, 바루나, 비슈누, 라키니(스와디스타나 차원에서 샥티의 이름)
그 밖의 판테온: 다이아나, 제마야, 티아마트, 마리, 컨벤티나, 포세이돈, 레르, 가니메데, 디오니소스, 판
대천사: 가브리엘
주요작동원리: 대극을 끌어당김

변화 단계

우리가 하나에 대한 공부를 끝내고나면, 숫자 2에 대한 모든 것을 안다고 생각한다. 2는 하나에 하나를 더한 것이기 때문이다. 여전히 우리가 "그리고"에 대한 공부를 해야 한다는 사실을 잊고 있다.[66]

에딩턴

우리는 땅 속으로, 고요함과 견고함 속으로 하강함으로써, 차크라를 통해 위로 상승하는 여행을 시작했다. 몸과 기반 그리고 일체성과 관련된 것들에 대한 이해를 얻었다. 이제 새로운 차원을 소개할 준비가 되었다. 그것은 하나가 다른 것을 만나서 둘이 될 때 생긴다.

처음의 단일체가 이중성을 지니게 되는 것이 바로 여기다. 점은 선이 되고, 선은 점에 방향성을 부여하고, 한 면과 다른 면을 나눈다. 우리는 흙 원소에서 물 원소로 이동하며 이곳에서 고체는 액체가 되고, 고요함은 움직임이 되며, 형태는 형태 없음이 된다. 우리는 어느 정도의 자유를 얻었지만 또한 더 복잡해졌다.

의식은 통합의 느낌에서 차이에 대한 자각으로 이동한다. 자아에 대한 우리의 이해는 타인에 대한 이해를 포함한다[67]. 타인과 연결되면 욕망이 일어나고, 그와 함께 감정과 성이 나타난다. 우리는 하나 되기를 갈망하고, 분리를 극복하고 손을 내밀어[68] 성장하기를 원한다. 이들은 2번 차크라 의식의 모든 측면에서, 이 모든 것들이 변화를 유발한다.

변화는 의식의 근본적인 요소다. 변화는 우리의 주의력에 명령을 내

---

66) 여기서 '그리고'는 '1과 1의 관계, 즉 2가 되기 위해서 1과 1 간의 관계를 알아야 하는 것도 포함된다. 숫자 2는 1과 1의 관계도 내포하고 있다.'1 그리고 1'은 '1과 1의 관계성'도 함유된다.
67) 나를 이해하려면 타인도 이해해야 한다.
68) 인연되지 않은 하나 됨은 슬픔으로 귀결되고 인연된 하나됨은 행복으로 나아간다. 결국 좋은 인연만이 2번 차크라를 각성시킨다. 세속인에 한해서…

리고 그것을 깨어나게 하며, 우리가 질문하게 한다. 갑작스러운 소음은 우리를 잠에서 깨운다. 낮 길이의 변화는 하늘에서 지구의 움직임을 공부하게 한다. 변화가 없다면 마음은 지루해진다. 변화가 없다면 성장도 없고 움직임도 없으며 생명도 없다. 의식은 변화 위에서 성장한다.

주역은 지혜와 예언의 시스템으로 음과 양, 두 대극적 힘의 결과인 변화의 개념을 기반으로 한다. 그들은 각각 여성성과 남성성, 땅과 하늘, 그리고 순응과 창조를 표상한다. 변화는 이 힘들 간의 끊임없는 상호작용에 의해 만들어지며 균형(밸런스) 상태 주변에서 요동친다. (그림 3.1).

2번 차크라 안에서 의식은 주역에서처럼 대극의 춤에 의해 강화된다. 상위 차크라에서 우리는 이원성을 초월하는 의식 차원에 도달하지만, 2번 차크라에서 이원성은 움직임과 변화에 동기를 부여하는 힘이 된다. 최초의 합에서 나온 이원성은 통일성으로 회귀하기를 열망한다. 그러므로 극과 극은 끌어당긴다. 상호 끌어당김에 의해서 대극은 움직임을 창조한다. 만일 우리가 단단한 땅에서 시작해서 무한한 의식으로 변형된다면 이러한 과정을 시작하게 하는 모종의 움직임이 있을 것이다. 이러한 움직임은 전반적인 차크라 시스템에서 2번 차크라가 지닌 본질적인 목적이다. 2번 차크라는 1번 차크라의 고요함과 정반대다. 1번 차크라가 유지하거나 구조를 창조한다면, 2번 차크라의 목적은 흘려보내거나 흐름을 창조한다. 흐름은 하나를 다른 것과 활동적으로 연결시킨다. 그것은 점과 선의 차이다.

움직임은 우주의 알려진 모든 부분에 존재하며, 에너지, 물질[69] 그리고 의식의 본질적인 성질이다. 움직임이 없이 우주는 정적이고 고정되어 있으며, 시간은 존재성에 종지부를 찍을 것이다. 건고한 물질의 환상을 창조하는 장이 없다면 우리는 대신 텅빔을 경험하게 될 것이

---

[69] 물질은 정이라, 에너지를 기라하고 의식을 신이라고 한다.

다. 디온 포츈70)은 이렇게 말한다.

우주를 낳은 것은 추상적이고 순수한 움직임이다. 이러한 움직임은 궁극적으로 주요한 원자인 대극의 힘들을 가둔다. 모든 현현의 기반을 형성하는 것은 바로 이 원자들의 움직임이다.

그림 3.1 서로가 서로에게 어떻게 균형을 부여하고 구속하는지를 보여주는 음양 상징

---

70) 카발라 철학의 마스터이자 골든돈의 멤버

우리는 모두 이 영속적 움직임 과정의 부분으로 다차원을 동시에 통과하여 움직인다. 우리는 물질적인 공간을 통과할 뿐만이 아니라 감정을 통과하고, 시간(한 순간에서 다른 순간으로)을 통과하며 더 나아가 의식(하나의 생각에서 다른 생각으로)을 통과한다. 우리는 지속적인 변화일로에 있는 움직이는 세계를 통과해서 이동한다. 그러므로 움직임은 생명력의 본질적인 부분으로 생과 사, 활력과 무기력을 구분하는 정수다. 바위는 움직이지 않는다. 사람은 움직인다. 생명의 두 번째 바퀴 안에서 물 원소를 통해 흘러가보자. 그리고 이 두 번째 차크라가 어떻게 움직임, 기쁨, 변화, 그리고 성장을 가져다주는지를 찾아보자.

스와디스타나-물의 차크라

세상에 모든 위대한 것은 열정 없이는 성취되지 않는다는 믿음을 전고하게 가져야 할 것이다.

조지 빌헬름 프레드리히 헤겔

2번 차크라는 배꼽과 성기 사이 하복부 중앙에 위치하지만, 이 두 지점 사이의 신체 전 영역을 포함한다(그림3.2). 2번 차크라는 천골 신경총[71]이라고 불리는 신경절[72]에 해당한다. 이 신경총은 좌골신경[73]과 연결되며, 신체 운동의 중심부다. 이러한 이유 때문에 이곳은 종종 생

---

71) sacral plexus
72) nerve ganglion
73) sciatic nerve

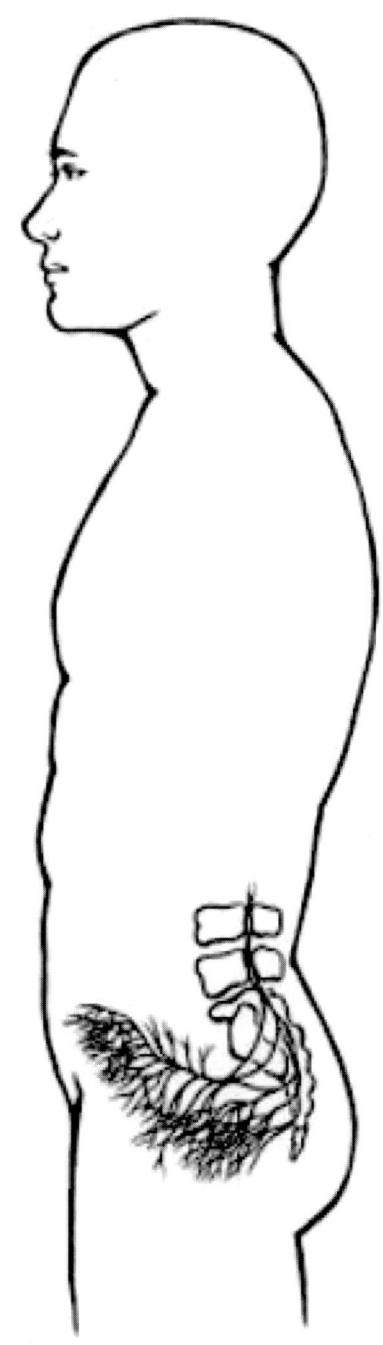

그림 3.2 천골 신경총과 신경절

명의 자리라고 불린다.

2번 차크라가 비장 너머에 위치한다고 말하는 사람들도 있다. 이론상 이것은 2번 차크라를 나머지 차크라들과의 정렬에서 벗어나게 한다. 나는 일부 투시력을 지닌 사람들이 비장에서 감지한 에너지가 주요한 차크라들 중 하나라는 결정적인 증거를 발견하지 못했다. 남성해부학에서 생식기는 1번 차크라와 매우 가깝다. 그래서 처음의 두 차크라 사이의 차이는 매우 미묘하고 혼동을 일으킬 수 있다. 그러나 여성해부학에서 자궁은 명백하게 2번 차크라에 위치하며 남성의 2번 차크라74)보다 별도의 중심부로 인지하기 더 용이하다. 이러한 이론75)은 (20세기 초반부에 주로 신지학자들로부터 형성된) 남성의 몸에 기반을 두고 있었는데 그들은 그 시대의 성적으로 억압된 가치의 영향을 훨씬 많이 받았기 때문에 2번 차크라를 억압했을 것이다. 비장이 감정 변화에 민감해 보이지만 본서에서 제시된 시스템 내의 2번 차크라와 혼동해서는 안 된다.

2번 차크라의 원소는 물이므로 액체와 관련된 바디의 기능에 상응한다. 즉 이것은 피의 순환, 소변배출, 성, 생식 뿐 만이 아니라 흐름, 형태 없음, 유동성, 희생과 같은 모든 물의 성질과 연관 있다.

이 차크라는 감정, 감각, 즐거움, 움직임, 양육 뿐 만이 아니라 성의 중심이기도 하다. 생명의 나무에서 2번 차크라는 예소드에 상응하는데 이것은 물과 달의 영역이다. 2번 차크라와 관련된 천체는 달인데, 이것은 이중적이고 리드미컬한 움직임으로 대양의 밀물과 썰물을 일으킨다.

산스크리트어로 2번 차크라는 스와디스타나(svadhisthana)라고 불리

---

74) 원저자는 이렇게 보고 있으나 역자는 둘다 2번 차크라로 본다.
75) 저자가 이러한 이론이 어떤 것이지를 명시하지 않고, these theories라고 부르고 있는데, 전체적인 문맥상 앞부분에서 소개했던, "2번 차크라가 비장 너머에 위치한다고 말하는 사람도 있다"라는 문장을 가르키는 것으로 보인다.

며 일반적으로 '자신의 소유'를 의미하는 어원 sva에서 유래된 '개인의 거주지'로 번역된다. 어원 'svad'는 '달콤한 맛이남', '즐거움을 맛보다' 또는 '기쁨을 느끼다'를 의미한다. 식물이 뿌리를 깊게 내리고 수분 공급이 잘 되면 그의 열매는 달콤하다. 2번 차크라를 여는 것은 즐거움의 달콤한 물을 기쁘게 마시는 것이다.

스와디스타나의 탄트라 상징은 일반적으로 붉은빛(vermillion)을 띤 여섯 개의 꽃잎을 가지고 있지만, 차크라 안에 두 개의 연꽃 또한 포함된다. 가운데 연꽃의 바닥에는 반달이 빛나고 있으며, 이 반달 안에는 마카라라고 불리는 악어처럼 생긴 동물이 있다. 그는 쿤달리니의 코일을 연상시키는 감긴 꼬리를 가지고 있다. 그는 물의 동물로서 앞으로 나아가기 위해서 이용되야만 하는 욕망과 열정의 소모를 암시한다는 믿어진다. 마카라는 개인의 광활한 무의식 속 깊숙이 숨어있는 동물적 본능이다.

제 1장에서 언급한 바처럼 차크라들은 슈슘나라고 불리우는 몸의 중앙을 타고 위로 곧장 올라가는 비물질적 통로에 의해서 연결된다. 두 개의 대체 통로가 각 차크라 주위를 숫자 8의 모양(제1장. 그림1.6 참조)으로 휘감으며 슈슘나를 타고 올라가며, 음양 에너지인 이다와 핑갈라를 통제한다. 이 통로들은 수천 개의 미세신 에너지들의 통로 사이에 있으며, 산스크리트어로 흐르는 물이라는 의미인 나디로 불린다. 이다와 핑갈라는 각각 달과 태양의 측면을 나타낸다.

두뇌의 측면에서 양쪽 비공으로 번갈아 호흡하는 것처럼 이 채널들을 특별히 자극하면 대뇌피질의 좌반구와 우반구가 번갈아가며 자극하게 된다. 연구에 따르면 뇌의 두 반구는 광대하고 다양한 종류의 사유를 낳는다. 또한 균형 잡힌 이해를 위해 두 반구가 모두 필요하다. 몸의 우측은 왼쪽 두뇌 반쪽에 의해 운영되며 언어와 이성적인 사고를 담당한다. 몸의 좌측 반쪽은 오른쪽 두뇌 반쪽에 의해 운영되며 직관적이고 창조적인 측면을 다룬다.

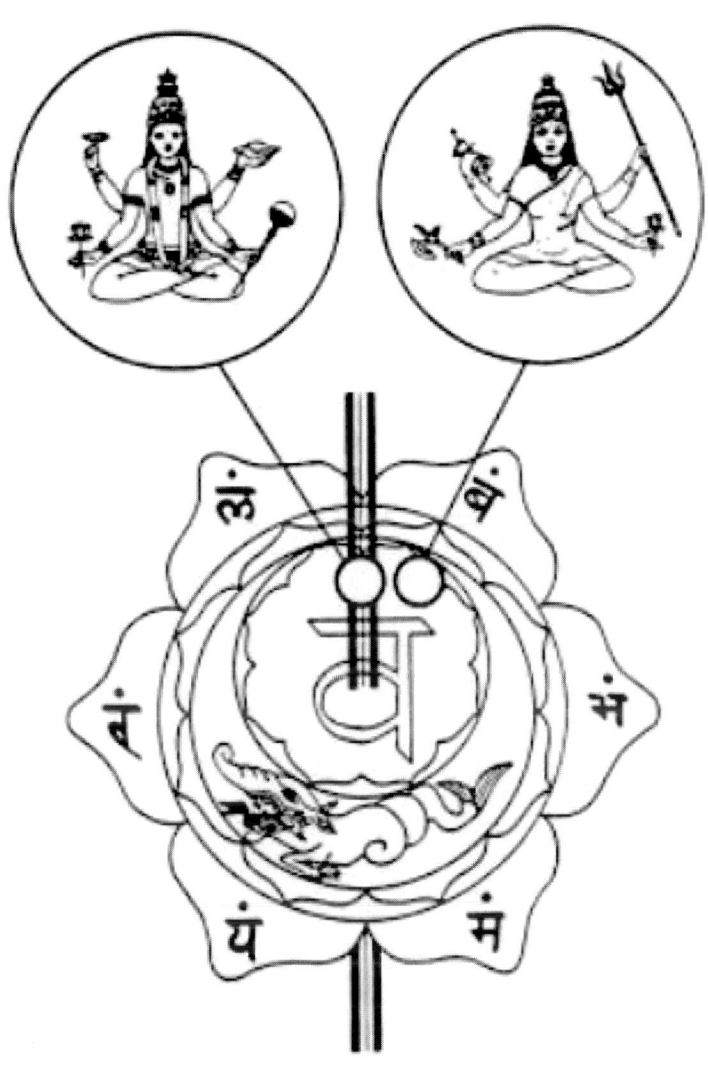

그림 3.3 스와디스타나 차크라

두 개의 나디인 이다와 핑갈라는 첫 번째 차크라에서 만나고 다시 6번 차크라에서 만난다. 뇌의 두 반구 사이의 균형은 6번 차크라의 투시적인 특징에 필요한 조건을 형성한다. 2번 차크라에서 나디는 위와 아래로 교차하여 차크라의 양쪽 면을 에워싼다(그림 3.4). 이다와 핑갈라 두 에너지로부터 똑같이 이익을 얻기 위해서 극단에 사로잡히거나 중심을 잃지 않은 채 이중성의 춤 속에서 몰아의 경지에 이르는 게 중요하다.

이 나디들을 따라 움직이는 흐름은 차크라 회전에 기여한다.(그림 3.5참고). 가령 에너지가 핑갈라를 통과해서 우측 비공 위쪽으로 흐를 때, 에다를 타고 하강한다[76]. 양 쪽 옆면의 주변을 반대방향으로 도는 두 개의 움직임은 차크라가 회전하는 원인이 된다.

음과 양의 개념은 또한 차크라 자체에 적용된다. 1번 차크라는 양(+)이다. 시작이자 기반이며 홀수이기 때문이다. 2번 차크라는 음(-)이다. 따라서 순응성과 감정 그리고 양육과 관련된 보다 더 '여성적' 성질을 포괄한다. 스와디스타나 차크라 영역을 중심으로 한 새로운 생명의 탄생은 분명히 여성적이다. 물은 수용적이다. 물은 자신이 만나는 대상의 형태를 받아들여 거의 저항없는 길을 따라가지만, 흐르면서 힘과 추진력을 얻는다.

2번 차크라는 달과 관련있다. 조수에 대한 달의 견인력처럼 인간의 욕망과 열정은 거대한 대양의 에너지를 움직일 수 있다. 달은 무의식, 신비, 보이지 않는 것들, 어두움, 그리고 여성성을 지배한다. 이것은 세계 속에서 변화를 창조하기 위하여 우리 깊은 곳으로부터 바깥쪽으로 움직일 때 중심부에 매우 뚜렷한 고유의 힘을 제공한다.

---

[76] 이것은 핑갈라와 에다의 상호 보완적인 에너지 상승하강 운동이다.

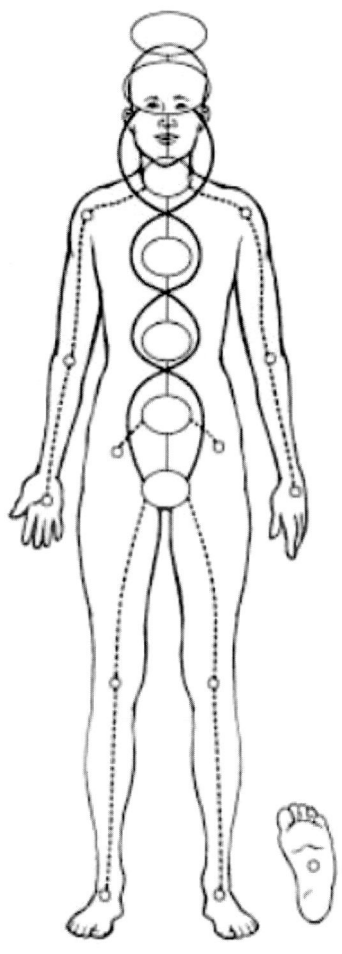

그림 3.4 메이저 및 마이너 차크라와 그들의 주요한 통로

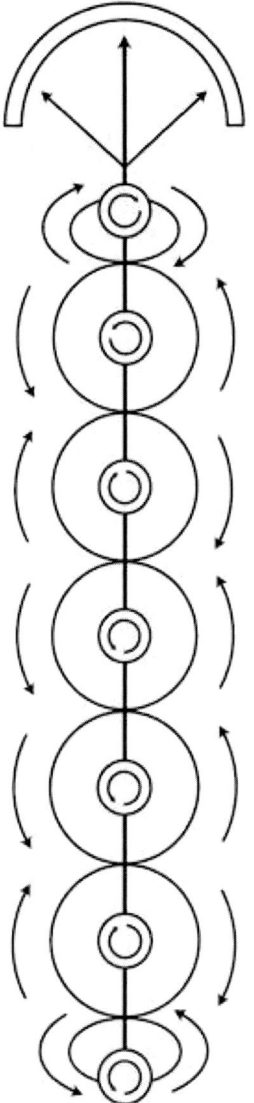

그림 3.5 이다와 핑갈라의
대극적 흐름의 결과로써의
차크라 회전

즐거움의 법칙

모든 완벽한 행위는 즐거움을 수반한다. 그에 의해서 당신이 그것을 해야만 한다는 사실을 간파할 수 있다.

앙드레 지드

살아있는 동물뿐만이 아니라 인간이라는 유기체는 즐거움을 향하고 고통을 피하려는 자연스러운 성향을 가지고 있다.. 프로이드는 이것을 즐거움의 법칙이라고 불렀다. 살아남으려는 본능처럼 이것은 타고난 생물학적 패턴으로 1번 차크라의 생존 본능과 밀접한 관계가 있다. 고통은 무언가가 유기체를 위협한다는 표시인 반면, 즐거움은 상황이 안전해서 우리의 관심을 자유롭게 다른 곳으로 돌려도 됨을 의미한다.

그러나 즐거움의 법칙은 단순한 생존의 범주를 넘어 더 멀리까지 확장된다. 우리의 생존에 전혀 도움이 되지 않아도 즐거운 것들이 많다. 어떤 경우에는 즐거움이 사실상 생존에 해가 될지도 모른다. 가령 시시한 아이템이나 활동을 위해 돈을 소비하거나 해로운 약품을 사용하는 행위들이 그것이다. 이러한 행위들은 우리의 신체 및 돈과 같은 자원을 고갈시킬 것이다. 다른 또 어떤 경우에 즐거움은 우리를 몸이라는 사원에 보다 더 깊숙이 데려가서 충족함을 느끼게 하고 위에서 언급한 차크라들의 모든 측면인 힘, 사랑, 창조성 그리고 명상적 집중력을 위한 기반을 다지게 한다.

2번 차크라의 이중성에 적합한 즐거움은 양날의 검이다. 2번 차크라는 덫에 갇히기 쉬운 차크라다. 그러나 그 덫은 즐거움에 탐닉하는 것만큼이나 회피함으로써 기인된 결과일 수 있다. 어떤 차크라든 균형을 이루기 위해서는 과도하게 집착하지 않으면서 특별한 에너지에 열려 있을 것을 요구한다.

즐거움과 정서적 감각은 대뇌변연계[77] 라고 불리는 두뇌의 하위부분에서 진행된다. 대뇌연변계는 시상하부[78]를 통제하고, 다음으로는 호르몬 레벨과 심장박동, 혈압, 호흡과 같이 무의식적으로 이루어지는 자율신경시스템 기능을 통제한다. 그러므로 두뇌의 이 부분에 자극을 진정시키는 것은 사실상 이러한 호르몬들과 위의 과정들을 조절하고 안정시키는데 도움을 준다. 그리고 실제로 이것이 장수와 건강 유지에 도움을 준다는 증거들이 있다. 인간에게 존재하는 대뇌연변계(의식적 생각 중심부)와 대뇌피질[79]사이의 분리는 현대인의 자기 파괴적이고 폭력적인 성향을 가져왔다고 암시된다. 대뇌 연변계와 대뇌 피질 사이의 연결은 우아한 움직임에 도움을 준다. 이러한 분리는 다른 동물에는 존재하지 않는다.

일반적으로 즐거움은 우리를 확장하게 하지만 고통은 우리를 움추려들게 한다. 인간이 물질세계의 고정된 형태로부터 확장되서 무한한 의식으로 나아간다면, 아마도 즐거움은 그 길을 따라가는 첫 번째 존재가 될 것이다. 즐거움은 의식이 전체 신경시스템을 통과해서 여행하도록 할 뿐만이 아니라 타인을 향해 손을 내밀도록 초대할 것이다. 더불어 즐거움은 항복을 가져오는데 그것은 영적 각성에 필요한 과정이다.

즐거움은 마음과 몸의 소통을 원활하게 하는데 도움을 준다. 즐거움을 통해서 우리는 긴장을 풀고 방출하는 방법을 배운다. 그리고 나면 충동은 억압에 대한 두려움 없이 전체 유기체를 통과해서 자연스럽게 흐른다. 점차로 이러한 충동들은 전체 신경 시스템을 진정시키는 리듬있고 일관된 패턴들을 창조한다.

즐거움은 우리의 감각을 조율할 수 있게 한다. 일부 불교나 힌두교의 신앙 시스템 안에서는 즐거움과 감각이 모두 잘못된 방향을 향한

---

77) limbic system
78) hypothalamus
79) celebral cortex

다는 사실을 강조한다. 다시 말해서 인간이 감각을 통해서 실제 본성에 대한 이해를 박탈당한다는 사실을 강조한다. 그러나 감각은 앎을 추구하는 의식 확장에 다름이 아니다. 만일 감각이 실로 우리에게서 진실을 앗아간다면, 차라리 장님이나 귀머거리이거나, 맛을 느끼지 못하고 사는 것이 더 낫지 않겠는가? 이것은 합리적이라기보다 어리석지 않은가? 우리의 미묘한 감각은 내적 영역을 보게 한다. 그러나 무디고 억압되어서 둔탁한 감각으로는 결코 이것을 성취할 수 없다. 초감각적인 자각은 가장 정제된 측면에서 나오는 감각일 뿐이다. 그 밖에 어떻떻게 우리가 예민한 감각을 가지겠는가. 엘렌 와츠는 말한다. "금욕적 영성은 영성이 치유하고자하는 바로 그 질병의 증상이다."

감각은 모든 단계의 의식에 대한 가치있는 정보원이다. 그것은 결국에 두뇌에 의해서 저장되고 분석될 가공되지 않은 정보들을 생산한다. 몸의 감각을 무시하는 것은 두뇌에 정보를 전달하고 바디를 통하여 영적이고 생리학적인 에너지를 이동시키는데 중요한 역할을 하는 귀중한 느낌과 감정으로부터 우리를 차단시킨다. 감각은 우리의 느낌과 감정의 건축돌이다. 그들이 없이 우리는 생명력이 없으며 연결되지 못한다.

즐거움과 감각은 2번 차크라의 중요한 요소다. 만약 욕망이 움직임의 씨앗이라면 즐거움은 욕망의 뿌리이고 감각은 즐거움의 매개체다. 즐거움은 몸의 건강과 영성의 거듭남과 더불어 우리의 개인적이고 문화적인 관계의 치유에 필수적이다.

불행하게도 우리는 즐거움이 인간을 유혹해서 진실의 길로부터 이탈시키기 위해 기다리고 있는 위험한 요부라고 배운다. 우리는 즐거움에 대한 욕망을 억압하도록 배우며, 그렇게 하면서 자연스러운 몸의 충동을 억압하고 또 다시 몸과 마음을 분리한다. 좀 더 자거나, 시간을 내서 걷거나 편안하게 옷을 입는 일과 같이 단순한 즐거움의 시간조차도 자신에게 쉽게 허용하지 않는다. 이러한 엄격한 조치들은 마음에서 일어나지만 몸에서는 거의 일어나지 않는다. 이렇게 되면 우리 감정의 반발을 경험할 것이다.

감정

감정(emotion)은 ('움직이기'를 의미하는 라틴어 movere와 '밖으로'를 의미하는 라틴어 e에서 기인된) 몸을 통해 의식의 진화를 촉진시킨다. 감정이 과해질 때, 우리는 몸을 통해 무의식 밖으로 에너지를 내보내서 의식적 마음으로 가게 한다. 이러한 흐름의 에너지는 몸을 충전하고, 정화하며, 치유한다. 그것은 생명력의 움직임으로 이것을 통하여 우리는 변화한다. 우리는 움직임과 변화라는 2번 차크라의 기본적 요소로 돌아간다.

언어능력을 습득하기 전의 아이에게 있어서 감정 표현이란 말하고 이해시킬 수 있는 단 하나의 언어다. 이것은 아이가 자신의 내면상태를 표현하는 유일한 수단이다. 감정이 성인 보호자에 의해 적절하게 반영될 때 아이는 이성적인 감정 정체성을 형성한다. 이러한 감정 정체성은 인생의 후반부에 우리 스스로나 타인 내면의 상이한 감정 상태를 식별할 수 있게 한다.

감정은 본질적으로 움직임과 묶여있다. 우리는 움직임을 제한함으로서 느낌을 억누르고, 거꾸로 움직임은 고질적인 긴장을 야기하는 감정적 집착을 해방시킬 수 있다. 우리의 기본적 감정은 고통스러운 것은 피하고 즐거움으로 향하길 원한다고 생각할 수 있다. 감정은 즐거움과 고통에 대해 복잡하고 본능적으로 반응 한다. 그들은 무의식 속에서 시작되고 움직임을 통하여 의식으로 나온다. 감정을 차단하기 위해 우리는 움직임을 제한한다. 그러면 감정은 무의식 안에 남게 되지만[80]

---

80) 우리가 감정을 의식하지 않음을 의미함

여전히 우리의 삶에 혼란을 야기한다. 무의식적 동기로부터 기인된 행동은 종종 사람들을 문제에 빠뜨린다.

감정을 억누르기 위해서는 에너지가 들어간다. 그래서 감정을 방출하는 것은 긴장을 방출(적절하게 방출된다면)하는 것이다. 긴장이 없다면 몸과 마음 안에서 조화로운 흐름이 창조된다. 이것은 심지어 보다 더 깊은 차원에서의 즐거움을 창조하고 타인과 보다 심오한 관계를 맺게 한다.

기본적인 즐거움을 억압하면 지나친 방임에 대한 욕구를 만들어 즐거움이 고통으로 변한다. 고통은 우리가 잘못된 방향으로 가고 있다는 표시다. 즐거움을 억제하면 신체의 박탈감이 창조되어 몸은 그가 마땅히 필요한 양보다 더 많은 의식을 요구한다. 오로지 만족과 해결을 통해서만 우리의 인식은 더 넓은 단계로 안전하게 진화할 수 있다. 힌두의 에로스신인 카마신에 대한 인용문이다. "타마는 요기들의 숭배를 받았는데 오로지 그가 기쁠 때 욕망으로부터 마음을 자유롭게 할 수 있기 때문이다."

즐거움과 감정은 욕망의 뿌리다. 욕망을 통해서 우리는 움직임을 창조한다. 움직임을 통해서 우리는 변화를 창조한다. 의식은 변화 위에서 번성한다. 이것이 2번 차크라의 핵심이자 기능이다.

성(性)

정욕, 원초적 씨앗이자 영성의 병원균으로 최초에 존재했던…
사신의 심상을 들여다보는 주시자는 존재와 비존재의 유사점을 발견한다.

리그베다

카마로 알려진 욕망 또는 사랑은 끝으로 간주될 때 위험해진다. 진실컨대, 카마만이 오직 시작이다. 마음이 카마의 문화로 만족될 때만이 사랑에 대한 올바른 이해가 생긴다.

라사카담바칼리카

성은 차이를 축복을 통하여 하나되는 신성한 의식이다. 그것은 생명력의 광활한 움직임으로, 균형과 회복, 부활과 재생의 춤이다. 성은 모든 새새명의 생산기반이며 그런 의미에서 미래다. 인간 안에 내재된 생명력의 구동자이자 치유자로서, 성은 모든 생물학적 삶을 통해서 맥동하는 심오한 리듬이다.

성은 생명력이다. 그러나 우리는 삶의 이러한 요소가 억압되거나 착취당하는 문화 속에서 살고 있다. 텔레비전 스크린은 자녀들에게 수없는 살인과 범죄를 보게 하지만 성애장면이나 누드에 관련된 장면은 검열한다. 근면, 그리고 경제적, 사회적 지위향상은 강조되는 반면, 단순한 삶의 즐거움을 누리려는 사람들은 게으르고 약하며 방종하다는 소리를 듣는다. 쾌락에 대한 욕망은 계속 생겨나고 사람들은 알콜이나 약품(문화적 억제를 완화하기 위해서), 성중독, 폭력, 강간 그리고 잔인한 포르노그라피의 형태를 지닌 부정적인 배출구를 찾는다. 수백만 달러의 가치를 지닌 광고는 인간 안에 억눌린 성을 이용한다. 생명력과 자연스러움을 지닌 어떤 것이 제거되면 그 틈은 결과적으로 통제의 도구로 사용될 수 있다. 제거된 것이 다시 우리에게 조금씩 되 팔리고, 그것 때문에 우리는 전체보다는 작게 된다.

제임스 프레스콧은 자신이 제작한 문화학습에서 성의 억압을 폭력 사고에 비유한다. 섹스에 대한 터부가 더 강화될수록 문화는 더 폭력적이 된다. 반대로 성이 더 허용되는 문화일수록 범죄율은 낮다. 신체와 문화의 건강을 위해서 성은 이해하고 보존해야할 중요한 핵심이다.

성은 차크라와 쿤달리니의 관점에서도 중요한 고려대상이다. 높은 의식과 성의 밀접한 관계성에 대한 많은 암시가 있지만 그들이 어떻게 연관되었는지에 대한 이론은 이견이 분분하다.

요가철학에서, 백방울의 빈두(물리적 물질을 구성하는 무차원의 초점으로 때때로 정액과 연관됨)가 순화되면 한 방울의 오자스[81]로 정제된다. 결과적으로 대부분의 진지한 요가 수련에서 빈두가 오자스로 변형되는 방법으로 금욕을 언급한다. 이러한 믿음이 신비주의의 길 곳곳에 배어있기 때문에 이에 대한 찬반양론에 대해 검토해볼 필요가 있다.

대부분의 종교 역사에서처럼 초기 힌두교는 원래 대량 수확과 질 좋은 가축과 같은 물질적 안락을 얻기 위한 마법시스템이었다. 이 시스템은 결국 거대한 희생적 도축을 포함한 의식으로 확대됐다. 이것은 반삭용을 일으켰을 것이며 그것은 일반적으로 문화적 관습과 더불어 일어났다. 그 중에서도 자이나교는 어떤 것도 살해해서는 안 된다는 (심지어는 채소조차도) 믿음을 가진 이단적 시스템을 설립했다. 삶은 이들 없이는 불가능하기 때문에 이 시스템은 극단적인 금욕주의로 유명한 포교 승려들의 금욕 질서가 되었다. 일부 승려들은 옷이나 음식조차도 단념했다. 이러한 포기의 목적은 더 깊은 해탈로 나아가기 위해 카르마로부터 자유를 얻기 위해서였다. 힌두교의 또 다른 하부 종파들은 이전에 불의 의식으로 표현되었던 희생을 내면화하는 한 방법으로 금욕주의를 선택해서 타파[82], 즉 내면의 불을 깨워냈다. 이러한 내면적 불을 마법 종교적 힘으로 느꼈으며, 또한 포기한 즐거움보다 더 가치 있다고 여겼다. 즐거움의 희생은 인간 또는 동물의 희생을 대체하게 되었다.

개인의 가정적 삶과 영적 삶이 일반적으로 다른 연령 단계에 할당

---

81) ojas: 성스러운 의식(consciousness)을 의미함
82) tapas

되는 인도에서, 성적 결합은 자녀 양육의 결과로 이어진다. 이것은 개인의 영적 경로를 바꿔서 가장으로서의 위치를 경험하게 한다. 이것은 일반 사람들에게는 못마땅한 일이 아니지만 이미 승려의 삶을 선택한 사람들에게는 확실히 방해물이 된다. 그러므로 섹스를 피하게 된다.

각성의 길로서 금욕은 남성 생리학에 기반을 둔다. 즉 정액을 유지함으로써 순수한 채식섭생이나 거의 식사를 하지 않고서도 신체의 힘을 유지할 수 있는 생리적학적 기반을 갖는다. 여성의 현실은 완전히 다를 것이다.

힌두교의 신화에서 성은 도처에 산재한다. 쉬바는 흔히 그의 성기인 쉬바링감으로 표현되고, 숭배 받았다. 그 상징은 인도 전역에서 많이 보여진다. 크리슈나는 잦은 사랑의 모험으로 알려져 있으며 애로틱한 이미지들은 인도의 사원 도처에 새겨져 있다. 쉬바와 샥티는 영원히 사랑을 나눈다. 신들 사이에서도 성은 신성한 것이었다. 하물며 인간에게 왜 성이 신성하지 아니하겠는가?

일부 연구에 따르면 성과 관련된 화학 반응이 쿤달리니 상승에 영향을 줘서 심령 기능을 개화시킨다고 한다. 흔히 6번 차크라(투시력)와 연관된 송과체는 멜라토닌으로 불리는 세라토닌 파생물이 풍부하게 존재한다. 이 화학물질은 잠재적인 환각과 내면의 비젼을 일으키는 10 메소시하말란[83]이라고 불리우는 복합물로 쉽게 변형된다. 송과체는 광수용체[84]를 포함하는데, 앞으로 소개될 6번 차크라에서 더 언급되겠지만 빛과 비전경험이 6번 차크라의 의식 단계에서 큰 역할을 하는 것을 알게 될 것이다.

몇 몇 단서들이 제시하는 바에 따르면 멜라토니아와 송과체는 일반적으로 포유류인 여성과 남성의 생식선을 억제하는 효과를 보여준다.

---

83) 10 methoxyharmalan
84) photo receptors

반대 역시 마찬가지다. 다시 말해서 테스토스테론, 에스트로겐 그리고 프로게스테론과 같은 성호르몬은 마찬가지로 멜라토니아의 생산을 억제한다. 그러므로 성적 행위가 잦으면 이러한 호르몬들이 강화되어서 제 삼의 눈을 개화하는데 불리하게 작용하고, 반대로 높은 중심부85)를 너무 많이 사용하면 성적 요구를 감퇴시키는 영향을 미칠 수 있다.

불행하게도 쿤달리니와 심령에 관한 연구는 여전히 제한되어있어서 확고한 결론을 수립하기에 증거가 충분하지 않다. 무엇이 이러한 화학적 변화를 야기하는 것일까? 멜라토니아의 이화작용에 의해 야기된 환각상태는 내면으로 들어가는데 필연적으로 유익한 상태일까? 이것을 촉발하는 다른 방법이 있을까? 차크라 스펙트럼의 한쪽 끝에 과도한 영향을 주는 것이 반대쪽 말단부에 에너지를 감소시키는 것일까? 결정적인 근거가 아직은 없지만 이러한 의미들은 여전히 지적할 가치가 있다.

올바른 조건하에서 금욕은 자각의 반대 상태로의 관문을 열고 슈슘나를 따라 에너지를 상승시키는데 도움이 된다. 그러나 요가나 무술 또는 단순한 명상 등과 같이 이 에너지를 소통시킬 수 있는 기술적 훈련이 없이 금욕은 스트레스가 될 것임에 틀림없다. 따라서 이런 경우에 금욕은 수행자의 신경증이나 근심을 증가시키는 대신 효과는 적을 것이다. 만일 이러한 기술들이 낯설다면 이러한 경험을 이미 통과한 스승을 찾아서 도움을 받을 필요가 있다.

금욕은 오래되고 효과없는 패턴과 습관으로부터 개인을 벗어나게 하는데 도움을 준다. 표현이 허용되지 않은 성욕은 다른 방식으로 배출구를 찾을 것이다. 요기들은 이러한 중심부를 우회하면 이 에너지를 척추 위의 높은 중심부로 보낼 수 있다고 믿는다. 이것은 일반적으로 하따요가나 쿤달리니 요기들과 이 통로를 개방해서 이 에너지를 다룰 준비가 된 사람들에게는 합당하다. 그러나 수년에 걸쳐서 만난 많은

---

85) 6번 차크라를 의미한다.

고객들이나 학생들 중에 자신의 삶의 일부로 건강한 성을 포함시키는 사람들보다 더 지고하고, 더 행복하거나 더 잘 적응해서 나를 놀라게 한 금욕수행자를 한 번도 본적이 없다. 억눌린 성은 종종 생명력 자체를 감소시켜서 인간의 놀랄만한 즐거움과 관계로부터 얻을 수 있는 경험을 통해서 배울 수 있는 기회를 박탈한다.

만일 금욕이 이전의 막혔던 통로를 여는데 사용된다면 줄곧 금욕의 상태로 머무를 필요는 없다. 일단 이 통로가 개방되면 섹스를 하던 안 하던 명료한 상태로 남게 된다. 금식이 형편없는 식습관을 타파하는 방법인 것처럼 금욕은 단지 오래된 패턴을 깨는 것의 문제일 뿐이다.

합당한 상황에서 조차도 금욕이 항상 개인의 성장에 유용한 것은 아니다. 예를 들어 어떤 사람들은 습관적으로 타인과 벽을 둔다. 이런 사람들에게 성적인 관계는 그들이 연루될 수 있는 가장 각성을 주는 수단 중 하나일 수 있다. 관계는 성장을 위한 심오한 자극이 될 수 있다. 인간은 타인과 결합함으로써 경험을 확장한다. 몸 내부에서 우리는 꽤 개인적이지만, 차크라 기둥을 타고 상승할 때 경계는 점점 더 흩어져서 우리가 하나라는 자각이 상당히 명백해진다. 깨달음으로 이르는 길은 종종 이러한 분리에 대한 환상을 극복할 수 있는가의 문제다. 금욕은 분리를 강화시킬 수 있으며 성은 경계를 허무는 길을 열어줄 수 있다.

금욕의 결점은 보상만큼이나 클 수 있다. 천골[86]은 감정적 느낌의 중심부이며 몸 내부에서 움직임의 개시자로서 생명력과 행복감을 준다. 좌절된 성은 아래등 통증과 다리절임, 콩팥문제, 순환장애, 엉덩이의 뻣뻣함을 낳는다. 천골의 뻣뻣함은 무릎에 문제로 이어질 수 있는데, 그것이 몸의 무게를 중력의 중앙선으로부터 이탈시키기 때문이다. 이러한 뻣뻣함은 점차로 몸 전체에 작용해서, 생명력이 없다는 느낌이 들 것이다. 이러한 패턴을 변화시키는 것은 어렵다. 왜냐하면 중심을

---

[86] sacrum

여는 것은 감정적 고통을 수반해야하기 때문이다.

차크라는 서서히 열거나 닫히는데 그들이 실제적인 상호작용의 패턴 결과이기 때문이다. 마루바닥에 놓여있는 공을 드리블 할 수 없는 것처럼 2번 차크라가 닫혀있는 사람들은 성적 파트너가 차크라 개화를 돕느라 힘든 시간을 보내는 경우가 많다. 그러나 이미 열린 차크라는 그가 다룰 수 있는 수보다 더 많은 파트너를 끌어당길지 모른다. 이것을 방지하는 단 한가지의 방법은 차크라를 점진적이고 부드럽게 열고 닫는 것이다.

양육

부드럽고 사랑스럽고 배려하기 위해서 인간이라는 존재는 그들이 태어나면서부터 아주 이른 시기부터 순간 순간 사랑받고 케어 받아야만 한다.

애슐리 몬태규

양육은 성의 최종 요약이며 몸, 마음, 그리고 영혼이 근본적으로 필요로 하는 것이다. 양육은 보살피는 것이고 에너지, 사랑 그리고 접촉으로 먹이는 것을 의미한다. 양육은 어머니 성질의 핵심이고 우리가 처음으로 경험하는 지복적 초월이자 따뜻함과 안전이다.

접촉의 단순한 행위는 인간이라는 유기체의 건강한 기능에 극히 중요하다. 피부는 신경 시스템의 외부 층으로 간주될 수 있다. 피부는 바디의 경계다. 접촉을 통해서 경계는 부드럽게 허물어지며, 타인에 의해 스며든다. 그리고 인간의 전체 내부 시스템은 개선되고 강화된다.

쥐 실험에서 두 가지를 모두 박탈당하는 상태에 놓이면 이 작은 포유류들은 먹기보다 접촉 받는 것을 선택한다. 다른 조건이 모두 동등할 때 애정을 받은 쥐는 차가운 대우를 받은 쥐들보다 배움과 성장의 속도가 더 빠르다.

인간의 경우에도 적절한 접촉과 어머니의 보살핌을 받고 성장한 사람들은 접촉 없이 성장한 사람들보다 감정적으로 더 안정적이다. 접촉 없이 마음/몸의 상호작용은 심각할 정도의 미발육 상태로 남는다.

양육은 두뇌의 대뇌변연계 시스템을 자극하여 성장에 책임이 있는 호르몬의 생산을 관리하는데 도움을 준다. 이것은 또한 자율 신경 시스템에 의해 지배되는 심장과 호흡률의 이완을 돕는다.

유아에게 있어서 자극만으로도 지성과 발육의 과정을 향상시키는 요소가 된다. 즐거운 자극은 이러한 발육을 강화시키고 믿음을 더한다.

접촉에 의해 심오한 영향을 받는 것은 단지 유아뿐만이 아니다. 감정적 만족과 충족감은 양육과 즐거운 성적 해방감으로써 일반적으로 전체 유기체를 진정시킨다.

타인과 함께하는 작업 배움의 첫 번째 단계는 내면 에너지의 상호강화다. 이러한 통로를 통해서 인간은 보다 더 풍요로운 성장과 조화 그리고 평화를 위한 기반을 닦는다. 접촉이나 달램과 같은 단순한 행위는 2번 차크라의 힐링적 측면이다. 다른 사람에게 "우리가 여기에 있다" 라고 말하는 것이다. 분리감의 초월과 에고의 탈피를 통해서 인간은 이 행성 위에서 조화롭게 생존하기 위한 필수적인 연결감각을 느낀다. 2번 차크라의 역할은 실로 중요하다. 2번 차크라를 억압하면 의식 확장의 흐름이 고양되기보다 차단되는 치명적인 불균형을 촉발한다.

누구도 양육할 수 있다. 모든 사람은 양육이 필요하다. 목마른 식물에게 물을 주는 것처럼 인간은 흐름과 움직임에 반응한다. 그리고 무한한 즐거움과 신비라는 삶의 춤에 반응한다. 이러한 행위를 통해서 인생은 거듭나고 유지된다.

초감각 지각력

초감각 지각력[87]은 2번 차크라의 심령적 감각이 고차원 의식으로 자각된 것이다.

초감각 지각력은 다른 사람들의 감정을 느끼는 능력으로 공감능력이라고 불리기도 한다. 이미 언급한 감정수준처럼, 이러한 '감지'가 항상 두뇌의 인지 영역에 의해서 인식되는 정보가 되는 것은 아니다. 그것은 더 미묘한 느낌으로 경험된다. 마치 자신의 느낌을 경험했을 때처럼 말이다. 우리가 자신의 감정을 무시할 수 있는 것처럼 많은 초감각지각능력을 지닌 사람들도 타인에게서 들어올린 감정을 인식하지 않지만, 그들의 몸과 이어지는 행동은 여전히 반응한다. 또 다른 사람들은 감정을 인식하지만 그러한 원인이 그들 밖에 있다는 것을 이해하지 못한다.

자녀와 영적인 주파수를 맞추는 어머니들은 초감각지각력을 지닌 가장 일반적인 그룹이다. 아이가 어머니와 떨어져서 학교에 있을 때도 이 어머니는 아이에게 갑작스럽게 발생한 문제나 어려움을 감지할 것이다. 그러나 어머니는 불안함의 원인을 의식적으로 감지할 수도 있지만 그렇지 않을 수도 있다. 어떤 사람들은 파티같은 곳에서 그곳에 참

---

[87] ClairSentience…이 용어는 사전상에 정의되어 있지 않지만, Clairvoyance를 투시력이나 천안통으로 정의하는 것으로 비추어보아서, Clair과 Sentience(감지력, 지감)의 결합어인 ClairSentience를 초감각지각능력으로 해석했음을 밝혀둔다.

석한 사람들의 기대와 그들이 느끼는 바를 즉각적으로 인식한다. 그들은 갑자기 특정 방식으로 행동해야한다고 느낄지도 모른다. 또한 그들은 또한 무의식적으로 친구나 다른 친구의 기분을 취함으로서 갑작스러운 기분의 변화를 느낄 수도 있다. 이 사람들은 종종 군중에게 혐오감을 갖거나 파티를 피하기도 한다.

대부분의 사람들은 어느 정도의 초감각 지각능력이 있다. 이러한 현상은 상위 차크라의 특징인 초능력과 텔레파시의 성향을 강하게 지닌 사람들에게서 더 많이 나타난다. 만일 상위 차크라가 이러한 심령현상을 의식할 만큼 충분히 열리지 않았다면 초감각적 지각이 오히려 불쾌한 영향을 줄 수 있다. 그들의 관심은 지속적으로 자신의 중앙 기둥 바깥으로 끌려가서 타인의 어려움이 그들 자신의 목소리보다 더 크게 들린다. 자아에 대한 혼란, 특히 자신의 행동 동기에 대해 혼란이 이어진다. "내가 왜 이것을 하고 있는지 모르겠어.-나는 정말 이렇게 하고 싶지 않아." "셸리와 대화하고 나면 기분이 너무 우울한데 왜 그런지 이유를 모르겠어." 이러한 느낌은 다른 사람의 기분이나 바람의 결과일 수 있다.

초감각 지각능력은 귀중한 정보원이며 심령능력을 개발하는데 도움을 준다. 의식적으로 관심을 가진다면 이것은 해가되기보다 도움이 된다. 많은 사람들이 무의식적으로 브로드케스팅된 주변의 어려움들에 의해 심령적인 폭격을 받는다. 이러한 사람들에게 그라운딩은 굉장히 중요하다. 왜냐면 그것은 자신의 관심을 몸의 중안 선으로 가져와서 '누구의 에너지가 누구의 것인지'를 가려내는데 도움을 주기 때문이다. 현상을 인식하는 것이 다음 단계다. 여러분 고유의 감정과 다른 사람의 감정 욕구 사이의 차이를 아는 것은 원하지 않는 브로드캐스팅을 의식적으로 튜닝하는데 도움이 된다. 많은 초감각 지각자들은 그들이 타인으로부터 심령적으로 알아차리는 욕구에 반응하도록 억압받는다고 느낀다. 인식한다면 이것은 의무라기보다 선택이 될 수 있다.

다른 사람에 대한 자각은 자아를 인식함으로써 균형을 잡아야한다. 이 둘은 적절한 일반 상식이 없다면 불가능하다. 오직 자신만이 스스로의 내면에서 판단할 수 있다.

2번 차크라 운동

2번 차크라를 여는 운동은 엉덩이와 아랫배의 움직임과 관련 있다. 어떤 사람들은 단지 개화에만 목적을 두지만 또 다른 사람들은 이 부분의 에너지를 강화시키고 움직이는데 목적을 둔다.

마사지같이 만지고 돌봄과 관련된 전체 몸을 위한 운동이다. 길고 따뜻한 목욕, 샤워, 또는 수영(모두 물과 관련 있음)과 같이 스스로를 돌보는 난순한 운동을 무시해서는 안 된다. 자신을 돌보는 것은 자신을 케어하고 타인을 양육하는 첫 번째 단계다.

물 명상

1단계

물은 내면과 외부 모두를 정화해 준다. 큰 잔에 담긴 물 한 컵으로 시작한다. 물을 마시는 동안 조용히 앉아서 물이 내면으로 들어가는 것을 느껴보라. 물의 시원함과 촉촉함을 느끼고 물이 여러분의 복부에 부딪히는 것을 느껴보라. 물이 혈관, 근육, 소화 시스템을 비롯하여 온몸 구석구석을 통과하는 것을 상상하라. 촉촉한 손가락으로 얼굴을 문지르고 차가움과 상쾌한 기운을 느껴보라.

2단계

다음 단계는 자신을 정화하는 것이다. 이것은 의례적인 물 정화의식으로, 철저하고 즐거워야 한다. 샤워나 목욕을 하거나, 호수나 냇가 또는 뜨거운 욕조 등에서 할 수 있다. 여러분 주변 지역이 청결해야함을 명심하라. 지저분한 장소에서는 깨끗함을 느끼기가 어렵다.

여러분이 선택한 것이 목욕이나 샤워라면 가장 좋아하는 타월, 비누, 로션을 골라서 그들을 가까운 곳에 두라. 만일 시냇물을 선택했다면 몸을 말릴 수 있는 부드럽고 평평한 장소가 있어야 한다. 뜨거운 욕조를 선택했다면 나중을 위해 프라이버시를 지킬 수 있도록 준비하라.

물 속에 몸을 담근다. 몸의 모든 부분에 물이 통과하면 이렇게 말한다. "이제 나의 손은 깨끗해진다. 이제 나의 발은 깨끗해진다. 이제 나의 얼굴은 깨끗해진다." 등등. 물과 하나가 되라. 물이 자신의 삶에서 원하지 않는 부정성들을 모두 가져간다고 시각하라. 만일 자연 속에 있다면 (오염되지 않은)부정성을 상징하는 무엇인가를 물속으로 던져라. 도시의 환경에 있다면 상징적인 액체를 욕조에 던져서 배수구로 흘려보내라.

물이 있는 욕조에 있다면 자신의 삶에 밀려가고 밀려들어오는 사이클들을 생각해보라. 움직임의 악기처럼 자신을 바라보라. 뒤로 물러서서 다른 차원에서 자신을 바라본다면 인생을 통한 자신의 움직임 속에서 어떤 패턴을 자각할 것인가?

이번 기회에 삶에서 제거하고 싶은 것들-습관, 성향, 상처, 두려움-을 생각해보라. 그들이 마치 강이 바다로 흘러나가는 것처럼 여러분의 기반 코드를 통해서 여러분 밖으로 흘러나가는 것을 바라보라. 비가 내려서 신선한 물로 강을 채우는 것을 상상하라.

그리고 나서 새로운 패턴, 사람, 사건처럼 자신의 삶 속에 가져오고 싶은 것을 생각해 보라. 머리 위에 폭포가 떨어진다고 상상하고 머리 위에 축복들을 쏟아 부어라. 그들이 온 몸을 통과해서 흘러가는 것을 느껴라.

예마야[88]는 위대한 어머니이자 아프리카의 바다 여신이다. 그녀를 크고 아름답고 눈부신 짙은 빛의 여신으로 마음 속에 그려보라. 그녀는 양육하는 열렬한 여신이다. 그녀는 크리스탈처럼 투명하고 신비로우며 깊다. 그녀는 양육자이자 위로자이며 치유자이자 모든 인생만큼이나 큰 배를 가진 어머니다. 욕조에 앉아있을 때 위대한 바다 어머니가 여러분을 부드럽게 앞뒤로 흔들며 보살펴주는 모습을 상상하라. 여신의 자궁 속에서 이제 막 태어나려고 하는 자신을 느끼라. 무슨 목적으로 여러분을 태어나게 하려는 것인지를 여신에게 물어보라. 그녀에게 여러분의 탄생이 부드럽고 쉽게 되도록 부탁하라. 그녀의 양육을 받아들이라. 그녀의 양육을 여러분에게 집어넣고 그것을 다른 사람들과 공유하라. 그것을 스스로에게 집어넣어서 다른 사람과 공유하는 것을 상상하라. 그녀에게 당신의 탄생을 감사하라.

깨끗한 옷을 입어라. 물 한잔을 담아서 조용하게 마시면서 물의 주기적인 성질에 대해 생각하고 이러한 주기에 어떻게 자신을 맞출 것인가를 생각하라. 가능하다면 물이 있는 곳을 방문하라.

여신 포즈

등을 바닥에 대고 편안하게 눕는다. 특히 다리와 골반 아래 등의 긴장을 푼다. 무릎을 구부리고 엉덩이 가까이에 발을 놓는다.

---

[88] Yemaya

천천히 무릎이 벌리면서 다리의 무게로 안쪽 허벅지를 스트레칭한다.(그림 3.7) 긴장을 풀라. 다리는 편안할 정도로만 압력을 가하라. 2분 또는 그 이상 이 자세를 유지하라.

무릎을 다시 모으되 매우 느리고 부드럽게 시행하라. 이때 깊게 호흡하고 긴장을 푸는 것을 잊지 말라.

이 자세에서 다시 천천히 다리를 열었다가 닫을 수 있다. 이때 다리를 열 때는 숨을 마시고 다리를 닫을 때는 숨을 내뱉는다. 이것은 다리와 골반의 떨리는 진동을 만들 수 있다.

펠빅 락1

이 운동은 다리를 구부리고 등을 바닥에 대고 누운 상태로 시작한다. 호흡할 때마다 골반을 위 아래로 천천히 흔든다. 숨을 가슴과 배까지 완전히 들이마시고 다음에는 완전히 내뱉는다.(그림 3.9) 내뱉는 호흡의 끝에서 바닥에 발을 가볍게 밀어 골반은 바닥에서 살짝 떨어지게 하고 동시에 등은 바닥 아래로 살짝 민다.(그림 3.9)

펠빅 락 2

메트리스 같은 부드러운 바닥위에서 골반 흔들기1을 순서대로 시행한 후, 이번에는 가능한 한 힘을 주며 골반을 아래 위로 빠르게 움직인다.(그림3.8과 그림 3.9참조) 소리가 나면 어떤 소리든 자연스럽게 내뱉는다. 이것은 막힌 에너지를 방출하는데 도움을 준다.

그림 3.7 여신 포즈

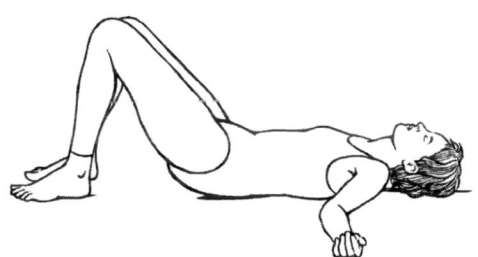

그림 3.8 펠빅 락 1

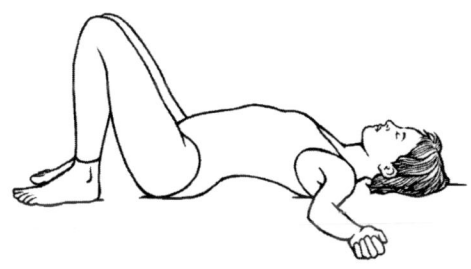

그림 3.9

힙 서클

선 자세에서 무릎을 가볍게 구부리고 골반을 앞으로 떨어뜨려서 골반이 중력의 중심선으로 오게 한다.

무릎을 구부리고 골반으로 탄력있게 작은 원을 그리며 돌리고 또 더 큰 원을 그리며 돌린다(그림 3.10). 머리와 발은 같은 자리에 머무른 채 골반만 돌린다. 가능하면 동작을 부드럽게 하도록 한다.

가위차기

이 운동[89]은 골반을 통해서 상위 차크라로 에너지를 옮기는데 도움을 준다. 이 운동은 쿤달리니를 끌어올리는 전통적 운동으로 강력한 결과를 낳는다. 근육을 혹사하거나 상하게 하지 않는 것이 중요하다

등을 바닥에 대고 편안하게 눕는다. 다리를 바닥에서 15~30센티 정도 들어올린다. 다리를 함께 모아서 걷어찬다. (그림 3.11) 다섯 번 정도 시행한 후 휴식한다. 휴식 후 다리(무릎을 곧게 편 상태에서)를 수직으로 바닥에 내려놓고 약간 벌려라. 다리를 위로 올렸다가 다시 내린다. 피곤할 때까지 반복하라. 다리를 올릴 때는 호흡을 마셔야하고 다리를 내릴 때는 호흡을 내쉬어야 한다.

선 자세에서 무릎을 살짝 구부리고 골반은 앞쪽으로 떨어뜨려서 몸의 중심선에 중력을 느끼라.

무릎을 구부리고 유연한 자세에서 살 짝 골반을 돌리다가 점점 큰 원으로 돌린다. (그림 3.10) 머리와 발은 같은 자세에 두고 골반만 움직여야 한다. 되도록 부드럽게 시행한다.

---

89) Scissors Kicks

그림 3.10 힙 서클

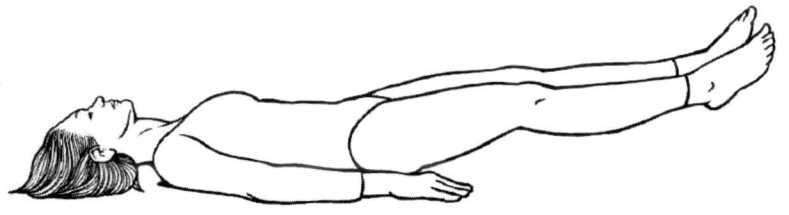

그림 3.11 가위차기

등으로 누워서 편안하게 있는다. 다리를 약간 벌린 상태에서 6에서 12인치 정도 들어올린다.

다리를 다시 모은 다음 다리를 벌리면서 찬다. (그림 3.11) 다섯 차례정도 시행한 후 쉬면 좋을 것이다.

휴식을 취한 후 다리를 (무릎을 편상태) 다리를 수직으로 바닥으로 내려놓고 다시 벌린다.

골반으로 걷기

재즈댄서를 본 적이 있는가? 이 걸음은 재즈 댄스의 움직임과 비슷하다.

무릎을 구부리고 골반을 매우 유연하게 유지한 상태로 체중을 아래로 실어 과장되게 엉덩이를 흔들면서 걷는다. 이 단계에서 어떤 느낌이 드는가? 몸 속에서 느껴지는 움직임은 어떤가? 걸으면서 온 몸을 자유롭게 흔들어라.

감정방출

호흡, 마사지, 그리고 감정의 표현과 방출을 유용하게 하는 다양한 자세를 사용하는 많은 운동들이 있다. 이들은 강력하기 때문에 경험있는 요법사와 함께 시행해야만 한다. 레이키안 신체요법[90], 생체 에너지요법과 재탄생과 같은 요법들이 있다. 만일 관심이 있다면 더 정보를 제공해줄 수 있는 책이나 요법사를 찾아보는 것이 좋다.

---

90) Reichian Bodywork

이 운동들을 진행하는 과정에서 일어나는 감정들은 처리, 즉 배출되어야만 한다는 사실을 기억하라. 이 과정에서 울거나, 소리 지르고, 발로 차거나, 누군가에게 안아달라고 하는 것은 2번 차크라에 존재하는 장애들을 처리하는 과정에서 권장되며 수용할 수 있는 방법들이다. 여러분과 함께 작업할 수 있고 필요한 보살핌을 제공할 수 있는 친구를 찾는 것이 좋다.

3번 차크라

불
힘
자율
에너지
신진대사
변형
자존감

제 4장

3번 차크라: 불

명상

우리는 고요하다. 그러나 내면에서 자라고 있는 따뜻함을 감지한다. 우리는 홀로 있지만 우리주변에 다른 누군가가 있음을 자각한다. 그들은 자유와 따뜻함 그리고 빛을 갈구한다. 여기 형태가 있다. 그러나 그것은 텅 비어 있다. 여기 삶이 있다. 그러나 그것은 고요하다. 여기에 자각이 있다. 그리고 그것은 깨어나고 있다.

고요한 장소로부터 우리는 움직임을 불러낸다. 서서히 뻗어나가서 확장하고, 호흡하며, 기지게를 펴고 그리고 흘러간다. 형태 속으로 삶을 불러낸다. 인생의 불꽃은 불의 장소 사이에서 나온다. 그들은 우리 자신과 타인 사이로, 과거와 현재 사이로, 그리고 앎과 무지의 사이에서 타오른다.

삶의 춤이 두려움과 고통을 태우며 솟구쳐오를 때 우리를 훑고 지나가는 즐거움이 노래를 부르면 우리는 움직이고 그리고 춤춘다. 긴장을 녹이고 맥박치고 성장하는 즐거움의 온기를 느껴보라. 그의 리듬은 우리를 고양시키고 움직이게 하고 치유해주고 부드럽게하며 따뜻함을 주고 시원하게 해준다.

무한한 움직임의 공간으로부터 우리는 자아(Self)를 방문한다. 여행의 또 다른 부분을 깨워내기 위해서 자아에게 요청한다. 우리는 태양과 불, 온기, 그리고 변형을 깨워달라고 자아에게 부탁한다. 의지를 통해서 자아를 방문하고 자아는 우리의 요청에 응답한다.

태양까지 도달해서 노란빛을 불러낸다. 생명의 빛이며, 창조의 빛이자 의식이 빛이여! 불꽃의 번쩍임이여! 내면에서 타오르는 불꽃은 길들여져 힘차게 타오른다. 우리는 힘을 내서 필사적으로 어둠과 싸우고 밀어붙이지만 곧 그것이 우리의 일부였고, 우리 힘의 일부였으며 더 나아가 우리 두려움의 일부였음을 깨닫는다. 우리는 웃으며 싸움을 멈추고 그들과 하나 된다. 그리고 우리는 전체가 된다. 그리고 더 강해진다. 이제 빛과 어둠의 기둥사이를 지나 이 둘 모두에게 경의를 표한다...그리고 우리가 새롭고 멋진 공간 안에 있음을 알게 된다. 분주한 움직임으로 가득 찬 땅은 삶으로 충만하고 태양을 비추는 찬란한 별빛 강처럼 반짝인다.

불꽃이 우리의 눈을 사로잡고 우리는 그 빛을 향해 고개를 돌린다. 그들은 움직이고 춤추며 서로 연결한다. 그리고 그들에 닿는 모든 것들을 빛나게 한다. 그들은 내면 무언가에 접속했다. 그리고 힘과 의지 더 나아가 행동에 불을 붙인다. 불꽃은 날아가서 다른 실을 점화하고 또 다른 불꽃을 일으킨다. 그들은 격발하고 밝게 타오르고...사라진다.

우리는 고양된다. 우리는 가벼워진다. 우리는 웃는다. 상승하는 열기로 흔들리는 몸...그리고 내면에서 움직이는 뜨거운 불의 혓바닥은 확장되고 또 다시 줄어들고 다시 광활하게 타오르지만 언제나 내면의 근원으로 되돌아온다. 우리의 몸은 타오른다. 열과 빛 그리고 힘, 더 나아가 의지를 발산한다. 진동하는 힘이 우리를 통과해서 위로부터 아래로 그리고 우리의 주위를 통과해서 나아간다. 그리고 안과 밖에 있는 모든 것을 변형시킨다. 우리의 복부는 즐거움에 환호한다[91].

당신의 밖으로 흘러가는 것을 느끼며 다른 불꽃인 에너지실과 인생의 다른 불꽃을 연결한다. 땅 속 깊숙이 밀어내는 것을 느끼며 땅을 통과해서 아래로 내려가서 뜨겁게 녹아내린 지구의 중심부로 밀어붙이는 것을 느껴보라. 그것이 다시 지구로부터 돌아와서 아래의 열로부

---

91) 이와 같이 에너지의 확장과 역동성이 쿤달리니의 작용이다.

터 솟구쳐 올라 다리와 골반 그리고 복부를 통해 당신의 몸을 통과해서 상승하고 팔, 손, 가슴, 그리고 목과 머리 등 몸의 각 부분을 통과해서 움직이는 것을 느껴보라.

여러분은 이제 에너지 생명력의 교차점이다. 그것은 합병하고 결합하며 폭발하고 발산한다. 여러분의 자각을 확장하라. 외면과 외면에서...힘의 망을 짜라...그리고 밝은 불처럼 높고 환하게 타오르라. 힘은 부드럽고 쉽고 고요하게 당신을 통과하여 흐른다. 여러분은 주변 그리고 내면의 힘과 하나다.

이러한 힘을 알았던 시간을 생각해보라. 이러한 연결과 생명력의 중요성 그리고 이러한 힘을 느꼈던 시간을! 힘이 태양으로부터 내리쬐는 따뜻함처럼 힘이 여러분을 뚫고 흘러갔던 시간을 생각해 보라. 그 시간을 생각하고 이제 그들을 느껴보라. 여러분의 몸이 그들의 목적을 빛내고 그들의 장엄함으로 춤추고 그들의 힘과 함께 노래 부르는 것을 느껴보라!

활동의 격렬한 세계 속에서 여러분은 주위에 존재하는 힘의 통로다. 여러분은 그것에 열려있고 그와 함께 타오르며 그 안에서 마시고 그 안을 지나간다. 천천히...힘들이지 않고...의지를 가지고 ....즐겁게

여러분은 힘의 정상에 오르고 돌아온다. 내면, 그 용해된 근원에 불을 공급하고 몸에 불을 공급한다. 그리고 조용히 충전해서 이제 다음의 목적지가 여러분을 부를 때 또 다시 확장할 준비를 한다.

불은 높이 타오르고 석탄은 이제 따뜻함과 함께 작열한다. 유쾌해진 여러분의 몸은 편안해진다. 미소가 입가에 흐르고 여러분의 손은 그들이 가져온 힘으로 인해 평화를 얻고 또 다시 부드러운 호흡으로 돌아간다. 들이마신다. 내쉰다. 들이마신다. 내쉰다.

이제 여러분은 즐겁게 휴식에 들어간다.

3번 차크라의 상징과 상응성

산스크리트어 이름: 마니푸라
의미: 번쩍이는 보석
위치: 태양신경총 주변의 배꼽
원소: 불
기능: 의지, 힘, 단호한 태도
내부 상태: 생명력
외부 상태: 플라즈마
내분비선: 췌장, 부신
다른 몸의 부분: 소화시스템, 근육
고장날 경우: ulcer, 당뇨병, 저혈당증, 소화불량
색상: 노란색
종자소리: 람(Ram)
모음 소리: Father의 아(ah)
꽃잎수: 10개
타로수트: 완즈
세피라: 호드, 네자
행성: 마스: 또한 태양
금속: 쇠
음식: 밀가루
상응 동사: 나는 할 수 있다
허브향: 공룡의 피, 샌달우드, 샤프롱, 머스크, 시나몬, 생강
미네랄: 엠버, 토파즈, 노란 시트린,
동물: 숫양
감각: 시력

구나: 라자스
연꽃 상징: 파란색의 열 개의 꽃잎, 힌두 태양 십자가를 지닌 하향하는 삼각형(스바스티카스), 기저에 달리는 숫양
힌두신: 아그니, 수리야, 루드라, 라키니
그 밖의 판테온: 브리짓, 아테네, 헬리오스, 아폴로, 아마테라수, 벨레노스, 아피스, 라
대천사: 미카엘
주요 작동 원리: 연소

그리고 수레는 타오른다...

불처럼 우리 몸 속에서 흐르는 이 생명을 무엇인가? 이것은 무엇이란 말인가? 삶은 뜨거운 쇠와도 같다. 쏟아 부을 준비를 하라. 형태를 선택하면 인생은 그것을 태울 것이다.

마하바라타

땅에서 물로 그리고 불로! 우리의 춤은 성장한다. 몸을 되찾은 지금 우리는 감동에 젖어, 감정과 욕망을 통해서 의지와 목적 그리고 행동을 찾는다. 우리의 춤은 성장한다. 우리의 힘은 성장한다. 우리의 배짱에서 솟아오르고 비전에서 하강한 힘이 가슴에서 즐겁게 방출됨을 느낀다. 처음의 두 차크라가 결합한 차원에서 상승하여 이제 3번 차크라로 진입한다. 그리고 상위 차크라로부터 하강하여 성장하는 의식의 흐름을 포옹한다.

불 원소가 의식의 빛을 점화하면, 우리는 무의식이라는 육체적 차원으로부터 나와서 의지를 가진 행동을 창조하는 정신과 신체의 흥미진진한 조합으로 나아간다. 우리의 힘이 활성화 될때, 우리의 행동은 보

다 고원한 목표로 향하게 된다.

이 두 개의 차크라가 어떻게 결합해서 우리를 이 새로운 단계로 데려왔는지 검토해보자. 첫 번째 차크라는 견고함과 안정성, 집중력과 형태를 가져다주었다. 여기서 우리는 통합을 경험했다. 이 기반으로부터 2번 차크라로 이동해서 차이와 변화, 그리고 움직임을 경험했다. 대극을 포용했으며, 다름, 선택, 감정 그리고 욕망의 열정을 발견했다. 우리는 단순한 생존본능을 넘어서 즐거움을 위한 욕망으로 나아갔으며, 타인과 결합했다. 물질과 움직임을 결합하면 그들이 세 번째의 상태인 에너지를 창조한다는 사실을 알게 된다. 나뭇가지 두 개를 서로 문지르다보면 종국에 불을 점화시킬 수 있는 불씨를 얻게 된다. 물리적 세계에서 이것을 연소라고 부른다. 몸에서 이것은 대사와 관계있으며 심리학적으로는 힘과 의지에 불을 붙이는 열정의 불꽃과 관련있다. 우리의 행동 안에서 그것은 활동의 영역이다.

이것은 바로 우리의 3번 차크라이다. 3번 차크라의 목적은 변형이다. 불이 물질을 열과 빛으로 변형시키는 것처럼 3번 차크라는 수동적 원소인 흙과 물을 역동적 에너지와 힘으로 변형시킨다. 흙과 물은 수동적이다. 그들은 아래로 흐르고 중력에 종속되며 가장 저항이 작은 길을 따라간다. 반면 불은 위로 움직이고 형태를 파괴하고 물질이라는 거친 에너지를 새로운 차원인 열과 빛으로 데려간다.

만일 우리가 일곱 개의 차크라를 모두 통과해서 상승한다면 그 움직임을 추진하는 것은 바로 우리의 불의 의지다. 고정된 패턴에서 인간을 자유롭게 하고 그로 하여금 새로운 행동을 창조하게 하는 것도 바로 의지다. 중독적인 습관과 같은 가장 저항이 작은 길이나 타인의 기대로부터 우리의 방향을 틀게 하는 것도 바로 우리의 의지다. 어렵거나 도전적인 행동을 취하고 새로운 곳을 향하여 나아가는 것도 바로 우리의 의지를 통해서이다. 우리가 이러한 행동을 취할 때 우리는 변형되기 시작하지만 가장 처음 단계는 오래된 습관을 깨는 것이다.

그리하여 3번 차크라의 초기 임무는 관성을 극복하는 것이다. 물리학에서 관성이란 어떤 물체가 움직이고 있던 정지에 있던 다른 물체의 힘에 의해 자극받지 않는 이상 같은 상태에 머무르려는 성향을 말한다. 3번 차크라에서 의지는 고요함과 움직임, 흙과 물의 힘을 결합해서 서로가 서로를 형성한다. 정지된 볼을 치는 골프채의 기세는 볼을 움직이게 할 것이다. 포수의 글러브는 움직이지 않지만 날아가는 야구공을 정지시킬 것이다. 우리의 의지는 행위의 방향을 지시하고 세계를 형성하는 방식으로 잡고 움직이는 것을 결합할 것이다.

가장 어려운 부분은 시작하는 것이다. 일단 불이 붙으면 그것은 훨씬 쉽게 타올라서 약간 저어주기만 하면 된다. 이 작업을 일단 시작하면 소득을 연료로 사용하여 생산성을 유지할 수 있다. 일단 에너지가 쉽게 생산되는 지점까지 타성을 극복하면 3번 차크라는 효과를 발휘하여 작은 노력과 의지를 가지고도 힘을 창조하기 시작한다. 쉽고 우아하게 무엇인가를 하는 것은 진성한 힘의 표시다.

움직이는 물체가 다른 물체와 상호 작용하면 열을 발생시킨다. 다음음로 열은 움직임을 자극하고, 그것은 새로운 결합을 만든다. 입자가 부딪히고 결합하면 물질의 상태는 변한다. 분자는 다른 분자와 결합한다. 고체는 액체로 변한다. 액체는 가스로 변한다. 밀가루와 달걀은 케익이 된다. 불은 변형시키는 영향력으로 형태를 파괴하고 에너지를 방출한다.

태양은 변형불의 주요한 예로서 대우주의 3번 차크라로 불리기도 한다. 태양 그리고 태양과 비슷한 별들은 수소가스의 확산구름으로 시작했다. 가까운 초신성에서 나온 충격파가 수소구름과 충돌하여 자체 붕괴를 초래했다는 것이 현재의 이론이다. 이것은 수천개의 소용돌이를 만들었는데 이들 각각은 태양계를 창조하는데 필요한 충분한 물질을 끌어당길 만큼 충분히 강한 중력장을 가지고 있다. 태양계가 될 수소의 소용돌이가 붕괴되었을 때 내부 마찰을 통해서 열이 발생했다.

결국 열과 중력의 결합이 태양을 빛나게하는 과정을 촉발시켰다.

태양은 핵융합을 통해서 열과 빛을 생산한다. 태양열은 너무 극단적이어서 수소핵은 서로 밀쳐내는 전하량을 극복하기에 충분한 힘을 가지고 서로에게 나아가서 조금 덜 무거운 헬륨핵으로 융합된다. 질량의 차이는 순수한 에너지로 변형되고 그것은 더 많은 열과 움직임을 생산하는데 전체 과정을 영원히 반복된다. 핵융합은 컨테이너로서 작용하기에 충분히 강한 중력장을 필요로 하며 과정을 자동 생성하기 위한 충분한 밀도를 생성한다. 다시 한번 우리는 어떻게 1번 차크라의 힘인 중력이 2번 차크라의 움직임을 일으켜서 결과적으로 3번 차크라의 힘인 에너지가 되는지를 알아봤다. 전체 사이클을 돌리는 것은 바로 에너지이다.

차크라들은 기본적인 통일 의식장의 상호 의존적 양상이다. 그들은 분리되서 행동하지 않으며 지성적으로만 분리될 수 있을 뿐이다. 우리가 질량에서 에너지를 분리할 수 없는 것과 마찬가지로, 움직임에서 에너지를 분리할 수 없다. 질량과 움직임 그리고 에너지는 물질계의 분리할 수 없는 세 가지의 성질이다. 처음 세 개의 차크라는 인간의 신체와 모든 물질들을 관리하는 근본적인 삼위일체의 법칙을 의미한다. 그들은 함께 원인과 결과의 춤을 만들고, 이것은 행동하는데 필요한 에너지를 준다. 에너지의 공급이 없다면, 우리는 힘을 가질 수 없다. 그러나 에너지만으로는 힘을 구성하기는 충분하지 않다. 이러한 이유 때문에 에너지는 그 방향성이 지시되어만 한다.

이러한 에너지에 목적을 설정해주는 것은 바로 하강하는 의식의 흐름이다. 의지를 만들고 행동 방향을 잡아주는 의도를 형성하는 것은 다름 아닌 지성이다. 이러한 방식으로 하강하는 흐름은 우리에게 형태를 가져다주지만, 상승하는 흐름은 에너지를 준다. 이 두 가지가 결합할 때만이 우리는 힘을 가질 수 있다.

이 차크라에 진입하는 것은 의식적인 지성과 몸 에너지의 통합에서 오는 내면의 힘을 포용하는 것이다. 이러한 방식으로 우리는 변화의 효율적인 대리자가 된다.

마니푸라-번쩍이는 보석

마니푸라 차크라는 아침의 태양과도 같다. 코 끝에 시선을 고정하고 명상하면 세계를 휘저을 수 있다.

고락샤샤타캄

인체 내에서 3번 차크라는 부신 위에 있는 태양신경총에 위치한다. 이곳은 우리가 불안할 때 안절부절하지 못하는 느낌을 가지게 되는 곳이다. 이때 3번 차크라는 자신감과 힘없는 느낌을 갖는다. 이 변덕스러운 느낌은 에너지를 하강하는 대신 상승시키고, 우리를 자극하고 각성시켜서 고도로 민감하게 한다. 그라운딩이 잘 되어 있을 때, 이러한 자극은 우리에게 권능과 생기를 부여한다. 그러나 그라운딩이 잘 되어 있지 못할 때 우리는 당황하거나, 에너지의 방향감각을 상실하게 될지 모른다.

태양신경총이라는 이름이 의미하는 것처럼 이 차크라는 격렬한 태양 차크라로 우리에게 빛, 따뜻함, 에너지, 그리고 힘을 가져다준다. 3번 차크라는 진취적인 기상이며 행동이고 의지이자 생명력을 나타낸다. 흉골[92] 바로 아래에서 배꼽까지 확장되는 3번 차크라는 '배꼽 차크라'로도 불린다(그림4.1참고). 힘과 3번 차크라의 연관성 중 하나는 모든 주요한 나디(심령적 흐름)가 배꼽에서 유래한다는 믿음에서 온다.

---

92) sternum

배꼽은 탄생이전의 모든 자양분과 에너지의 근원점이기 때문에 심령의 통로가 본래 이 라인들을 따라 설립되었다는 사실을 놀랄 일도 아니다.

연소하는 불에 부합하는 3번 차크라는 신진대사를 지배하며, 또한 신체 구석구석의 대사 에너지를 조절하고 분배할 책임이 있다. 이것은 물질(음식)이 에너지화(행동과 열)되는 연소를 통해 이루어진다. 그러므로 소화시스템은 이 과정의 중요한 부분으로 3번 차크라의 건강 지표다. 당뇨병, 저혈당 또는 장의 궤양과 같은 문제는 3번 차크라와 직접 연결된다.

신진대사에 결정적으로 중요한 것은 4번 차크라의 성분인 공기다. 공기 없이 불은 타지 않고 세포는 신진대사하지 않는다. 호흡에 제약이 있을 때 신진대사는 방해 받는다. 숨 쉴 공간이 없을 때 힘은 제한된다. 마찬가지로 우리가 연민(4번 차크라)없이 힘을 사용하면 해악과 억압을 영속할 위험이 있다.

우리는 많은 방법으로 3번 차크라의 건강에 접근할 수 있다. 육체적으로는 태양신경총 안의 신체 구조를 검토해 볼 수 있다. 단단하고 살찐 복부, 또는 가라앉은 횡경막은 모두 3번 차크라 불균형의 지표다. 여러분은 자신의 신체를 느끼고 바라보며 이 중심부를 탐험해 볼 수 있다. 여러분의 신체는 이 중심부 주변에서 어떤 모양을 가지고 있는가? 기본적인 상태보다 더 확장되거나 수축되었는가? 살찐 복부는 힘을 소유하고 지배하고 통제하고자 하는 과도한 필요에 대한 암시이거나, 단순히 공간을 차지하고자하는 에고의 요구를 나타내는 것이다. 약하고 침몰한 차크라는 힘의 소유에 대한 두려움과 자아로의 퇴거 그리고 드러나는데 대한 두려움을 암시한다. 일반적으로 과도한 몸무게는 3번 차크라 오작동일 수 있다. 왜냐하면 이것은 몸이 단단한 물질(음식)이 에너지화되는 적절한 대사를 하지 않고 있음을 말해주기 때문이다.

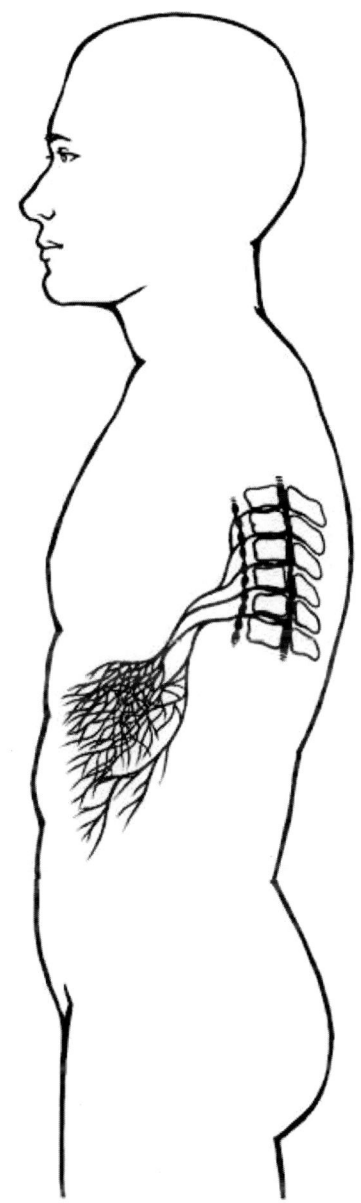

그림 4.1 3번 차크라

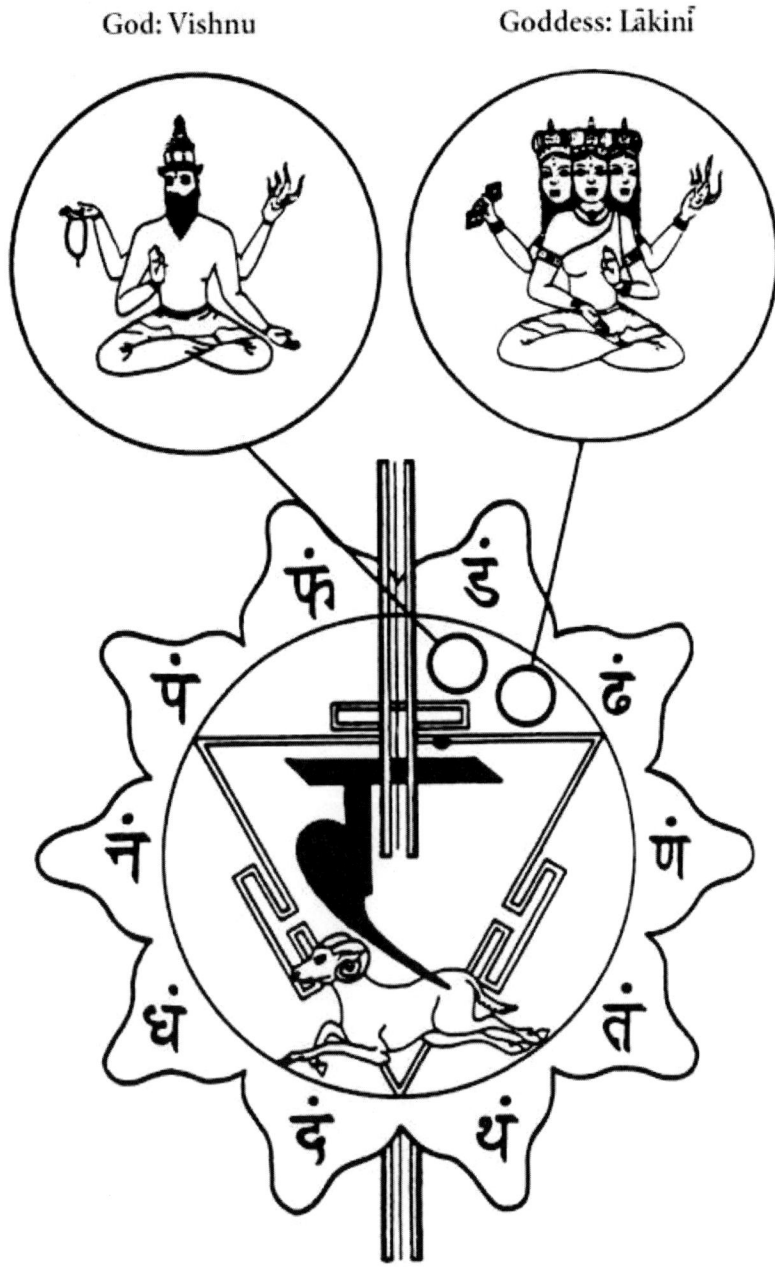

그림 4.2 마니푸라 차크라

여러분은 또한 불 원소의 관점에서 자신을 분석해볼 수 있다. 자주 추위를 타는 편인가? 차가운 음료를 더 좋아하는가? 아니면 뜨거운 음료를 더 좋아하는가? 쉽게 땀을 흘리고 열이 잘 나는 편인가? 아니면 추위를 잘 타는 편인가? 매운 음식을 너무 좋아 하는가? 아니면 피하는가? 성격이 빠르고 에너지가 넘치는 편인가? 무기력한 편인가? 이러한 질문들을 통해서 신체 내의 불이 과다한지 혹은 과소한지에 대해 알아볼 수 있다.

3번 차크라는 산스크리트어로 마니푸라라고 불린다. 이것은 '빛나는 보석'이라는 뜻이다. 3번 차크라는 찬란하고 이글거리는 중심부인 태양처럼 밝게 빛나기 때문이다. 3번 차크라의 상징은 열 개의 꽃잎을 가진 연꽃이다. 이 연꽃 안에는 꼭지점이 아래로 향하는 삼각형이 있는데 이것은 세 개의 T자형으로 된 스바스티카[93]로 둘러 쌓여있다. (그림 4.2참고) 우리의 환경을 다루는 힘은 우리를 둘러싼 세계로 확장되는 열 개의 손가락을 가신 손의 능력과 부분적으로 관련된다. 10은 또한 새로운 주기의 시작이다. 마치 라자스로의 진입이 일종의 새로운 자각의 시작인 것처럼 말이다.

연꽃 안에는 힘과 에너지가 넘치는 숫양이 있는데 이 동물은 일반적으로 힌두의 불의 신 아그니(Agni)와 연관된다. 차크라 안에는 비슈누신과 그의 파트너인 여신 샥티 라키니가 새겨져 있다. 세 개의 얼굴과 네 개의 팔을 가지고 있는 이 여신은 두려움을 쫓아내고 은혜를 내린다. 연꽃 안의 글자는 종자소리 람(ram)이다. 이 연꽃을 명상하면 세계를 창조하고 파괴하는 힘을 준다고 전해진다.

불은 의지를 행동으로 점화시키는 생명의 불꽃이다. 불은 대극 사이에 놓여진 힘인 쉬바와 샥티 사이의 불꽃이다. 몸 속의 불이 우리를 따뜻하고 활동적이며 에너지 넘치게 만들어주면 우리는 변형지기 될 것이다. 인간은 따뜻함을 필요로 하는 존재이자 따뜻함을 주는 존재

---

[93] svastikas는 불에 대한 힌두의 상징으로 Nazi의 swastikas와는 구별된다.

다. 3번 차크라의 힘은 삶의 힘이고, 생명력의 힘이자, 연결의 힘이지, 통제와 지배의 차가운 힘이 아니다. 몸 안의 에너지와 불은 주변 원소들을 통합하는 인간의 능력을 반영하는데, 불은 연합과 연소의 과정이기 때문이다.

불은 현란하다. 그래서 3번 차크라는 양적이고 활동적이다. 두려움이나 무기력함을 느낄 때, 우리는 움츠리고, 수동적이고, 음해진다. 움직임을 확인하고 자신의 일부를 이용해서 다른 부분을 통제하게 된다. 자신의 힘과 표현을 스스로 막을 때, 우리는 약해지며, 냉정하고 통제되 보인다.

이러한 통제는 유지하는 데는 에너지가 들어가지만, 에너지를 생산하지는 못한다. 결국 우리는 축소된다. 활동을 위한 자연스러운 열정은 줄어드는 대신 커피나 사탕 등의 자극제에 손을 뻗어서 프로젝트를 수행할 에너지를 '생산'해야만 한다. 이러한 자극제는 일시적으로 에너지를 주지만 결국 생명력을 감소시킨다.

삶으로부터 움츠려들 때 우리는 닫힌 시스템이 된다. 이 때 화를 내고 자기 비판적이 되기도 한다. 이것은 자신을 더욱 피로하게 만든다. 불이 타오르기 위해서는 연료가 필요하다. 그러나 닫힌 시스템 안에서 연료는 결국 고갈된다. 세계와의 역동적인 상호작용 속에서만 우리는 계속 움직일 수 있으며 인생의 불과 열기를 끌어당기는 양분에 접촉할 수 있다.

두려움과 움츠림의 사이클을 끝내기 위해 사랑과 수용의 방식으로 자아와 다시 연결되어야 한다. 만일 우리가 처음 두 개의 차크라-몸과 기반, 그리고 열정과 즐거움-와 연결되지 않는다면 불을 일으키기 위한 연료를 가질 수 없다. 욕망은 우리의 의지에 열정을 주며 그것을 더 역동적으로 만든다.

만일 우리가 자신을 사랑하지 않고, 스스로에게 호흡하고, 탐험하며, 실수할 수 있는 여지를 주지 않는다면, 불이 타오를 수 있는 공기는 만들어지지 않는다. 우리가 정신과 연결되지 않는다면 불을 일으킬 수 있는 불꽃이 형성되지 않아서 세상의 모든 연료는 쓸모가 없어질 것이다. 만일 스스로에게 집중할 수 없다면, 우리는 자신의 내면에서 힘을 느끼기보다 밖에서 힘을 찾아야 한다.

신체 안의 에너지는 연결하고 합병하며 우리를 둘러싸고 있는 것들로부터 자신을 풍요롭게 하는 능력에 의존한다. 그것은 힘과 기본적인 자신감을 가지고, 힘을 대하는 편안함에 달려있다. 이 차크라는 또한 자존감과도 연결되는데 자존감은 의지에 힘을 가져온다. 우리의 의지가 효율적일 때, 우리의 자존감은 고양된다. 그러면 우리가 사랑하고, 우리를 점화시키고, 도전하며, 새롭게 하는 것을 향하여 삶을 보다 더 잘 이끌어갈 수 있다. 이들은 모두 3번 차크라 안에서 통합과 발전을 요구하는 요소들이다.

힘

열린 시스템의 힘은 소유할 수 있는 자산이 아니라 열려있는 과정이다.

조아나 머시

우리는 힘이 방향을 지닌 에너지라고 말해 왔다. 개인적인 힘은 어떤가? 사회적 협력을 강화하기 위한 방법으로 무력함을 가르치는 문화교육적인 시스템 안에서 어떻게 힘을 개발하고 유지할 수 있을까? 창조적으로 사고하는 사람은 사회에서 일탈자로 간주되어 배척되는 대신, 순응이 강조된다면 어떤 일이 생길까? 많은 부모들이 자녀를 온순하고 바르게 행동하도록 교육시킨다. 그러나 순종조차도 의지에서 발현된 협력을 요구한다.

사회적 협업은 분명히 필요하다. 그러나 그것이 지배를 통하여 이루어진다면 협업이라는 단어를 사용할 가치는 거의 없을 것이다. 그것은 욕망이나 생명력 또는 3번 차크라의 특징인 불같은 번쩍임이 결여된 협력이 될 것이다. 그것은 복종이다. 그것은 우리의 힘과 의지를 꺾고 더 나아가 손상시키며 우리의 자존감을 상하게 한다.

3번 차크라 수준에서 자신을 개발하고 치유하기 위해서 한 편이 다른 편을 지배하는 것과 관련된 힘의 개념을 재검토 해봐야한다. 이러한 힘은 흔히 '군림하는 힘, 즉 지배하는 힘'이라고 불린다. 대신 우리는 힘을 통합, '내면의 힘', '생명력과 연결하는 힘'으로 개발할 수 있다. 힘에 대해 생각할 때 우리는 힘을 명사보다는 활동적인 동사로 간주할 수 있다. 실로 힘이란 행동 안에 그리고 변화 혹은 관념의 힘 안에서만 존재할 수 있다. 우리는 '군림하는 힘'을 '지향하는 힘'으로 바꿀 수 있다.

지금 이 시간 세계는 집단적으로 3번 차크라의 후반 단계를 통과하고 있는 것 같다. (12장.진화적 관점참고). 힘과 에너지에 대한 개념은 매우 복잡해졌다. 기술과 미디어, 조직된 정부, 핵무기 그리고 거대기업을 통해서 우리는 작은 것으로 많은 것을 제어하는 방법을 배우고 있다. 단지 몇 명의 사람들이 수 백만명의 사람들을 위한 결정을 내린다. 비행기 한 대가 도시 전체를 파괴 할 수 있다. 전화 한통만으로도 이 행성위에 사는 대부분의 생명들은 전멸될 수 있다. 힘, 통제, 에너지 연료, 그리고 정치적 힘에 대한 이슈가 시사 문제들의 핵심 주제가 되어왔다. 쇠로된 창으로부터 핵탄두에 이르기까지 우리는 실로 먼 길을 걸어왔다. 그러나 통제와 지배에 사용되는 힘의 병폐는 여전히 잔재한다.

3번 차크라를 통과해서 심장에 이르기 위하여 힘의 개념을 고양시키고, 권력을 위임하고, 강화하는 것으로 재정의할 필요가 있다. 힘의 구조는 우리 종족과 천연 자원, 그리고 상호 협력하는 믿음과 능력의 존속을 보장해야지, 오히려 위협해서는 안 된다. 우리는 힘이 다른 것의 희생을 댓가로 하나를 지지하는 것이 아니라, 개인과 문화를 동시에 강화시키는 것으로 볼 필요가 있다. 어떻게 이것을 변화시킬 수 있을까?

오늘날 우리의 지배적인 세계관은 분리를 강조한다. 우리의 과학은 자연을 환원주의적 관점에서 바라보는데 이것은 물질을 점점 더 작은 단위로 분해한다. 서양의학은 바디를 전체로서의 몸/마음으로 이해하기보다는 분리되고 병든 단위의 집합으로 다룬다. 우리는 사람, 국가, 땅, 문화 그리고 인종 이 모두를 자연질서가 아닌 통제를 통해 조정되고 셀 수 있으며 운반할 수 있는 분리되고 고립된 건축돌로 바라본다.

군림하는 힘은 계속적인 노력과 경계를 요한다. 사람들은 굴종을 강요받고 끊임없이 겁을 먹기 때문에 경계해야만 한다. 자리는 안전하지 않고 점점 더 큰 방어를 요구한다. 우리는 우리의 한계를 넘어 우리가 분리되었다고 간주되는 다른 지역으로부터 부를 훔치기 위해서 우리의 내적자원을 고갈시킨다. 우리의 병든 시각에서는 지배권을 확대하고 우리가 군림하는 대상을 늘리는 것을 힘의 확장이라고 생각한다.

차크라 시스템의 렌즈를 통하여 볼 때 힘은 전쟁과 지배가 아닌 결합과 통합의 결과다. 각 차크라 차원은 그 보다 하위 차원의 결합을 통해서 출현한다. 이것은 각 차크라 단계에 이해를 가져오는 하강하는 의식의 흐름에 의해 활성화된다. 힘은 분리를 통해서 발견되는 것 아니라, 통합과 전체성으로부터 기인된다. 상향식 에너지 흐름은 통합이고 하향식 에너지 흐름은 분리다.

어떤 그룹이나 유기체가 지닌 진정한 힘은 내면의 힘을 통합하고 협력시킬 수 있는 능력과 결속력에 달려있다. 우리 행성의 힘 또한 다양성을 결합하고 전체성으로부터 새로운 어떤 것을 만드는 우리의 능력에 달려있다. 진화는 차크라를 통한 진전과 같이, 보다 더 효율적인 차원을 향한 끊임없는 재조직의 과정이지만 그것은 언제나 이전에 존재했던 것의 합병을 통해 이루어진다. 차이에 초점을 맞추는 것은 대립하게하고, 분리시키며, 고립시키는 것이다. 그러나 통합에 초점을 맞춘다면 강화 될 것이다.

우리의 세계가 이방인들의 지배를 받을 때 우리는 단지 기계를 통해서 볼 뿐이며, 우리의 목소리는 너무 작아서 들리지 않게 되면 반목은 강화된다. 이런 상태에서 개인은 통제되기 쉬워지고 우리가 잃어버린 힘을 조금씩 돌려주겠다고 약속하는 더 큰 몸체를 위해 봉사하도록 조종당하기 쉬워진다. 분리된 직업을 가짐으로서 우리는 봉급으로 알려진 자유의 급료를 받는다. 그러나 현실에서 우리는 더 멀어진다. 우리가 보다 더 철저하게 참가할수록, 보상의 전망은 더욱 더 커지지만, 현실에서는 더 분리된다.

소외를 통해서 우리는 내적인 힘에 대한 개념인 연결과 연합 그리고 융합의 힘은 상실했다. 이것이 없으면 우리는 정체되고 열정과 의지와 열망을 잃어버린다. 기계적인 세상 속에서는 기계적인 존재가 된다. 자치권이 없이 우리는 혁신에 대한 열망을 상실하고 하위 차크라의 반복적인 패턴에 갇혀서 해탈할 수 없으며, 자유를 찾을 수 없다. 우리는 모르는 것에 대한 모험을 감행할 자신감이 필요하다. 강한 3번 차크라 없이 우리는 새로운 단계로 도달할 수 없으며, 대신 갇혀서 안전과 동일함에 집착하게 된다.

홍보문구는 우리에게 지배적인 패러다임을 전복시키라고 조언할지 모르지만 사실 우리는 복종해야하는 패러다임에 살고 있는 것 같다. 이 패러다임에는 지배하는 사람보다 복종하는 사람들이 더 많다. 우리는 아주 어렸을 때부터 자신의 의지를 다른 존재에 굽히도록 배웠다. 처음에는 부모였고. 다음은 학교 선생님, 성직자들, 보스, 군, 정부 관료들이었다. 사실 사회적인 협업을 이루기 위해서 이것이 어느 정도는 필요하다. 그러나 이 과정에서 많은 사람들은 자신 내면 의지와의 연결성을 상실하고, 나중에 알콜, 약품 또는 파괴적인 행동에 대책없는 자신을 발견하게 된다.

복종적인 패러다임 안에서 힘은 우리 밖에 존재한다. 만일 우리가 힘을 외부에서 찾는다면 지시 받기 위해 다른 사람을 바라보고, 그들의 손아귀에서 희생자가 될 수 있음을 발견하게 된다. 내면의 힘이 결여되면 지속적인 자극, 흥분, 그리고 행동을 추구하게 되고, 느낌을 싫어하며 내면에 공허함을 느끼게 된다. 우리는 다른 사람들에게 인정받고 자신을 드러내 보이고 에고를 강화하기 위한 방법으로서 활동에 참여하게 된다. 우리는 보다 더 거대한 전체성에 잘 봉사하기 위한 능력을 구하기보다는 에고를 위한 힘을 모색하게 될 것이다. 목적을 상실한 힘은 단지 변덕에 불과하며, 때로 위험하기 조차하다.

생존이 물질에, 성이 운동성에 의존하듯이 힘은 에너지에 의존한다. '할 수 있는'이라는 라틴어 *podere*에서 *나온* 단어인 힘은 '할 수 있는'이라는 의미의 'shak'을 어원으로하는 샥티와 동일한 의미를 가진다. 샥티는 우리의 원시적 에너지 장으로 쉬바의 불꽃에 의해 점화되고 형태를 부여받는다.

전기의 힘을 활용하려면 그것이 전선을 통해 전달되어져야만 하듯이, 우리의 생명 에너지도 진정한 힘의 감각을 가지고 사용되려면 먼저 의식이 그에게 방향을 지정해 주어야만 한다. 세포는 어떤 의식적 지침이 거의 없거나 전혀 없이도 대사 작용을 하고 에너지를 생산한다. 그러나 힘을 소유하기 위해서 의식적 될 필요가 있다. 우리는 사물들 간의 관계를 이해해야만 한다. 우리는 최대의 효과에 우리의 행위를 맞추기 위해서 새로운 정보를 인식하고 동화시킬 수 있어야한다. 우리는 현재의 시간과 공간 밖에서 사건을 창조하고 상상할 수 있어야 한다. 우리는 지식, 기억, 그리고 이성적인 능력을 가져야만 한다.

힘은 상위 차크라에 똑같이 의존하지만 하위 차크라의 희생을 댓가로 하는 것은 아니다. 우리가 의식과 영성의 세계에 대한 더 큰 이해를 향해 성장할수록 우리는 실로 힘의 개념을 진화시킬 수 있음을 알게 된다. 이러한 진화는 우리 각자 내면, 핵심, 근원, 뿌리로부터 배짱에서 기인되었을 뿐만이 아니라 비전과 창조성, 더 나아가 지성에서 연원된 것이다. 우리의 미래는 이것에 달려있다.

의지

나는 엄청나게 많은 고통과 저항 그리고 고뇌를 견딤으로써 의지의 힘에 접근했으며, 그것을 유리하게 이용하는 법을 알게 되었다.

프리드리히 니체

여러분은 어떻게 일이 일어나게 하는가? 조용하게 앉아서 간절하게 소원을 비는가? 모든 상황이 저절로 제자리로 찾기를 기다리는가? 만일 어떤 효율적인 변화를 원한다면 그렇게 하지는 않을 것이다. 그러한 이유로 의지는 행사할 필요가 있다.

의지는 의식적으로 통제된 변화다. 두 번째 차크라가 이중성에 열려 있기 때문에 우리는 선택의 상황에 놓이게 된다. 선택은 의지를 낳는다.

의지는 하위차크라의 타성을 극복하는 수단이며, 힘의 불꽃을 점화시키는 근본적인 촉발제다. 의지는 마음과 행동의 결합이요, 욕망의 의식적인 방향이며, 우리가 미래를 창조하는 수단이다. 의지없는 개인적 힘은 불가능하며, 의지는 3번 차크라의 개발을 위한 주된 열쇠다.

우리 모두는 인생의 다양한 국면에서 불쾌한 사건들을 경험한다. 2번 차크라의 감정적 차원에서, 우리는 상황의 희생자처럼 느낄 수 있다. 희생자로서 우리는 무력함을 느낀다. 이러한 무력함과 고통을 느끼는 것은 중요한 단계이다. 왜냐면 그것은 우리의 필요와 접속하게 하기 때문이다. 그것은 의지의 연료가 된다.

그러나 3번 차크라에 도달하기 위해서 스스로를 희생자로 보는 시각을 포기할 것이 요구된다. 이때 지속성 있는 변화는 오로지 스스로의 고유한 노력에서 기인된다는 사실을 자각하게 된다. 만일 타인을 비난한다면 개선을 위한 유일한 희망은 타인의 변화를 희망함에 있을 뿐이다. 그러나 그것은 우리가 통제할 수 없는 부분이다. 책임을 되찾아올 때 변화는 우리의 의지 아래 귀속될 것이다. 그때 우리는 희생자라는 환경에서 참으로 치유될 수 있을 것이다.

이것은 희생이 존재한다는 사실을 부인하거나, 우리 문화 속에서 많은 상황들이 실로 부당하다는 사실을 부인하는 것이 아니다. 또한 우리가 우리의 현실을 창조한 유일한 존재라는 뉴에이지적인 믿음을 주장하는 것도 아니다. 대신에 의지는 우리가 모든 도전들을 최고의 잠재성을 깨워내는 기회로 간주할 수 있음을 자각하는 것이다. 이것은 이전에 도래했던 것들을 부인하는 것이 아니라 통합하는 것이며 미래를 위한 발판으로 이용하는 것이다. 우리에게 일어날 일을 항상 통제할 수는 없지만, 그것에 대해 우리가 무엇을 해야 할지는 통제할 수 있다.

의지의 임부는 무엇보다도 타성을 극복하는 것이다. 앞서 이미 언급한 바 있지만 타성은 휴식 중에도 활동 중에도 생길 수 있다. 단순한 무기력이나 게으름은 휴식 중에 일어난 타성의 예다. 일단 일어나서 움직이기 시작하면 근육이 산화되고 심장이 뛰면서 더 많은 에너지가 발생한다. 가령 조깅하는 사람들은 조깅 시 에너지 소비에도 불구하고 달리는 날에는 훨씬 더 많은 에너지를 가지게 된다고 주장한다. 힘의 창조를 통해서 에너지는 에너지를 낳으며 이러한 과정을 시작하게 하는 것은 바로 의지다. 우리는 우리가 피하는 것이 나은 어떤 여세에 사로잡혀 있는 것을 발견하게 될지 모른다. 여기서 우리는 변화를 효율적으로 만들기 위해서 고요함을 사용할 수 있으며, 이러한 움직임의 일부가 되는 것을 거부함으로써 그것이 우리에게 올 때마다 그것에 휘말리는 것을 멈출 수 있다.

카발라 생명의 나무에서 의지는 세 번째 차원으로부터의 힘과 형태의 의식적인 조합으로 호드 및 네자와 관계있다. 네자는 눈부신 아름다움, 에너지를 공급하는 반면 호드는 보다 더 지적인 상태, 지능 그리고 형태를 공급한다. 의지는 지성적이고 전략적일 때 가장 효율적이다. 이것은 우리가 단지 힘만으로 어떤 일을 시도함으로써 에너지를 낭비하는 것을 막아준다. 우리는 열심히 할 때보다 똑똑하게 일 할 때 더 효율적이 된다.

마니푸라에서 힘과 형태는 서로 결합해서 더 높고 보다 더 효율적인 차원으로 진화한다. 일단 3번 차크라에 불이 붙으면 불을 유지하는 일은 그렇게 어렵지 않다. 일단 이해의 불빛이 움트기 시작하면 더 깊은 이해로 나아가는 일이 부각된다. 쿤달리니가 3번 차크라까지 상승하면 자신을 명백히 드러낸다. 여기서 그녀는 무지와 카르마 트랩 그리고 물질적인 불순물을 파괴하기 위해서 불을 붙인다. 쿤달리니가 타오르기 시작하는 것은 바로 이 차크라이다.

의지를 개발하는 첫 번째 단계는 여러분이 의지를 가지고 있으며, 의지가 항상 잘 작동하고 있다는 사실을 자각하는 것이다. 주변을 둘러보라. 당신이 보는 모든 것, 입고 있는 옷, 살고 있는 집, 사귀는 친구처럼 당신이 창조한 모든 것은 당신이 의지를 가지고 창조한 것이다. 무기력하다고 느끼는 것은 의지의 부족 때문이 아니라 그러한 의지에 대한 무의적인 사용을 인식하고 그것과의 연결을 실패했기 때문이다.

우리가 의지를 가지고 있다는 사실을 인식하지 못하는 것은 흔하다. 하루 중 자신의 일을 바라보며 "나는 이 일을 해야만 해." 라며 한숨을 내쉰 일이 얼마나 많은가? 우리는 자신에게 이 일을 해야만 하고, 설거지를 해야만 하며 심부름을 해야만 하거나, 혹은 자녀들과 더 많은 시간을 보내야만 한다고 말한다. 이러한 환경들을 적극적인 선택이라기보다 지루한 일련의 의무로 간주하는 것은 영향력을 스스로 박탈하는 것이다. 나는 설거지를 할 필요가 없지만 내 부엌이 깨끗한 것이 좋기 때문에 설거지하는 것을 선택했어. 직장에 갈 필요가 없지만 내가 월급을 받는 것을 좋아하기 때문에 혹은 나와의 약속을 지키기 위해서 직장에 가기를 선택했어...등등. 이런 미묘한 태도의 변화는 자신의 의지와 친밀해지고 의지를 재정립하는데 도움을 준다.

의지에 대해서 좀 더 이야기 해보자면, 의지와 진짜 의지 사이에는 차이가 있다. 만일 진심으로 하고 싶지 않은데, 누군가 시켜서 어떤 일을 한다고 가정해볼 때, 여러분은 여전히 자신의 의지를 실행 하고 있지만, 깊이 들여다본다면 그것은 참된 의지가 아니다. 여러분은 본질적으로 자신의 의지를 타인에게 주고 있는 것이다. 의지를 되찾아오기 위해서 스스로 그것을 선택했다는 사실을 자각해야만 하고 그러한 선택을 한 이유를 검토해봐야 한다. 타인을 기쁘게 하려고 노력하는 것인가? 결과를 두려워하는 것인가? 우리는 우리자신과 접촉하지 못하는 것이 아닌가? 이 문제들을 어떻게 다룰 것인가?

오직 이 물음에 대답함으로써 우리의 의지가 무엇에 봉사를 하고 있는지를 알 수 있다. 잘 보이려고 봉사하는 것인가? 호의를 얻으려고 하는가? 평화를 유지하기 위해서인가? 책임을 피하기 위해서인가? 일단 우리의 의지가 무엇에 기여하고 있는지 알고 나서는, 그것이 무엇을 배신하고 있는지에 대해 대답해야만 한다. 좋게 보이는 것이 여러분의 정직한 필요성을 드러내보이는 것인가? 우리의 의지가 무엇을 의도하고 있는지 안다면 그것이 드러내고 있는 것이 무엇인지 물어봐야 한다. 의도가 있으면 그 의도에 의해서 배신당할 수 있다. 직면해야할 필요가 있는 부정적인 상황을 영속하는 것이 평화를 유지하는 것인가? 자신의 자존감을 낮추면서 타인을 기쁘게 해주고 있는가? 이러한 효과들을 의식적으로 만드는 것이 그들 사이에서 선택하는 권한을 스스로에게 부여하는 것이다.

진정한 의지는 자아와의 깊은 커뮤니케이션, 자신의 결단에 대한 신뢰, 기꺼이 위험을 감수하려는 의지, 그리고 그러한 위험에 대한 책임을 수용할 것을 요구한다. 참된 의지를 행사하여 누군가의 뜻을 감히 거스를 때 비난받고 조롱받으며 심지어 버림받을 위험도 있다. 특히 가족의 환경이 심하게 복종적 페러다임의 형태를 띄고 있다면 이것은 두려운 일이다. 강한 감각을 지닌 자아의 탄생은 대범하게 의지를 사용함을 통해서 비롯된다. 또한 그러한 힘을 통해서 의지는 한 층 더 개발된다. 의지는 근육과도 같아서 훈련시키지 않는다면, 강화될 수 없다. 모든 운동과 마찬가지로 우리가 의지를 현명하게 사용한다면 의지는 우리에게 더 잘 봉사할 것이다.

진정한 의지는 더 높고 신성한 의지의 개인적인 표현이다. 그것은 보다 더 거대한 어떤 것과의 기본적인 조율로부터 발생한다. 진정한 의지는 에고 자아를 넘어 확장되며 더 높은 목적을 포용한다. 그것은 보상을 받기 위해 행동하는 것이 아니라 정당한 행위를 위해 행동한다. 알레이스터 크로울리는 "결과에 대한 갈망에서 자유로운 목적을 지닌 진정한 의지는 모든 면에서 완벽하다." 라고 말한바 있다. 그러므로 만일 결과에 대한 에고의 갈망으로부터 자유롭다면, 의지로 한 행위는 우리를 운명으로 데려다줄 것이다. 운명이 고통 없는 것이라고 장담하지는 못하지만, 그것이 3번 차크라에 연관되어 있으며, 존재의 바로 그 근원을 불태우리라는 사실은 분명히 예상할 수 있다.

높은 의지를 감지하고 사용하는 것은 민감한 작업이다. 자신만의 고유한 의지로부터 도망치기 위해 높은 개념의 의지를 사용하는 사람들을 알고 있다. 그들은 여전히 힘을 자신의 외부에서 찾는다. "이 상황에서 우주가 나에게 원하는 것은 무엇일까?" "왜 우주는 나에게 신호를 주지 않는 것일까?" 이들은 모든 결정에 앞서 카드리딩을 하고 다른 사람들에게 끊임없는 조언을 구한다. 그들은 자신의 힘을 심령술사, 선생, 요법사 또는 그루와 같은 다른 사람들에게 넘기고 그들로 하여금 결정을 내리게 한다. 가끔은 이끌어줄 사람을 찾는 것이 바람직하다. 그러나 우리는 때때로 이런 방식으로 책임을 피한다. 아마도 더 바람직한 물음은 "내가 세상에 어떤 기여를 하고, 어떻게 하면 최선을 다해 그것을 할 수 있을까?" 일 것이다. 내면의 힘은 우리를 둘러싼 힘의 흐름에 개방적이며, 이러한 힘들이 정렬되었을 때, 의지는 우리의 목적을 우아하게 감싼다.

일단 우리의 의지를 알고 나면, 우리는 더 현실적인 차원으로 돌아간다. 어떻게 효과적으로 의지를 행사할 것인가? 우선 우리는 우리가 그라운딩했는지 확인해야 한다. 그라운딩이 되지 않으면 플러그를 꽂을 수 없으며, 이때 해탈의 흐름의 힘은 우리를 통해서 흐르지 않는다. 이럴 때 우리는 쉽게 떠밀릴 수 있으며 다른 사람의 의지에 대신해서 반응하기 쉽다. 이것은 지성적인 의지의 형태를 띠고 있으며 몸의 내부적 욕망을 무시한다. 우리 내면의 대화 속에서 '의무'와 '해야만 하는' 등의 단어가 우세할 때 이러한 상황을 쉽게 목격된다. 자기수양은 중요하지만, 해야만 하기보다는 원해서 하는 편이 더 효과가 있다. 그래야 우리의 몸과 마음 모두가 의지를 따르게 된다.

힘처럼, 의지는 종종 다이어트를 하고 학교를 졸업하며, 프로젝트를 완수하려는 의지처럼 규율과 통제 그리고 잘 다룸과 관련된다. 규율은 대부분의 것들을 성취하는데 필수적이다. 그러나 몸과 마음 안에서 내부적으로 동의하지 않는다면, 이것은 분리된 부분에 대한 통제의 또 다른 측면이다. 이 자리에 앉아서 이 책을 편집할 때도 규율이 필요하지만 내 의지와 욕망은 내 목적과 연결되어 있다. 내가 가장 많이 교정해야했던 부분은 의무감으로 썼던 부분이다. 그 부분은 영감으로 쓴 것이 아니라 써야했기 때문에 썼던 것이다. 그런 부분은 힘이 결여 되어있다. 의지와 욕망 사이의 동의가 없다면, 우리는 열정과 추진력을 잃어버린다. 그리하여 의지를 수행하는데 필요한 힘을 낭비하게 된다.

의지가 관여되기 위해서 우리의 욕망과 접속해야만 한다. 원하는 바를 알지 못한다면 어떻게 의지를 행사할 수 있겠는가? 과도한 집착은 욕망을 우리를 하위 차크라에 갇히게 하고 억압은 의지의 힘을 막을 뿐이다. 박탈감과 사랑받지 못하는 느낌이 들 때 그리고 과로할 때, 사람들은 이용당하기가 쉽다. 의지는 편안하고 행복하며 자신과 접촉하게 될 때 활짝 꽃핀다.

그러나 의지가 언제나 욕망과 조화를 이루는 것은 아니다. 쵸콜렛 케익 한 조각을 먹고 싶어도 체중 감량을 위해서 여러분의 보다 더 거대한 의지는 그것을 거부할 것이다. 특정한 일을 떠맡고 싶은 욕구가 없어도 조용히 그 일을 할지 모른다. 우리는 여전히 자신의 욕망에 봉사하고 있지만, 길게 볼 때 어떤 욕망이 가장 중요한지를 선택한다.

규율이 가장 중요한 것이 바로 여기다. discipline(규율)이라는 단어는 사실 disciple(제자)라는 단어에서 나왔다. 여기서 우리는 의지의 성취를 가져오는 구조나 형태에 자신의 의지를 굴복해야만 하는 이상한 모순에 직면한다. 이 규율의 행위에는 특정한 날에 명상을 하고 싶지 않다거나 직장에 가고 싶지 않다는 면에서 감정의 초월이 있다. 그러나 의지가 더 큰 목적을 향할 때 그러한 느낌들은 무의미하다. 이러한 방식으로 3번 차크라는 느낌을 지향하는 2번 차크라를 연료로 삼거나 초월한다.

무한하고 계속적인 선택을 수반하는 의지를 이해하는 것은 깊은 목적의식으로부터 온다. 이러한 목적은 세상에 대한 우리의 지향성에서 기인된다. 그것은 우리의 정체성과 우리가 사랑하고 미워하는 것 그리고 우리의 재능이 적용되는 것으로부터 생겨난다. 우리는 각자의 목적을 가지고 있고, 우리의 궁극적인 의지는 그 목적을 성취하는 것이다. 이러한 목적은 종종 의지와 변덕 사이의 차이로 구별될 수 있지만, 분간하기는 어렵다. 변덕은 순간적이다. 의지는 더 큰 목적을 가진다. 우리는 광범위한 원인과 결과의 관점에서 생각한다. 우리는 행동의 장기적인 효과와 보다 더 거대한 목적의식 안에서 그들의 역할을 검토한다. 힘 역시 목적 의식과 함께 성장한다. 왜냐하면 목적의식은 단순한 에너지를 효과적인 힘으로 변형시키는 방향을 우리에게 제시해주기 때문이다.

만일 목적이 분명하지 않다면 주어진 상황 속에서 자신의 의지가 무엇인지 알기가 어렵다. 의식의 직무는 자신의 정체성을 정확히 평가하는 것인데 그러한 미스터리 속에 의지가 해결해야 할 목적이 담겨있기 때문이다. 일단 자신의 의지를 알게 되면, 그것을 사용하면서 의지의 힘은 커진다. 혼히 힘을 사용하는 것은 실로 우리가 시작할 수 있는 힘을 정말로 가지고 있다는 사실을 그저 이해하는 것이다. 그러한 이해는 사용과 실험을 통해 강화되고 궁극적으로 자신감을 얻게 되는 결과로 이어진다.

모든 차크라는 긍정적 측면과 부정적 측면을 가진다. 개인의지를 과도하게 사용하면 우리는 3번 차크라 차원에 갇힐 수 있다. 그러한 의지가 자신이 부분으로 속해있는 더 거대한 우주의 의지와 조화를 이루지 않을 경우에 특히 더 그러하다. 지성적이고 민감한 사람들은 자신의 의지가 해가 될 정도로 위압적이고 과도하게 지배적일 때 그 사실을 인식해야만 한다. (만일 그들이 인식하지 못한다면 다른 사람들이 그러한 사실들을 분명히 알게 될 것이다!) 3번 차크라에 연루되면서 이지를 개발할 것이 요구되었지만 3번 차크라 너머로 통과할 때는 적절할 때 자신의 의지를 양보할 수 있는 능력을 요구된다. 진짜로 힘을 가진 사람은 지배할 필요가 없다.

개인적 의지와 신성한 의지가 하나일 때, 이를 따르는 것이 중요하다. 개인적 의지가 더 큰 의지와 조화를 이루지 못할 때, 이러한 차이를 간과하는 것은 똑같이 중요하다. 크로울리의 말을 다시 인용한다. "의식적인 의지로 자신의 진실한 의지와 다투는 사람은 힘을 낭비하는 것이다. 그는 환경에 효과적인 영향을 주기를 바랄 수 없다." 이러한 점에서 개인적 의지의 동기는 재검토 되어야만 한다. 이것이 실패한다면 우리가 가는 길에 지나치게 많은 장애를 발견하게 되어서 매 단계가 더 어려워질 것이다. 많은 길이 어렵지만 우리에게 적합한 길은 어려움을 보다 쉽게 견딜 수 있게 하는 일관된 흐름을 가진다. 옳은 길을 인식하는 것은 바로 지성의 임무다. 그리고 의지의 임무는 그 길을 따르는 것이다.

자존감

자신의 가치를 아는 사람은 만물을 자신의 발 아래 둔다.

랄프 왈도 에머슨

힘 의식, 생명력, 자기단련이라는 3번 차크라의 속성은 궁극적으로 자존감을 기반으로 한다. 자존감이 높을 때 우리는 자신감이 넘치고, 확언하고, 적극적이며, 단련되어 있으며, 기본적으로 삶에 대해 흥미진진하다. 자부심이 낮을 때 의심과 자기질책으로 가득차서 어떤 일을 할 때 필요한 심리적 추진력을 저지하는 체크댐[94]처럼 행동한다. 만일 이러한 체크댐이 너무 많으면 추진력을 완전히 상실하게 되고 결국 타성에 빠진다. 타성의 웅덩이에 빠진 사실을 알게 됐을 때는 자기의심과 질책이 더 악화될 뿐이어서 악순환이 되풀이 될 수 있다.

수치심이라는 악마가 3번 차크라에 진입했고, 아마 점령했을 것이

---

94) check dam

다. 수치심은 자존감과는 반대말이다. 그것은 몸의 중앙부를 붕괴시키고 그로부터 에너지를 빼앗는다. 수치심은 기저로부터 상승하는 유동성을 막아서 상층부에서 하강하는 수축하는 정신에너지를 과장한다. 에너지가 외부로 향하는 대신 자아와 대적한다.

자존감은 셀프라는 현실적 감각에서부터 온다. 자존감은 처음에 몸과 신체적 정체성에서 나온다. 이것은 우리에게 경계와 한계를 준다. 다음으로 이것은 2번 차크라와 감정적 정체성으로부터 와서 자아의 경험에 생기를 가져오며, 우리를 행복하게하고 접촉하게 한다. 셋째로 자존감은 행동하고 위험을 감수하고, 성공과 실패의 과정을 겪을 때의 시행착오로부터 온다. 그렇게 하면서 스스로의 능력에 대한 현실적인 감각을 얻는다. 자기 단련을 통해서 우리는 자신의 기술을 갈고 닦는다. 이것은 자존감을 위한 기반을 형성한다.

자아라는 개념은 타인과의 상호작용에 의해서 부각된다. 만일 우리가 타인에게 사랑받고 수용되며(4번 차크라), 스스로 무엇인가 줄 것이 있다고 느낀다면 우리는 자신을 더 사랑하고 수용할 수 있다. 소통을 통해서 타인이 우리를 어떻게 인식하는지에 대한 정직한 피드백을 받을 수 있으며, 자아의 내부와 커뮤니케이션 할 수 있다. 상위 두 개의 차크라를 통해서는 보다 더 큰 매트릭스 안에서 자아를 유지하는 초개인적 요소들을 얻는다.

자존감은 가슴을 열고 성공적인 관계를 유지하는데 좋은 기반을 형성한다. 만일 하위 차크라가 자신이 할 일을 제대로 수행한다면 파트너가 우리의 안전을 책임지고 우리의 느낌을 해석하거나, 우리의 에고를 지지해줄 필요가 없다. 그때 우리는 보다 더 완전하고 기쁜 사랑의 경험으로 들어설 수 있다.

무기력 깨뜨리기

제약은 현현의 첫 번째 법칙이다. 그러므로 그것은 힘의 첫 번째 법칙이다.

디온 포츈

힘은 몸의 다른 근육처럼 의식적으로 개발되어야만 한다. "아는 것이 힘이다" 라는 잘 알려진 표현에 따르자면, 대부분의 무기력은 어떻게 행동하는 것이 효율적인지 알지 못하는 무지의 결과이다. 그것은 단순히 자각과 주의력의 결핍일지도 모른다. 자각이 증가되면 힘도 커진다. 그러므로 명상 등이 도움이 된다. 척추를 따라 에너지를 상승시킬 때, 이 에너지가 세 번째 층을 뚫으면 힘이 자연스럽게 생김을 느낀다. 그러나 단지 명상만으로는 충분하지 않다.

다음은 3번 차크라의 개발과 간련된 단순한 개념들이다. 이어서 3번 차크라를 개방하는 신체적 운동들을 소개할 것이다.

타성 깨뜨리기

무엇인가 다른 일들을 하라. 만일 당신이 느리다면, 움직이라. 만일 과민하다면, 고요하게 머무르라. 지겹고 반복적인 패턴을 깨뜨리고 도전을 선택하라. 어려움을 극복하면 힘과 자신감이 늘어난다. 안전에 집착하면 힘은 거의 개발되지 않는다. 안전하기를 포기하면 여러분의 힘 차크라는 더 빠르게 깨어날 것이다.

무효화 피하기

여러분의 상황을 이해하지 못하는 사람들로부터의 비난은 도움이 되기보다는 오히려 해로울 수 있다. 그것을 마음 깊숙이 묻어두는 민감한 사람인 경우에는 특히 더 그렇다. 우리가 종종 새롭고 불확실한 일을 착수할 때, 무효화는 즉각적으로 힘을 무력화하시켜서 민감한 사람은 자신의 궤도에서 죽음을 맞는다. 기억하라. 알버트 아인슈타인이 한 말을! "새로운 아이디어는 그것을 이해하지 못하는 사람들로부터의 가장 거센 반대에 부딪힌다."

와이어링과 레지스터

자신의 에너지가 완전한 회로를 여행하고 있다는 사실을 명심하라. 여러분이 내보낸 것은 돌아온다는 사실을 명심하라. 에너지가 불필요하게 잡혀있거나, 방해받거나, 제거되거나, 파편화되어서는 안 된다는 사실을 명심하라. 2번 차크라의 흐름과 추진력을 사용해서 의지에 불을 지펴라.

노력과 저항

노력과 저항은 둘 다 에너지를 지치게 하고 마멸시킨다. 이들은 힘이 조화롭게 흐르고 있지 않다는 표시이기도 하다. 필사적으로 노력하고 있다면 멈춰라. 자신이 무엇을 하고 있는지에 대해 생각해보고, 노력없이 그 일을 하는 것을 상상해보라. 부드럽고 즐겁게 말이다. 왜 이 특별한 일에 집착하고 있는지 스스로에게 물어보라. 왜 이렇게 많은 노력이 필요한지 스스로에게 물어보라. 부드럽게 흘러가기 위해 놓친 것이 무엇인가?

만일 어떠한 힘에 지속적으로 저항하고 있다면, 멈춰라. 스스로에게 왜 이 힘이 지금 여러분의 삶 속에 나타났는지를 물어보라. 저항은 종종 힘과는 반대인 두려움의 표현이다. 여러분이 두려워하는 것이 무엇인가? 저항하기를 멈춘다면 어떤 일이 일어날지 상상하라. 어떻게 하면 노력과 저항은 덜 하면서 자신을 보호할 수 있을까?

집착 타파

현현되지 않는 어떤 것을 향하는 에너지는 지체되거나, 잡혀있는 것이다. 만약 그것이 아니라면 쓸모없는 것이다. 만일 합당한 노력을 한 후에도 무엇인가가 제대로 되지 않는다면, 놓아버려라. 집착이 더 이상 여러분을 통제하지 않을 때 느끼는 에너지는 고무적일 수 있다. 더 많이 놓아버릴수록 에너지에 부여되는 마찰은 적어진다. 가벼워질수록 정신으로 더 많이 향하게 되고 물질로부터 벗어나게 된다. 그러나 너무 멀리 가지 않도록 주의하라. 힘이 현현되는 곳은 흙의 영역이기 때문에, 견고함이 없다면 힘은 흩어질 것이다.

주의력

주의력을 에너지에 집중하라. 값을 치러야할 필요가 있을 때는 댓가를 치러라. 자신에게 주의를 기울이라. 다른 사람에게 관심을 기울이고 그들의 관심도 받아들이라. 관심이 어디로 가는지를 알아차려라. 관심이 향하는 곳이 바로 에너지가 따라가는 곳이다.

그라운딩

힘을 현현하기 위해서는 지금 그리고 여기에 자신의 관심을 향하게 할 수 있어야 한다. 그라운딩은 우리를 현재로 데려오며, 또한 몸 안의 힘으로 데려온다. 그리고 에너지에 견고함과 집중력을 부여한다.

비록 우리가 이 차크라 너머로 상승한다고 할지라도 그라운딩을 절대로 무시해서는 안 된다.

분노

차단된 에너지를 안전하고 효율적인 방법으로 방출하는 것은 3번 차크라의 블록을 제거하는데 도움이 된다. 이것은 그라운딩과 함께할 때 가장 잘 되고, 내면의 에너지를 사용해서 변화를 가져오는 가장 훌륭한 방법이다. 만일 여러분의 환경에 변화를 가져오지 못한다하더라도, 적어도 마음의 상태에 변화를 가져올 것이다. 차단된 힘은 종종 차단된 분노를 의미한다. 분노는 강력하고 정화하는 힘이지만, 현명하게 분출되어야만 한다. 우리의 내면에서 작업되어야하는 일들을 가지고 사랑하는 사람들에게 상처를 주는 일은 너무나 무가치하다.

정보 확장하기

지식은 힘이다. 더 많이 배울수록, 더 많은 일을 할 수 있다. 또한 이론적으로는 실수가 줄어든다. 어떤 상황에서든지 배움은 우리의 힘을 향상시키는데 도움을 준다.

사랑

사랑은 우리를 함께 묶고 통합하는 힘이다. 사랑은 우리를 고무시키고, 계속 나아갈 수 있는 힘을 준다. 사랑은 즐겁고, 청정하며, 에너지가 넘치고, 치유한다. 그리고 상위 차크라의 에너지를 3번 차크라에 공급한다. 사랑은 타당성, 접촉 그리고 목적을 주며, 자존감을 강화하고 의지를 고취시킨다.

웃음

상황을 너무 심각하게 받아들이면 자기 힘과의 접속이 차단될 수 있다. 만일 어떤 상황에서 웃을 수 있다면, 그것에 대한 힘을 갖는 것이다. 상황이 최악일 때마다, 스스로에게 웃어줄 수 있어야 한다는 사실을 기억하라.

자신 돌보기

만일 자신을 돌보지 않는다면, 어느 누구도 여러분을 돌봐주지 않을 것이다. 자신이 원하고 필요한 것을 누구보다도 잘 알고 있는 사람은 다름 아닌 자신이다. 만일 스스로를 돌본다면, 외부인의 도움을 받을 필요가 없다. 필요는 종종 힘과 반비례한다.

권력위임명상

자신을 무기력한 희생자로 느꼈던 시간을 떠올려보라. 그 시간으로 돌아가서 두려움과 상처 그리고 그 분노를 느껴보라. 삶의 그 단계에 있는 자신을 느껴보라. 어린 아이로서 청소년으로서 그리고 어른으로서...몸으로 그 시기에 느꼈던 감정의 형태를 표현해보라. 그 때 여러분은 어떻게 걸었었나? 그 당시에 어떻게 처신했었는가? 또 어떻게 말했었던가?

마치 방관자인 것처럼 이 그림 밖으로 몇 발자국 떨어져서 잠시 시간을 가지고 그것을 검토해보라. 스스로에게 연민을 느끼고, 받아들이고, 무비판적일 수 있는지를 살펴보라. 만일 그렇게 할 수 있다면, 다음으로 그 당시의 자신에게 웃어줄 수 있는지, 그리고 당시의 비애와 고통 그리고 심각함을 웃어넘길 수 있는지를 살펴보라.

다음으로 그 장면으로 다시 돌아가서 다른 결과가 나오도록 장면을 다시 재현하라. 스스로 상황을 변화시키는 어떤 일을 하는 것을 상상해보라. 분노하고, 맞서 싸우고, 도망가고, 웃고, 굳세게 서 있는 등 무엇이든 힘 있는 행위를 하는 자신을 상상해보라. 만일 자신에게 도움을 줄 수 있는 사람이나 정령 또는 친구를 부를 필요가 있다면, 개의치말고 그렇게 하라. 어떤 댓가를 치루더라도 상황을 돌려놓아라.

그것을 해결했다면, 자신의 등을 두드려줘라. 전체성과 만족감을 느껴보고, 그것을 지금 이 순간 여러분의 삶으로 가져오도록 시도해보라.

다음으로 현재 여러분이 놓인 상황 때문에 다른 누군가를 비난하고 있는지 자신에게 물어보라. 여러분은 그들에게 얼마나 많은 힘을 쏟아붓고 있는가? 이제 자신의 힘을 되찾아오기 위한 상싱석인 행위로, 그들의 이름을 한 장의 종위 위에 써서 불로 태워버리고, 이렇게 말해보라. "나는 여기서 당신을 나의 인생과 인생의 실패에 대한 책임으로부터 해방시킵니다. 나는 이제 스스로 책임 질 것입니다." 에너지를 되돌려 받으면, 스스로에게 권한을 부여한 것이다.

3번 차크라 운동

불의 호흡

이것은 횡경막[95]으로 빠르게 호흡 하는 운동으로, 신체의 독을 정화

---

95) diaphragmatic

하고 내면의 불을 일으켜서, 상승하는 흐름을 강화시킨다.

등은 세우고 다리에 힘을 뺀 상태로 편안하게 앉는다.

아랫배의 근육을 이용하여 횡경막을 움츠리면서 빠르게 코로 호흡을 내뱉어라. 입을 다문 상태로 유지한다.

배를 풀 때 공기가 자연스럽게 당신의 코와 가슴으로 유입되면서 호흡을 들이마시게 된다. 억지로 숨을 들이마실 필요가 없다.

횡경막을 다시 한번 움츠렸다 편안하게 놓아주면, 또 다시 호흡을 내뱉었다가 들이 마시게 된다.

이 과정이 편안해졌으면 빠르게 반복해서 연속적으로 숨을 내뱉어 보라. 50회 정도 시행하고 각 세트의 끝에서 호흡을 길고 깊게 하라. 처음에는 50번씩 3세트나 그 이상 시행하는 것도 좋다. 어느 정도 해 보면 스스로 적절하게 페이스를 조절할 수 있다. 근육이 적응되면 숫자와 속도를 조금 씩 늘려보라.

죠깅

달리기는 격렬하고 심장에 공기가 유입되는 높은 에너지의 육체 운동이다. 폐가 호흡하며, 몸 구석구석에 혈류가 전달된다. 신체에 활력을 가져오는 운동 중에 조깅은 타성을 극복하는데 좋은 운동이다.

배 조이기

등을 바닥에 대고 눕는다. 무릎을 구부리고 발을 나란히 놓는다. 깍지 낀 손으로 목 뒤를 받쳐준다.

복부 근육이 조여질 때까지 바닥 위에서 머리를 몇 센티 정도 들어 올리며 호흡을 내뱉는다. 완전히 일어나 앉을 필요는 없다. 복부가 조금만 수축되어도 근육은 할 일을 한다.

머리를 내리며 호흡을 들이마시고, 다시 호흡을 내뱉는다. 할 수 있는 만큼 반복하고 점점 더 숫자를 늘려가라.

우드쵸퍼

3번 차크라와 관련된 음조는 커다란 '아(ah)' 소리다. 이 소리를 낼 때 움직임이 동반된다. 이것은 분노를 방출하는데도 훌륭한 운동이다.

발 사이를 적당히(약 60cm) 벌린 채 똑바로 선다. 두 손을 잡고 양 팔을 머리 위로 들어올린다. 이때 등도 활모양으로 가볍게 구부린다. (그림 4.3참조)

'아' 라고 소리내며 상체를 아래로 내린다. 이때 손이 다리 사이를 지나가게 한다.(그림 4.3 참고) 부드럽지만 빠르고 절도있게 움직인다.

5회에서 10회 정도 반복하고 상체를 통과하여 배출되는 에너지를 느껴보라.

그림 4.3 우드초퍼

그림 4.4 활 자세

활자세

바닥에 배를 대고 눕는다. 양 손은 옆쪽에 두고 편안하게 있는다. 깊게 호흡하고 무릎을 구부리고 발목을 잡는다.

한 번 숨을 들이 마시고 머리를 들고 천골[96]은 아래로 누르면서 가슴을 들어 올려 등을 활모양으로 만들고 발목은 머리쪽으로 당긴다. 이때 양팔을 어깨 뒤로 당겨서 배의 균형을 잡는다. (그림 4.4) 깊게 호흡하라.

이 이상한 자세에서 할 수 있는 한 최대로 몸을 편안하게 하고 아치 자세를 유지하기 위해 손으로 발목을 잡는다
파이크 포즈

연습이 필요한 운동으로 배 근육을 조여주고 균형감각을 길러주며 자기 통제력을 개발하는데 좋다.

등을 바닥에 대고 누운 상태에서 발과 다리를 위로 들어 올려라(무릎은 가능한 곧게 핀다). 상체도 위로 일으켜서 몸을 V자 형으로 만들라.(그림 4.6) 가능한 이 자세를 오래 유지한 다음 쉰다.

태양 만들기

팔은 힘의 활성화에 중요한 역할을 한다. 팔은 세계와 실질적으로 접촉하기 때문이다. 팔로 하는 이 운동은 3번 차크리에 관한 모든 것을 할 수 있는 운동이다. 이 운동의 강점은 신체운동이라는 사실과 더불어 시각화와도 관련이 있다는 점이다. 이 운동은 심장과 태양신경총

---

[96] scrum

으로부터 팔과 손까지 에너지를 보낸다.

어깨 넓이로 발을 벌리고 똑 바로 서서 팔은 머리 위로 올린다.

깊게 호흡하고 팔과 손가락을 최대한 위로 쭉 뻗는다. 이제 그들을 천천히 옆으로 내려놓는다. 손바닥을 아래로 하고 팔은 줄곧 가능한 한 오랫동안 바깥쪽으로 쭉 뻗는다. (그림 4.7)

팔이 중간쯤 내려올 때, 여러분은 모종의 보이지 않는 힘을 누르는 것처럼 느끼기 시작해야한다. 이것을 할 때 자신이 태양의 중심이라고 상상하라. 팔로 원주를 그려라. 여러분이 무엇인가를 밀고 있는 힘을 느낄 때 그것이 현재 자신이 작업하고 있는 블록이라고 상상해보라. 손으로 그것을 밀어내라. 덩굴손 같은 에너지가 손가락을 통해서 흘러 나가는 것을 느껴보라. 원을 완전히 그리면 잠시 시간을 두고 태양 빛

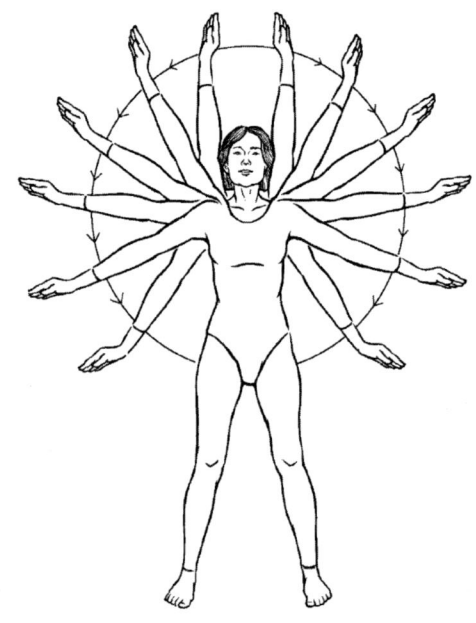

그림 4.7 태양 만들기

이 여러분의 둘레에서 빛나고 있다고 상상해보라.

파워 워킹

똑 바로 선 상태에서 팔을 구부리고 주먹을 쥔 손을 가슴 부위에 쪽으로 밀어 젖힌다. 그리고 나서 다른 팔도 똑 같이 한다. 반복한다.

주변의 모든 장애물을 치우는 시늉을 하면서 즐거움을 느껴보라. 이 때 "나가(아웃)" 또는 "사라져" 라는 말을 하면서 행동을 강조하라.

웃음 서클

이 어린이들의 게임은 적어도 세 명의 그룹이 필요하지만, 네 명이나 그 이상이면 더 좋다.

모든 사람들이 마룻바닥에 누워서 각자의 머리를 다른 사람의 배에 놓는다. 한 사람이 "하" 라고 세 번 내뱉으며 말하면, 다음 사람이 똑같이 말하면서 계속 다음 사람으로 넘어간다. 그들이 "하" 하고 말할 때 마다 각자의 머리는 다른 사람의 배위에서 통통 튀게 된다. 그리고 오래지 않아 "하" 는 "하-하" 하며 왁자지껄한 웃음소리로 바뀐다.

기본적으로 에너지를 빠르게 움직이게 하는 어떤 운동이든 3번 차크라에 좋다. 중요한 것은 타성을 극복하는 것이다. 일단 타성을 극복하면, 그것은 의지의 영역이 된다. 그러면 욕망과 이해가 결합된 힘이 에너지를 움직여서 행동하게 한다. 그것은 우리의 의식 성장 안에서 일어나는 즐거운 단계다.

4번 차크라

사랑
공기
호흡
균형
관계
친화성
통일
치유

제 5장
4번 차크라: 사랑
명상

　우리는 사랑으로 탄생했다.
열정의 파도위로 우리의 영혼은 불꽃처럼 번쩍이며 하강했다.

　어머니에게로...물질로...
사랑의 이끌림이 우리를 불렀다.
지구 깊은 곳으로,
엄마의 배 속 깊은 곳으로, 우리는 다가간다.
지구와 불의 따뜻한 엄마의 배 속으로...
사랑의 요람, 안전하고 어둡고 요람처럼 고요한 엄마의 배 속에서
우리는 성장한다.

　단지 하나의 소리만이 존재했던 어두움 속에서
삶의 소리, 사랑의 소리, 심장의 소리
심장의 박동소리가 들린다...고동소리가 들린다. 들린다. 들린다...

　가슴 속 깊이 그 소리를 듣는다. 심장의 리듬이 몸 구석구석으로 삶과 공기와 호흡을 스며들게 하고 여러분을 새롭게 한다.

　공기 속에, 공간 속에, 호흡 속에, 그리고 삶 속으로 여러분을 감싼다.

　심장이 열망하고, 울고, 사랑하고, 바라고, 치유하는 것을 느껴보라.
여러분 안의 심장박동을 느껴보라. 엄마 배 속 깊은 곳에 있었던 그

날부터 심장의 박동은 울려 퍼졌다. 느껴보라. 얼마나 오랫동안 그곳에 존재했었는지.

   심장은 언제나 고동친다. 절대로 멈추지 않는다.
심장은 언제나 고동친다. 절대로 멈추지 않는다.
심장은 언제나 고동친다. 절대로 멈추지 않는다.
심장은 언제나 고동친다. 절대로 멈추지 않는다.

   여러분은 심장을 사랑하는가?

   깊이 공기를 끌어당기고, 호흡하라! 부드럽고 깊고 지혜롭게!
여러분을 움직이고...변화시켜라
깊게, 갈증을 느끼며 마셔라. 호흡을 받아들이는 혈관에 감사하라
이제 불꽃의 파동위에서 점점 더 빠르고 즐겁게 하늘로 땅 위로 물 위로 불 너머로 공기 속으로 뛰어오른다.
우리는 날개를 활짝 펴고 날아오른다. 바람을 타고 자유롭게 날아오른다. 그러나 곧 튕겨나가서 울부짖는다.
심장은 어디에 있는가? 심장은 어디에 있는가? 나의 집은 어디에 있는가?

   우리는 심장소리를 듣고 날아서 그 소리 속으로 깊이 들어간다.
우리는 땅을 향해서 천천히 내려간다.
우리는 여전히 더 깊고 더 조용한 소리를 듣는다.
우리는 살며시 다가간다. 심장은 연약하고 부드럽기 때문에
우리는 부드럽게 만진다. 심장이 두려워하기 때문에
우리는 내면의 사랑에 손을 활짝 펴서 그와 하나되고, 그를 접촉하고 그를 치유한다.
이제 그러한 사랑을 주라. 여러분의 가슴으로 사랑이 들어가도록 요청하라.

깊고 고요한 내면의 소리를 들어라.
아나하타, 아나하타, 아나하타
깊은 내면의 고요한 소리를 들어라.
들이쉬고 내쉬고 들이쉬고 내쉬고 들이쉬고 내쉰다....
새롭게 숨을 들이마시고 오래된 숨을 내뱉으면 모든 호흡은 다시 태어난다.

여러분의 내면과 주위에서 호흡하는 모든 바람은 부드러운 서풍이자 인생의 폭풍이요 변화의 바람이다.

여러분의 가슴은 무엇 때문에 그렇게 우는가? 무엇을 그렇게 갈구하는가? 어디에서 평화를 찾는가? 희망과 꿈을 놓아버리고 변화의 날개를 타고 날아올라 꿈결 속으로 사랑의 날개로 되돌아온다.

여러분은 혼자가 아니다. 여러분의 울음은 수 천개의 심장 속으로 메아리친다.

들으려고 한다면 그 소리를 들을 수 있다.

모든 사람의 깊은 내면에서 심장을 찾는다.
주변 모든 곳에서 심장을 찾는다.
우리의 깊은 내면에서 심장을 만진다.
우리가 만질 때마다 우리는 심장을 느낀다.

모든 사람 안에는 사랑이 있어, 달콤하게 펼쳐지기를 기다리네.
바람의 호흡 위로 그 사랑은 놓아주고, 그 너머로 도달하여
여러분이 사랑하는 사람의 심장을 어루만신다.
그들이 호흡하는 바람의 소리를 들어보라...안에서...밖으로..다시 안에서...밖으로...
여러분처럼, 그들은 웃고 울고 노닌다.

매일 통과하는 끊이지 않는 리듬...
날마다 가슴을 느껴라. 여러분 자신처럼
바라고, 치유하고, 숨쉬고, 느껴보라.
오로지 사랑과 좋아함의 소리만을 들리게 하라.
그 외에는 어떤 소리도 들리지 않게 하라.

   모든 사랑의 춤은
땅과 하늘로 어울려서
우리는 함께 어울린다.
모두는 형제고, 자매고,
우리 모두는 형제이고 자매이다.
우리의 가슴 속에 평화의 씨앗
누워서, 달콤한 방출을 기다린다.
변화의 바람이 날아올라
우리의 깊은 가슴 속에서 울부짖는다.
아나하타. 아나하타. 아나하타. 아나하타
사랑의 메아리

4번 차크라의 상징과 상응성

산스크리트 이름: 아나하타
의미: 부서지지 않는
위치: 심장
원소: 공기
외부 상태: 가스의, 실체없는
내부 상태: 즐거움
기능: 사랑

내분비선: 가슴샘, 흉선
다른 몸의 부분: 폐, 심장, 심막, 팔, 손
색상: 녹색
종자소리: 얌(Yam)
모음소리: 플레이(play)의 에이(ay)
꽃잎수: 12
타로 수트: 소드
세피라: 테페렛
천체: 비너스
금속: 구리
상응동사: 나는 사랑한다
감각: 만진다
요가: 박티 요가
허브향: 라벤다, 자스민, 흰붓꽃뿌리, 꽃박하, 단풍터리풀
광물: 에머랄드, 토르말린, 비취, 장미석영
구나: 라자스 또는 사트바
동물: 영양, 새, 비둘기
연꽃 상징: 12개의 꽃잎과 그 안에 여섯 개의 꼭지점을 가진 별이 있다. 중앙에 쉬바 링감이 있으며, 그 외면에는 꼭지점이 아래로 향하는 삼각형(트리쿠나)이 있으며, 그 밖으로 종자 상징인 얌(yam)이 있다. 통일성의 신인 이스바라와 샥티 카키니가 새겨져 있다. 별 아래에는 자유의 상징인 영양이 달리고 있다.
힌두신: 비슈누, 락슈미, 크리슈나, 이스바라, 카마, 바유, 아디티, 우르바시
그 밖의 판테온: 아프로디테, 프레이아, 판, 에로스, 디안 케크트, 마아트, 아스클레피오스, 이시스, 에올루스, 슈 (또한 예수님, 엄밀히 말하면 예수님은 신은 아니지만 가슴 차크라의 에너지를 가지고 있다)
대천사: 라파엘
주요 작동 원리: 균형

심장 시스템

가장 먼저 사랑이 태어났다. 신은 사랑에 도달할 수 없었다, 영성에도, 아니 인간에게도... 하늘과 땅이 늘어날 수 있을 만큼 멀리, 물이 갈 수 있을 만큼 멀리, 불이 타오를 수 있을 만큼 높이, 그대 위대한 사랑이여! 바람은 당신에게 도달할 수 없다, 불도, 아니 태양도, 달도 마찬가지다. 그대는 그들 모두보다 더 위대하다. 오, 위대한 사랑이여!

아타르바 베다

의지의 불을 점화하고, 삶을 통제하며, 가장 완고한 방해자를 통과하여 타오르는 지금, 우리는 우리의 불을 조금 잦아들게 한다. 그들이 따뜻한 불씨로 변할 때 우리는 중심부를 향하여 몸을 돌린다. 우리는 따뜻하고 정화되어서, 다음 차원의 자각을 기꺼이 껴안을 준비가 되어 있다.

활동적이고 격렬한 태양신경총으로부터, 우리는 새롭고 다른 영역으로 들어간다. 몸과 표상의 영역으로부터, 보다 더 부드러운 감수성을 지닌 영성 안으로 이동한다. 자아와 그의 욕망, 그리고 행동에 두었던 초점을 옮겨 이제 우리는 더 큰 패턴을 포옹한다. 그리고 보다 더 큰 관계망 속에서 우리가 맡은 작은 역할의 춤을 춘다. 에고를 초월하고 더 거대하고 깊고 강한 무언가를 향하여 성장한다. 우리가 하늘에 도달하면, 우리는 확장한다.

우리는 이제 차크라 시스템의 중심점에 도달했다. 단어의 의미로도 심장은 사물의 중심이자 근원, 진리의 핵심을 가르킨다. 그리고 마치 '문제의 한 가운데에 들어가는 것' 처럼 진실의 핵심을 의미한다. 이것은 우리의 영적 중심부이자 핵으로, 위와 아래, 안 그리고 밖으로부터의 힘을 통합하는 장소이다. 4번 차크라의 임무는 우리 존재의 다양한 측면을 통합하고 균형을 부여하는 것이다. 그렇게 하면서, 4번 차크라는 전체 유기체에 전체성의 눈부신 감각과 정신과 물질 모두에 절묘하게 상호침투하는 수용성을 가져온다. 이러한 전체성의 감각 안에는 내면 평화의 씨앗이 있다.

심장 차크라는 사랑의 중심부다. 정신과 물질이 결합하듯이 쉬바와 샥티는 심장 안에서 통합한다. 영원한 창조의 춤 안에서 그들의 사랑은 존재하는 모든 곳에서 빛을 발하며, 우주가 지속될 수 있는 영원성을 준다. 비슈누와 략슈미의 형태로 보존자인 그들은 삶의 중간 부분을 지배하고 우리에게 안정감과 지속성을 가져온다. 그들의 사랑은 인생이 창조하는 모든 건축돌을 함께 묶는 '결속의' 힘으로 볼 수 있다.

심장 차크라의 차원에서 경험하는 사랑은 2번 차크라의 보다 열정적이고 성적인 사랑과는 뚜렷한 차이가 있다. 성적사랑은 목적 지향적이어서, 열정은 특정한 존재에 의해서 자극받는다. 4번 차크라 안에서, 사랑은 외부 자극에 의존하는 것이 아니라, 존재 상태로서의 내면에서 경험하는 것이다. 이러한 방식으로 사랑은 밖으로 퍼져나가며, 우리의 장(field)안에 들어오는 것이 무엇이든 그에게 사랑과 연민을 전해준다. 그것은 필요와 욕망의 연장이 아닌, 연민과 이해의 신성한 표현이다. 의지의 힘을 통하여 인간은 자신의 욕구를 충족하거나 초월해왔다. 사랑은 욕구의 부재에서 오는 깊은 평화감각과 함께 온다. 사랑은 자신의 자리를 즐겁게 수용함과 더불어 내면의 조화에서 나오는 찬란한 빛과 함께할 때 나타난다. 일시적 열정에 따라 움직이는 2번 차크라가 지닌 변덕스러운 기질과 달리 가슴에서 나오는 사랑은 변함없고 영원하며 지속적이다.

아나하타-정지된 중심점

심장 차크라의 상징은 여섯 개의 꼭지점으로 된 별을 둘러싼 12개의 연꽃잎으로 만들진 원으로, 별은 두 개의 상호교차하는 삼각형으로 형성된다. (그림 5.1) 이 두 삼각형은 각각 몸 안으로 진입하는 영성의 하강과 영성을 향하는 물질의 상승을 의미한다. 이 상징(데이비드의 별로도 알려진)은 남성성과 여성성의 균형있는 상호침투를 의미하는 신성한 결혼을 나타낸다. 이는 개화된 가슴차크라로부터 발산되는 별들의 찬란함이다. 여섯 개의 꼭지점은 여섯 개의 다른 차크라와 연결되는 것으로 보인다. 왜냐하면 그들은 이 중심부에서 각각 통합되기 때문이다.

몸 안에서 이 차크라는 심장신경얼기[97]와 관계있으며 심장, 폐, 그리고 흉선[98]을 지배한다.(그림5.2) 각 차크라를 회전하는 에너지 원반으로 볼 수 있는 것처럼, 전체 바디/마음 역시 하나의 차크라로 간주할 수 있다. 만일 우리가 사하스라라 차크라로부터 나온 통로를 따라서 나선형으로 돌며 각 센터를 통과한다면, 심장이 이 소용돌이의 종점이며 중심부이자 목적지임을 알게 된다. 여기서 우리는 폭풍의 눈을 발견하게 되는데, 그곳에는 격정의 한가운데 고요함이 편재되어 있다. 심장은 실로 평화의 중심부다.

산스크리트어로 이 차크라의 이름은 아나하타이다. 이것은 어떤 두 개의 사물도 서로 충돌없이 만들어진 소리를 의미할 뿐만이 아니라 '부딪힘 없고', '손상되지 않고', '신선' 하고, '깨끗' 하게 만들어진 청정음을 뜻한다. 차크라가 오래된 상처의 슬픔으로부터 완전히 자유로워질 때 아나하타 차크라는 순수하고 신선하며 눈부시게 열린다. 3번 차크라의 싸움은 4번 차크라 안에서 수용으로 대체된다. 3번 차크
라가 자신이 할 일을 했다면, 우리의 환경은 보다 쉽게 수용된다.

---

97) cardiac plexus
98) thymus gland

그림 5.1 아나하타 차크라
4번 차크라의 원소는 공기로 이제까지의 물질 원소 중 가장 밀도가

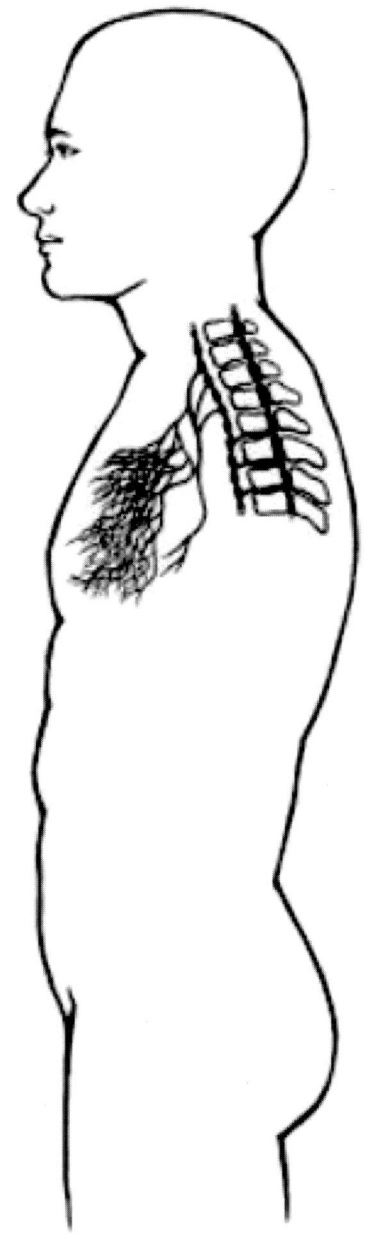

그림 5.2 4번 차크라, 심장차크라

낮다. 공기 원소는 일반적으로 광범위하고 정신적인 지식 및 사물 등과 관계가 있다. 공기는 날아다니는 새와 같은 자유를 나타낸다. 공기는 개방과 신선함을 의미한다. 또한 공기는 가벼움, 단순함 그리고 부드러움을 의미한다. 우리가 사랑에 빠지면 마치 공기 위를 걷는 것처럼 느껴진다. 공기는 공간을 의미하는데 이것은 떠나보내야 얻어지는 막히게 한다. 이것은 그들에게 공기를 빼앗는 것과 비슷하다. 우리가 사랑하는 대상에 너무 집착한다면 사랑받는 존재를 숨 막히게 한다. 이것은 그들로부터 공기를 빼앗는 것과 비슷하다. '숨 쉴 수 있는 여지'를 원할 때 우리는 '공간이 필요하다'고 말한다. 사랑받는 존재를 '숨 수 있는 여지'를 원할 때 우리는 공간의 필요에 대해서 말한다.

공기는 실체 없는 상태의 물질로 이제까지 논의한 어떤 원소와도 다르다. 공기는 자신이 차지하는 공간 전체에 균일하게 퍼지기 때문이다(평균적인 대기보다 눈에 띄게 가볍거나 무거운 가스를 제외하고). 그릇에 담은 물은 바닥으로 가라앉는다. 흙은 경직되고 굳어있다. 불은 상승하지만 항상 연료에 집착한다. 그러나 공기는 퍼진다. 공기는 흩어진다. 제단에 타오르는 향은 조금씩 방 전체에 스며든다. 평형과 고요함 그리고 균일감각이 있다. 마찬가지로 심장 차크라는 만물의 복잡한 상호관계에 관한 일종의 사랑스러운 평형상태를 반영한다.

마지막으로 공기는 우리의 세포를 살아있게 하는 호흡이며 생명과정이다. 힌두인들은 그것을 프라나(pra는 '처음(first)'이고 na는 '단위(unit)'다)라고 부른다. 요가 철학에서는 프라나를 생명 에너지이자 모든 생명이 만들어지는 기초 단위라고 부른다. 이 에너지는 물질 세계와 정신 세계 사이의 접속을 나타낸다. 만일 마음이 몸에 영향을 주기를 바란다면 호흡의 통제를 통해서 그렇게 할 수 있다. 마찬가지로 호흡을 통제하면 마음을 고요하게 할 수 있다. 프라나는 둘 사이에 생명 연결선으로 간주된다. 심장 차크라가 상위 차크라와 하위 차크라 사이의 통합자인 것처럼 말이다.

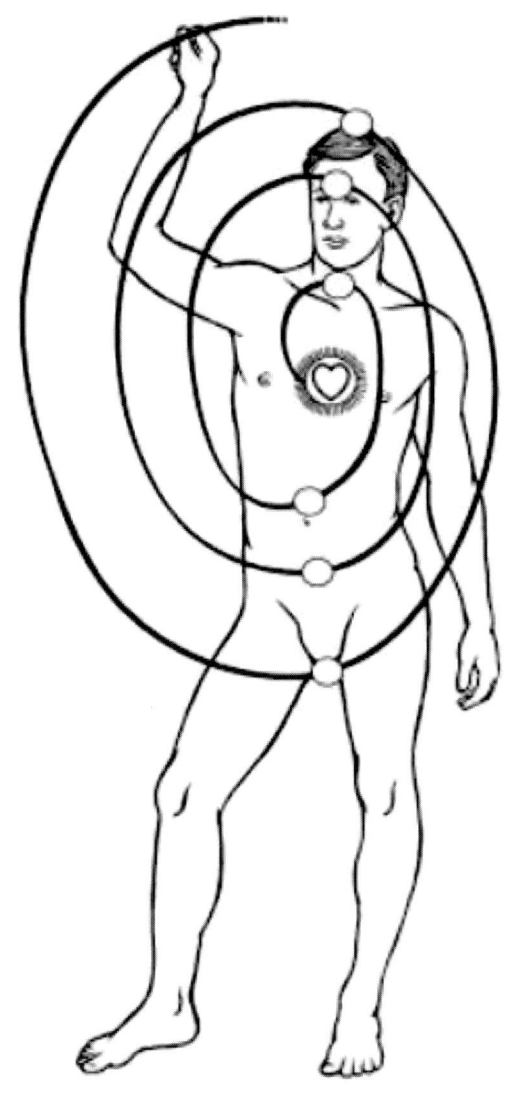

그림 5.3 나선의 최종점으로서의 심장

가슴 차크라를 여는 것은 기술과 이해의 결합을 요구한다. 우선 우리는 사물이 다른 사물들과의 조합 속으로 들어와서 그 안에 머물게 하는 관계의 측면에서 세상을 보는 법을 배운다. 물론 이것은 타인 및 우리를 둘러싼 세상과 우리와의 개인적 관계를 포함한다.

심장은 마음과 몸, 내적 영역과 외적 영역, 자기와 타인, 줌과 받음 사이에 균형 있는 수행과 이해를 요구한다. 아나하타 차크라를 여는 것
은 에고의 초월과 자기(self)보다 더 큰 힘에의 굴복을 요구한다. 마지막으로 아나하타 차크라를 여는 것은 호흡에 대한 이해와 통제를 필요로 하는데, 호흡이 육체와 정신 변형의 도구이기 때문이다.

심장의 이러한 모든 측면들은 이어지는 페이지에서 논의할 것이다. 그들이 심장을 속박하는 사슬로부터 그대를 자유롭게 하여 그대의 가슴에 평화를 가져다주기를...이라고 우파니샤드는 말한다:

심장의 모든 매듭이 풀리면, 여기서 이 사람은 다시 탄생한다. 필멸의 인간은 불멸의 인간이 된다. 이것이 우파니샤드의 완전한 가르침이다

사랑

사랑은 우주의 중심부가 개별의식을 매혹시키는 하나의 거대한 힘이다.

테아르 드 샤르댕

사랑! 영어의 모든 단어들 중에서 이 네 개의 철자로 이루어진 사랑은 최고의 의미를 지녔거나 아니면 적어도 그 의미가 가장 모호하다. 모든 인간의 영혼에 너무나도 기본적인 것이 사랑이다.

우리 각자의 영혼에 가장 기본적인 사랑은 우리 모두의 삶을 지배하는 소중한 본질이다. 어떻게 사랑을 찾는가? 어떻게 사랑을 지속하는가? 어떻게 사랑을 공유하는가? 이 힘 있는 단어 너머에 물음이 있다. "사랑은 무엇인가?"

힘도 그렇지만 사랑도 우리 모두가 원하고 필요로 하는 것이다. 사랑이 충분하다고 느끼는 사람은 거의 없다. 많은 사람들이 사랑을 두려워하면서 산다. 거의 어떤 사람도 사랑을 이해하지 못한다. 그러나 많은 사람들이 사랑을 추구하며 사랑으로 자신의 삶을 측정한다. 이 신비로운 힘은 무엇인가? 왜 사랑은 우리의 삶 속에서 그렇게 힘을 갖는 것일까?

사랑은 통합하는 힘이다. 사랑은 만물을 끌어당기고, 그들을 관계 속에 머물게 한다. 이러한 통합으로부터 우리는 자신의 분리된 부분이 더 큰 거대함과 관계 맺도록 하는 근본적인 연속성과 접촉할 수 있다. 부모로부터 인간은 그들이 날마다 그 자리에 있을 것이라는 사실을 배우고 안전하게 성장할 필요가 있다. 묶는 힘은 어떤 것이 패턴을 충분히 오래도록 결합시켜서 그것이 깊고 보다 더 일관된 상태로 진화할 수 있게 한다. 사랑은 변화와 자유를 허용하지만 중심에서는 일관성을 유지한다.

4번 차크라로 들어가는데 있어서, 우리는 스스로 정의한 경계를 느슨하게 하기 위해서 에고를 초월하고 사랑의 환희와 하나 된다. 사랑을 초대하는 가장 위대한 방법은 먼저 사랑을 주는 것이다. 우리는 모두 사랑을 원하고 필요로 하기 때문이다. 인간은 자신이 안전과 감사를 느낄 수 있는 사람에게 끌린다. 안정감을 주고 타인을 수용하는 것은 사랑의 장을 풍성하게 한다. 사랑의 에너지를 주면, 그것이 말로 하는 칭찬이든, 이해와 연민에서 나오는 인정이든, 혹은 물질적 보살핌이든 비슷한 에너지가 돌아온다. 돈과 힘을 추구하는 사람들은 흔히 존경과 인정[99]의 형태로 사랑을 받는 방법을 추구한다. 직접 감사를 표현하는 것이 사랑을 표현하는 다른 덜 기능적인 방식보다 낫다.

사랑과 승인은 인간 성장에 기본이다. 그것은 인간을 사랑하는데 있어서 필요단계인 자기 수용을 촉진하기 때문이다. 어린 아이로서 우리는 부모로부터 승인받거나 승인받지 못함에 의해 조건 지어졌으며 가르침을 받았다. 이러한 피드백은 자신의 정체성에 대한 최초의 관념을 형성한다. "아! 샐리가 만든 것 좀 봐. 창의적이지 않니?" 이것은 긍정적인 피드백 시스템이다. 만일 내가 누군가에게 오늘 근사해 보인다고 말한다면 그도 기쁠 것이다. 그래서 그도 무언가 나에게 좋은 말을 하고 싶어질 것이다. 이러한 방식으로 나아가면 매시간 우리를 더 편안해지고 서로 감사하게 될 것이다.

그러나 한 사람에게서 다른 사람에게로 흘러가는 사랑 에너지를 감소시키는 것들이 많다. 한 사람에 대한 과도한 애정은 다른 많은 사람들로부터 유입될 수 있는 에너지의 흐름을 축소시킬 수 있다. 질투는 사랑의 흐름을 감소시킨다. 왜냐하면 그것은 사랑이 협소한 제약 내에서 흘러야만 함을 암시하기 때문이다. 동성애 공포증, 연령차별, 인종주의는 사랑을 제한한다. "당신은 그를 만져서는 안돼요. 그와 동성이잖아요.", "그녀는 너무 늙었어요.", "그들은 틀렸어요(색깔, 크기, 배경에 있어서)" 와 같은 이러한 구분들은 모두 심장 차크라에 없어서는 안 될 동일성과 상호의존에 대한 이해를 파괴한다. 만일 우리가 사랑을 무한함으로 바라보고 결핍이 아닌 풍요로 그에 접근한다면, 우리는 진실로 사랑의 영속성을 볼 수 있다.

---

[99] 인정받으려고 하는 것은 사랑과 상충된다. 인정받으려고 하는 행위는 자연스럽게 드러나지 않는다.

아나하타 차크라를 여는 것은 사랑에너지를 공유하는 개인의 지평선을 확장하는 것이다. 다른 배경을 가진 사람들은 같은 배경의 사람들보다 우리의 성장을 더 촉진시킬 수 있다. 이해심이 커질수록 사랑에 대한 능력은 더 커진다. 아나하타 차크라는 분리가 아닌 통합 안에서 세계를 인식한다.

억제는 일반적으로 우리가 받는 것을 감소시킨다. 이것은 악순환이다. "존은 나를 싫어하는 것 같아. 내가 그를 얼마나 존경하는지를 말한다면 나를 바보같다고 생각할 거야." 반면 존은 당신이 너무 냉정하고 동떨어져있다고 생각한다. 이러한 사이클을 깨면 심장 차크라의 단계에서 사람들 사이에 존재하는 블록들을 제거한다. 3번 차크라에 대한 권한위임은 문자 그대로 우리 손에 달려있고, 이제 첫 발자국을 내딛는 것은 쉽다.

거절은 인간의 가장 기본적인 두려움 중 하나다. 4번 차크라라는 핵심 센터를 건강하게 유지하는 것이 얼마나 중요한지를 고려해볼 때 이것은 놀랄만한 일이 아니다. 거절은 우리의 기본적인 내부 균형과 자기 수용감각을 위협한다. 심장 차크라가 통합자라면 거절은 우리를 비통합으로 이끈다. 인간의 긍정적 피드백 시스템은 회로가 짧다. 우리는 거절을 자신에 대한 비사랑으로 돌리고 자기 파괴를 시작한다. 연결된 느낌 대신에, 단절하고, 분리하며, 고립시킨다. 어떤 사람들에게는 개방과 공유 그리고 실패의 위험을 감수하기보다는 사랑 없이 사는 것이 더 쉽다.

이러한 두려움은 심장 차크라를 이해하는데 필수적이다. 그것은 보호장치로 작동되어 인풋과 아웃풋의 흐름에 균형을 부여하는데 도움을 준다. 그것은 연약한 심장 차크라 에너지의 문지기다. 그러나 이 문을 지키는 것은 양날의 검과 같다. 차크라에서 나가고 들어오는 에너지는 함께 증가한다. 문을 더 단단하게 잠글수록 모든 차크라를 통과하는 에너지 통로는 더 많은 제약을 받는다. 이러한 제한은 외부세계로 나가고 들어오는 에너지 통로를 억제하고, 동시에 상위 차크라와 하위 차크라 사이의 흐름을 제한해서 세상과 스스로 담을 쌓아 고립에 이르게 한다.

사랑을 배우면 많은 차원에서 에너지를 얻는다. 우리의 모든 차크라는 창조하고 그것을 유지하기 위해서 기능할 필요가 있다. 우리는 느끼고 소통할 수 있어야 한다. 또한 자주권과 힘을 가져야 한다. 가장 중요한 것은 우리가 편안해야하고, 힘이 자연스럽게 발생하게[100] 해야 한다. 심장 차크라는 음(陰yin)이어서, 때때로 가장 심오한 사랑은 그들이 있는 그대로 존재하게 하는 것이다.

사랑은 확장이며 공기의 평형상태이다. 사랑은 또한 동쪽의 새로운 여명이며 비둘기의 온화함이자 평화의 정신이다. 사랑은 우리를 감싸 안아주는 장이다. 사랑을 통해서 우리는 자신의 중심과 근원, 그리고 힘, 더 나아가 살아야할 이유를 찾는다.

사랑은 연결의 문제가 아니다. 그것은 인생 전체를 통해 확장되는 복잡한 관계망 안에서 우리가 이미 연결되어 있음을 아는 것이다. 그것은 '경계 없음'에 대한 자각이다. 즉 우리가 모두 같은 근원으로 만들어졌으며 같은 행성 위에서 시간에 편승하여 같은 문제와 같은 희망 같은 두려움에 직면하고 있음을 인식하는 것이다. 그것은 피부색, 나이, 성별, 외모, 그리고 돈과 무관한 근원과의 연결이다.

무엇보다도 사랑은 영적 연결에 대한 깊은 감각이자 접촉의 감각이고, 감동의 감각이며, 우리의 평범한 한계를 넘어 성장을 고무시키는 것이다. 그것은 삶을 속속들이 통과하고 우리를 연결하는 깊고 근본적인 접속이다. 사랑은 일상을 신성하게 만드는 것으로 보살피고 보호받는 것이다. 우리가 생명과의 연결감각을 상실하고 신성함을 상실할 때, 우리에게 자양분을 주는 것들을 더 이상 보살피고 보호하지 못하

---

[100] 무위법의 중요성을 이야기하는 대목이다.

게 된다.

　우리가 바로 그 사랑이다. 우리는 사랑의 생명력이며 그 표현이자 현현이며 수레다. 사랑을 통해서 우리는 성장한다. 그리고 초월한다. 또한 승리하고, 더 나아가 보다 더 깊이 성장하기 위해 굴복한다. 우리는 새롭게 태어나고, 쓰러지며, 또 다시 태어난다. 사랑은 영원한 힘이며 안전장치다. 인생의 수레바퀴여 영원하라!

관계와 균형

타인을 진실로 이해하는 이상적 상황은 한 사람이 극단적인 스트레스에 대응하는 방식에서보다 그들이 사랑에 빠지는 연약함에서 어떻게 거짓말하고 어떻게 고통을 받는지를 보는 것이다.

알도 카로테누토

　4번 차크라 차원에서 우리는 하위차크라의 분 단위 주기로부터 벗어나서 그들이 어떻게 함께 기능하는지를 총람해 본다. 이 연꽃 속의 신 이즈바라는 통합의 신으로 3개의 근본적 성향(타마스, 라자스, 사트바)의 상호의존성을 보여준다. 그는 이 세 가지 성질들의 균형을 나타내지만 때때로 환상으로 여겨지기도 한다. 이러한 균형의 상태는 언제나 유동적이기 때문이다. 분리에서 통합으로 나아가려면 일단 관계 속으로 들어갈 것이 요구된다.

　여기서부터는 인체 시스템 구조의 건립을 점검해보고 하위차크라들 간의 관계를 살펴보자. 1번 차크라는 분리되고, 또렷하며, 견고한 물질 객체에 관한 것이다. 이러한 객체들의 크기는 원자보다 작은 입자에서부터 행성과 별만한 크기에까지 이른다. 2번 차크라에서 우리는 객체들이 어떻게 움직이는지 즉 그들에게 가해지는 힘을 본다. 3번 차크라에서는 객체들이 충돌하고, 구조를 변화시키고, 연료를 태우고, 에너지를 방출하는 등의 움직임으로부터 일어나는 재조직화를 본다. 우리는 만물이 내부에 이러한 사이클을 가지고 더 큰 구조를 형성하기 위해 결합하는 방식을 살펴봤다.

이러한 사이클들은 그들이 특정한 종류의 관계 속에 있을 때만 지속된다. 대극은 연관되기에 너무 멀리 떨어져 있을 때 서로를 끌어당기지 않는다. 모든 연료가 점화되는 것은 아니다. 이러한 하부기능을 유지시키는 더 큰 힘이 있는데 그것은 이름하여 사랑의 힘, 즉 4번 차크라의 힘이다. 이 힘은 관계의 영원한 인연의 춤을 무한대로 확장하고 더 작은 구성요소들로 하여금 자신의 하부 프로그램들을 계속해서 진행할 수 있도록 하여 우리가 활동[101]하게 된다. 몸에 대한 사랑은 우리가 자신의 유체적인 욕구를 돌보는 동기를 된다. 가족 안에서 사랑은 가족 구성원들을 결속 시키고, 그래서 그들은 인생이라는 사업을 경영하고 자녀를 양육할 수 있다. 그룹에 있어서 공동의 대의에 대한 사랑은 구성원들을 연계시키기 때문에 그들은 자신의 업무를 성취할 수 있다. 배움에 대한 사랑은 우리가 책을 구입하게하고 학교를 다니게 한다. 인간 관계를 유지하게 하는 것은 다름 아닌 사랑이다.

이 신비로운 힘은 모순으로 가득차 있다. 이것은 중력뿐만이 아니라 발산력을 가지고 있다. 우리는 사랑에 빠지지만, 경험에 의해서 끌어올려진다. 사랑은 제한 없이 함께 묶는다. 그것은 가까움과 거리를 둘 것 모두를 요구한다. 사랑은 균형과 평형의 핵심으로 우리 모두의 근원 안에 존재한다.

보다 더 작은 패턴과 주기가 반복됨으로서 그들은 마음에 의해서

---

[101] 1,2,3번 차크라들이 프로그램처럼 연동해서 움직임으로써 인간은 사랑의 힘을 구현한다.

인식되고 조절된다. 그것은 의지를 통해서 이루어지며 그들의 영속성을 보장한다. 우리는 관계의 견지에서 이러한 측면들을 본다. 만물 자체보다 그들 사이의 공간을 본다. 우리는 세계를 연동하는 퍼즐로서 바라본다.

각각의 차크라 사이에서, 3번 그리고 4번 차크라의 중요한 차이점은 인식하는 것이다. 유기체는 패턴의 창조와 반복을 통하여 스스로 자각하게 된다. 하위 차크라의 활동은 우리의 의식에 영향을 주고 의식을 창조했다. 우리는 본능과 감정에 따라서 행동하며 자신의 실수를 통해서 배웠다. 우리의 학습은 보다 더 복잡해지고 다시 하강하기 위해서 개념, 기억, 논리로서 보다 상위 중심부에 저장되며 그곳에서 우리의 의식은 행동에 영향을 줄 수 있다.

관계는 물질과 정보 사이에서 매개자로 이들은 모든 차원들에서 역할을 한다. 사실 모든 정보는 관계의 자각으로 간주될 수 있다. 이러한 패턴들은 우리에게 생각, 소통, 인식의 기본 구조를 형성하는 관념을 준다. 그들은 우리 정체성의 기반이다. 4번 차크라 단계의 의식은 세계를 복잡한 관계망으로 인식하며, 이러한 관계는 사랑의 힘으로 함께 묶여있다.

일단 우리가 관계로서 대상과 그들의 행위를 인식하면 완벽성, 균형, 그리고 이러한 관계들의 영원한 성질을 인식하기 시작한다. 예를 들어서 행성을 볼 때, 우리는 완벽하게 협력하고 균형을 이룬 무한한 관계의 주기를 본다. 태양의 유인력과 균형을 이루며 자신의 궤도를 도는 행성들은 자신의 패턴을 무한 반복한다. 우리는 움직임과 진동 속에서 자신의 자리를 지키는 별들을 본다. 비록 잎들은 해마다 죽고 다시 태어나지만, 풀밭 위 잎사귀들은 여전히 잔디를 뒤덮는다.

이런 방식으로 패턴을 인식할 때, 지속하는 모든 패턴들은 그들의 부분들 사이에서 역동적인 균형의 산물임을 알게 된다. 그리고 나서 우리는 더 큰 패턴 안에 짜여진 삶의 모든 요소들이 제각기 고유한 자리에 위치함을 알게 된다. 그리고 나서 우리는 우리 자신과 주변 사이에서 균형점을 찾을 수 있다. 이 점은 전체의 필수적인 부분이 되어 중심점에서부터 나온 만다라에 일관성을 부여한다. 주변 관계의 완전성을 이해하면 그것은 우리의 심장은 열리도록 손짓한다.

우리의 대인관계에 동일한 균형의 법칙이 적용된다. 관계는 전체의 균형이 유지될 때 지속된다. 그들은 한명이나 다른 파트너가 관계가 균형을 벗어나서 되돌릴 수 없다고 느끼면 관계는 끝난다. 이것은 주고 받음에 있어서의 불균형 즉 기본적인 생명력의 불균형에 의해 기인된 것이다. 이러한 불균형은 영적 진화, 돈, 섹스, 힘, 집안일, 아이 돌보기, 소통 안에서 또는 관계의 영역 안에서 펼쳐지는 모든 요소들에서 초래될 수 있다. 이러한 균형은 정적이기보다 역동적이라는 사실을 기억해야만 한다. 다시 말해서 이러한 균형은 시간이 흐름에 따라 요동친다. 관계가 살아남으려면 기본적인 동등힘을 포함되어야 한다.

우리의 내면은 타인과의 관계 안에서 균형을 유지하기 위해 최선을 다한다. 내면의 균형은 우리가 질서정연한 패턴의 만다라를 인식하고 그 안으로 들어갈 수 있게 하는데, 그리고 나면 그것은 개방성과 안정감의 초점이 된다. 마음이나 몸 또는 특정한 하나의 차크라만으로 이것을 할 수는 없다. 그것은 존재의 중심(아나하타 차크라)처럼 충만한 마음으로만 할 수 있는 것이다.

의지가 의식적으로 단련되고 개인의 욕구가 충족될 때 마음은 관계(인연)를 더 잘 이해하게 되고, 자신의 적합한 자리를 발견한다. 이곳으로부터 관계의 시작과 끝뿐만이 아니라 모든 관계들은 더 큰 패턴과 조화를 이루게 된다. 최고의 균형을 이룬 관계, 따라서 최고의 우아함을 지닌 관계는 필연적으로 가장 오래동안 지속된다. 좀 더 일시적인 것들은 빙빙 돌며 선회하는 더 큰 패턴들의 창조물 안에서의 디딤돌이다.

완전함에 대한 이러한 자각은 가슴을 열어서 수용하도록 한다.

모든 차크라들은 에너지의 중앙 기둥인 슈슘나와 정렬됨으로써 에너지가 충전된다. 우리가 자신과 균형을 이루지 못하면 차크라는 척추에서 이탈한 척추골처럼 차크라 정렬에서 이탈한다. 불행하게도 그들을 제자리로 돌려줄 '차크라 요법사'는 없다. 이것은 우리가 스스로 해야 하는 일이다.

아나하타 차크라는 개인 만다라의 정확한 중심부로써 그 자리에서 과도하게 이탈하면 엄청난 손실로 고통받으며, 이것은 막대한 손해를 야기한다. 심장(중심원천)내의 불균형은 전체 시스템의 불균형을 야기한다. 상위 차크라와 하위차크라 그리고 마음과 몸 사이의 균형이 필요할 뿐만 아니라 내면과 외면, 자아(self)와 초월 사이의 균형도 필요하다. 사랑은 더 큰 일체성을 경험하는 것이다. 이것은 에고를 초월하고 분리를 포기했을 때만이 가능하다. 우리는 통합을 위해 개성의 일부를 포기한다.

이러한 일체감이 해탈의 흐름을 따라 움직임으로써 활성화 될 때, 우리는 자유와 사랑이 주는 고무된 효과를 경험한다. 그것은 하나됨과 초월 그리고 신성함, 더 나아가서 일종의 변형된 의식 상태의 경험이다. 사랑이 끝나면 이러한 사랑이 주는 목가적인 은총의 상태는 끝나고 분리되고 혼자이며 더 작은 공간인 일상의 자아로 돌아온다. 그래서 우리는 사랑의 상태를 지속시키고자 집착하게 된다.

사랑이 주는 취산성의 고양감은 우리를 기반상실의 위험에 처하기 쉽게 한다. 사랑을 유지하기 위해서는 자신의 기반을 풍요롭게 하고 뿌리를 단단하게 할 필요가 있다. 우리는 개인 자아의 일부-즉 열정과 의지가 출현했던 물질적 부분-를 유지해야만 한다. 만일 분리감을 너무 많이 초월한다면 더 이상 완전히 현재에 존재할 수 가 없다. 우리는 연료에서 불꽃을 분리했고 그들이 다 타버리면 우리는 지구로 추락한다. 균형이 기울어지는 바람에 더 이상 직면한 관계에 원료를 제공할 수 없게 된 것이다. 우리가 자신을 잃어버리면 우리는 중심을 잃어버린다. 중심을 잃어버리면 심장을 잃어버린다. 그리고 사랑하는 사람과의 관계를 대체하게 된다. D.H. 로렌스는 이렇게 말한 바 있다. "타인을 위해 자신을 다 버리면 완전한 혼란에 빠질 것이다. 당신은 사랑과 개성의 균형을 잡아야하고 각각의 일부만을 희생해야 한다."

균형잡힌 삶이란 우아함과 미묘함 그리고 관대함의 상태 안에서 사는 것이다. 사랑은 견디는 것이다. 마찬가지로 사랑으로 행한 것은 견딜 것이다. 균형에서 벗어나면 견디지 못한다. 우리 자신 안에서 균형을 이룰 때만이 균형있는 세상이 되기를 바랄 수 있다.

균형을 유지하기 위해서는 자신의 모든 부분102)을 자각해야만 한다. 이는 창고에서 재고를 맞추는 것처럼 단순히 지성적 방법으로 이루어지는 것이 아니다. 대신 그렇게 할 수 있는 자유가 주어진다면 심장 차크라는 유기적으로 조직하고 균형을103) 맞추는 우리의 중심부인 심장의 역동적인 경험으로부터 나온다.

마지막으로 심장 차크라는 입력과 출력 사이에서 균형을 맞출 필요가 있다. 호흡이 들숨과 날숨을 고르게 하는 것처럼 에너지의 지속적인 보급을 위해서 그는 다시 채워져야 한다. 적절하게 다루어진다면 어떤 차크라의 에너지도 그 공급량은 무한하다. 사랑은 주는 만큼 증가한다. 그러나 많은 사람들은 사랑을 너무 많이 줌으로써 자신의 배열을 잃어버리고 기반을 상실한다. 또는 자신의 에너지가 고갈되었을 때 준다. 우리는 이기심이 나쁘고 매번 수지를 맞추는 것은 옳지 않다고 배웠다. 그러나 우리의 균형을 바꾸면 우리 주변 만다라의 평형을 바꿀 수 있다. 계좌에서 지속적으로 돈을 인출하면 자원은 고갈되고 우리는 더 이상 줄 수 없다. 그러면 우리는 전혀 사랑스럽지 않은 뒷

---

102) 1,2,3,4번 차크라
103) 지, 수, 화, 풍의 4대 물질 에너지는 각각 1, 2, 3, 4번 차크라에 해당하는데 이 중 4번 차크라가 나머지 차크라들을 유기적으로 조직하고 균형잡는다.

감당을 해야하는 처지가 될 수 있다

만물 사이의 균형 속에서 우리는 '좋은 것'과 '나쁜 것'이라는 대극에서 빠져나올 필요가 있다. 자신의 미묘한 에고를 만족시키기 위해 너무 엄격하게 잘할 필요도 없고 이기적이며 악하게 굴 필요도 없다. 진정한 사랑은 하나의 중심에서부터 다른 중심으로 흘러가서 각자에게 자신만의 독특한 방식으로 자신의 춤을 출 수 있게 한다. 음(陰)의 성질을 지닌 아나하타가 직면하는 도전 중 하나는 '하기'나 '만들기'를 '내버려 둠'으로 대체해야하는 것이다.

사랑은 대상에 집착하는 어떤 무엇인가가 아니다. 사랑은 자신과 조화를 이루는 존재의 상태다. 켄 디치월드는 사랑의 주제로 한 집중 명상 수행 후 사랑을 이렇게 언급한다.

"사랑은 우리가 지구라는 수프(음식 덩어리)안에서 동일한 작은 덩어리들이라는 사실에 감사하는 일인 것 같다. 또한 지구는 우주라는 거대한 수프 안의 작은 덩어리이지 않는가? 그래서 사랑은 아름답고 에너지 넘치는 관계에 대한 자각이고 이러한 상황에 대한 자연스러운 감사다. 우리의 도전은 사랑을 찾는 것이 아니라 사랑을 자각하는데 있다. 그것은 발명의 문제가 아니라 오히려 발견의 문제다."

사랑은 건강한 생명 존재들 사이에 자연스러운 관계다. 우리는 단지 사랑이 언제나 우리 주위에 있으며 만물 안에서, 그리고 우리 안에서 사랑을 찾을 수 있다는 사실을 믿을 필요가 있다.

친화성

친화성은 화학에서 사용되는 용어로 하나의 물질이 다른 물질로 들어가서 결합하려는 성질을 말한다.

친화성의 결과는 결합이다. 친화성을 지닌 두 개의 물질이 서로 함께 할 때, 그들은 묶여서 더 영원한 연결을 형성한다. 각각은 다른 쪽에서 결핍된 무언가를 가지고 있다. 단순한 차원에서 그것은 스스로 균형을 이루고자 대극을 끌어당기기 때문이다.

인간의 결합은 화학적 결합과 너무 흡사해서 우리는 그것을 때때로 케미스트리104)라고 부른다. 우리가 누군가에게 끌리게 되는 이유를 항상 설명할 수 있는 것은 아니다. 그러나 느낌이 있으며 그것은 저항할 수 없는 것이다.

사람들은 자신의 에너지장에 우리가 원하고 필요한 것을 가지고 있는 경우가 매우 많다. 만일 운이 있다면 우리도 역시 그들이 필요한 무엇인가를 가지고 있어서 결합이 일어날 수 있을 것이다. 그리고 이것은 친화적인 느낌을 가지고 있는 동인은 좋다. 심장 차크라는 균형의 중심이기 때문에, 사랑은 처음에 다른 생명체와 결합하고 균형을 이루기 위한 자연스러운 성향에서 일어난다고 말하는 것이 적합하다.

종종 이러한 균형은 차크라의 견지에서 분석될 수 있다. 우리는 모두 다음과 같은 비언어적 광고를 느껴왔다. '상위차크라가 각성된 32세의 백인 남성으로 기반이 다져진 여성을 찾고 있음; 쿤달리니 상승을 보장함'; '매우 창조적인 흑인 여성으로 2번 차크라가 발달되었으며 부드러운 사랑으로 보살펴줄 파트너를 찾고 있음.' 이런 광고가 신문지상 등에 실리는 선전은 아니지만 파티 같은 곳에서 이런 성향은 브로드케스팅된다. 또한 인간의 심리적인 감각은 우리가 누군가를 만날 때 마다 이러한 비언어적 광고를 느낀다.

물론 우리가 우리와 반대되는 사람에게만 친화성이 있다고 말할 수는 것은 아니다. 많은 경우 우리의 관점을 공유하는 누군가를 찾는 것

---

104) chemistry: 화학, 불가사의한 힘, 공감대, 궁합이 잘 맞음

도 우리에게 친밀감-이해하는 사람을 찾을 때 오는 평화로운 감각-을 준다. 우리가 외부로 투사하는 에너지는 짝이 맞는 유입에너지를 찾는다. 다시 말해서 열려있거나 닫혀있는 모든 차크라는 균형을 추구한다. 그것은 전개의 다음 단계를 위한 향상을 추구하는 유기체만큼이나 대극을 기반으로 하는 것은 아니다. (11장 '차크라와 관계' 참고)

그러나 친화성의 가장 중요한 측면은 다른 사람에 대한 화학적인(케미컬) 끌림에 있는 것이 아니라 자아를 구성하는 부분들 안에서 친화성을 개발하는데 있다. 이러한 친화적 감각을 가질 때 우리는 사랑스럽고 수용적이며 즐거운 진동을 발산한다. 이것은 타인을 고양시켜 그들의 친화성을 찾도록 한다.

너무나 많은 사람들이 마음 속에서 자신의 바디와 끊임없는 전쟁을 벌인다. "너는 너무 뚱뚱해.", "더 열심히 일해. 이 프로젝트를 끝낼 때 까지 쉴 수 없어.", "배고프다니 무슨 소리야? 한 시간 전에 식사 했잖아?" 많은 사람들이 이렇게 가혹하고 완고한 방식으로 자신의 몸을 통제한다.

몸은 또한 마음과 전쟁을 한다. 마치 버릇없는 아이가 "먹여줘.", "너무 힘들어" 하고 끊임없이 관심을 요구하듯이 말이다. 몸은 마치 아이가 자신이 필요한 기본적인 것을 얻었다고 확신할 수 있어야 하는 것처럼 양육과 지원을 받을 필요가 있다.

자기 수용은 조건 없는 사랑을 실행하는 첫 번째 기회다. 그것은 우리가 더 발전하기 위한 노력을 포기해야한다는 의미가 아니라, 자기 사랑이 미래나 상상된 변화를 조건으로 이루어져서는 안 된다는 것을 의미한다. 이것이 우리의 가슴 안에서 일어날 때 조건 없는 가슴의 사랑[105]으로 타인의 잘못을 비롯한 모든 것을 수용할 수 있을 것이다.

---

[105] 가슴 차크라가 각성이 되면 사랑의 에너지가 열리고 사랑의 에너지가 열리면 타인의 잘못이건 내가 어리석어서 수용하지 못했던 모든 것이건 이들에 대한 용서가 이루어진다. 가슴에 사랑이 열리면 모든 사람들의 잘못된 것이나 이런 것이 다 녹

우리 자신에 대한 수용과 연민이 있으면 개인적 변화는 훨씬 용이하게 된다.

친화성은 또한 진동적인 성질로 이해될 수 있다. 우리가 친화성이 있을 때 조화로운 공명 안에서 울려 퍼지는 음계의 음조처럼 우리가 하는 모든 말과 행위에 일관성이 있다. 우리는 자신 안에서 일관적인 중심부를 창조했기 때문에 사랑을 방출할 수 있고, 그것은 다시 주변 환경을 조화롭게 한다.

가슴의 기관에서 모든 세포들은 끊임없이 맥박친다. 만일 심장을 해부해본다면 각 세포들은 계속해서 스스로 맥박칠 것이다. 이 세포들을 심장세포와 합해지자마자(현미경의 슬라이드위에서처럼) 세포들은 리듬을 바꾸면서 다시 맥동하기 시작할 것이다. 그들은 리듬있는 공명상태[106]로 들어갈 것이다. 우리의 심장고동을 조율함으로써 우리 유기체의 근원적 리듬과 우리를 둘러싼 세계적인 리듬의 공명에 우리자신의 주파수를 맞출 것이다.

개인은 이러한 친화성의 감각을 어떻게 만들 것인가? 잠시 시간을 내어 자신과 대화해보라. 정말 필요한 모든 것은 이따금 자신을 체크해보는 것이다. 이 책을 읽은 후 잠시 눈을 감고 깊게 호흡해보고 자신의 바디에 안녕이라고 말해보라. 만일 안녕이라는 답변이 돌아온다면 대화를 시작하라. 당신을 좀 더 잘 대할 수 있는 방법이 있는가? 관심이 더 필요하거나 불필요하게 지배한 부분이 있는가? 여러분은 자신을 타인을 대하듯이 잘 대하는가? 이제 감사를 표시하기 위해 파티를 열 시간이 아닌가? 아니면 조용히 앉아서 그저 듣고 있을 것인가?

숫자가 지닌 강점이 있디면 그것은 그 숫자들이 하나 되었을 때이다. 우리를 구성하는 많은 요소들이 있다. 우리의 힘은 그 부분들 안

아버리기 때문에 무조건적인 사랑이 이루어지고 타인을 이해하게 되고 타인의 모든 것을 인정하게 된다.
106) 공명상태는 5번 차크라에서 논의할 것임

에서 통합되고 조화를 이루는데 있다. 그때만이 다른 사람에게 효과적으로 사랑을 줄 수 있다. 만일 그 부분들이 모두 유기체의 중심센터 즉 아나하타 차크라로 조율된다면 그들은 동시에 서로 균형을 잡고 친화성의 자연스러운 상태로 들어갈 수 있을 것이다.

치유

의식적으로든 무의식적으로든 모든 존재는 자신이나 타인을 치유할 수 있다. 이러한 본능은 인간뿐만이 아니라 곤충, 새, 그리고 동물에게도 타고난 것이다. 이 모든 존재들은 자신 만의 약을 가지고 있어서 다양한 방법으로 자신과 타인을 치유한다.

수피 이나야트 칸

치유하는 것은 전체가 되는 것이다. 만일 심장 차크라가 통합자이자 통일자라면 심장은 또한 치유의 중심지이다. 통합은 치유이다. 실로 사랑은 궁극적인 치유의 힘[107]이다.

아나하타 차크라로 올라가면 우리는 팔을 만난다. 팔을 위로 올려서 밖으로 뻗으면, 몸은 일종의 십자가를 만든다. 십자가를 형성하는 두 팔과 몸통의 네 점은 심장에서 만난다(그림 5-4 참고). 다리가 1번 차크라와 연결되는 것처럼, 팔은 중앙의 3, 4, 5번 차크라에 필수적인 부분이다. 안쪽에서 팔의 음 채널은 경락이라고 불리는 14개의 한의학 에너지 경로 중 세 가지를 포함한다. 이 특별한 경락은 심장, 폐 그리고 심막[108](심장을 덮는 느슨한 자루)과 일치한다(그림 5.5 참고). 이들은 모두 확실히 심장 차크라와 관련이 되는데, 그리고 중앙에서 나온

---

107) 사랑은 통합하는 힘이다.
108) pericardium

에너지를 팔과 손으로 운반한다.

심장으로부터 손을 향하는 밖으로 뻗어나가는 에너지 통로에 의해 치유 에너지는 다른 곳으로 뻗어나간다. 손에는 또한 마이너 차크라가 있다. 손은 몸과 마음의 연장으로 매우 민감한 기관이다. 또한 다른 바디부분들보다 훨씬 많은 신경이 분포된 감각기관[109]이다. 손[110]은 창조하고 수용하는 감각 기관으로 눈과 귀만큼 많은 정보를 끌어당긴다. 그들은 심령에너지를 자각하고 통제하는 귀중한 도구다.

치유는 유기체나 상황의 균형을 회복하는 것이다. 모든 질병에 대한 사람들의 일반적인 믿음은 그 병이 세균에 의한 것이든 아니면 부상이나 스트레스에 의한 것이든, 유기체를 분열시키고 자연스럽게 공명하는 친화성을 파괴한 '불균형'의 결과라는 것이다.

가슴 차크라를 열고 연민심을 개발하고 주변의 사람들과 연결하고 그들을 이해함으로써 치유에 대한 욕구는 자연스럽게 일어난다. 보디사트바가 깨달으셨듯이 우리가 모두 한 사람이라는 사실을 깨닫는다면 타인이 병들어있는데 우리만 진전할 수는 없다. 보디사트바는 영적인 각성을 이루신 분으로 각성의 다리를 건너는 대신 중생들이 따라올 때까지 뒤에 남아서 그들에게 가르침을 주셨다. 우리 자신의 길을 걸어가야 하지만 동시에 보디사트바처럼 다른 사람을 치유하는 시간을 가져야 한다. 이것은 영성에의 유혹에 균형을 가져오고 물질 세계에 머물러 있어야할 필요를 준다.

다른 사람들을 돕는 것은 심장 차크라의 중앙에서 발현된 연민심이라는 단순한 상태에서 발현된다. 타인을 판단하지 않는 연민심을 통해서 우리는 치유의 태도를 성취한다. 만물의 균형을 비전함으로써 우리는 부조화와 불균형을 더 잘 인식할 수 있다. 이것은 벽에 그림을 바.

---

109) neural receptor
110) 손바닥에는 인체의 모든 경락점이 축소되어 들어있다

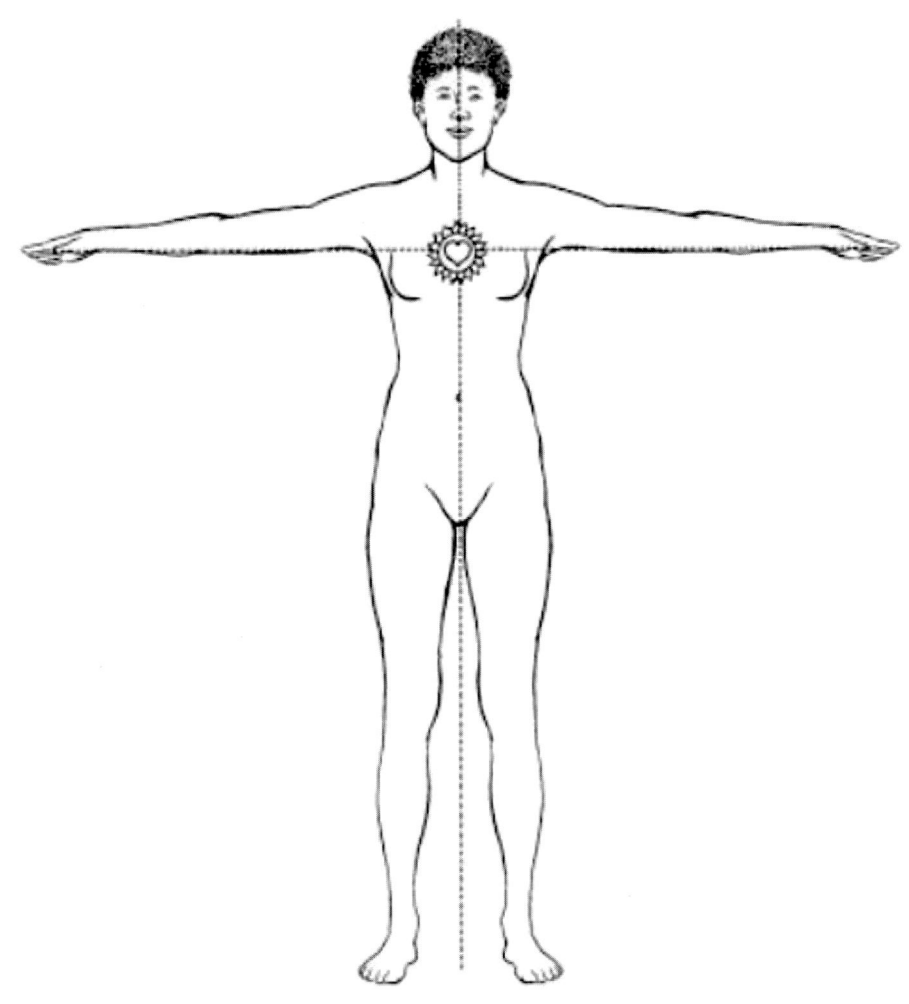

그림 5.4 아나하타 차크라의 십자가

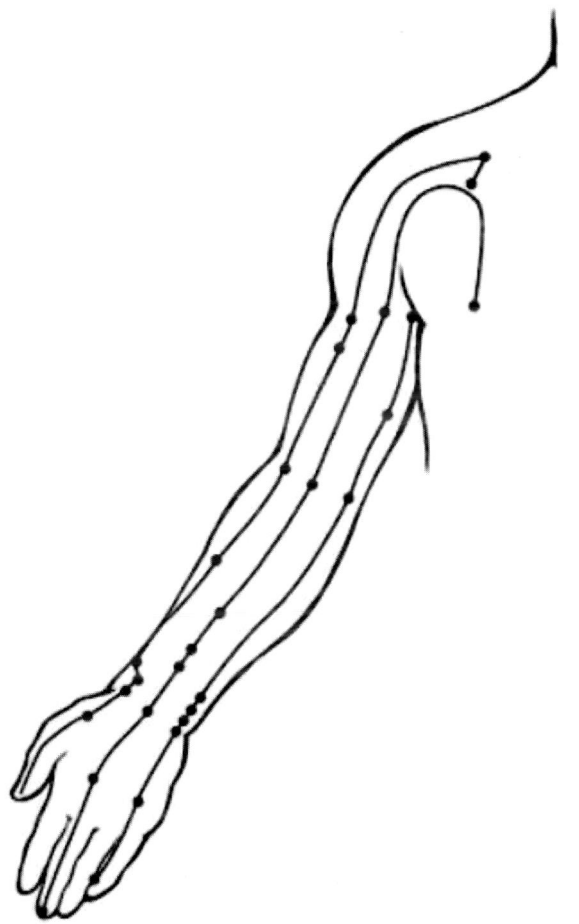

그림 5.5 팔경락

르게 거는 것처럼 자연스러운 일이다. 개인이 반드시 전문치유사나 의료인이 될 필요는 없다. 또한 자신의 힐링 채널을 열기 위해 초자연적 힘을 소유할 필요가 없다. 이것은 단지 나이든 여인이 길을 건널 때 도움을 주고, 울고 있는 누군가를 편안하게 해주며 지친 양 어깨를 풀어주려고 하는 자연스러운 충동으로 아나하타 차크라에서 나오는 치유에너지의 잠재적 표현이다.

많은 사람들은 치유하려는 노력 안에 균형의 교훈을 잊어버린다. 여러분은 그들을 참견하는 사람이라고 부를지도 모른다. 누군가를 적절히 치유하기 위해서 자신의 에너지와 균형을 이루어야한다. 그것은 힐러의 '올바르다' 라는 개념과는 맞지 않을 수 있다. 참된 힐러는 자신 고유의 에너지 안에서 견고하게 자신의 기반을 유지한 상태로, 대상을 튜닝을 하고 그 자신의 균형감각을 창조해야 한다. 힐러는 단지 대상의 치유경험에 있어서의 촉매자[111]일 뿐이다. 우리의 심장이 열리고 균형이 잡힐 때 우리의 존재는 사랑과 즐거움으로 빛난다. 이러한 사랑이 진정한 치유의 근원이다.

호흡 - 인생의 심장

만일 여러분의 호흡이 어떤 방식으로든 어느 정도의 제약을 받는다면, 여러분의 삶 역시 그러할 것이다.

마이클 그랜트 화이트

일반적인 사람은 하루에 18.000번에서 20.000번의 호흡을 하는데 이

---

111) faciliator: 분위기나 사람들 간의 인연법을 원활하게 해주는 사람

것은 평균 약 18927리터의 공기에 이른다. 무게로 따진다면 이것은 우리가 음식이나 음료로부터 흡수하는 양의 35배다. 인간은 음식이 없다면 몇 주밖에 살 수 없으며, 물이 없다면 며칠, 그리고 열(극단적인 추위에서)이 없다면 몇 시간 밖에 버틸 수 없다. 그러나 공기 없이는 단 몇 분도 버티지 못한다. (생각112)을 하지 않은 상태가 얼마나 진행될 수 있는가?)

공기 요소와 관련된 호흡은 심장 차크라를 개화하는 주요한 열쇠다. 공기는 또한 모든 원소 중 신체에 가장 빨리 분배된다. 소화하는데 몇 시간 또는 며칠이 소요되는 음식과는 달리 흡입된 공기는 즉시 혈류를 타고 들어간다. 모든 세포는 즉각적인 산소의 공급이 필요하다. 그렇지 않으면 세포는 빠르게 사멸한다. 이러한 이유로 몸은 전체 바디를 통해 산소를 공급하는 시스템을 가지고 있다. 이것은 심장이 지휘하는 인간의 순환 시스템이다. 호흡할 때 마다 이 시스템은 영양분을 공급받는다.

호흡의 진정한 중요성은 이러한 단순한 사실로 설명되는 것만으로는 충분하지 않다. 기본적인 생명을 유지하는 기능을 차치하고라도 호흡은 인간을 변형시킬 수 있는 가장 힘 있는 수단 중 하나다. 호흡은 독성물질을 태우고 축적된 감정을 방출하며 신체 구조와 의식을 변화시킨다. 호흡 없이는 말할 수 없는데 공기가 우리의 목소리 이면에 힘을 지니고 있기 때문이다. 우리는 산소 없이는 음식을 분해할 수 없으며, 두뇌는 생각할 수 없다. 호흡은 생명 부여자이자 치유와 정화의 에너지로서 일반적으로 별로 중요하지 않게 생각되어 왔다.

불행하게도 일반 사람들은 매우 깊이 호흡하지 않는다. 일반적으로 폐는 2파인트의 공기를 저장할 수 있는 반면, 평균적인 사람들은 1파인트나 그보다 적게 호흡한다. 한 번 숨을 쉴 때 마다 기존 호흡량보다 얼마나 많이 더 추가할 수 있는지 알 수 있다. 또한 깊게 호흡하는

---

112) 생각은 물질 4대 원소 중 호흡의 요소인 공기에 해당한다.

것이 어떤 느낌인지를 주의 깊게 살펴보라. 호흡을 어떻게 방해하는지 확인하고 그 부위를 부드럽게 마사지 해보라. 가슴을 자유롭게 하고 위 부위를 마사지 하면 감정이 방출되서 깊게 호흡하는데 도움을 준다.

대부분의 지성활동은 육체적인 운동을 거의 요구하지 않기 때문에 호흡이 얕아지게 되며 그것이 습관이 된다. 잦은 두려움과 걱정, 우울함, 흡연 또는 단순히 오염된 공기 또한 습관적 호흡 장애로 귀결된다. 이러한 습관이 한 번 형성되면 신진대사가 느려지고 육체 에너지 레벨이 낮아져서 신체에 독성이 쌓이게 된다. 그러므로 이 모든 상황은 악순환의 연속으로 이어진다. 신진대사가 떨어져서 무기력해지면 우리는 편리한 것에 더 의존하게 된다. 따라서 걸을 수 있을 때도 차를 타게 되고 더 많은 에너지를 유입하기 위해 각성제를 섭취하거나 모순적이지만 흡연을 해서 심장을 자극한다. 이들 중 어떤 것도 호흡에 도움이 되지 않는다.

두뇌 또한 지속적인 산소 공급원에 결정적으로 의존한다. 쉬는 동안에 두뇌는 산소의 4분의 1을 사용하지만 그것은 전체 신체에서 사용되는 산소의 15분의 1에 불과하다. 숨을 참고 얼마나 오래 버틸 수 있는지를 확인해보라.

호흡은 자발적이거나 무의식적 통제 하에서 이루어진다. 본의 아니게 우리는 두려울 때 호흡이 수축되는데 이것은 생존본능에서 나오는 행위다. 비슷하게 우리는 우리의 숨을 의도적으로 깊게 쉼으로써 두려움과 싸울 수 있으며 우리 몸의 긴장을 이완할 수 있다.

호흡능력을 증가시키려는 운동의 자발적인 측면과 의식적인 노력으로 우리는 점차로 호흡을 깊게하는 습관을 가질 수 있다. 호흡은 실제로 몸의 구조를 변화시키는데 몸의 구조가 일단 변하면 몸은 호흡을 갈망하기 때문에 산소공급량을 늘린다. 그것은 진화적 힐링 지향의 과정이다.

힌두인들은 호흡을 마음과 몸 사이의 관문으로 생각한다. 요가의 전체 시스템은 프라나야마라고 불리는 호흡테크닉 위에 세워졌는데 이것은 의식을 확장하고 몸을 정화하기 위해 설계되었다. 생각이 고요해지면 호흡 또한 고요해지는데, 이때 치유와 안정의 리듬은 몸 구석구석을 통과해 흐른다. 마음은 또한 호흡의 통제를 통해서 고요해질 수 있다. 호흡의 흐름이 지속적으로 바디 안으로 들어왔다 나갔다하는 역동적인 과정을 통해서 몸의 형태가 완성된다.

프라나야마 테크닉은 주요한 나디와 침술 경락점과 같은 영적이고 심령적인 통로에 영양을 공급한다. 이러한 통로는 이 과정에 의해 충전되며, 전체 유기체 내에 미묘한 진동을 상승시킨다. 요기들은 거친 물리적 공기의 유입과 호흡을 통해서 미세신의 움직임에 차이를 만들어낸다. 더 미묘한 움직임이 일어나기 위해서 호흡을 하는데 주의를 기울일 필요가 있다. 우리는 시각화나 자세를 사용해서 특정한 부위에 에너지를 직접 주입할 수 있다.

숨쉬기 운동

프라나야마 숨쉬기 운동은 많고 다양하다. 여러분이 이 강한 힘을 가진 운동에 관심 있다면, 본서보다 더 많은 요가 운동법이 소개된 책들도 있다. 본서에서는 몇 가지 기본적인 운동을 소개한다.

깊은 호흡 또는 완전한 호흡

다소 쉬운 운동이다. 어떤 자세이든 편안하게 앉아서 들숨과 날숨의 호흡을 완전하게 한다. 이때 호흡의 길을 주의해서 관찰하라. 배 속까지 깊이 숨을 내쉰 다음 가슴까지 숨을 내뱉고 마침내는 어깨와 목까지 호흡이 도달하게 하라. 호흡을 내뱉고 순서를 뒤바꾸어 몇 차례 반복하라.

불의 호흡

횡경막을 사용해서 하는 빠른 호흡 운동이다. 지속적으로 빠른 배접기를 반복하여 짧은 호흡을 창조해내는 운동이다. p.211의 3번 차크라에 실린 보다 자세한 설명을 참고하라.

양쪽 비공을 번갈아가며 호흡하기

이 운동은 중추신경계에 작용하여 이완과 깊은 수면에 도움을 준다. 오른쪽 손으로 오른쪽 콧구멍을 막고 왼쪽 콧구멍으로 깊이 숨을 마신다. 숨이 다 차면 왼쪽 콧구멍을 막고 숨을 깊게 내쉰다. 숨이 다 나갔으면 오른쪽 코로 숨을 들이 마쉰다. 숨이 다 채워졌으면 다시 오른쪽 코를 막고 왼쪽 코로 숨을 내뱉는다. 같은 방식으로 20회 정도 시행하고 반대쪽도 시행한다. 이 운동은 심오한 의식의 변화에 도움을 준다.

반다

"반다[113]"는 잠금을 의미하며, 프라나야마의 반다는 숨을 참는 방법으로 몸의 특정한 부분에 숨을 가두어 놓는 것이다. 세 가지의 기본적인 반다가 있다. 그들은 턱 잠그기, 배 잠그기, 항문 잠그기로 몸의

---

113) Bandhas

주요한 세 영역에 호흡을 보존하는데 유용하다.

 턱 잠그기 또는 자란드하라 반다는 머리로 에너지를 보내서 갑상선과 목 차크라를 자극한다. 단순히 숨을 완전히 들이마시고 목을 수축해서 머리를 가슴 쪽으로 낮추고 등을 똑바로 편다. 가능한 편안하게 숨을 멈추고 내뱉지 마라. 왜냐하면 만일 부적절하게 행해진다면 현기증을 느낄 수 있기 때문이다.

 배 잠그기 즉 우디야나 반다[114]는 선 자세에서 실시한다. 그것은 내부 소화기관을 마사지 하거나 몸을 정화하는데 도움을 준다. 완전히 호흡하고 깊게 내뱉어라. 몸의 공기가 비면 숨을 쉬지 않고 참은 상태에서 배를 안쪽 깊숙이 밀어 넣는데 이때 호흡을 들이 마시지 않도록 주의한다. 불편하지 않을 때 까지 이 상태를 유지한 후 천천히 호흡을 들이 마시면서 배 근육을 릴렉스한다.

 물라반다[115] 또는 항문 잠그기는 뿌리 차크라를 조율한다. 이 운동은 호흡을 들이마신 후 숨을 참으면서 회음부와 항문 괄약근을 조이는 운동이다.

4번 차크라 운동

가슴열기

 양 손을 까지 낀 채 팔을 등 뒤로 올린다. 팔꿈치기 조여질 때까지

---

114) uddiyana-bandha
115) mulsbandha

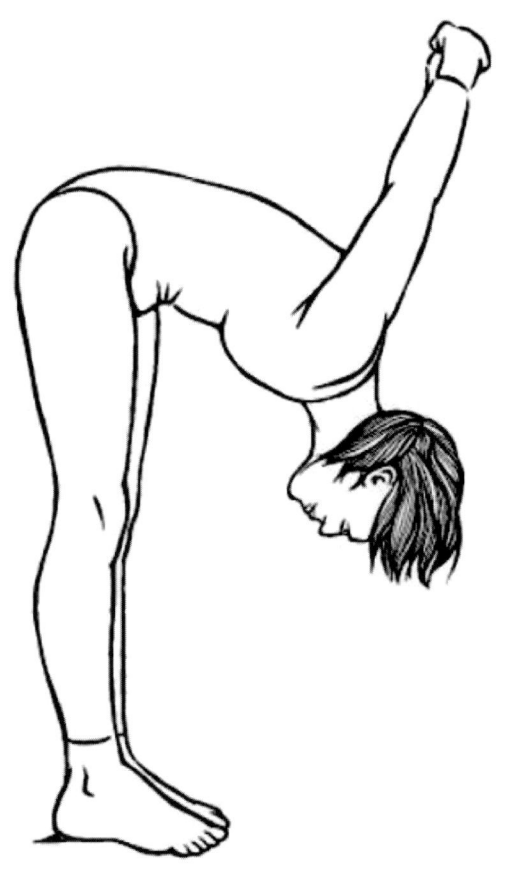

그림 5.6 가슴열기

팔을 돌려 최대한 앞으로 당긴다. 이 운동은 어깨를 아래로 낮추고 가슴을 밖으로 내밀어야한다. 깊게 호흡하라. 머리를 뒤로 젖히고 팔을 지지대로 사용하여 상채를 돌리고 빡빡한 근육을 느슨하게 해준다. (그림 5.6)

추가로 스트레칭을 해주어 가슴 주위에 흉부 근육을 열어준다. 벨트나 타올 또는 넥타이를 두 손에 잡고 머리 위로 올려 삼각형을 만들어준다. 팔꿈치를 펴고 앞에서의 벨트나 타올 넥타이를 양손에 잡은 상태로 등뒤로 팔을 올려서 스트레칭한다. 팔꿈치를 피기 어려우면 타올을 좀 더 멀리 잡은 상태로 스트레칭한다. 스트레치하는 느낌이 들지 않는다면 타올간격을 좁혀서 잡는다.

코브라

이것은 요가 운동으로서 아침에 일어나자마자 하면 좋은 운동이다. 이 요가는 상체 척추에 작용하고 쇠퇴한 가슴에서 기인된 굽은 등을 완화하는데 도움을 준다.

배를 대로 바닥에 평평하게 누워서 팔은 구부리고 손바닥은 아래를 향한 채 얼굴을 바닥에 대고 눕는다. 팔을 지지하지 않은 채 편안하게 할 수 있는 한 가장 멀리 천천히 머리와 어깨를 들어올린다. 그리고 나서 긴장을 푼다. 같은 자세를 한 번 더 반복하고 나서 이번에는 팔로 바닥을 지지하여 상체를 더 멀리 들어올린다. 가슴을 열어야하므로 팔꿈치는 완전히 펴지 말고 어깨는 내려서 편안하게 한다. 배와 가슴을 스트레칭하고 깊게 호흡한 후 편안하게 쉰다. 할 수 있는 만큼 반복한다.

그림 5.7 코브라

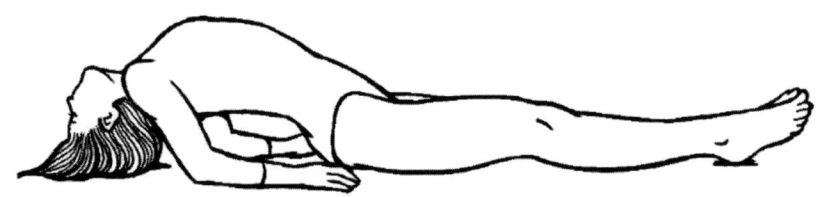

그림 5.8 물고기 자세

그림 5.9 팔 돌리기

물고기 자세

이 운동은 또 다른 아사나 요가다. 흉강(chest cavity)을 확장시키도록 디자인되었다. 등을 대고 바닥에 누워서 마룻바닥에 다리를 쭉 뻗는다. 손바닥을 아래로 하여 엉덩이 아래쪽에 놓는다. 팔꿈치를 약간 구부려서 바닥을 지지한 채 누르면서 상체를 위로 들어 올린다. 목을 뒤로 젖히고 머리를 바닥에 닿게 한다(가능하다면). 깊게 숨을 쉰다. 가능한 한 편안하고 릴렉스한 상태를 유지한다. 깊게 다시 숨을 쉰다. (만일 이 자세가 너무 어렵다면 어깨뼈 뒤로 긴 베개를 놓고 그 위에 어깨뼈를 아치모양으로 구부리고 누운 채 상위척추를 느슨하게 한다.)

풍차

우리는 작은 아이처럼 이 운동을 한다. 양팔을 바깥으로 쭉 뻗고 상체를 양방향으로 돌리고 앞뒤로 움직인다. 이것은 몸으로부터 나오는 에너지를 팔과 손으로 보내서 빡빡해진 가슴과 배 근육을 느슨하게 해준다.

팔 돌리기

이 운동은 상위 차크라와 등 윗 부위(날개)의 근육을 강화한다. 양쪽 팔을 밖으로 쭉 뻗어서 한 쪽 방향으로 작을 원을 그리며 돌리는데 원은 점점 커진다. 이제는 방향을 바꿔서 반복한다. 당신은 또한 팔을 날개인 것처럼 퍼덕거리면서 나는 시늉을 하고 할 수 있는 한 깊게 호흡 한다.

손 차크라 열기

심장 차크라의 에너지가 너무 자주 손을 통해서 표현되기 때문에 45페이지의 운동은 심장 차크라에 관련된 운동이기도 하다.

명상

칼파타루-소망의 나무
(이 운동에서 주의할 점: 당신의 요청한 것을 확실히 이해했는지를 유의하라)

심장 차크라의 바로 아래에 아난다칸다 연꽃이라고 불리우는 여덟 개의 꽃잎을 가진 작은 연꽃이 있다. 이 연꽃은 칼파타루라는 인드라 하늘로부터 온 '천상의 소망 나무'이다. 보석의 제단 앞에 있는 이 마법의 나무는 마음 가장 깊은 곳 소원을 들어준다고 전해진다. 이 소원은 우리가 원한다고 생각하는 것이 아니라, 내면 깊숙한 곳에서 영혼이 바라는 것이다. 우리가 진심으로 이 나무에게 소원을 빌면, 그 소망이 전달되어 바라는 것 보다 더 많은 것을 받게 되며, 마침내 자유[116]로 이르게 된다.

편안하게 누워라. 잠시 접지하고 중심을 잡고, 근육을 이완한다. 당신이 안전하고 편안한 환경에 있다고 확신하라.

깊게 숨을 쉬고 내뱉고 쉬고 내뱉고 쉬고...내뱉고 ...쉬고 내뱉는다. 자신의 심장박동을 느껴보라. 몸 구석구석 동맥과 정맥의 복잡한 네트워크를 통과하여 몸 전체에 혈액을 공급하는 심장 박동을 상상해보라. 심장 위로는 나뭇가지처럼, 심장 아래로는 생명력으로 가득찬 나무의 뿌리처럼 펼쳐진 경로들을 상상해보라. 산소가 심장을 통과하여 가슴 밖으로 나와서 어깨, 팔 아래로 갔다가 손에 공급되는 경로를 따라가

---
[116] moksa

보라. 산소가 다시 배, 다리, 무릎, 발 아래로 하강했다가 다시 몸을 통과해서 집 즉 핵심으로 돌아오는 산소의 통로길을 또다시 따라가 보라. 심장을 통과해 지나갔던 혈액의 모든 방울들은 호흡, 공기, 인생과 함께 다시 신선해져서 심장으로 돌아온다.

여러분의 심장은 신성한 나무다. 나무의 가지들은 여러분의 몸을 통해서 세상 속으로 뻗어 나아가는 생명의 그물이다. 나무의 기둥은 여러분이고 여러분의 근원이며 여러분의 중심 자아다. 이 경로는 이 핵심적이고 깊은 뿌리이자 여러분의 토대로부터 음식과 물을 발견해서 우리에게 물질을 공급한다. 이러한 핵심으로부터 가지와 그들 심장의 소망인 나뭇잎들이 뻗어 나온다. 그들은 태양과 바람을 모아 여러분을 성장시킨다. 그들은 꽃과 열매를 피우고 땅위로 떨어져서 다시 성장한다. 표현되는 모든 것들은 결국 돌아온다.

이 나무 앞에 보석 제단이 있다. 이 제단에 나쁜 습관과 같은 여러분이 기꺼이 포기하고자 하는 어떤 것을 바친다. 창조성, 충성심, 치유와 같은 여러분이 기꺼이 줄 수 있는 하나를 이 제단에 바친다. 이 공물을 여러분의 소원을 이루는 교환의 상징으로 삼아라.

다음으로 심장 속까지 호흡한 후 심장의 고통과 즐거움을 느껴라. 내면 소울의 깊은 바람을 느끼라. 이 바람을 구체적으로 정의하지 말고 그들의 근원을 느껴보라. 느낌이 증가하도록 그들을 호흡한다. 당신 몸 전체로 그들을 느끼고 맥박을 밖으로 밀어내고 돌아와서 다시 밖으로 내보낸다. 이 바람이 나무의 가지들을 채우도록 소망하라.

나무가 여러분의 심장 깊은 곳의 바람으로 흠뻑 스며들면 한 마리의 새가 나무로 날아오는 것을 상상하라. 새는 나무의 중심으로 날아가 머리를 이쪽 저쪽으로 젖히며 표현된 바람과 소망을 깊이 듣는다. 당신의 심장 안에 살고 있는 새들과 깊이 교감하는 시간을 가져 보라. 당신이 그렇게 할 때 새들은 당신의 심장 가까이로 와서 당신의 심장이 새에게 자신의 소망을 말하게 하라. 그 말이 그리움에서 나오게 하라. 특정한 이미지가 마음 속에 떠오르는 것은 좋지만 그들을 쫓지는 말라. 당신이 완전하다고 느꼈을 때 새에게 작별 키스를 전하고 새를 날려 보내라. 이제 그 일을 흘려보내고 잊어라. 새는 당신의 소망을 힘 있는 존재에게 가져갈 것이고, 관련된 모든 방법으로 당신의 소원은 성취될 것이다.

감사 제의

서로 가깝다고 느끼는 친구들 그룹으로 원을 만들거나 혹은 여러분이 깊은 관계에 있는 친구나 연인의 맞은편에 앉는다.

만일 당신이 마법 지향적이라면, 여유를 갖고 여러분의 시간과 공간을 혼란으로부터 보호받도록 하라. 여유를 갖고 기반을 단단하게 하고 집중하고 깊게 호흡하여 릴렉스한다.

원을 돌아다본다. 한 번에 한 명씩 사람들의 눈을 들여다보라. 그 사람이 당신의 인생에 지닌 가치에 대해 생각해 보라. 그들과 함께 했던 경험과 시도들, 그리고 즐거움을 떠올려 보라. 그들의 관점에서 그러한 경험을 생각해 보고 그들이 어떠한 투쟁을 했는지 그들이 어떤 두려움 그리고 어떠한 즐거움을 가졌었는지 생각해 보라. 필요하다면 가능한 많은 시간을 들여 생각해 본 다음 눈을 감고 안으로 들어간다.

원의 동쪽방향에서 시작해서 앉아 있는 사람이 한 번에 한 명씩 원 안으로 들어가서 앉도록 하라. 원 안에 있는 모든 사람들이 자신의 이름을 세 번 혹은 네 번 정도 부드럽게 챈팅하도록 한다. 챈팅이 끝나면 원안에 있던 사람이 본래 서있던 자리의 좌측의 사람으로부터 시계방향으로 돌면서 각각 그들이 원 안에 있는 사람에 대해서 감사했던 일을 이야기하도록 한다. "나는 당신이 내 차의 시동을 걸리게 도와주었을 때 정말 좋았어.", "나는 당신이 이야기를 들어주는 방식이 인상적이야.", " 나는 당신이 나를 웃게 해주어서 좋아." 어떤 의견이나 비판 그리고 제안을 말해서는 안 된다. 만일 그들이 적절하다로 느껴진다면 안아주거나 선물을 주어도 된다.

원 안에 있는 사람에 대해 모든 사람이 돌아가면 감사의 마음을 전하고 나면, 원 안에 있는 사람은 다음 사람의 이름을 부르고 사람들은 호명된 사람이 다시 원안으로 들어갈 때 까지 그의 이름을 부른다. 그리고 전체의 과정은 되풀이 된다. 모든 과정이 끝나면 함께 구호를 외치면서 원을 마무리 하고, 음악을 들으려 음식과 음료를 즐긴다. 가능하다면 모든 사람들이 허그를 한다.

연민 명상

이 명상은 혼자 할 수도 있고(상상으로), 그룹으로 하거나 가장 좋은 것은 버스 정류장이나 레스토랑, 공원, 벤치같이 사람이 붐비는 곳에서 하면 좋다.

앉을 장소를 골라서 편안하게 앉는다. 눈을 감고 자신에게 집중하고 깊게 호흡을 하며 호흡을 배로 내리고 다시 발로 내리고 땅 속까지 이르게 하라. 호흡을 자신의 심장박동에 맞추고 리듬이 당신의 몸 구석구석에서 뛰고 있는 것을 느껴라. 호흡을 안으로 마시며 심장을 느끼고 무조건적으로 자신을 수용하고 자신을 사랑으로 채우고 다시 호흡을 내뱉는다.

눈을 뜨고 자신의 주변을 바라본다. 한 번에 한명씩 사람들을 집중하여 바라본다. 그들의 눈을 보고 목소리를 듣고 그들의 행동을 주시 (만일 여러분 자신 밖에 없다면, 아는 누군가를 상상하거나 바라본다) 하라. 호흡이 여러분의 몸 곳곳을 순환하도록 하라. 사람들을 판단하거나, 비난하지 말고, 혐오나 욕망 없이 바라본다. 단지 그들을 바라보고 그들의 심장에 집중한다. 몸이 어떻게 심장을 주변으로 형성되었는지를 바라보고 심장의 희망이나 꿈을 상상하고 그들의 심장에 묻혀있는 슬픔과 두려움을 상상하라. 그 안에서 호흡하고 스스로 그것을 느껴보라. 그러나 집착하지는 말라. 다시 기쁘게 호흡을 내뱉어라.

말이나 움직임 없이 에너지 빔이 당신의 심장으로부터 그들에게 날아간다고 상상하라. 그들에게 사랑을 보낸 다음 놓아주라. 연결에 매달리거나 어떤 식으로든 스스로 책임지려고 하지 말라. 유대감을 놓아버리고 다른 사람에게로 옮겨가라.

당신이 충분해졌다면 눈을 감고 자신의 중심으로 돌아가라. 다른 사람을 봤던 것과 마찬가지로 자신의 심장을 느껴보라. 자신에게 똑같은 사랑과 연민을 주어라. 숨을 쉬고 더 깊이 내보내라. 그리고 놓아버려라.

5번 차크라

에텔
소리
진동
소통
만트라
텔레파시
창조성

제 6장
5번 차크라: 소리

명상

시작하기 전에 모든 것은 어둡고 모든 것은 텅 비어 있었다.

우주의 얼굴은 깊었고 드러나지 않았다.

실로, 어떤 것도 직면할 수 없었으며 단지 끝없는 없음만이 이어졌다.

어떤 빛도 없었고, 어떤 움직임도, 어떤 소리도, 어떤 생명도, 시간조차도 없었다.

모든 것은 없는 것이었고 우주는 아직 창조되지 않았다.

수태되지 조차 않았다.
어떤 형태도 없었기 때문에 수태할 수 있는 존재도 수태되어질 수 있는 존재도 없었다.

어둠이 스스로를 덮친 그 텅빔 속에서...
그것은 아무것도 아님을 자각한다.
홀로, 어둡게, 태어나지도, 드러나지도 않고, 고요하게!
여러분은 이러한 정적을 상상할 수 있는가? 없음의 정적을?
여러분은 그것을 들을 만큼 충분히 고요한가?
여러분은 내면의 정적을 들을 수 있는가?

깊게 호흡하라. 그러나 조용하게 호흡해서 숨이 여러분의 폐 속에 고요하게 머물게 하라.
공기가 들어가고 목이 확장됨을 느껴보라.
없음을 들어라. 고요함을 들어보라.
고요함의 장소를 찾아 여러분 깊은 곳에 귀를 기울이라.
이 공허 속으로 천천히, 깊고 평화롭게 호흡하라.
무한한 고요함 속에서, 어둠이 스스로를 덮쳤다.
그리고 그 텅 빔 속에서 혼자라는 사실을 알게 됐다.
그리고 혼자서 어둠은 또 다른 존재를 욕망했다.
이 욕망 속에서, 텅빔을 가로질러 움직이는 물결은 자신을 접고 접고 또 접는다. 얼마 지나지 않아서 텅빔은 사라지고 텅빔은 탄생으로 가득 찼다.

위대한 비현현의 시작 속에서
존재를 자각할 수 있는 것은 진동뿐이었다.
그리고 그 진동은 모든 다른 소리가 태어난 소리였다.
그것은 최초의 발현인 브라흐마로부터 나왔다.
그것은 그녀의 영원한 대답인 사라스바티로부터 나왔다.
그들의 하나 됨 안에서, 소리가 생겼고 모든 텅빔을 뚫고 퍼졌고 텅빔을 채웠다.

그리고 소리는 하나가 되었고, 소리는 많아졌고 소리는 바퀴가 되어서 영원한 인생의 춤 속으로 세계를 돌리고 또 돌려서, 영원히 노래 부르고 언제나 움직인다.
만일 여러분이 듣고자 한다면 지금 그것을 들을 수 있다. 그것은 호흡 속에 있으며, 여러분의 심장 속에 있으며, 바람, 물, 나무와 하늘 안에 있다. 그것은 여러분의 마음속에 있고 모든 생각 하나 하나에 리듬으로 스며들어있다.

그것은 하나의 소리로부터 나와서 하나의 소리로 돌아갈 것이다.
그리고 소리는

아움...아...우..음......
아움...

이제 그것을 여러분 내면에서 고요하게 흥얼거리면서, 여러분의 호흡 안에서 세워지게 하라. 신성한 소리가 여러분으로부터 나오게 하고, 바람의 날개를 타고 움직이라.

리듬은 창조되고, 깊이 진동한다. 호흡 속 깊은 곳에서 상승한다.
모든 창조의 소리를 노래하라. 차크라가 회전하는 소리를 노래하라.
목소리는 점점 커져서 울려 퍼지고 다른 소리와 함께 어우러진다.
리듬은 이제 더 깊어져서 모든 신성한 춤 안으로 짜여 들어간다.
리듬이 진동하고 목소리는 성장하며 인생의 춤은 메아리친다.
단어는 음률로, 음악은 언어로 인생의 바퀴를 타고 간다.
우리의 여행을 인도하는 내면 깊숙한 영혼이 움직인다.
여러분의 안의 목소리로 노래하라. 이곳이 바로 우리가 시작해야하는 곳이다.

고독으로부터 호흡하고 이제 허공 속으로 외친다.
어둠 속에서 대답이 들린다. 두려움과 고통은 폐기되었다.
브라흐마는 첫 번째 진동이다. 사라바스티는 흐름이다.
비전 안에서 소리는 우리와 하나 된다. 우리가 아는 모든 것과 조화를 이룬다. 곧 다시 고요함이 된다. 원시의 소리가 메아리되어 울려 퍼진다. 모든 진동과 진실의 심오한 메아리를 정화한다.

5번 차크라의 상징과 상응성

산스크리트어 이름: 비슈다
의미: 정화

위치: 목
원소: 소리
기능: 소통, 창조성
내부 상태: 조화
외부 상태: 진동
외부 현현: 진동
내분비선: 갑상선, 부갑상선
다른 몸의 부분: 목, 어깨, 팔, 손
고장날 경우: 인후염, 뻣뻣한 목, 감기, 갑상선 문제, 청력 문제
색상: 밝은 파랑
감각: 듣기
종자소리: 함(Ham)
모음소리: 이(Eee)
꽃잎수: 16, 모든 산스크리트어 모음
세피라: 게부라, 헤세드
행성: 머큐리
금속: 머큐리
음식: 과일
상응 동사: 나는 말한다
요가: 만트라 요가
허브향: 유향, 안식향, 메이스
미네랄: 터키옥, 아쿠아마린, 천정석
동물: 코끼리, 소, 사자
연꽃 상징: 하강하는 삼각형 안에 보름달으로 생각되는 하얀 원이 있다. 원안에는 흰 코끼리가 있고 그 위에는 비자상징인 함(ham)이 있다. 연꽃 속의 신은 사다시바[117]다. 그는 세 개의 눈과 다섯 개의 얼굴, 그리고 열 개의 팔을 기졌다. 또한 호랑이 옷을 입고 뱀 화환을 두른 채 흰 소위에 앉아있다. 쉬바의 배우자는 여신 가우리다. 가우리는 또한 우마, 프라바티, 감바, 토탈라 그리고 트리푸가를 포함한 여신

---

117) Sadasiva

급의 이름이다.
힌두신: 강가
그 밖의 판테온: 헤르메스, 뮤즈, 아폴로, 브리지드, 세스헤트, 나부
주요작동원리: 공명

의식으로의 관문

소리...리듬...진동...단어! 우리 삶의 힘 있는 지배자들인 이들을 우리는 당연하게 여긴다. 이들을 사용하고, 또 이들에 반응하고 날마다 이들을 새롭게 창조함으로써 우리는 리듬의 주체가 된다. 이들은 끝없이 엮어져서 경험의 천이 된다. 갓 태어난 아가의 울음소리에서부터 교향악의 하모니에 이르기까지, 우리는 무한한 커뮤니케이션의 직물 속에 파묻힌다.

소통은 삶을 가능하게 하는 연결원칙이다. 살아있는 세포에 암호화된 DNA의 메시지에서부터 말하고 기록하는 언어에 이르기까지, 그리고 마음과 몸을 연결하는 신경 자극에서부터 대륙과 대륙을 연결하는 방송파에 이르기까지, 커뮤니케이션은 모든 생명을 조화롭게 하는 원칙이다. 그것은 의식이 한 장소에서 다른 장소로 자신을 확장시키는 수단이다.

인체 내에서 커뮤니케이션은 결정적이다. 뇌파와 근육 조직 사이에 전기적인 커뮤니케이션이 없다면 우리는 움직일 수 없을 것이다. 호르몬과 세포간의 화학적 소통이 없다면 어떠한 성장도 없을 것이며, 주기적인 변화에 대한 신호도 없을 것이고, 병에 대해서는 전혀 방어하지 못할 것이다. 유전자 정보를 전달하는 DNA의 능력이 없다면 삶은 존재하지 못할 것이다.

문명은 이어진 천처럼 커뮤니케이션에 의존하고 그러한 커뮤니케이션을 통해서 우리는 우호적이고 복잡한 문화를 연결하는데, 이것은 몸의 세포가 하나의 유기체를 형성하기 위해 함께 일하는 것과 마찬가지다. 커뮤니케이션 네트워크는 문화적 신경 시스템으로서 우리 모두를 연결한다.

5번 차크라는 소리, 진동, 자기표현, 그리고 창조성을 통한 커뮤니케이션과 연관된 중심부다. 이것은 의식의 영역으로 인간 내면과 인간 상호간의 커뮤니케이션 모두를 통제하고 창조하며 전달하고 수용한다. 5번 차크라는 역동적인 창조의 중심부로서 오래된 생각을 통합해서 새로운 것으로 만든다. 5번 차크라의 요소들은 듣기, 말하기, 쓰기, 노래, 텔레파시 및 예술-특히소리와 언어에 관련된-과 관련 된다.

커뮤니케이션은 상징을 통하여 정보를 전달하고 받아들이는 과정이다. 5번 차크라는 쓰고 말하는 언어나 음아의 패턴 또는 징조, 모는 두뇌에 가해지는 전기 자극처럼, 5번 차크라는 이러한 상징들을 정보화하는 중심부다. 커뮤니케이션의 상징적인 성질 때문에, 이것은 내면 영역에 접근하는 주요한 열쇠다. 상징은 우리가 세계를 보다 더 효율적인 방식으로 표현하는 수단이며, 두뇌 안의 무한한 저장 능력을 부여하는 수단이기도하다. 우리는 생각을 저장하기 전에 그것에 대해서 토의할 수 있다. 우리는 정보를 흡수해서 간결한 형태로 저장할 수 있다. 생각을 종합해서 현실적인 이미지로 만들고 이미지를 다시 생각으로 저장한다. 이것은 모두 인식된 패턴의 상징적 묘사를 통해서 일어난다.

우리가 5번 차크라에 올라갈 때 육체로부터 몇 발짝 떨어지게 된다. 소통은 인간이 물질을 초월하는 첫 번째 단계로 몸이라는 통상적 제약을 초월하게 해준다. 뉴욕에 전화함으로써 우리는 직접(신체적으로) 뉴욕에 가지 않아도 된다. 전화로는 단지 몇 분이 걸릴 뿐이고 비용도 거의 들지 않는다. 마치 길을 건너는 것처럼 태연하게 시간과 공간의 한계를 넘는다. 테이프에 소리를 녹음할 수 있으며 망자의 일기를 읽고 화석의 DNA에서 고대의 패턴을 해독하는 것도 모두 상징의 해석을 통해서 이루어진다.

앞서 이미 언급했듯이, 하위 차크라는 고도로 개인적이다. 인간의 몸을 예로 들어보면, 몸은 피부라는 장벽으로 경계지어져 타인과 명백히 분리된다. 차크라의 기둥을 따라 올라갈 때 우리의 경계는 점점 더 모호해진다. 순수의식인 7번 차크라의 생각에 도달하면 이 의식의 주변에 경계를 설정하고 "이것은 내거고, 저것은 너 거야." 라고 말하기가 불가능해진다. 정보와 생각은 우리가 숨 쉬는 호흡과 비슷한 보이지 않는 장으로 우리를 둘러싸고 있다. 그리고 그것으로부터 우리가 필요한 것을 얻는다. 이러한 장에는 어떠한 분리도 없다. 각각의 단계를 상승할 때 마다 경계와 분리는 줄어들면서, 우리를 통합에 더 가깝게 데려간다. 우리는 연결할 수 있는 의식의 능력을 통해서 이러한 통합에 도달한다.

소통은 연결의 행위다. 소통은 상위 차크라의 통합 원칙 중 하나다. 만일 내가 치유를 주제로 한 그룹의 사람들과 이야기를 나눈다면, 순간적이나마 특정한 생각에 대해 그들과 의식적으로 하나가 된 것이다. 소통이 일어났기 때문에 그들이 강연장을 떠날 때 관객으로 있던 사람들에 의해서 공유되는 정보의 부분집합이 생긴다. 만일 강의가 몇 차례 더 진행된다면 이러한 공유의식의 부분집합은 보다 더 커질 것이다. 이전에는 갈라졌던 마음들이 소통이 일어난 이후에 공통적인 정보를 가지게 되는 것이다.

소통은 인간의 평범한 한계를 넘어서 우리를 확장하는 하나의 방법이다. 소통을 통해서 나의 두뇌가 아닌 당신의 두뇌가 담고 있는 정보와 나는 접촉할 수 있다. 예를 들어 중국에 가본 경험이 전혀 없더라도, 책, 영화, 그림 그리고 대화라는 소통을 통해서 중국의 문화와 경치에 대한 지식을 얻을 수 있다. 소통으로 맺어지면, 그것은 또한 확장되서 우리의 세계는 더 거대해진다. 이러한 확장은 의식 상승 흐름의 패턴을 반영한다.

차크라를 따라 하강하는 흐름에서 우리는 제한과 현현을 향해 움직인다. 생각을 패턴화하고 이름붙이는 과정을 통하여 생각을 특정화시킨다. 이름붙이기는 무언가의 주변에 한계를 설정하고 의식을 집중시킴으로서 이것은 이것이고 저것이 아니다 라고 말하게 한다. 사물에 이름을 붙이는 것은 그것을 명료하게 하는 것이며, 경계를 설정하는 것이고 구체화하는 것이다. 이름붙이기는 생각에 구조와 의미를 부여한다.

커뮤니케이션은 우리의 현실을 형성하고 미래를 창조한다. 만일 내가 여러분에게 "물 한잔만 주세요."라고 말한다면 나는 손에 물 한잔을 들고 있는 미래를 창조하는 것이다. 만일 내가 "나를 혼자 있게 내버려 두세요."라고 말한다면, 나는 당신이 없는 미래를 창조하는 것이다. 대통령의 연설과 회사 중역진들의 회의에서부터 무술 혹은 아이들이 배드 타임 스토리[118]에 이르기까지 커뮤니케이션은 시시각각으로 세계를 창조한다.

커뮤니케이션은 의식을 차크라 스펙트럼의 양방향으로 향하게 한다는 것은 분명하다. 커뮤니케이션은 추상적인 생각과 현현된 생각 사이를 중재하는 상징적인 체계다. 커뮤니케이션은 생각을 통제된 물리적 진동으로 만들고, 다음에 물리적 장에서 현현을 창조할수 있다. 단어와 더불어, 의식은 도구를 가지고 있는데, 이를 통해서 자신을 둘러싼 우주에 명령을 내리거나 조직한다. 그러므로 5번 차크라는 마음과 몸 사이의 관문 안에서 중요한 자리를 차지한다. 그것은 심장과 같은 균형의 중심부는 아니다. 오히려 그것은 불이리는 변형적인 자산을 반영한다. 다시 말해서 그것은 한 차원에서 다른 차원으로 이르는 변형의 매개체다.

---

118) 아이들이 잠들기 전 부모(혹은 부모에 상응하는 인물)가 읽어주는 동화이야기

본 장에서 우리는 이론에서부터 실제에 이르는 소통에 대해서 탐구해 볼 것이다. 우리는 진동과 소리, 만트라, 언어, 텔레파시, 창조성 그리고 5번 차크라의 연꽃 안의 꽃잎과 같은 메디아에 대해 검토해 볼 것이다.

비슈다-정화기

오 데비여! 오 사라바스티여!
나의 말위에 거하며,
나의 혀 끝에 거하는
오 성스러운 어머니시여, 허점없는 시의 부여자여!

스와미 시바난다 라드하

흔히 목 차크라라고 불리우는 이 소통의 차크라는 목과 어깨 부위에 위치한다. 밝고 짙은 청색에 가까운 파란색으로 6번 차크라의 인디고 블루와는 반대 색상이다. 열 여섯 개의 꽃잎을 지닌 연꽃은 산스크리트어의 모든 모음을 포함한다. 산스크리트어로 모음은 전형적인 정신을 드러내지만, 자음은 물질의 단단한 부분을 나타낸다.

이 연꽃은 정화를 의미하는 비슈다로 불린다. 비슈다의 의미는 이 중심부에 대한 두 개의 사물을 암시한다. 즉 1) 5번 차크라에 성공적으로 도달해서 이 차크라를 열기 위하여 몸은 특정한 수준으로 정화되어야 한다. 상위차크라의 보다 아주 미묘한 측면은 민감함을 요한다. 몸이 정화되면 이 미묘함은 열린다. 2) 만물에 내재된 진동과 힘으로서의 소리는 정화의 성질을 지닌다. 소리는 물질의 세포 구조에 영향을 준다. 소리는 또한 우리 내면과 주변의 불협화음을 이루는 주파수를 조화롭게 하는 능력을 가지고 있다. 우리는 앞으로 이러한 원칙들을 더 면밀하게 검토해볼 것이다.

5번 차크라 안에서 또 다시 많은 엄니를 지닌 흰 코끼리 에어라바타[119]를 본다. 그는 꼭지점이 아래로 향하는 삼각형 속의 원 안에 위치하는데, 말로 표현하는 것을 상징한다. 5번 차크라를 상징하는 신은 남신 사다시바[120]와 여신 가우리[121]다. 가우리는 또한 우마, 파르바티, 람바, 토탈라, 그리고 트리퓨라를 포함한 여신 계급의 이름이다. 이 차크라 안의 모든 여신들은 다섯 개의 얼굴을 가지고 있다. (그림 6.1)

5번 차크라와 관련된 원소는 에텔로 아카샤 혹은 스피릿으로도 알려져 있다. 에텔장으로 알려진 미묘한 진동 장을 인식하기 위해서 자각을 충분히 순화하는 것은 바로 5번 차크라 안에서 이루어진다. 이 영역은 인간의 생각과 감정 그리고 신체적 상태의 원인과 결과 모두로서 기능하는 미묘한 물질의 진동장이다.

특히 현대의 초심리학적 연구로 비추어 볼 때, 평범한 현실법으로는 설명하기 불가능한 현상들이 어떤 모종의 영역을 통해서 꽤 규칙적으로 일어난다는 사실을 부인하는 사람은 거의 없다. 가까운 예로 원격투시, 텔레파시 통신, 그리고 원거리 힐링 등은 비범한 방식으로 일어나는 현상들 중 몇 가지 유형일 뿐이다. 컬리안 사진술은 생명체를 둘러싼 보이지 않는 장(field)을 시각적으로 기록할 수 있는 기술로 어떻게 이러한 에너지 장이 건강이나 병의 상태를 드러내는지를 보여준다. 리차드 거버 박사의 획기적인 저서 '진동의학[122]' 에서 실제로 에텔바다가 어떻게 물질적 몸의 성장을 유지하고 지탱하는지에 관한 조직적 원리를 기술하고 있다. 병은 그들이 조직에 드러나기 전에 먼저 에텔바다에서 일어나는 경향이 있다. 미찬기지로 치유는 침이나 심령 치

---

119) 에어라바타는 1번 차크라에노 손재한다.
120) 쉬바신의 변형이며 판카나나로서도 알려져 있음
121) 별명으로 정당한 존재, 노란 존재 또는 빛나는 존재를 의미함
122) Vibration Medicine

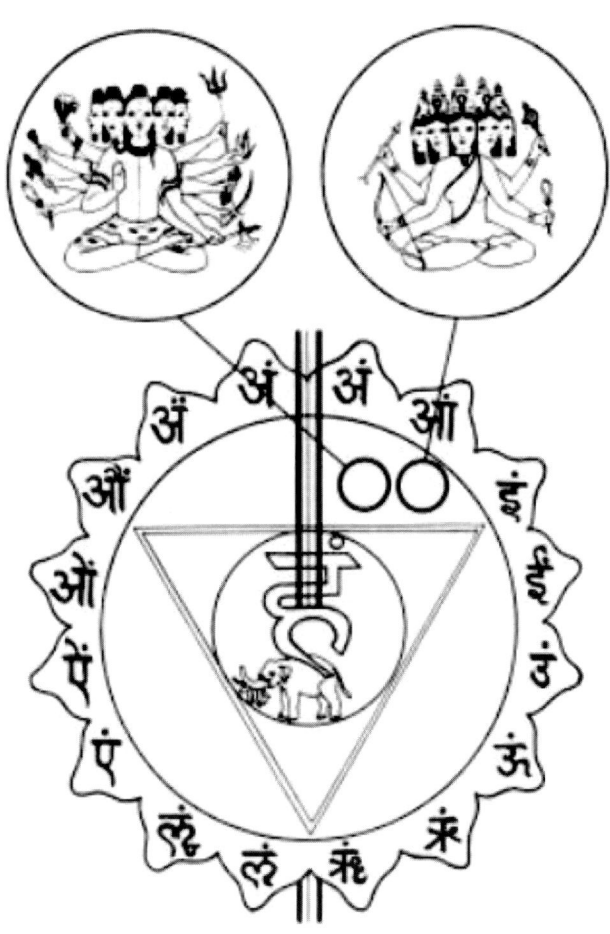

그림 6.1 비슈다 차크라

그림 6.2 5번 차크라

유, 그리고 동종요법과 같은 주로 미묘체를 다루는 기술에 의해 일어날 수 있다.

에텔 원소는 진동의 세계를 나타낸다. 이것은 오라, 소리 그리고 마음에 널리 퍼져있는 미묘한 에너지 장의 인상으로, 우리가 경험하는 생명체들의 발산물로서, 그 안에서 우리의 견고한 현실이 전개된다.

대부분의 형이상학적 시스템은 4대 원소(지, 수, 화, 풍)를 가정하지만, 시스템이 5원소를 포함할 때, 일반적으로 에텔, 즉 스피릿이라는 우주적 원소가 추가된다. 어떤 경우에, 그것은 지, 수, 화, 풍을 넘어서는 비물질적 원소인 '공간(space)'이라고 불린다. 이러한 시스템에서 4대 원소는 물질적 세계를 설명하고, 스피릿은 설명할 수 없는 비물질적 영역에 남겨진다.

5번 차크라는 일곱개의 차크라 중 고전적 조합에 따라 관련된 요소가 있는 마지막 차크라이므로 영적인 영역은 위 세 개의 차크라에 의해서 공유된다. 나는 소리가 5번 차크라와 관련 있다고 본다. 왜냐하면 소리는 진동이라는 보이지 않는 장이며 미묘체와 비슷한 방식으로 작동하기 때문이다. 아서 아발론은 "소리...는 에텔 존재에 의해서 알려졌다.:" 라고 말한다. 나는 점진적 미세 진동 현상으로써의 빛과 생각을 6번과 7번 차크라에 각각 배속한다.

진동의 미묘한 세계

만물은 춤추는 원자의 응집으로 그들의 움직임은 소리를 만든다. 춤의 리듬이 변할 때 춤이 만든 소리도 변한다. 춤의 리듬이 변할 때, 그가 만드는 소리 또한 변한다. 모든 원자들은 영원히 자신의 노래를 부르고, 소리는 매순간마다 조밀하고 미묘한 형태를 창조한다.

프리초프 카프라

에텔은 우주 도처에서 발견되는 미세 진동을 총망라한 통합장과 동일시 될 수 있다. 음파나 춤추는 입자 등 어떠한 진동도 다른 진동과 접촉한다. 모든 진동은 서로에게 영향을 미칠 수 있다. 5번 차크라로 진입하는 것은 의식을 자신을 둘러싼 미세 진동장에 맞추는 것이다.

자동차를 예로 들어보자. 우리는 차가 많은 부품을 갖춘 엔진에 의해 힘을 받는다는 사실을 알고 있다. 자동차는 피스톤과 밸브, 액화가스, 오일, 점화플러그, 압축공기(처음 4대 원소의 하나인 공기) 형태의 단단한 물질을 가지고 있다. 복잡하게 시간 배정된 움직임들은 모든 부속들이 정확한 관계 안에서 함께 작동하게 한다. 그러나 자동차의 보닛을 열면 단지 진동만 보인다. 왜냐하면 모터 안에 작은 부속들은 볼 수 없기 때문이다. 우리는 그저 거시적으로 볼 수 있을 뿐이다. 움직이는 엔진은 윙윙 소리를 방출하며 진동하는 금속 덩어리처럼 보인다. 차가 달릴 때 나는 소리로 자동차가 잘 작동되고 있는지를 감지할 수 있다. 우리가 알던 소리와 다른 소리가 나면 차에 문제가 생긴 것이다.

같은 방법으로 우리는 사람 또는 상황의 전반적인 진동을 경험한다. 아주 미세하게까지는 모를지라도 말이다. 무언가 잘못되었음을 눈치챌 수 있다. 전체 진동은 내부의 모든 차원들을 포함한다. 5번 차크라

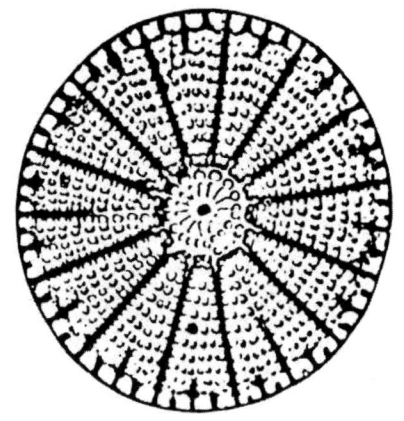

The bacterium Arachnoidiscus (x600).

그림 6.3
상: 박테리아가 형성한 거미줄 모양의 원반
하: 특별한 주파수에 따라 디스크 위의 모래를 진동시켜서 형성된 클라드니 모양

에서 우리가 자신의 의식을 정화할 때 이러한 미세 진동의 메시지를 자각하기 시작한다. 에텔장은 인간의 조직, 기관, 감정, 행동, 경험, 기억 그리고 생각의 진동패턴에 대한 일종의 청사진이다.

가장 단단한 물질조차도 높은 속도로 지속적인 진동을 한다. 사실 우리가 고체장으로서 물질이 텅 비었다는 사실을 인식하는 것은 단지 지속적인 움직임을 통해서이다. 매우 작은 공간에 묶여있는 원자입자의 움직임은 진동하거나 요동치는 것처럼 보인다. 진동은 모든 형태의 물질, 에너지, 의식 도처에 존재한다.

진동은 리듬이 드러난 것이다. 디온 포춘은 자신의 저서 우주교리에서 진동에 대해 '한 장[123)의 리듬이 다른 물질에 미치는 영향력'이라고 말한다. 우리가 차크라 기둥을 따라 상승할 때 각 차크라 영역은 그 아래 차크라 영역보다 더 높고 더 빠르며 더 효율적인 수준으로 진동한다. 빛은 소리(약 40 옥타브)보다 더 빠른 진동이고, 생각은 소리보다 더 미세한 진동이다. 인간의 의식은 몸이라는 물질 위에서 진동한다. 즉 에너지는 움직임에 영향을 주고, 움직임은 물질에 영향을 준다.

1800년대에 언스트 클라드니라는 과학자가 진동이 물질에 미치는 영향력에 관한 실험을 했다. 클라드니는 고정된 강철판위에 모래를 넣고 강철판의 모서리를 로진을 바른 바이올린 활로 문질렀다. 그는 판 위에서 모래가 춤추며 아름다운 만다라 패턴의 진동을 형성하는 것을 발견했다. 진동 주파수가 다양하듯이 패턴도 그러하다. (그림 6.3 참조) 음조가 단순한 주파수로부터 나왔다면 스테레오 스피커도 모래판에 역시 동일한 패턴을 만든다.

이것은 소리가 물질에 어떤 영향을 미치는지를 명료하게 보려준 예다. 이것은 한 차원의 물질이 다른 물질에 영향을 미치는 예다. 그

---

123) plane

러나 이것은 이러한 음조에 의해 창조되는 우연한 패턴이 아니라 차크라의 패턴처럼 중앙점 둘레에 기하학적으로 배열되는 만달라와 같은 디자인이다. 우리는 미세한 세포와 원자 구조, 또는 그보다 더 작게 보이는 에텔장에 소리가 어떤 영향력을 미치는지에 관해서 물어보지 않을 수 없다

다음 실험에서 물, 가루, 반죽 또는 기름과 같은 다양한 매개물에 투영된 소리파장이 나선형의 은하계, 수정란 속의 분리된 세포, 혹은 인간의 눈 홍채나 눈동자같은 자연 속에서 발견되는 형태와 놀랄만큼 유사한 패턴을 창조하는 것을 보여준다. 이러한 현상 연구는 사이매틱스[124]라고 불렸으며 주로 한스 제니라는 스위스 과학자에 의해서 개발됐다.

힌두인들은 창조자인 브라흐마로부터 바카하리라는 들을 수 있는 소리에 이르기까지, 다양한 차원의 밀도를 통해 작동하는 진동이 물질을 창조하는 기본적인 영향력이라고 믿었다. 사실 힌두인들의 문헌들에서 "옴(OM), 이 한 음절이 전 세계다." 라고 전한다... 이러한 이유 때문에 브라흐마는 전체다. 힌두교는 많은 점에서 기독교와 크게 다르지만, 성요한 사도[125]의 "태초에 말씀이 있었고, 이 말씀이 하나님과 함께 계셨으니 이 말씀은 곧 하나님이시다" 라는 진술과 앞서 소개한 힌두교의 문헌에 대한 유사성을 부인하지는 못할 것이다. 둘 다 신성의 발현으로 소리가 어떻게 세상을 구현했는지를 진술하고 있다.

모든 진동은 시간과 공간을 통해 반복적이고 규칙적인 패턴으로 움직이는 리듬으로 규정된다. 이 리듬을 지닌 패턴들은 우리 의식에 깊게 배어든 기능이다. 계절의 변화, 날마다 되풀이되는 낮과 밤의 리듬, 달의 주기, 여성의 생리, 호흡의 움직임 그리고 지속적인 심장 박동은 몇 가지 예이다. 어떤 생명체도 이러한 리듬을 피하지 못한다. 변화와

---

124) Cymatics
125) I John

마찬가지로 리듬은 모든 생명과 의식의 근본적인 측면이다.

　5번 차크라에서 작용하는 사람은 진동 차원에서 사물을 자각한다. 우리는 사실 단어보다는 단어를 말하는 목소리의 톤에 반응한다. 의식에 추상적인 면들이 미치는 효과는 거친 행위보다 훨씬 더 미묘한 효과를 끼치지만, 결코 더 심오하지는 않다. 불행하게도 대부분의 사람들은 이 영역 위에서의 행위와 반응을 의식적으로 자각하지 못한다.

　감각을 통한 우리의 인식조차 리듬을 지각하는 기능이다. 그것이 비록 감각 중 어느 하나를 통해서 이루어졌다고 하더라도 말이다. 소리 파동을 듣고 빛 파동을 보는 것 두 가지 뿐이다. 신경 섬유가 두뇌에 정보를 제공하는 바로 그 메카니즘은 에너지의 리드미컬한 맥동을 통해서 이루어진다. 탄생 시 어머니의 자궁에서 처음 수축을 느꼈을 때부터 임종 시 마지막 숨을 거둘 때까지, 우리는 마치 람다스가 "단지 거기에 춤이 있을 뿐"이라고 말한 것처럼 리듬을 타며 춤추는 생명체다.

　조지 레오날드는 그의 굉장한 책 고요한 맥동[126]에서 리듬을 "시간의 매트릭스에 저항하는 패턴화된 주파수 놀이."라고 정의한다. 그는 리듬의 주요한 역할이 어떤 시스템의 다양한 부분을 통합하는 것이라고 말한다. 우리는 심포니 오케스트라와 비슷하다. 현악기, 호른, 목관악기, 타악기들은 시스템의 다양한 측면들이지만 리듬을 통합하는 힘을 통해서만 우리는 음악을 연주할 수 있다. 리듬은 시스템의 맥박이다.

　많은 사람들의 삶에서 부족한 것은 이 공명리듬이다. 이것은 인간 존재의 바로 근원에서부터 우주의 맥박에 이르기까지 우리를 연결하는 통합적인 측면이나. 결과석으로 우리는 세계 그리고 우리 자신과 대립한다. 우리는 협동과 일관성 그리고 품위가 부족하다.

---

126) The Silent Pulse

더 나아가서 리듬은 차크라 패턴과 마찬가지로 스스로 영속하는 성향이 있다. 날마다 조용하고 마음을 집중한 상태에서 하루를 시작하는 사람은 자신의 소통이 보다 더 고요하고 집중력 있음을 발견할 것이다. 한편 매일 아침 교통체증을 뚫고 운전을 해서 직장에 출근하는 사람들은 억압적인 상태로 일을 한다. 빠르게 진행되는 일은 날마다 다른 종류의 진동에 연관된다. 이러한 리듬은 존재의 세포 단계에 영향을 주고 필연적으로 생각, 행동 그리고 감정에까지도 영향을 미친다. 직장 일을 끝내고나서 혼잡한 퇴근길을 운전해서 집으로 돌아오는 사람들은 자신의 가정과 식사패턴 그리고 타인과의 관계에서 이러한 리듬이 드러나는 것을 피할 수가 없다. 배우자와 자녀들은 의식적이든 무의식적이든 이러한 리듬 투하에 지배를 받게 되며 그에 의해 자극받거나 피곤해할 수 있다. 그들은 같은 진동 수준에 반응하거나 더 악화될 수도 있다(아마 그럴 것이다). 만일 심장박동이 우리 내부 리듬의 지휘자라면 너무나 많은 책임자 위치에 있는 사람들이 심부전으로 인해 고통 받는 것은 그리 놀라운 일도 아니다!

우리의 마음과 몸 안에 가지고 있는 진동은 주변의 만물뿐만이 아니라 서로에게 영향을 준다. 그러나 그들에게 많은 관심을 기울이지 않는다. 왜냐하면 이것은 미묘해서 정확하게 지적하거나 묘사하기 어렵기 때문이다. 그러나 진동은 인간에게 깊은 영향을 준다. 이러한 진동을 조절하려고 의식적 노력을 기울이는 사람은 거의 없다. 누구에게나 이것을 가능하게 하는 비교적 단순한 기술과 원칙이 있다. 이것을 사용하면 의식이 발전뿐만이 아니라 주변 사람들의 진화적 웰빙을 강화시키는데 도움이 될 것이다.

공명

우리 모두의 심장에는 그것이 비록 불완전하다고 하더라도, 고요하고

완벽한 리듬의 진동, 즉 파형과 공명의 복합체가 있다. 이것은 정말 개인적이고 독특하다. 그러나 이것은 우리를 우주 안의 만물과 연결해 준다. 이러한 파동과 접촉하는 행위는 인간의 개인적 경험을 변형시킬 수 있으며 어떤 방식으로 우리 주변의 세계를 바꿀 수 있다.

조지 레오나드

모든 소리는 특별한 주파수에 진동하는 파형으로 설명할 수 있다. 공명 진동 또는 공명으로도 알려진 리듬 동조[127]는 비슷한 주파수를 지닌 두 개의 파형이 서로 함께 '국면에 갇혀있는' 것이다. 이것은 파동이 동일한 비율로 정확하게 함께 진동하는 것을 의미한다. 결과 파동은 두 고유한 파동의 결합으로 주파수는 동일하지만 진폭은 확장된다. (그림 6.4). 진폭은 정점에서부터 바닥까지 파동이 움직이는 거리다. 소리 파도 안에서 증가된 진폭은 에너지와 볼륨의 확장을 의미한다. 마치 증폭된 음악 안에서처럼 말이다. 다시 말해서 파형이 공명하면 그 힘과 깊이가 확장된다.

할아버지 시계를 판매하는 매장을 방문하면 이것을 이해할 수 있다. 시계 가게에 들어갔는데 어떤 시계도 태엽이 감겨있지 않다고 가정해 보자. 점원은 시계가 정말로 작동하는지 확인시켜주기 위해서 돌아다니며 시계의 태엽을 감고, 진자를 움직이게 할 것이다. 처음에 시계의 진자들은 1초마다 흔들리며 울리는 똑딱 소리가 약 0.5초 내지는 4의 1초의 시간차로 서로 조화를 이루지 못할 것이다. 그러나 시간이 지남에 따라 똑딱 소리는 조금씩 줄어든다. 곧 모든 진자들이 조화를 이루며 앞뒤로 흔들릴 것이다. 모든 시계의 리듬이 동조된 것이다.

두 개의 흔들리는 진동은 그들의 주파수가 충분히 가깝다면 결국 동조한다. 성가대를 예로 들면 마지막 음조를 지속하여 목소리가 공명에 이르게 한다. 만약 여러분이 훈련된 귀를 가지고 있다면 아주 미묘

---

[127] Rhythem entrainment

한 비트로서 이 파동을 감지할 수 있다. 이것이 음조가 멈췄을 때 강당을 통과해서 깨끗하고 맑게 울리는 것이다. 음파는 서로의 국면에 갇혀서 즐겁게 경험할 수 있는 공명을 창조한다.

리듬동조의 원칙은 하나의 파동이 휴면 중인 원천 안의 진동을 촉발할 때도 일어난다. 만일 두 사람의 바이올린이 연주회용 표준음에 맞추어져 있다면, 한 사람이 근처에서 D현을 연주하는 것만으로도 다른 사람의 D현이 진동하도록 설정할 수 있다.

이것이 원격으로 사용되는 튜닝 포크가 텔레비전 장치를 조종하는 방식이다. 버튼을 누르면 몇 센티 정도 떨어진 TV세트에서 원격으로 활성화된 음조가 울린다.

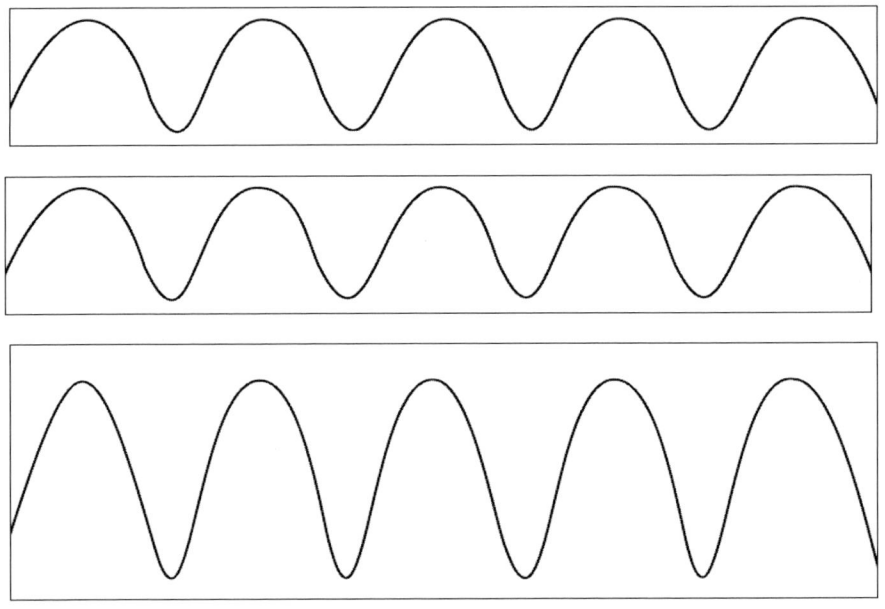

그림 6.4 건설적인 음파의 간섭

유사한 파장들이 서로 함께 국면에 갇히면 공명을 만들지만, 주파수가 다른 파동은 불협화음을 만든다. 예를 들어 플롯의 순수한 음조는 균일한 사인파를 만들고 그것은 다른 풀룻을 튜닝한다. 버스의 소음은 공명하지 않는 매우 복잡한 음파들이다.

같은 집에 사는 사람들은 서로의 미묘한 진동에 리듬이 동조된다. 함께 오래 산 여성들이 같은 달에 생리를 하는 경향은 오래전부터 알려진 사실이다. 결혼한 지 오래된 커플은 서로 닮고 말소리의 리듬도 비슷해진다. 문화적으로 우리는 이웃, 친구 그리고 동료들과 리듬을 동조한다. 인간은 시각적, 심리적, 생리학적 요소들(대형광고 게시판, 스트레스, 공해)뿐만이 아니라 깊은 잠재의식의 내면 진동차원에서도 환경의 영향을 받는다.

TM으로 더 잘 알려진 초월 명상 협회의 명상철학은 이러한 원칙에 기반을 둔다. 그들은 만트라 명상으로 창조된 뇌파리듬이 비명상가들의 세계에 긍정적인 영향을 줄 수 있다는 사실을 믿는다. 명상가들이 더 많아질수록 이 리듬 동조는 더 많이 일어날 것 같다. 그들은 아틀란타와 조지아에서 매일 밤 특정한 시간에 모여서 명상을 함으로써 이러한 가정을 시험해 봤다. 그리고 그 시간대에 범죄율이 놀랄 만큼 감소되었다는 사실을 알게 됐다.

모든 연설은 리듬을 갖는다. 이것은 대화 또한 리듬 동조의 원칙에 지배를 받음을 의미하는데, 보스턴 의과대학의 윌리엄 콘돈 박사[128]의 작업에서 그러한 예를 볼 수 있다.

커뮤니케이션의 미묘한 측면을 더 정확하게 보기 위해서 콘돈 박사는 다양한 대화를 녹화하고 그 필름들을 매우 느린 속도(1/48second)로 분석했다. 단순한 단어를 기본 소리 단위(sound소리를 s-ah-oo-nn-d로 나누는 것처럼)로 분해함으로써 각각의 소리들은 1초 정도의 짧은 시

---

[128] Dr. William S. Condon

간 동안 지속됐다. 그는 소통이 일어나는 모든 시간에 청자(listner)와 화자(speaker) 모두의 몸 움직임이 목소리와 정확하게 일치한다는 사실을 발견했다. 이러한 움직임은 가령 눈썹을 들어 올리거나 머리를 약간 기울이거나 손가락을 구부리는 것일 수 있다. 새로 소리를 낼 때마다 새로운 움직임이 일어난다. 여기서 가장 놀라운 것은 청자의 움직임이 화자와 동조 했다는 사실이다. 콘돈 박사는 이렇게 말한다.

청자는 화자의 말에 정확하게 공유된 동시성 안에서 움직이는 것으로 관찰되었다. 이것은 1/48 초에서도 인식 가능한 지연이 없었기 때문에 일종의 동조로 보인다. 그것은 또한 휴먼커뮤니케이션의 보편적 성질로 보여지며, 아마도 일반적인 동물 행동의 많은 부분을 규정할 수 있을 것 같다. 소통은 모든 사람들이 많은 차원에 걸쳐서 복잡하고 공유된 움직임에 연루되어 함께 추는 춤과 같은 것이지만 이상하게도 자신들의 하는 행위에 대해서는 모두 망각한다. 이방인조차도 이러한 동시성을 보여줄 것이다.

그는 일단 동기화가 일어나서야 메시지의 내용이 이해되는 방식에 대해 덧붙여 설명한다. 그 시점 이전에는 종종 오해가 있다. 60년대에, 조지 레너드와 흑인 심리학자인 프라이스 코브 박사는 주말에 다른 인종 간의 모임을 만들었다. 참석한 흑인과 백인들은 언어리듬에 있어서 두드러진 차이가 있었다. 참여자들은 자신들의 분노와 두려움 그리고 화를 쏟아내도록 독려 받았다. 이 마라톤의 시작은 실망스럽고 고통스러웠지만, 한 주말 모임의 특정 시점에서 참가자들은 병적 흥분 상태에 이르렀다. 모든 사람들이 한꺼번에 말하고 소리를 지르고 발을 동동 구르고 몹시 흥분했다. 그들은 이렇게 말한다.

"섹션이 거의 막바지에 다다르자 일부 괴성과 저주가 웃음으로 바뀌기 시작했다. 그리고 나서 이상한 일이 일어났다. 전체 그룹이 갑자기 멈췄다 다시 시작했다. 그리고 나서 다시 멈췄다가 점점 더 조용해지기 시작했는데 이 모든 행위들은 완전한 리듬을 탔다. 이후에 새로운 톤의 부드러움과 편안함으로 모임은 다시 시작되었다. 그것은 마치 이해의 팬듈럼이 함께 흔들리고 심장 세포는 하나로 박동치는 것 같았다."

그룹이 공명을 시작하고 나서야 진정한 커뮤니케이션이 시작되었다. 아마도 커뮤니케이션은 우리가 일반적으로 생각하듯이 자극에 반응하는 현상이라기보다 정말로 리듬있는 춤과 같아 보인다. 소통이 정말로 일어났을 때는 청자가 화자에게 반응하는 것이 아니라 화자와 함께 공명한다는 것을 알 수 있다.

더 나아가 콘돈 박사는 청각 리듬 동조와 관련된 불안한 자폐아들의 행동에 대해서 연구했다. 아이들은 청자와 화자 사이에 시간 지체 반응을 보였다. 그들은 마치 본래 소리의 메아리에 반응하는 것처럼 행동했다. 아이들의 미세운동은 그들을 주위세계와 조화를 이루지 못했기 때문에, 그들의 상태로 특징지어지는 분리와 혼란의 느낌을 자아냈다. 조지 레너드는 자신의 데이터 분석에서 이렇게 결론을 내린다. "세계를 소유하는 능력은 세계에 동조하는 우리의 능력에 달려있다."

이것은 5번 차크라를 이해하는 중요한 개념이다. 만일 주변의 진동 주파수와 동조하지 못한다면 우리는 세계와의 연결을 경험할 수 없다. 만일 동조하지 못한다면 소통하지 못한다. 소통 없이 우리는 소외되고 분리될 것이며 건강에 너무 중요한 영양 에너지로부터 차단될 것이다. 소리가 모든 물질을 창조한다는 힌두인들의 믿음처럼, 소통- 그것이 언어적 소통이든, 화학적이든, 정신적이든, 또는 전기적이든-은 삶을 창조하고 유지한다. 소통이 없다면 우리는 영적으로나 물질적으로나 죽을 것이다.

아마도 커뮤니케이션의 가장 중요한 면을 구성하는 언어 교환의 개념은 위대한 마야의 또 다른 현현일지 모른다. 그것은 근본적인 진실의 본성을 가린다. 커뮤니케이션은 어쩌면 단지 리듬의 교환인지 모른다. 그러나 언어는 커뮤니케이션이라는 빙산의 일각일 뿐이며 빙산이 무엇이고 어디에 있는지 알려주는 가장 중요한 표지다.

만일 단순한 진동이 물질을 일관되고 조화로운 패턴 속으로 이동시킬 수 있다면, 공명 진동은 단지 그 효과를 깊게 해줄 뿐이다. 진정으로 무엇인가와 공명할 때 그것은 우리에게 깊은 영향을 준다. 공감하는 진동의 법칙을 자각함으로써 진화하는 환경 속에서 우리 자신의 역할을 할 수 있다. 우리의 고유한 진동은 휴식중인 원천 안에서 새로운 생각과 진동을 촉발시키고 다른 곳의 의식을 깨워낼 것이다. 우리는 '좋은' 진동에 기여할지, '나쁜' 진동에 기여할지를 선택할 수 있다-주위의 진동과 조화를 이루거나, 조화를 이루지 않은…

1번 차크라 안의 고체 물질의 보다 더 느리고 거친 진동에서부터 순수의식의 가장 높고 가장 빠른 진동에 이르기까지 차크라는 또한 진동의 패턴을 보여준다. 진동을 통해서 한 사람이 가진 활동적인 차크라는 다른 사람의 비활성화 된 차크라를 열 수 있다.

샌프란시스코에는 엑스플로라토리움[129]이라는 장소가 있는데, 이곳은 관찰자를 참여시켜서 가르치는 과학 전시물로 채워져 있다. 여기에 톰 톰킨[130]이 제작한 '공명링[131]'이라는 전시물이 있다. 이 전시물은 몸 안에 차크라가 어떻게 진동하는지에 보여주는 아름다운 예이다.

스피커 상자 위에 고무 접시를 고정시키고, 그 위에 원으로 된 금속

---

129) Exploratorium
130) Tom Tompkin
131) Resonant Rings

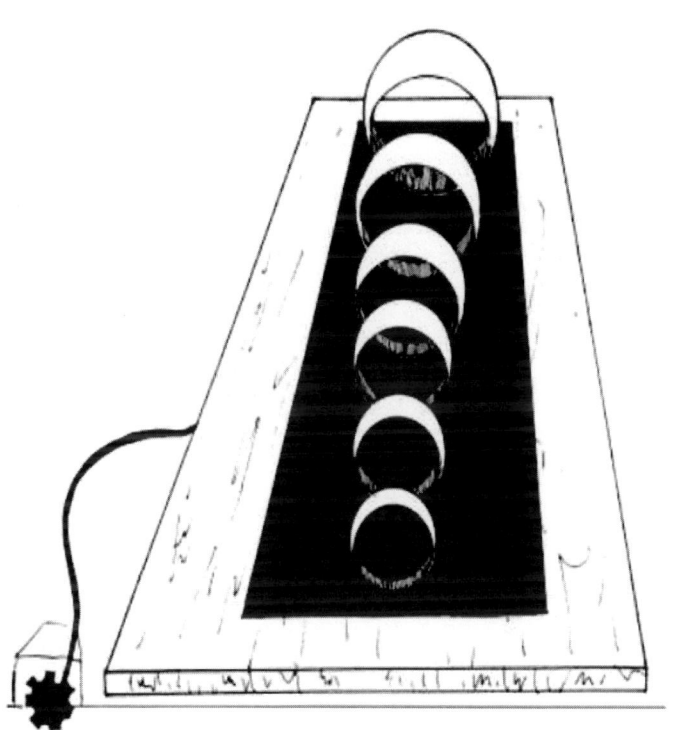

그림 6.5 공명링

밴드 몇 개를 고정시켜놓는다. 원의 크기는 약 8cm에서 약15cm에 이르기까지 다양하다(그림 6.5). 관찰자가 손잡이를 돌리면 스피커를 통해 소리가 나오고 특정 주파수에서 접시가 진동한다. 손잡이를 조종하면 주파수를 조종할 수 있다.

낮은 주파수에서는 큰 원들만이 물결치는 느린 진동을 하며 낮은 음색의 소리를 내보낸다. 높은 주파수에서는 더 작은 원들만이 부드럽고 높은 음조로 윙윙거리며 진동한다. 중간 주파수는 중간 원이 진동한다. 손잡이를 조종하면 원들이 다른 음조를 내도록 조종할 수 있다.

몸은 차크라를 진동하게 하는 '접시'이다. 우리 삶, 행동, 생각, 감정, 식습관 패턴 같은 삶의 일반적인 진동 패턴은 차크라의 진동을 촉발시킨다. 삶의 진동 리듬에 변화를 줌으로써 다른 차크라를 활성화시킬 수 있다. 느린 것은 1번 차크라를 연다. 보다 높은 주파수는 3번 차크라를 자극한다. 그 이상으로 가면 보다 더 미묘한 진동을 다루고 있다는 사실을 기억해야만 한다. 물리적 바디를 빠르게 움직여서 더 높은 차크라를 여는 것이 아니라 명상이 두뇌로 하여금 더 높은 진동을 처리하도록 하는 것이다. 시간과 공간의 제약에서 벗어난다면 진동은 방해를 덜 받는다. 진동 차원에서 깨달음은 무한한 주파수와 무한한 진폭을 지닌 파형이 두루 편재한 것으로 간주된다.

만트라

모든 존재의 근원은 흙이고 흙의 근원은 물이며, 물의 근원은 식물이고, 식물의 근원은 인간이고, 인간의 근원은 말이고, 말의 근원은 신성한 지식[132]이고, 베다의 근원은 사마베다(단어, 음조, 소리)이고, 사마베다의 근원은 옴(OM)이다.

찬도가야 우파니샤드

---

132) Veda를 의미함

클라드니 원반과 리듬 동조의 법칙은 음파가 물질에 영향을 준다는 사실을 보여준다. 그들이 의식에도 영향을 미친다는 사실은 놀랄 일도 아니다.

이것은 만트라라고 불리는 명상과 기도에 사용되는 신성한 소리 뒤에 기본적인 아이디어다. '만[133]'으로부터 온 이 단어는 마음을 의미하며, '트라[134]'는 보호와 도구를 의미한다. 그리하여 만트라는 생각과 행동의 비생산적 주기의 덫으로부터 우리의 마음을 보호하는 도구다. 만트라는 마음을 하나로 고요하게 모으기 위한 집중 도구로 사용된다. 만트라의 진동은 누군가 여러분을 잠에서 깨우기 위해 어떤 사람이 어깨를 흔드는 것에 비유할 수 있다. 만트라는 습관적인 무지의 잠으로부터 마음을 깨우기 위해 설계되었다.

클라드니 원반위에서 특정한 진동이 모래 가루 위에 만다라를 만들었던 것처럼 옴(OM)과 같은 단순한 만트라를 암송함으로써 변칙적으로 떠오르는 생각과 감정을 일관되고 우아한 패턴으로 변화시킬 수 있다. 만트라의 의미나 상징을 지성화 시킬 필요는 없다. 우리에게 영향을 주는 것은 소리이기 때문이다. 소리의 리듬이 잠재의식 단계에 작용해서 우리의 내면 리듬에 스며든다. 사실 그 의미에 대해 생각하지 않는 것이 만트라 마법의 일부이다. 그래야 의식적 마음의 조각난 측면들을 초월해서 근원적인 전체성을 인식하기 때문이다.

그러나 만일 '나는 사랑이다'와 같이 매일 반복적으로 자신에게 사용하는 암시문에서와 같이, 특정 소리에 의미를 귀속시킨다면, 되풀이되는 리듬이 의식에 의미를 불어넣는데 도움을 줄 것이다.

아침에 몇 분 동안 효과있는 만트라를 크게 암송하면 그것이 하루종일 고요하게 마음 속에 반향을 일으킨다. 더불어 만트라의 진동, 이

---

133) man
134) tra

미지 그리고 의미가 각인된다. 모든 반향과 더불어 만트라는 마음과 몸의 조직에 마법을 일으키고 더 큰 질서와 조화를 창조한다. 행위에 새로운 리듬이 입혀져서 만트라의 박자에 따라 춤춘다고 믿어진다. 빠른 만트라는 에너지를 창출해서 타성을 극복하는데 사용된다. 느리고 평화로운 만트라는 하루 종일 휴식과 고요함의 상태를 가져오는데 도움을 준다.

차크라의 종자소리

힌두교의 형이상학은 우주의 만물은 소리로 만들어졌다고 말한다. 만물에는 그것을 구성하는 에너지 패턴의 상징적인 표현이 들어 있다. 그것은 종자 소리나 비자 만트라로 알려져 있다. 이러한 만트라는 암송하는 사람이 종자 소리의 대상과 공명하도록 설계되었다. 비자만트라의 이해를 통해서 개인은 그 사물의 핵심에 대한 통제력을 얻게 되며, 창조와 파괴를 하거나 그렇지 않다면 그것을 변형시킨다. 헤즈라 이냐트 칸은 "소리의 비밀을 아는 자는 전 우주의 미스터리를 안다."라고 말한다.

각 차크라들은 근원, 즉 그 차크라의 비밀을 포함하는 종자소리와 관련된다. 모든 차크라는 그와 연관된 원소를 가지고 있기 때문에 사람들은 종자소리가 그 원소의 특성에 접근하게 해준다고 믿는다. 각각의 차크라에 대한 종자소리나 비자 만트라는 다음과 같다.

1번 차크라	땅 물라다라	람(LAM)
2번 차크라	물 스와디스타나	밤(VAM)
3번 차크라	불 마니푸라	람(RAM)

4번 차크라	공기 아나하타	얌(YAM/or 샘 SAM)
5번 차크라	에텔 비슈다	햄(HAM)
6번 차크라	아즈나 빛	옴(OM)
7번 차크라	사하스라라 생각	만트라 없음

각각의 소리 들 중 M은 우주의 어머니적이며 물질적인 측면을 나타낸다. A소리는 우주의 아버지적이고 비물질적인 측면을 나타낸다. L(lam.흙)은 무겁고 닫힌 소리이지만, HAM의 H는 가볍고, 공기이고 에텔 같은 소리다. R(ram.불)은 에너지가 넘치고 격렬한 소리다. 종자 소리와 더불어 각 차크라들은 특정한 수의 꽃잎을 가지고 있다. 그리고 모든 꽃잎 위에는 산스크리트 알파벳의 철자들로 된 이름이 붙어있다. 일반적으로 자음은 세계의 단단하고 물질적인 측면을 반영하는 반면, 모음은 영적이고 에텔적인 측면을 반영한다. 5번 차크라는 모음 소리의 운반자로서 꽃 잎 위에는 모음만 나타난다. 이 글자들에 대한 통제는 칼리여신의 손안에 달려있는데, 여신의 이름은 '시간'을 의미한다. 힌두여신의 파괴적인 측면을 지닌 칼리는 차크라의 꽃잎으로부터 철자를 제거함으로서 세계를 파괴한다. 그리하여 소리와 말을 제거된다. 모든 것들의 근원인 소리가 없이는 어떤 것도 존재하지 못한다.

우리는 조화롭지 않은 진동의 무력한 희생자들이 아니다. 우리는 고유의 진동을 방출할 수 있다. 만트라 암송은 자신의 리듬을 통제하는 방법이며, 근본적인 에텔 차원에서 마음과 몸의 개발로 인도하는 방법이다.

다음 테이블에서 일반적으로 사용되는 만트라와 그 사용 목적들이 나열될 것이다. 이 리스트들은 효과적인 만트라에 내재된 가능성을 미세하게 비교한다. 만트라의 중요성은 리듬과 전체적인 진동에 있다. 만트라는 내면에서 경험되는 것이다. 따라서 직접 암송해보면 어떤 만트라가 자신에게 효과적인지 인식할 수 있다. 그러나 만트라로 완전한 효과를 보려면 다소 시간이 필요하다. 하나를 선택해서 일주일이나 한 달 가량 암송하면 그의 진정한 효과에 접하게 된다.

옴 또는 아움(OM or AUM): 위대한 원시의 소리이자, 최초의 소리로서, 이로부터 우주가 창조되었다. 모든 소리를 합한 소리다.
(기독교인들의 아멘[135]이라는 만트라는 아움과 비슷하다)

옴 아 훔 (OM AH HUM): 세음절로 된 이 위대한 힘을 지닌 만트라는 다음의 목적을 위해 사용된다; 의식이나 명상을 시작하기 전에 분위기를 정화하기 위하여; 영적 상대에게 줄 물질적으로 제공물을 변화시키기 위하여

옴 마니 반메 훔(OM MANI PADME HUM): '내재하는 연꽃의 보석.' 마니 반메(MANI PADME)는 연꽃 속의 보석이자 불교 교리의 중심부에 있는 근원적인 지혜이며 신성한 정수를 나타낸다. HUM은 개인존재의 한계 안에서 구현된 무한한 실제를 나타낸다. HUM은 우주와 함께 개인을 통합한다.

가테 가테 파라가테 가테 보디 스바하(GATE GATE PARAGATE GATE BODHI SWAHA): 티벳의 더 작은 심장 수트라

I AM THAT I AM: 개인을 우주와 통합하기 위해 만들어진 영어문구

옴 나마 쉬바야(OM NAMA SHIVAYA): '쉬바의 이름으로' 신의 이름을 말하는 많은 만트라들 중 하나. 신이나 여신의 이름은 만트라를 창조하기 위해 사용된다.

---

[135] AMEN

이시스, 아스트라스, 디아나, 헤카테, 데메테르, 칼리-이나나(ISIS, DANA, HECATE, DEMETER, KALI-INANNA): 여신들의 이름으로 된 유명한 파칸 챈트로 챨리 머피의 레코드인 "타오르는 시간들[136]"에 수록되어 있다. 다음의 어구들이 덧붙여진다. "넵튠, 오리시스, 멀린, 마나논, 헬리오스, 쉬바...초승달의 존재자.

흙, 물, 불 그리고 공기여 돌아오라 돌아오라 돌아오라 돌아오라: 물질 4대 원소를 알리는 제식 챈트

  세계적으로 수 천개의 다른 문화와 종교가 있고, 그에 따른 수 천개의 챈트와 만트라가 있다. 음조와 리듬이 비슷한 것도 있고 그렇지 않은 것도 있다. 만트라의 가장 깊은 가치는 우리가 만트라에 얼마나 정성을 담느냐와 관련 된다. 다시 말해서 하루 중 우리가 명상하거나 일하거나 생각할 때 얼마나 많이 사용하는가가 그것이다. 많은 사람들이 일반적인 만트라를 사용한다면 그 소리는 미세장[137]위에 공명을 모아서 잠재력이 더 커진다. 만트라를 사용할 때마다 우리는 만트라에 더 동조하게 된다.

  특별한 효과를 만들기 위해 몇 세기 동안 사용되었던 만트라가 있지만, 여러분 자신만의 만트라를 만든다고 해도 문제될 것은 없다. 만트라 안에 확언을 삽입하면 그 효과가 더 강력하다. 어떤 언어이든 단어는 일종의 객관적인 내부 구조이기 때문이다. 그리하여 "나는 강해질 것이다." 와 같은 확언은 우리가 추구하는 특별한 강한 측면을 가지고 있다. 그러나 "나는 강하다." 와 같은 확언은 약간의 단어의 변화만으로도 한층 강해진다. 원하는 효과를 창출하기 위해서 만트라는 조심스럽게 선택되어져야만 한다. 만트라는 대부분의 마법학교에서 오

---

136) The burning times
137) subtle plane

랫동안 비밀스럽고 심원한 전통을 가져왔다. 그들의 힘은 일반적으로 경험을 통해서만 간파될 수 있다. 그들의 힘은 미묘해서 무감각하거나 미경험자들은 간파하지 못한다. 그것은 오로지 경험자를 통해서만 느껴진다. 만트라의 유용함은 반복적 테크닉으로서 쉽게 다룰 수 있다는 점이며 그들의 이익은 진지한 구도자만이 느낄 수 있다. 그들은 내면의 조화로운 신비를 어느 정도 풀게 해주는 근본적인 열쇠다.

모음 소리와 차크라

앞서 나열한 모든 차크라의 종자음은 자음만 다르고 각 종자음을 유지하는 모음 소리는 동일(6번 차크라 제외)하다. 차크라들을 공명시키는데 모음 소리와 작업하는 것이 훨씬 더 효과적이다. 연구에 따르면 시스템 간에 차이가 있음을 보여주지만, 다음에 목록은 다른 시스템간의 가장 일반적인 상관관계를 보여준다. 여러분은 스스로 이 소리들을 되풀이해보면 어떤 소리가 어떤 차크라와 진동하는 것처럼 보이는지 경험할 수 있다. 자유롭게 실험해보라.

이 소리들은 조용한 만트라 또는 명상적 용도로 사용될 때 똑같이 효과가 있다. 여러분이 작업하기 원하는 차크라를 선택하고, 그들이 깨어나는 것을 도울 수 있도록 이 모음 소리를 사용해 보라.

　　물라다라: 오(Om의 O)
　　스와디스타나: 우(Cool의 U)
　　마니푸라: 아(Father의 a)
　　아나하타: 에(Play의 E)
　　비슈다: 이(Seed의 I)
　　아즈나: 음(mm)
　　사하스라라: 응(sing의 nng) or 그냥 침묵

텔레파시

모든 단계에서 숙련의 열쇠는 언제나 침묵이다. 침묵 속에서 우리는 진동을 알아차리고 그들을 포착할 수 있기 때문이다.

스리 오로빈도

텔레파시는 평범한 오감각을 사용하지 않고서도 시간과 공간을 가로질러 소통할 수 있는 기술이다. 이러한 형태의 소통에 능숙한 사람은 비교적 적은데, 텔레파시가 잠재의식 차원에 반응하기 때문이다. 5번 차크라가 잘 발달되어 있으면 이러한 유형의 소통을 접근하기 쉽다.

차크라를 정제하고 마음과 생각을 고요하고 조용하게 하는 법을 배우면 의식의 천은 점점 더 부드러워진다. 진동은 보다 안정적이고 인식은 더 직접적이 된다. 이러한 상태에서 에너지장의 잔물결을 보다 더 쉽게 자각할 수 있다. 삶의 거친 진동이 더 이상 혼선을 일으키지 않을 때 텔레파시 통신은 더 고요한 상태로 명확해질 것이다.

우리가 겪는 현상들을 확대해서 텔레파시 통신을 유추해보자. 만일 여러분이 사람들이 동시에 말하고 음악은 크게 연주되고 춤추고 있는 시끄러운 파티에 있다고 가정한다면, 어떤 대화를 나누더라도 목소리를 높이게 될 것이다. 어떤 특별한 이유로 당신의 파트너가 여러분에게 속삭이듯 말한다면 무슨 말인지 전혀 알아듣지 못할 것이다. 그녀의 속삭임을 듣기 위해서는 소통을 방해하는 패턴이 약간 있거나 전혀 없는 조용한 방으로 가야만 할 것이다.

텔레파시는 다른 사람의 마음의 속삭임을 듣는 기술로 정의할 수 있다. 이것을 하기 위해서 자신의 마음 안에서 고요히 머물러 있어야만 한다. 대부분의 사람들은 본래 머리 속에서 파티를 벌인다. 우리는 항상 자신과 대화하거나 머리 속에 테이프를 틀어놓고 있다. 우리 주변에 늘상 소음이 더해지면, 5번 차크라의 수용성은 무뎌진다. 우리는 목소리의 한계 너머 메시지는 보낼 수 있는 기술적인 장치를 사용하는데 익숙하다. 우리는 시간과 공간을 넘나드는 소통으로 우리를 데려다줄 수 있는 에텔 안에서의 미묘한 움직임을 듣는데 익숙하지 않다.

왜 텔레파시 통신을 해야만 하는가? 거칠고 물질적인 소통이 더 정확하고 더 구체적이며 손실이나 잘못될 가능성이 적지 않은가? 만일 여러분이 텔레파시 메시지를 보낸다면 상대가 그것을 받았다고 어떻게 확신할 수 있는가? 또는 어떻게 정확히 받았다고 어떻게 확신할 수 있는가?

의식은 사실 언어적 과정은 아니다. 커뮤니케이션을 하기 위해서 우리는 의식을 상징적인 구조로 옮겨야만 한다. 커뮤니케이션을 수용하기 위해서 우리는 상징을 다시 의식으로 바꿔야한다. 이것이 즉각적으로 보일지도 모르지만 우리는 보다 더 순수한 형태로부터 의식을 낮추고 있다. 언어학자들도 알다시피 소통의 핵심은 번역과정에서 종종 왜곡된다.

이러한 견지에서 보건데 텔레파시의 통신은 종종 거짓과 누락을 포함하는 언어 소통보다 더 정확하고 즉각적이다.

이러한 형태의 소통에 능숙한 사람은 드물지만, 이러한 경험이 전혀 없는 사람은 더 드물다. 두 사람이 동시에 같은 것에 대해서 말한다거나, 여러분의 친구와 여러분이 서로 동시에 전화하는 상황이어서 통화 중이었다던가, 가족이 위험한 상황에 빠졌다는 심령적 신호를 받는 것도 텔레파시가 일어날 수 있는 일반적인 방법 중 몇 가지의 예이다.

만일 우리가 거칠고 미묘한 진동의 연결장으로서 에텔을 받아들인다면, 소통은 그러한 장 안에서 인지할 수 있는 변화를 통해 일어난다. 텔레파시 소통은 그저 더 미묘한 변화로서 더 거친 진동이 잠잠해졌을 때만 감지할 수 있다. 두 개 또는 그 이상의 마음 리듬이 동조되었을 때 일어나는 결과인 텔레파시가 그러하듯이, 하나의 리듬 패턴 안에서 변화는 다른 리듬 안에서 비슷한 변화를 초래한다. 동조된 리듬은 파동의 진폭을 확장시킨다. 더 높은 진폭을 지닌 파동은 더 큰 효력을 가지고 있어서 들릴 가능성이 더 많다 .

텔레파시 통신의 예는 비물질적 에너지장 위에서의 정보 교환을 허용하며, 에텔을 통과하여 둥둥 떠다니는 일종의 정신적 연결성을 나타낸다. 생각이 점점 더 조밀해지면 드러나기 시작한다-그들은 하나의 마음, 다음에 두 개의 마음에 의해 인식되다가, 실제가 될 때까지 점점 더 밀도가 높아진다. 생각이 사물이라는 오래된 속담은 믿을 수 있는 것이 된다.

우리가 개시자이든 수용자이든 어떤 매개체가 존재한다는 사실은 의심의 여지가 없다. 그리고 그 매개체를 통하여 마음의 진동이 모이는 영역에 접근할 수 있다. 차크라의 정제와 우리를 둘러싸고 우리를 창조하는 진동적 세계에 대한 관심을 통해서, 이러한 의식의 통합적 단계에 접근의 기회를 얻을 수 있다. 상위 차크라에 도착하면, 우리를 분리시키는 시간과 공간의 물리적 제약을 초월하는 보편적 마음에 접근하게 된다. 우리는 그것을 창조할 필요가 없다. 단지 마음을 고요하게 하고 들으면 된다. 그것은 이미 거기에 있었고, 우리는 이미 그 안에서 역할을 하고 있다. 우리는 그 부분이 의식화되도록 선택할 수 있다.

창조성

커뮤니케이션은 창조의 과정이다. 우리가 이 기술에 더 능숙해질수록 그 과정은 더 창조적이 된다. 어린아이가 말을 처음 배울 때 단지 부모가 하는 말을 흉내 낼 뿐이다. 그러나 오래지 않아 아이는 특정 단어가 특정한 결과를 가져온다는 사실을 알게 되고 실험하기 시작한다. 아이의 어휘가 늘어날수록, 아이는 자신을 창조적으로 만드는 더 많은 요소들을 가지게 된다. 그는 단어와 소리 그리고 몸짓을 사용해서 자신의 현실을 창조하기 시작하며, 남은 생애 동안에도 그렇게 할 것이다.

많은 사람들이 2번 차크라를 창조성과 연관시키는 반면(그곳은 바로 아기가 창조되는 영역이므로) 나는 창조성이 궁극적으로 5번 차크라와 연관된 표현의 형태라고 믿는다. 자궁 안에 생명이 잉태되는 것은 의식적인 과정이 아니다. 우리는 손가락이나 발가락, 파란눈, 또는 갈색 눈을 만들기로 결정하지는 않는다. 2번 차크라의 감정적인 상태는 창조적 충동을 부채질 하지만, 이것은 의지(3차크라)와 창조하려는 추상적 의식(일반적으로 상위차크라)의 힘이 필요하다.

예술은 언제나 문화의 전환점에 존재했다. 그것은 시각적이고 청각적이며 역동적이고 드라마틱하며 심지어 문학적이다. 예술은 비순응적이고 통제되지 않는 특성에 의해서 미래의 가장 탐험되지 않은 영역에 도달할 수 있으며, 즉각적이며 전체 두뇌 의식에 영향을 주는 방식으로 아이디어와 개념들을 설명할 수 있다.

마스터 미디어 분석가인 마샬 맥루언은 말한다.

"아티스트란 미래의 역사를 가장 상세하게 기술하는 사람이다. 왜냐하면 그는 현재의 본성을 가장 진실하게 인식하는 유일한 사람이기 때문이다."

예술은 일반적으로 어떤 다른 소통보다 더 추상적이다. 상상력의 여지를 남겨놓으면 그들은 우리 의식의 가장 혁신적인 구성요소의 참여를 불러올 것이다. 덜 말하면 더 많이 들을 수 있을 것이다. 우리가 의식의 더 추상적인 커뮤니케이션의 차원으로 다가갈 때, 이러한 장들을 끌어안기 위해서 보다 더 추상적인 수단에 관심을 돌리는 것이 바람직하다. 다시 말해서 말보다 그림이나 이미지 등은 창조성과 상상력이 담긴 추상적 커뮤니케이션의 요소다.

창조의 과정은 내면 발견의 과정이다. 예술 작업을 창조하면서 인간은 우주의 신비에 자신을 연다. 우리는 영적인 정보의 통로가 되고, 인간의 언어보다 더 보편적인 언어를 배운다.

창조 과정은 섬세한 것이다. 통제된 삶은 창조에 힘을 쏟지 않으며 오히려 창조에 의해서 위협받는다. 언어가 미지의 영역을 연옥(림보)으로부터 해방시키듯이, 창조는 내면의 힘을 방출해서, 그로 인하여 전체의 뇌가 각성되도록 한다.

현재 창조적 과정을 이용한 치료법들이 탄생하고 있다. 시각 예술, 사이코 드라마, 움직임, 댄스 그리고 음악의 조용한 효과를 사용한 치료법들이 그들이다. 이러한 요법들은 인간의 전체성을 분열시키는 내면의 혼란을 방출하여 몸과 마음의 더 깊고 건강한 지점에 접근할 수 있게 한다.

21세기의 생존과 건강은 혁명과 유연성을 요구할 것이다. 창조성은 이러한 특성들을 풀어주는 열쇠다. 우리는 자신과 서로 안에 존재하는 창조성에 경의를 표해야 한다. 창조성을 가능하게 하는 수단을 존경해야 하며 이러한 기본적 생명력을 차단하도록 위협하는 현상들로부터 우리 자신을 보호해야 한다. 우리의 미래는 창조성에 달려있다.

미디어

텔레비전, 라디오, 신문, 그리고 다른 대중적 형태의 커뮤니케이션은 5번 차크라의 문화적 표현으로 볼 수 있다. 이들은 우리 모두를 연결하는 신경시스템으로서의 역할을 한다. 커뮤니케이션이 지식과 이해의 통로라면 집단의식의 거대한 내용물은 좋든 나쁘든 미디어138)와 그를 통제하는 사람들에 의해서 강하게 영향 받는다. 우리가 정치인들의 사적인 성생활을 청취해야하며, 텔레비전 위에서 자행되는 셀 수 없이 많은 살인을 보도록 유도받거나 아니면 환경에 대한 정직한 데이터를 듣거나 간에 미디어는 대중의 관심을 공동의식의 관심사로 간주되는 원형적 주제로 향하게 한다. 미디어는 대중들의 의식을 이끈다. 우리의 의식이 가는 곳에 에너지도 따라간다. 대중매체가 우리 아이들에게 성애 장면 보다 폭력을 보여주는 것이 더 적절하다고 느낀다면 그들은 우리 모두에 대한 문화적 가치를 설정하는 것이다.

미디어는 우리가 가지고 있는 잠재적 수단들 중에서 문화적 변형을 일으키는 가장 강력한 수단이다. 그것은 잠재적인 피드백시스템이 될 수 있으며 우리로 하여금 우리자신의 미추와 무지를 그대로 볼 수 있게 한다. 베트남 전쟁에 관한 뉴스의 이미지들은 사람들에게 전쟁의 잔인성을 그대로 접하게 했으며, 전쟁이 여전히 계속되는 와중에 반전운동을 일으켰다. 미디어는 행성 생태와 타 지역 사람들의 상태를 알게 해줘서 지구적 두뇌를 연결하는데 도움을 준다.

미디어는 또한 달라지는 방법을 우리에게 알려준다. 영화는 가상의 진실을 너무 실제처럼 만들 수 있어서 우리의 상상력은 새로운 가능성으로 가득 찬다. 미디어는 창조성과 집단 무의식의 깊이에서 나온 소통을 표현할 수 있게 해준다. 또한 우리에게 숨겨진 개혁자를 부각시키고 그들의 목소리를 들려줌으로써 우리에게 문화변형의 전면을 보여준다.

---

138) media는 대중매체로 미디어 그대로 번역했다.

미디어를 통제하는 사람의 도덕성을 요구하는 것은 중요하다. 만일 미디어가 우리가 집단적 현실을 살아가는 방식에 가장 영향력 있는 문화적 신경 시스템이라면, 생각 없는 쓰레기와 선정적인 가쉽 그리고 거짓말로부터 미디어가 오염되지 않도록 지켜야만 한다. 그렇지 않으면 미디어는 우리가 선출한 대부분의 사람들보다 더 큰 힘을 가진 사람들에 의해 집단적으로 조작될 위험을 겪게 된다. 만일 비슈다로 불리는 5번 차크라가 정화를 의미한다면, 우리의 집단적인 5번 차크라는 우리 모두를 각성시키는 진실의 공명에 의해 정화되어야만 한다.

5번 차크라 운동

제스처 게임

누군가와 완전한 침묵으로 한 시간을 보내되 적극적인 소통을 시도해보라. 가령 몸짓, 손 상징, 몸동작, 눈짓과 같은 방법을 사용해서 무언의 소통을 시도해보라. 어떤 방법을 사용하여 소통할 것인지에 주목하라. 막바지에 이를 때쯤 선택한 방식이 익숙해졌는지 체크해보라. 어떤 점이 특별히 어려웠는지도 체크해보라. 이 운동은 실제로 둘이나 그 이상의 파티 사이에 소통능력을 기르는데 도움을 줄 수 있다.

침묵의 서약

듣기는 중요하면서도 너무나 자주 간과되는 소통의 요소다. 요기들은 들을 수 있는 소리의 진동을 정화하고 미묘한 소리에 조율하기 위해 오랜 시간동안 침묵의 기도를 하는 일이 흔하다. 언어적 소통을 피함으로써 개인은 소통의 다른 다리를 개화하는데, 소위 더 높은 의식과의 소통이 그것이다. 몇 시간에서 시작해서 하루 종일 또는 그 보다 더 오랜 시간동안 시도해보라.

목소리 녹음

일상의 대화에서 여러분의 목소리를 녹음해 보라. 대화 도중 여러분이 말을 너무 많이 하는지 또는 상대의 말을 잘 듣는지, 또는 상대가 말할 때 끼어들거나 말을 더듬는지를 살펴보라. 목소리의 음색에 주목하라. 만일 알지 못하는 어떤 사람의 목소리를 들을 때 그 사람에 대해서 직관적으로 느껴지는 것이 어떤 것인가?

목 돌리기

목은 상체에서 가장 좁은 부분이다. 많은 시간 목은 마음과 몸 사이에 흐르는 풍족한 에너지 사이에서 필터 역할을 한다. 이러한 이유로 목은 극단적인 긴장과 뻣뻣함에 노출되기 쉽다. 목을 느슨하게 하는 것은 5번 차크라에 관련된 어떤 작업을 할 때에도 근본적인 시작점으로 삼아야한다.

머리를 들어 올리고 천천히 원을 그리고 머리를 굴리면서 목을 스트레칭한다. 긴장이나 불편함을 느끼는 지점에서 멈춰서 손가락으로

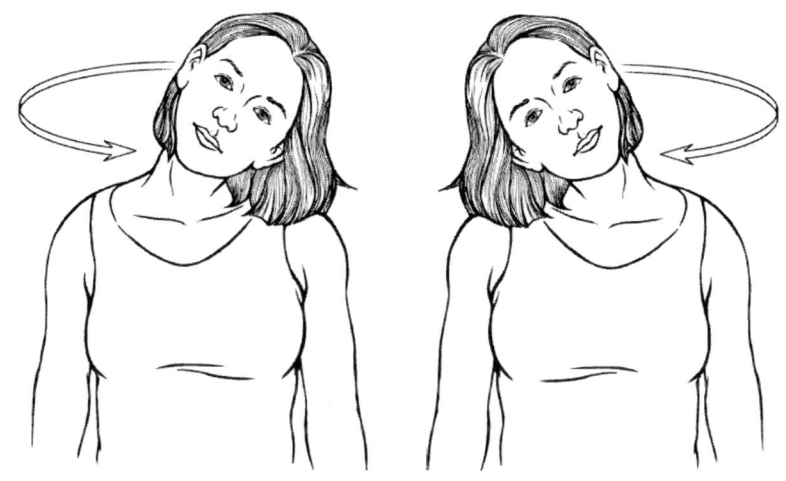

그림 6.6 목 돌리기

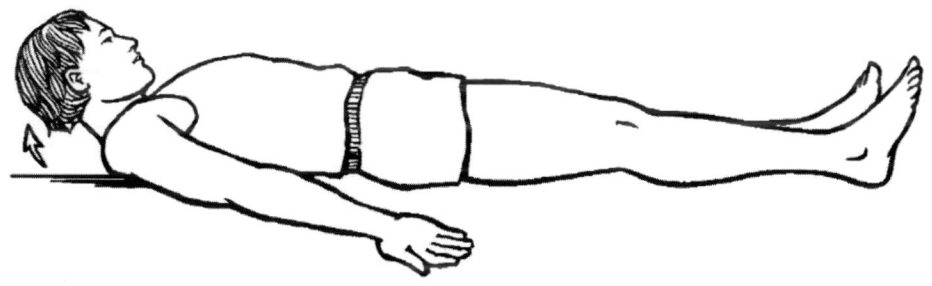

그림 6.7 머리 들어올리기

목을 마사지하라. 뻣뻣한 곳에서 멈추고 편안해질 때까지 가만히 있는다. 다시 반복해서 시행하라. 시계 방향으로 돌리고 또 반시계 방향으로도 돌려본다.(그림 6.6)

머리 들어올리기

이 자세는 갑상선을 자극하고 목을 강화시키는데 도움을 준다.

바닥에 등을 대고 편안하게 눕는다. 어깨는 바닥에 그대로 둔 상태로 천천히 머리를 들어 올리면 발가락이 보일 것이다.(그림 6.7참고) 에너지가 목에 들어간다고 느껴질 때까지 이 자세를 유지하라.

어깨 세우기

바닥에 누웠을 때, 이 포즈를 좀 더 쉽게 만들기 위해서 담요나 타월을 접어서(약 2~3인치 두께) 머리를 제외한 상반신의 흉추[139] 아래 놓은 상태에서 시작한다.

등을 바닥에 대고 누워서 휴식을 취하라. 팔은 양 옆에 놓고 긴장을 풀어라. 무릎을 구부리고 가슴 쪽으로 다리를 들어 올려서 등을 둥글게 만들어라.

엉덩이를 들어 올릴 때 팔을 구부려서 손바닥으로 허리를 지탱하라.

팔을 사용하여 지탱하면서 천천히 다리를 위로 쭉 뻗어 올려라. 편안해 질 때까지 그 상태를 유지하라.(그림 6.8)

---

[139] thoracic vertebra

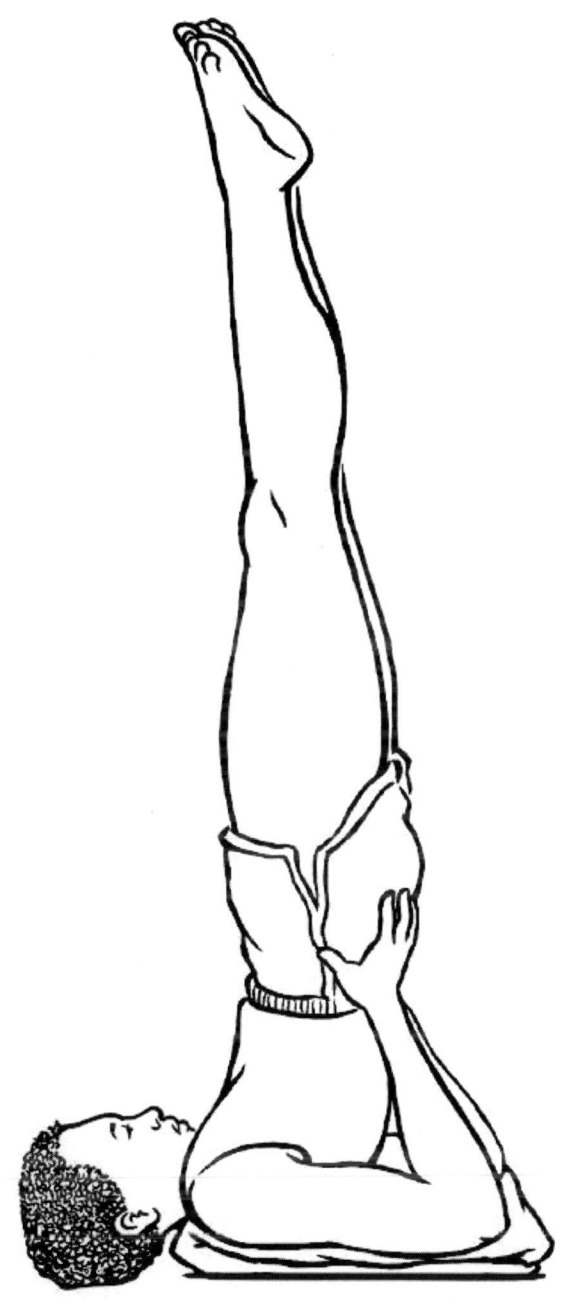

그림 6.8 어깨 세우기

쟁기자세

어깨 깨우기 자세를 성공적으로 해냈다면, 쟁기자세를 시도해볼 수 있다.

어깨 세우기 자세를 취한 상태에서 천천히 다리를 머리 뒤로 넘겨서, 발이 땅에 닫도록 하라. 이때 무릎은 가능한 한 쭉 편다.(그림 6.9 참고)

몸의 유연성이 떨어진다면 머리 뒤에 의자를 두고 허벅지가 의자 위에 닫도록 하라.

물고기 자세

이 자세는 주로 어깨 세우기나 쟁기 자세를 시도한 후, 취하는 자세로 목과 등의 스트레칭해 준다. 또한 가슴을 열어주고 갑상선을 강화한다.

바닥에 등을 대고 평평하게 눕는다. 팔꿈치로 상체를 지탱하고 가슴을 천장 쪽을 들어 올린다. 머리가 마룻바닥에 닿을 때가지 목을 뒤로 구부린다. (그림 6.10참조)

그림 6.9 쟁기자세

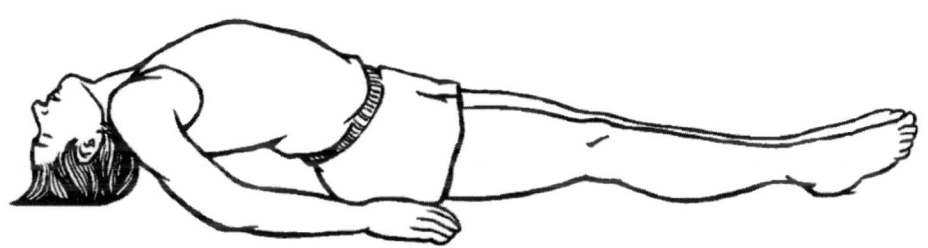

그림 6.10 물고기 자세

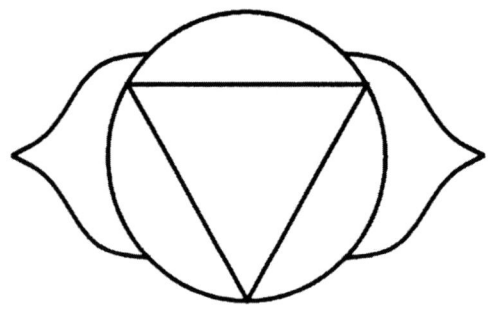

6번 차크라

빛
색상
봄
직관
시각화
상상
투시력
비전

제 7장
6번 차크라: 빛

명상

어둠 속에서 우리는 눈을 감은 채 마치 잠든 듯, 꿈도 꾸지 않는 채 앉아있다. 주변에 대해 어떤 자각도 하지 못한다. 공허한 바다 속을 둥둥 떠다니면서 우리는 어둠의 요람 속에 있다. 보이지 않고 알 수 없는 평화 속에 있다. 우리는 천천히 호흡한다. 숨을 들이 마시고 내쉰다. 또 다시 들이 마시고 내쉰다. 우리는 집이다. 우리는 안전하다. 우리는 내면 깊은 곳에서 느끼고 듣고 존재한다. 그러나 아직 보이지 않는다.

이 어둠이 되어보라-모든 것을 알지만 아직 알지 못하며, 텅 빈 채 자유로운 어둠이 되어보라. 어둠이 여러분을 씻어 내리고 부드럽게 하도록 하라. 마음을 비우고 무한한 공허 속으로 들어가라. 꿈의 탄생지인 어둠의 자궁 속으로 들어가라.

어디서인가, 어둠 속에서인가 어떤 소리가 들린다. 그것은 멀리서 들리는 거친 움직임의 소리이다. 바람이 얼굴 위를 스치며 지나간다. 어깨 위에 따스한 감촉을 느낀다. 위로 끌어당겨지는 것을 느끼고, 우리는 흘러서 따라가지만 어디로 가는지 모른다. 우리의 몸은 볼 수도, 감히 움직일 수도 없다. 그들은 어둡고 고요하다.

그들은 우리에게 방향과 지혜를 요구하고 인도해 줄 것을 요구한다. 그들은 지성을 요구하고 기억을 요하며 패턴의 명료함을 요하다. 그들은 빛을 떠올리게 한다.

어둠과 이 무지가 주는 안전함을 떠나기 두려워하면서 우리는 어떤 부름을 듣는다.

우리는 이 부름과 우리의 마음을 듣는다. 그리고 대답과 외부의 요청이 있기를 간절히 바란다. 간절히 보고자하고 알고자하며 동시에 우리를 에워싸고 있는 이 경이로움을 목도하고자 한다. 우리의 마음을 인식으로 채우고, 또한 특정한 단계의 앎으로 채우며 더 나아가 빛이 가져다주는 안전과 평화로 채우기 위해서.

우리는 마음을 연다. 우리는 눈을 뜬다. 그리고 우리는 바라본다.

만화경 안에 퍼부어 놓은 것과도 같은 수많은 이미지들이 안쪽으로 말려 들어가면서 패턴 위에 패턴을 수놓는다.

색상과 형상 그리고 형태는 우리 주위의 공간을 반영하고, 우리에게 그것을 다시 반사한다. 마음으로 명확하게 볼 수 있는 패턴으로 삶을 녹화한다.

마음은 열고 수용한다.
그러나 너무나 많은 것들이 있고 빛은 보지 못한다.
우리는 어둠을 불러 우리를 가리게 하고, 인내하고 패턴을 의미로 엮는다.

어둠이 부드럽게 다가와 손에 손을 잡고 그림자를 빛으로 만들어 윤곽을 만들고, 그늘지게 하고, 서로 뒤엉키게 하고 다시 질서를 부여한다.

빛은 이제 더 부드럽게 온다. 무지개 색상은 치유하고 진정시키고 명확하게 색상을 드러내며 다가온다. 활동적인 노란색, 치유의 청록색, 진정시키는 파란색, 잠재력의 보라색. 모두 빛으로 드러난다. 형태를 지닌 윤곽과 정수가 우리가 보고 알 수 있도록 드러난다.

무엇을 보기를 바라는가? 무엇이 우리 내면의 비전을 불러내는가? 무엇이 빛을 데려오는가?

천개 태양의 아름다움과 단 하나 달의 아름다움,
우리가 이끌어가는 인생의 패턴, 우리가 자각하는 모든 진실,
이제 빛의 날개 위에서 부드럽게 꽃잎들은 밤을 뚫고 나와서
세상 너머로 도달하면 사건은 다가오고 낮은 지나간다.
홀로그램 매트릭스 망은 고정된 시간의 경계를 벗어난다.
모든 진실은 마음속에 보유한 패턴에 의해 제약을 받고
붉은 색과 노란색, 청록색과 파란색은 다양한 색조 속에서 얽혀 있다
형상과 형태 그리고 통찰이 드러나며 어떤 것도 감출 수 없다.
내면의 비전으로부터 뻗어 나와서 진실을 보고 의심을 없앤다.
지혜의 비전이 우리의 운명을 회전시키는 동안,
지혜의 비전이 운명을 돌리는 동안, 내면에서 우리는 열고, 보고, 기다린다.

자각은 길을 보여주고 내면의 빛은 밤을 낮으로 변하게 한다. 그리고..
비록 어두움이 아직 돌아오지 않았지만 우리는 우리가 배워야할 것을 배우지 못함에 두려워한다.
어두움과 빛이 결합되는 방식은 패턴을 명확히 드러나게 한다.
어두움은 빛으로 밤은 낮으로
우리는 마음 없이 우리의 길을 비춘다.

6번 차크라의 상징과 상응성

산스크리트 이름: 아즈나
의미: 자각하기, 명령하기
위치: 눈 약간 위 머리 중앙
원소: 가벼움
근본적인 형태: 이미지
기능: 보기, 직관
내부 상태: 계몽
외부 상태: 현란함
내분비선: 송과체
다른 몸의 부분: 눈
고장날 경우: 장님, 두통, 악몽, 눈의 피로, 흐린 비전
색상: 인디고
종자소리: 옴(om)
모음소리:(이 경우에는 정말 모음이 아니고)으음~~~~
꽃잎수: 2
세피라: 비나, 호크마
행성: 주피터, 넵튠
금속: 은
음식: 강렬하게 정신을 각성시키는 음식내지는 물질
상응 동사: 나는 본다
요가: 얀트라 요가향을 위한 허브: 쑥, 붓순나무, 아카시아, 샤프롱
미네랄: 청금석, 석영, 성채청옥
동물: 부엉이
구나: 사트바
연꽃 상징: 두 개의 흰 꽃잎이 둘러싼 원 안에 링감이 포함된 꼭지점이 아래로 향하는 금빛 삼각형(트리쿠나)이 있다. 종자 소리는 옴이다. 과피140)속 연꽃 안에는 샥티와 여섯 개의 붉은 얼굴과 여섯 개의 팔을 가진 하키니가 앉아있다. 하키니 위에는 초승달이자 현현의 빈두점이

---

140) 열매껍질

며 번쩍이는 섬광 형태인 쉬바가 있다.
힌두여신: 샥티 하키니, 파라마쉬바(쉬바의 형태), 크리슈나
그 밖의 판테온: 테미스, 헤카데, 타라, 이시스, 모르페우스, 벨레노, 아폴로

날개달린 지각자

상상력은 지식보다 더 중요하다.

알버트 아인슈타인

세기의 여명기로부터, 어둠과 빛이 서로 뒤엉켜 있었다. 그것은 의식의 가장 위대한 선물 중 하나인 볼 수 있는 능력을 가져다주었다. 몇 광년 떨어진 반짝이는 별들의 지붕 안에서건, 뒤 마당에 활짝 핀 꽃들 안에서건, 우주의 경이로움을 목격한다는 것은 시력의 선물로서, 그것은 창조의 아름다움을 목도할 수 있게 해준다. 시각은 우리 주변에 엄청난 양의 정보를 즉시 유입할 수 있는 능력을 부여한다. 빛의 파동으로 추출된 형상과 형태들은 우리를 둘러싼 내면세계의 지도를 창조한다. 꿈과 무의식으로부터 튀어나온 이미지들은 우리를 영혼과 연결시킨다. 직관적으로 상황을 헤쳐 나가서 모아온 지혜들은 어려운 순간에 우리를 인도한다.

안과 밖을 모두를 볼 수 있다는 것은 선물이다. 그리고 이것은 바로 6번 차크라의 정수이자 기능이다. 봄을 통해서 우리는 외부의 세계를 내면화시키는 수단과 내면세계를 외부화시키는 상징 언어 모두를 갖게 된다. 공간적 관계를 인식함으로써 과거의 기억과 미래에 대한 상

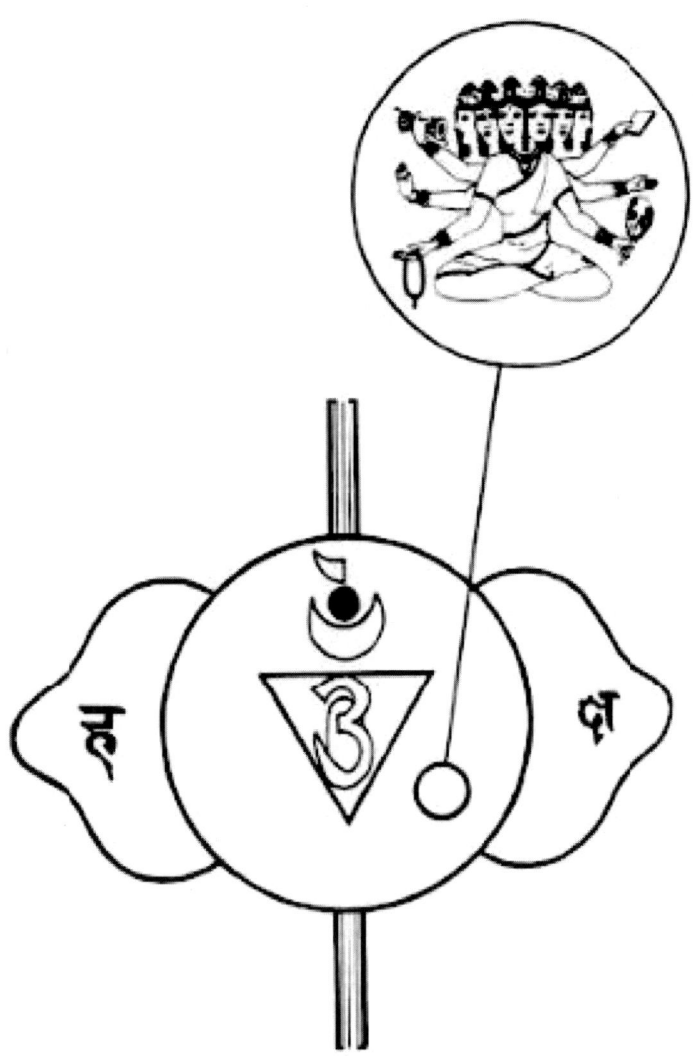

그림 7.1 아즈나 차크라

상 모두를 위한 건축돌을 갖게 된다. 그리하여 이 차크라는 시간을 초월한다.

흔히 '눈썹차크라'라고 부르기도 하는 6번 차크라는 이마 뒤 머리 중앙-눈이나 눈보다 살짝 위-에 위치하며 사람마다 그 위치가 다양하다. 제 3의 눈과 관련 있는 에텔로 된 심령적 인지기관으로서 두 눈 사이에 위치한다. 신체의 눈이 두뇌의 인식 도구이듯이 제 3의 눈은 6번 차크라의 심령적 기관으로 이해된다. 6번 차크라가 자체적으로 가지고 있는 내면 스크린과 광대한 이미지 창고는 인간의 시각적 사고 과정을 구성한다. 물질 세계 너머를 보는 이 제 3의 눈은 우리에게 부가적인 통찰력을 부여하여 마치 문장의 행간을 읽는 것처럼 보다 더 깊은 이해력을 가져다준다.

6번 차크라의 산스크리트어 이름은 아즈나로 본래는 '인식하기'를 의미했으나 후에는 '명령하기'를 뜻하게 된다. 이것은 6번 차크라의 두 가지 면을 말해주는데, 인식을 통해서 이미지를 유입하고 또한 내면의 이미지를 형성하여 이로부터 우리는 자신의 현실에 명령을 내린다. 이것은 일반적으로 창조적 시각화로 알려져 있다. 자신의 마음속에 이미지를 보유하면 물질화 될 가능성이 커진다. 그 이미지는 스테인글라스의 창문처럼 되는데 그것을 통하여 의식의 빛은 현현의 길을 향해 빛을 뿜어낸다. 어떠한 간섭도 없다면 현현된 장위에 드러난 형태는, 마치 방해가 되는 어떤 비품들도 없을 때 스테인 글라스가 투영하는 이미지처럼 우리가 시각화한 모습 그대로일 것이다. 인간의 시각화가 언제나 현현되지 않는 이유는 현현의 길로 하강하는 도중에 너무나 많은 방해를 만나기 때문이다. 그러한 방해는 누군가의 환경이 될 수도 있고, 무의식에서 나온 두려움일 수도 있으며, 단지 시각화에 명료성이 부족하기 때문일 수도 있다.

우리가 슈숨나를 타고 상승할 때 꽃잎의 수는 점차로 증가하다가 아즈나 차크라에서 갑자기 두 개로 줄어든다(그림 7-1참고). 이것은 여러 가지 의미로 해석이 가능한데, 현현되거나 현현되지 않는 실제 두 개의 세계라는 해석, 그리고 이 지점에서 만나는 두 개의 나디로서 서로 얽혀있는 이다와 핑갈라라는 해석, 더 나아가 제 3의 눈을 둘러싼 두 개의 신체적 눈이라는 해석이 가능하다. 날개를 닮은 이 꽃잎은 시간과 공간을 초월하는 6번 차크라의 능력을 상징한다. 이것은 내면의 영성이 먼 시간과 공간까지 날아가게 한다. 만약 카두서스를 차크라와 나디에 비유한다면, 6번 차크라가 위치한 곳에 두 개의 날개가 나타난다는 사실에 주목하는 것도 흥미로운 일이다. 하나 더 가능한 해석은 원을 둘러싼 두 개의 꽃잎을 눈의 홍채를 둘러싼 흰자위라는 해석이다.

이 차크라의 상응원소는 빛이다. 빛의 감각적인 통역을 통하여 우리를 둘러싼 세계에 대한 정보를 얻는다. 얼마나 볼 수 있는가는 이 차크라의 개방 및 개발 정도에 달려있으며, 어느 정도는 일반 시력의 정확도와도 관계가 있다. 시각적이고 심령적인 능력의 범위는 물리적인 세계에 대한 극단적인 관찰력을 가진 사람에서부터 심령인지의 재능을 가진 사람들, 즉 오라와 차크라 더 나아가 아스트럴 영역을 미세하게 보는 사람들과 예지능력(미래의 사건을 보는)을 가진 사람 그리고 먼 거리를 보는 능력(다른 지역의 사건을 보는)을 가진 사람에까지 이른다.

몸에 위치한 다섯 개의 하위 차크라와는 다르게 눈썹 차크라는 머리에 위치한다. 그러므로 이 차크라의 성격은 이전의 어떤 차크라들보다 더 정신적이다. 인간의 시각적 인식들은 그들이 현실적으로 공유되기 전에 먼저 언어, 행동, 감정과 같은 다른 형태로 해석되어야만 한다. 우리가 보다 더 정신적이 되면, 시간과 공간의 한계를 뒤로 하고 초개인적인 차원으로 진입한다.

각각의 차크라는 선[141]에 해당하기 때문에, 6번 차크라는 송과체와 연관이 있다. 송과체는 작은(10×6mm) 콘 모양의 샘으로 지정학적으로 정확히 눈높이에서 머리의 중앙부에 위치한다.(그림 7.2) 이 샘이

---

141) 샘:gland

한 때 머리 최상층부 근처에 좀 더 가까이 위치했었다는 설도 가능하다. 일부 파충류 종들은 여전히 제 3의 눈을 닮은 일종의 빛에 민감한 인식기관을 가지고 있다.

때때로 '소울이 머무는 자리'로 불리는 송과체는 몸을 위한 광도계 역할을 하며, 자율 신경계를 통하여 빛의 변화를 호르몬 메시지로 바꿔 몸에 전달한다. 100가지가 넘는 몸의 기능은 빛의 노출에 영향을 받는 일상적 리듬을 가지고 있다. 송과체는 7세쯤 최고조로 발달하여 생식선의 성장에 영향을 미치는 것으로 생각된다. 발생학적으로 송과체는 제 3의 눈에서 파생된다. 제 3의 눈은 초기 배아(수정란)에서 발달하기 시작해서 후에 퇴화한다. 송과체는 신경시스템을 안정시키는 효과를 가지고 있어서 동물의 송과체를 제거하면 발작을 일으키기 쉽다.

색소세포와 관련 있는 호르몬인 멜라토니아는 송과체로부터 분리되었다. 멜라토니아는 눈이 빛에 조금이라도 노출되면 그 생산이 촉발된다고 알려져 있다. 오늘날 수면보조제로서 광범위하게 연구되고 있는 이 멜라토니아는 인간의 면역체를 강화하고, 스트레스를 감소시키며, 노화를 늦추는 것으로도 알려져 있다. 멜라토니아의 생산은 나이가 들수록 감소한다. 일반적으로 우울증이 있는 경우 멜라토니아 수치가 낮은데, 결과적으로 조증 상태에서 멜라토니아 수치는 일반 수치보다 더 높은 것으로 알려져 있다.

송과체가 뇌하수체 바로 위에 위치하기 때문에 어떤 사람들은 송과체를 7번 차크라와 연결하고 뇌하수체는 6번 차크라와 연결한다. 그러나 뇌하수체는 다른 샘들을 통제하는 마스터샘이기 때문에, 뇌하수체가 마스터 차크라인 7번 차크라와 연결되어 있는 것이 분명해 보인다. 송과체는 빛에 민감한 기관이기 때문에 6번 차크라와 연결됐나고 보는 것이 맞다.

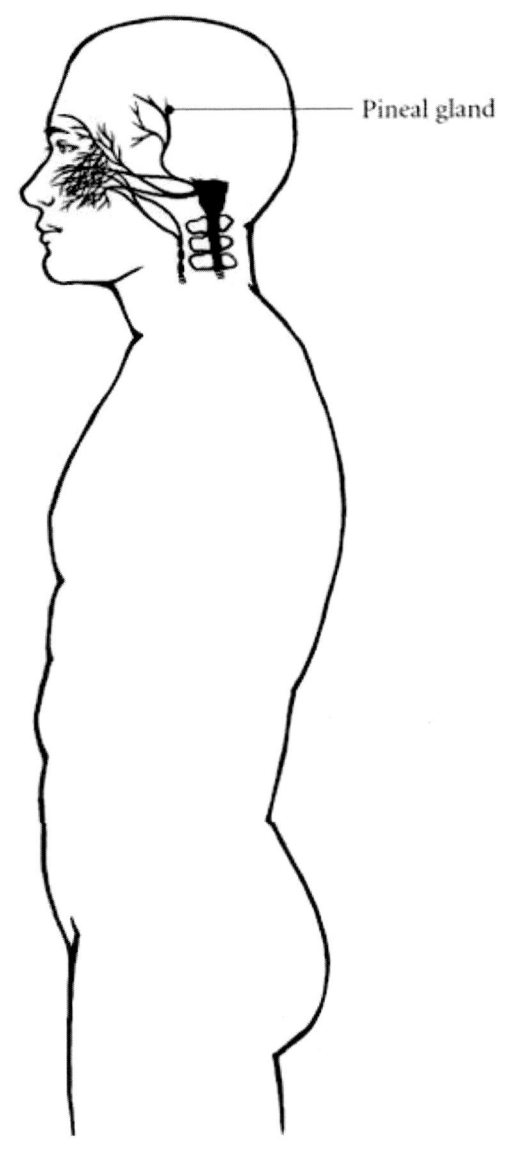

그림 7.2 6번 차크라

6번 차크라 차원에서 우리 문화의 미성숙함은 송과체의 퇴화와 관계있을까? 이 샘은 현재 잠든 채 영적 또는 문화적인 각성을 기다리는 비밀스러운 기능을 가지고 있는 것일까? 연구 결과에 따르면 빛은 건강에 분명한 효과를 미치며 식물과 동물의 행동에도 영향을 준다고 한다. 송과체가 빛과 몸의 화학작용 간의 연결성에 어떤 비밀스러운 역할을 하는 것일까?

이 부분에 대한 충분한 증거는 없다. 취침보조제로서 멜라토니아는 꿈을 증가시킨다. 따라서 멜라토니아가 내면 비전과 모종의 관련이 있음을 시사한다. 멜라토니아는 화학적으로 비전을 야기하는 것으로 알려진 원주민의 식물과 비슷하며 잠재적으로 환각을 일으키는 10메토시아밀란으로 불리우는 복합체로 순환한다. LSD와 같은 향정신성 약물은 멜라토닉의 결합을 증가시킨다. 진보된 인간 안에 내면 비전 현상을 촉발시키는 송과체와 관련된 화학적 물질이 정말 있을지 모른다, 멜라토닌이 수면 보조제로 광범위하게 사용되고 있는 지금, 이것이 인간의 송과체나 심리적 민감성에 미치는 영향을 시간을 두고 관찰해보는 것은 흥미로울 것이다.

빛

만일 그대의 눈이 하나뿐이라면, 그대의 온 몸은 빛으로 가득 차있을 것이다.

내튜

5번 차크라 수준의 자각에서 우리는 형태의 근원적인 현현으로서의 진동을 경험하게 된다. 6번 차크라에서 소리의 진동보다 더 높고 더 빠른 진동을 만나게 된다. 물론 이들은 근본적으로 서로 다른 성질을 지녔다. 여기서 가시광선으로 인식되는 전자기파 스펙트럼의 일부를 만나게 된다. 자외선 복사열, 전자파, X-ray 그리고 초단파는 이러한 스펙트럼 안에 존재하는 많은 파형 중 몇 가지로, 인간의 눈으로는 볼 수 없다. 빛은 의식으로 직접 자각할 수 있는 형태다. 소리는 공기 분자의 파동같은 진동을 통해 표현되지만, 빛은 훨씬 더 미세한 진동 에너지로 그들이 에너지 레벨의 변형을 경험할 때 원자와 분자 시스템에서 방출된 복사에너지에 의해서 만들어진다. 진정한 의미에서 빛은 원자와 분자의 목소리인 반면 소리는 보다 더 큰 구조의 목소리다.

가시광선은 광자라고 불리는 파동묶음[142]으로 구성되어 있다. 이것은 관찰하는 방법에 따라 파동이나 입자와 같은 특성을 보여준다. 빛이 파형같기 때문에 음파에 대해 논의한 법칙 중 몇 가지는 빛에 동일하게 적용할 수 있다. 주파수의 차이가 색깔의 차이를 만들어내는 것처럼 소리의 주파수는 다른 음색을 만든다. 빛은 또한 입자 같기 때문에 우리는 빛을 눈에 띄지 않는 묶음이나 광자로 생각할 수 있다. 그리고 그들 각자는 우리가 볼 수 있는 정보를 포함한다.

빛은 지금까지 논의된 어떤 요소보다도 가장 빠르게 여행한다. 극단적인 바람의 속도는 시속 200마일이고, 소리는 시속 720마일이지만, 초속 18600마일인 빛의 속도에 비해서는 훨씬 뒤쳐진다. 빛은 가장 빠른 속도로 알려진 물질현상이다. 다시 우리는 새로운 차원과 함께 물리적인 시간과 공간의 제한에서 한 걸음 더 나아간다. 극단적인 속도의 빛은 시간에 대한 우리의 감각을 왜곡하고 초월한다. 실로 누군가가 빛의 속도로 여행한다면 시간은 그 흐름을 멈출 것이다. 6번 차크라 단계에서 이것은 너무나 중요하다. 왜냐하면 비슈다차크라는 거리를 초월하고 아즈나 차크라는 시간을 초월하기 때문이다. 이러한 방식으로 우리는 이미 초신성이 되어서 사라져 버렸을지 모르는 수천광년

---

142) wave packet

떨어져있는 하늘의 별을 보게 될지 모른다. 그러나 그러한 빛의 현상은 아직 우리 눈에 도달하지 않았다.

빛은 전자기의 에너지다. 광자는 질량이 없지만, 빛은 금속에 부딪히면 전류를 유발하는데, 그것은 광전효과로 알려진 현상이다. 광자가 금속과 부딪히면 금속 안에 전자를 교체해서 전류를 유발한다. 이러한 효과에서 재밌는 점은 예를 들어서 붉은 빛과 같은 낮은 주파수의 빛은 전류를 유발할 만큼의 충분한 에너지를 가지고 있지 않다. 그들의 강도와 관계없이 말이다. 파란색이나 보라색과도 같은 보다 더 높은 주파수에서 전류가 생산되며, 빛의 강도에 따라 달라진다.

이것은 거의 비물리적인 차원의 빛 안에서 빛의 양은 질보다 중요하지 않다. 그리고 그 질은 우리가 색상으로 경험하는 주파수에 달려있다. 이러한 이유로 빛에 대한 어떠한 연구도 색깔이 배제될 수 없다.

색상

색상은 깃털처럼 감정의 변화를 따른다.

파블로 피카소

색상은 형태다. 우리는 이 형태를 통해 빛을 자각한다. 선명한 경험과 깊은 풍요를 지닌 색상은 인간이 보는 직물에 다름이 아니다. 색상은 빛의 파장이 지닌 주파수의 차이에 의해서 만들어진다. 붉은 색이나 오렌지 그리고 노랑색처럼 '더 뜨거운' 색상들은 초록, 파랑, 보라색과 같이 보다 '차가운' 색상보다 주파수가 더 낮으므로 광자의 에너지도 작다. 뜨거움과 차가움은 개인의 주관적인 평가이기 때문에 빛의 에너지에 대해 실질적으로 말해주는 것은 거의 없다.

빛은 원자 내 전자의 자극이나 비자극에 의해서 생산된다. 전자가 한 에너지 단계에서 다른 에너지 단계로 점프할 때 에너지를 소실하거나 획득한다. 각각의 도약을 양자점프라고 하는데 매 단계와 에너지의 양은 계단 위를 밟는 스텝과 매우 흡사하다. 전자가 더 높은 단계로 뛰어오를 때 전자는 일정한 양의 에너지를 흡수해야 한다. 전자가 다시 핵으로 돌아갈 때 에너지는 빛의 광자[143]로 방출된다. 두 단계를 통과해서 떨어진 전자는 단지 한 단계를 통과해서 떨어진 전자보다 더 많은 에너지를 방출한다. 그러므로 더 높은 주파수에서 빛을 방출한 광자는 상위 차크라의 파란색과 보라색으로 보여진다.

색상은 명백한 심리적 효과가 있다. 생리학적으로 심장과 신경시스템을 자극하는 붉은 색은 분노, 피, 만물의 시작과 같은 공격적이며 시작하는 에너지와 연관된다. 반면 파란색은 평화 그리고 고요함과 관계있으며 대부분의 사람에게 바로 그런 효과를 미친다. 눈에 보이는 가시 스펙트럼[144] 너머의 파장도 인간의 건강과 마음의 상태에 영향을 미친다. 예를 들어 자외선이 함유되지 않은 형광빛은 식물과 동물의 건강 모두에 부정적인 영향을 주는 것으로 알려져 왔다. 반면 완전한 스펙트럼을 함유하는 태양 빛은 몇몇의 예에서 보여주듯이 관절염, 암, 그리고 여타 다른 질병의 치유에 도움을 준다.

만일 많은 양의 정보가 가시적 형태로 도달한다고 가정한다면, 그러한 시각적 정보는 색깔의 패턴으로 감지될 것이며, 빛이 보여주는 주파수의 미묘한 변화는 우리 인간의 몸과 마음에 지대한 영향을 주는 것임에 틀림없다.

---

[143] 광자란 파장을 가지는 빛의 가장 작은 양을 말한다. 광자에너지는 그 빛의 진동수에 비례하고 파장에는 반비례한다.
[144] 빛의 가시스펙트럼은 보라에서부터 빨강까지, 보라보다 짧은 파장을 자외선이라고 하며, 빨강보다 긴 파장을 적외선(눈에 보이지 않지만 물체에 흡수되어 열에너지로 변하는 특성을 지님), 400에서 700때의 파장을 가지는 전자기파를 의미함. 우리 눈으로 볼 수 있음.

만일 음파가 미세신의 물리적 배열에 영향을 준다면 높은 옥타브의 물질 현현인 색상은 동일한 방식으로 물질에 영향을 줄 것이다. 이러한 이유로 색깔은 치유에 사용되고 그 성공률은 놀랄만하다. 최근의 연구결과는 특정한 색깔의 빛이 특정 인체 효소를 자극하는데 500% 이상의 효과가 있을 수 있음을 밝힌다. 세기 전반부에 힐러들에 의해 알려진 이 기술 (이러한 기술이 의학전문가들에 의해 비웃음을 사기 전에)은 색상 요법에 대해 서술한 한 내과개업의 인용구에서도 드러난다.

"약 6년간 색이 인체기능 회복에 미치는 영향에 세심한 주위를 기울였다. 외과 및 내과 현역 개업의로서의 약 37년간의 경험에 비추어본 결과를 실로 정직하게 소개한다. 어떤 다른 치료보다도 색상은 환자에게 적은 스트레스를 주면서도 더 빠르고 확실한 결과를 얻을 수 있었다. 많은 사례들에서 전통적인 치료요법이 실패한 후 색상요법으로 기능이 회복되었다. 다른 요법으로는 치료되지 않았던 염좌, 타박상 및 모든 종류의 트라우마 등이 색상요법에 반응했다. 특정 유기체를 막론하고 감염증도 치료됐다. 심장손상, 천식, 열성폐렴, 눈의 감염증세, 각막궤양, 녹내장 또한 색상요법에 의해 치유됐다."

지난 몇 세기 동안 색상의 치유효과를 기록한 다양한 이론들이 문서화되어 남아있다. 특정한 색상의 스테인 글라스를 통과하는 태양 빛을 환자에게 흠뻑 맞게 하거나, 색깔이 있는 유리잔에 모은 태양빛의 물을 마시게 하는 등의 방법을 사용해서 놀랄만한 치유효과를 얻은 케이스들이 많이 있다. 예를 들어 파란빛 치료는 좌골신경통[145]이나 염증 케이스에서 영구적인 완화를 가져온다고 알려져 왔다. 11년 동안 무자비한 증상에 시달린 한 환자의 경우에도 색상요법으로 단 한 주만에 재발없이 치유된 바가 있다. 다른 사례에서도 노란빛이 정신적인 명료함을 가져다주는데 사용되었고 붉은 빛은 체력고갈과 싸우는데 사용되었으며, 황금오렌지색상은 당뇨병 환자에게 도움을 줬다. 만일

---

145) siatica

병이 포착하기 어려운 단계에서 시작됐다면 그들을 치유하는 방식 또한 특히 긍정적 시각화와 함께 색상과 같은 것을 사용해서 미묘한 단계에서 할 수는 없는 것일까?

차크라의 색상은 스팩트럼을 통한 논리적인 진행을 따른다. 가장 낮은 주파수의 빛과 관련된 색상은 붉은 빛으로 가장 낮은 차크라에 상응하며, 나머지 차크라들도 스팩트럼에 따라 알맞게 짝이 된다. 이것은 차크라와 대응하는 가장 합리적이고 보편적인 시스템인 것 같다. 그러나 이 시스템만이 유일한 것은 아니며 또한 투시력으로 자각된 차크라의 색상이나 탄트라 텍스트에서 언급한 색상과 혼동해서는 안 된다. 그러나 발레리 헌트가 실시한 일부 투시력 연구는 무지개 시스템을 완전히 확증하고 있음이 다음 인용문을 통해 보여진다.

"차크라는 형이상학 문헌에서 언급한 색상을 동반하는 경우가 많다. 다시 말해서 쿤달리니는 붉은 색이며 아랫배는 오렌지, 비장은 노란색, 심장은 녹색, 목은 파란색, 제 3의 눈은 보라색, 크라운은 흰색이다. 특정 차크라가 활성화되면 다른 차크라의 활성화를 유발하는 것으로 보인다. 심장 차크라는 시종일관 가장 활발한 운동성을 보인다."

그 외도 자코브 리버만 박사는 자신의 연구에서 특정한 색상을 수용하지 않을 때 거의 100% 그 색상의 차크라와 관련된 몸의 부위에 스트레스, 질환, 상처와 상관관계가 있음을 밝힌다.

무지개 스팩트럼에 따르면 차크라의 색상(현대 시스템에 따른)은 다음과 같다.

다양한 경전의 문헌에서 차크라를 다르게 언급하면서 1번 차크라를 노란색, 2번 차크라를 흰색, 3번 차크라를 붉은 색, 4번 차크라를 스모키색, 5번 차크라를 파란색, 6번 차크라를 금색 그리고 7번 차크라를

1번 차크라	붉은색
2번 차크라	오렌지
3번 차크라	노랑
4번 차크라	녹색
5번 차크라	파란색
6번 차크라	인디고
7번 차크라	보라색

색상을 뛰어넘은 찬란함이라고 말한다.

우리가 진화함에 따라 차크라 진동은 주파수를 바꾸고 색상은 스팩트럼의 순수한 색상과 더 일치하게 된다.

차크라를 투시해볼 때 일련의 차크라들이 위에서 언급한 무지개색상을 정확히 반영하지는 않는다. 왜냐하면 이들 색상들은 차크라가 완전히 개발되서 명료해질 때 나타나는 최적의 색상이기 때문이다.(발레리 헌트의 연구에서는 일주일산의 강력한 롤핑요법이 끝날 때쯤에서야 겨우 명료한 색상들이 나타났음을 밝힌다.) 내 경험상으로는 각각의 차크라에서 많은 색상들이 차크라 안 밖으로 꼬여서 개인의 삶과 관련된 패턴과 이미지를 형성하는 것이 더 일반적이었다.

명상 또는 기억의 도구와 관련된 색상을 사용해서 자신의 차크라에 접근하거나 또는 그들에 대해 더 많은 것들을 알아낼 수 있다. 먼저 입는 옷이나 집안의 장식물과 같이, 주변색상의 경향을 조사해서 자신의 차크라에 대해서 조금 읽어볼 수 있다. 보라색이나 파란 색상에 항상 손이 가는가? 아니면 항상 진동하는 붉은 색이나 오렌지 빛깔을 선택하는가? 어둡거나 밝은 색상을 선호하는가? 금욕 수행을 하는 일부 승려들이 2번 차크라와 연관된 색상인 짙은 황색[146]의 옷을 입는 것은 우연일까?

---

146) saffron/pale orange

두 번째로, 자신이 가장 약하다고 느끼는 차크라를 보완하기 위한 색상을 선택할 수 있다. 오랜 시간동안 본인의 오로라 장 안에서 노란 색상이 없음을 알았다. 이것은 나의 친구들과 나를 보아왔던 심령술사들도 확인해 주었다. 동시에 본인은 신진대사의 문제 및 낮은 에너지나 무기력감과 같이 3번 차크라와 관련된 많은 문제들을 겪고 있었다. 노란 옷과 노란 보석(토파즈)를 착용하는 것이 본인의 태도에 꽤 도움이 된다는 사실을 알 수 있었다. 이후 다른 사람들도 개선된 점을 확인해 주었다. 미묘한 단계에서 이것이 개인적인 에너지 시스템에 균형을 가져왔다.

색상은 또한 자가치유을 위한 시각화로 사용될 수 있다. 위의 경우에서 특히 어두운 날에 앉아서 나의 오로라장을 밝은 노란색으로 시각화해 보았다. 또한 번갈아 가면서 태양으로부터 황금빛 에너지가 나에게 온다고 시각화했다. 나 자신에게서 외부로 투사한 것이 점점 더 주변에 나타나기 시작했다. 셀렌 베가와 본인이 함께한 차크라 워크샵에서 우리는 학생들에게 그날 수업할 차크라에 해당하는 색상의 옷을 입고 오도록 격려했다. 이러한 방식으로 스스로를 특정한 차크라의 진동 스팩트럼 안으로 몰입하게 했다. 각각의 차크라와 연관된 소리처럼, 색상은 이 시스템과 연관된 일곱 개의 장르에 대한 표현의 또 다른 형태이다.

홀로그래픽 이론

인드라의 하늘에는 진주망이 너무나 잘 배치되어 있어서, 진주 한 알을 본다면, 그 안에 다른 모든 진주들이 반사되어 비출 것이다. 같은 방식으로 세상 속에 모든 객체들은 스스로 존재하는 것이 아니라 다른 객체들과 함께 연관되어 있다.

힌두 수트라

빛과 시각적인 과정은 인간이 인식한 경험과 어떻게 연결되는 것일까? 왜 그렇게 많은 신비가들은 눈을 감고 명상하는 중에 빛의 패턴을 봤다고 주장하는 것일까? 왜 꿈 속의 이미지들을 그렇게 진짜처럼 보이는 것일까? 그리고 기억을 구성하는 것은 무엇일까?

이 물음에 답을 제시하는 가장 그럴 듯한 이론은 칼 프리브람이라는 신경과학자의 이론이다. 이 이론은 홀로그램으로서 마음 모델에 기반을 둔다. 홀로그램은 3차원 이미지로 두 개의 교차하는 레이저빔에 의해 형성된다. 이것은 서로 다른 위치에 있는 연못에 두 개의 돌을 떨어뜨려 즉시 물을 얼리는 것과 유사하다. 교차하는 잔물결은 영구적으로 얼음위에 기록되는데 마치 광선의 간섭이 홀로그램 판에 기록되는 것과 비슷하다.

홀로그램 창조에서 레이저에 의해 생성된 빛이 물체로부터 반사되어 감광판 위에 기록된다. 이 판은 또한 근원에서 판(plate)으로 직접 이동하는 참조빔이라고 불리는 동일한 주파수의 또 다른 빛광선을 수신한다. 우리는 판위에서 그저 어둡고 가벼운 소용돌이들의 의미 없는 패턴을 볼 수 있을 뿐이다. 이것은 정보가 암호화된 두 개의 교차빔으로 암호화된 사운드트랙이 레코드 판위의 홈들로 표현된 것과도 비슷하다.

플레이트가 고유한 레이저와 동일한 주파수를 지닌 참조빔에 의해 재현될 때, 3차원으로 홀로그램화된 개체의 이미지가 여러분을 향해 갑자기 무시무시하게 튀어나온다. 여러분은 홀로그램의 측면으로 가서 그것이 마치 실제로 존재하는 것처럼 개체의 측면을 볼 수 있지만, 그것은 단지 빛에 지나지 않기 때문에 손은 그것을 그대로 통과할 것이다.

홀로그램에는 놀랄만한 일이 많이 있다. 첫째는 플레이트에 편재되어 저장된 정보들이다. 다시 말해서 플레이트가 깨진다고 해도 플레이트의 어떤 조각도 전체 그림을 재생할 수 있다. 비록 조각의 크기가 줄어들수록 상세함도 점차로 줄어들겠지만 말이다. 홀로그램에 관한 두 번째로 놀랄만한 사실은 그들이 공간을 차지하지 않는다는 점이다. 많은 홀로그램들은 다른 주파수의 레이저를 사용하여 한 공간 안 또는 하나의 판 위에 서로 포개놓을 수 있다. 칼 프리브람의 이론에 따르면 두뇌는 뇌파 사이에 간섭패턴을 지속적으로 해석함으로써 홀로그램처럼 기능한다. 이것은 본질적으로 정보의 모든 조각들이 특정한 장소에 저장된다는 이전의 두뇌모델과는 근본적으로 다르다. 이 이론은 물리학과 생리학의 토대를 뒤흔들었고 의식 연구의 판도에 변화를 가져왔다. 그 파장은 우리를 둘러싼 세계뿐만이 아니라 마음에 대한 이해에까지 미쳤다. 이 모델은 특히 아즈나 차크라에 대한 이해와 관련있어 보인다. 이 이론이 어떻게 발전되었는지를 살펴보자.

프리브람은 1946년에 쥐와 원숭이를 대상으로 두뇌 연구를 실시했다. 칼 래슐리와의 작업에서 그는 많은 두뇌를 해부했고 엔그램[147]이라고 불리는 신비로운 기억의 기본 단위를 찾아냈다. 그 시기에 많은 사람들이 생각했던 것처럼, 기억이 두뇌 안의 다양한 신경 세포 안에 저장됐다고 생각한 그들은 두뇌 조직을 제거하면 특정 기억이 지워진다고 생각했다.

그러나 그렇지가 않았다. 대신 그들은 홀로그램정보가 판에 저장되는 것처럼, 기억이 두뇌 전체에 편재해서 저장되는 것 같다는 사실을 발견했다. 조직이 제거되면 기억이 희미해질지라도 사라지지는 않았다. 이것은 기억이 막대한 손상을 입고도 살아남는 이유와 두뇌가 일생의 기억을 저장할 수 있는 이유, 그리고 기억이 종종 특정한 관계나 참조빔에 의해서 촉발되는 이유를 설명해준다.

우리가 대상을 볼 때 빛은 두뇌에서 신경 주파수 패턴으로 변형된

---

[147] engram/기억흔적

다. 두뇌는 13조개의 뉴런으로 차있다. 이러한 뉴런 사이에 가능한 연결의 수는 수조에 이른다. 과학자들은 전에 뉴런 그 자체를 두뇌 활동에 중요한 것으로 보았는데 지금은 뉴런 사이에 접합점을 본다. 실제 세포들은 일종의 온 오프되는 반사 행동을 보이지만, 신경말단의 접합점은 전체적으로 볼 때, 파동같은 성질을 보여준다. 프리브람의 말을 인용한다. "만일 여러분이 신경말단을 전체 시리즈로 본다면, 그들은 파면을 구성한다. 하나는 이 방향으로 오고 다른 것은 저쪽 방향으로 가다가 그들은 서로 교류한다. 그러다 갑자기 여러분은 간섭패턴을 보게 될 것이다."

자극이 두뇌를 통해 여행할 때, 파동같은 속성은 우리가 인식과 기억으로 경험하는 것을 창조한다. 이러한 인식은 두뇌에 암호화된 파형 주파수로 저장되어 적절한 자극에 의해 활성화될 수 있으며 본래의 파형을 촉발시킨다. 이것은 친근한 얼굴이 왜 기억을 끄집어내는지 그 이유를 설명해준다. 비록 그것이 마지막으로 당신이 봤던 얼굴과 다를지라도 말이다. 이것은 장미를 언급하면 왜 마음속에 특정한 향기가 떠오르는지, 왜 특별한 위협이 없는데도 뱀을 생각하면 두려움이 생기는지 설명해준다.

우리를 둘러싼 세계에 대한 우리의 인식은 두뇌 안의 신경 홀로그램의 재건처럼 보인다. 이것은 시각 정보의 인식뿐만이 아니라 언어, 생각, 그리고 모든 감각에 적용된다. 프리브람은 이렇게 말한다. "마음은 한 장소에 위치하지 않는다. 우리가 가지고 있는 것은 이미지로 나타나는 홀로그램과 같은 장치로 우리는 그것을 장치 밖 어딘가에 존재하는 것으로 인식한다."

이 모델은 모든 정보에 대한 접근과 심지어 다른 차원의 정보에 대한 접근까지도 포함하는 두뇌의 각 부분에 대한 암시를 주기 때문에, 평범한 기능의 기억과 인식을 넘어 먼거리 보기, 투시력, 신비로운 비젼, 그리고 예지력과 같은 많은 것들을 설명해 줄 수 있다.

프리브람의 홀로그램 두뇌 이론과 동시대에, 이론물리학자 데이비드 봄은 우주가 그 자체로 일종의 홀로그램일지 모른다는 모델을 제시한다. 그는 홀로그램은 정적이어서 움직임과 변화로 채워진 우주에는 어울리지 않기 때문에, 자신의 이론을 홀로플룩스148)라고 명명했다.

봄에 따르면 우주는 마치 달걀 흰자로 케잌 반죽을 감싸는 것처럼 일종의 우주적 매개체 전체로서 '둘러싸여' 있거나 '펼쳐' 있다. 이러한 감싸기는 무한한 수의 간섭 가능성을 허용해서 우리가 홀로그램 마음으로 경험하는 형태와 에너지를 부여한다. 이러한 문맥에서 두뇌 그 자체는 더 큰 홀로그램의 부분이고 그러므로 전체에 대한 정보를 포함한다. 우리가 세계를 홀로그램 방식으로 인식하는 것처럼, 세계 그 자체는 보다 더 큰 홀로그램으로 우리는 그 안에 속하는 작은 조각들일 것이다. 그러나 조각으로서 우리 각각은 전체를 반영한다.

만일 이것이 사실이라면, 만일 내적 세계와 외적 세계가 있다면 이 두 세계 모두 자신의 어느 부분에서든지 전체의 창조를 반영한다. 그리하여 우리는 부분으로서 전체의 정보를 포함하며, 마찬가지로 우리를 둘러싸고 있는 만물도 전체를 반영한다. 한 알의 모래는 자신이 생겨난 우주를 설명할 뿐만이 아니라 우리의 마음은 더 큰 지성의 암호화된 정보를 포함한 채 올바른 참조빔이 이미지를 촉발하도록 기다린다. 아마도 이러한 이유 때문에 구루는 샥티파티를 유발하고 이에 공명하는 진동은 의식의 변화된 상태를 촉발시킬 수 있다.

만일 내적 세계와 외적 세계 모두가 홀로그램식으로 기능한다면, 이러한 질문을 던져야만 한다. 그들 사이에 어떤 차이가 있을까? 우리 자신 또한 홀로그램인가? 우리는 우리가 스스로 창조한 에고의 경계를 천천히 융해시키고 더 큰 우주적인 상태를 포용하는 것일까? 우리의 의식은 더 큰 홀로그램과 합병되는 것일까? 홀로그램의 각 조각들이

---

148) holoflux/전체유동성

전체에 대한 정보를 포함한다면, 그것이 바로 새로운 정보를 퍼즐에 끼워 맞출 때 마다 우리가 명료성을 얻는 이유인가? 우리의 이해가 성장하고 확장하기 때문에, 우리는 사물을 점점 더 서로 관통하는 에너지 망인 하나의 그림으로 보지 않는 것인가?

현재로서는 이 질문들에 대해 명료하게 답할 수 없다. 외적이라고 간주되던 것이 우리의 인식, 생각, 기억에 작용해서 내면화 된다는 사실에 대해 논쟁할 사람은 거의 없을 것이다. 인간의 내부에 구조가 있어서 외부세계를 넘어서는 에너지를 포괄한다는 사실에 대해 논쟁할 사람 거의 없을 것이다. 다음으로 이 내부구조가 외부 세계에 영향을 미치는 것은 아닌가? 우리의 정신적인 홀로그램 구조가 외부에 투사되어 물질장 위에 형태를 취할 수 있을까? 프리브람도 그렇게 생각한 것 같다. 그는 가장 솔직한 방식으로 다음과 같이 토로한다.

우리는 세계에 대한 인식을 건설할 뿐만 아니라 밖으로 나가서 세계 속에 그러한 인식을 건설한다. 우리는 테이블과 자전거 그리고 악기를 만든다. 왜냐하면 우리는 그들을 생각할 수 있기 때문이다.

그것은 인식하고 명령하며 외부세계와 함께 심령적으로 수용하고 이미지 투사를 하는 아즈나 차크라의 기능을 가장 잘 설명한 법칙이다.

보는 것

우리가 보는 모든 것은 시각화다. 우리는 눈으로 보는 것이 아니라 소울로 본다.

시력을 가진 사람의 90%는 어떤 기관이나 감각 수단을 통해서보다 눈을 통해서 정보를 받아들인다고 추정된다. 우리 기억과 생각과정의 많은 부분이 또한 시각적 정보로 암호화 된다. 이것은 물론 사람마다 다양하다. 어떤 사람들은 다른 사람들보다 더 시각지향적이다. 세계에 대한 시각적 경험은 종종 제한되거나 잘못 인도되지만 시각이 근본적으로 중요한 단계의 의식이라는 사실을 의심할 여지는 없다.

공간관계를 소통시키는 패턴으로 정의되는 시각정보는 물리적 접촉이 필요 없이 우리에게 도달한다. 이러한 관계는 크기, 형태, 색깔, 강도, 위치, 움직임 그리고 행동에 있어서의 형태를 설명한다.

신체의 눈은 망막에 반사된 빛에 초점을 맞추어서 본다. 각막에 의해서 초점이 맞추어지면, 각막은 더 큰 패턴의 빛을 취해서 축소시킨 다음, 망막에 거꾸로 뒤집어 놓는다. 망막은 다양한 강도의 빛에 의해 강화되는 추상체와 간상체로 만들어져 있다. 빛이 이들 세포에 닿으면, 화학 반응이 일어나서 신경 자극을 촉발한다. 이러한 자극은 시각 교차를 따라 전기 자극의 형태로 두뇌의 대뇌피질에 전달된다. 실제 빛이 두뇌에 들어가는 것이 아니다.

보는 것은 눈이 아니라 마음이다. 눈은 그저 외부 세계로부터 내면 세계로 정보를 옮겨주는 초점 렌즈일 뿐이다. 두뇌는 실제로 빛 광자를 받아들이는 것이 아니라 암호화된 전기 자극을 받아들인다. 시신경을 따라 여행하는 전기자극을 의미있는 패턴으로 해석하는 것은 마음 및 두뇌에 달려있다. 이것은 학습 능력이다. 태어날 때부터 장님인 사람이 후에 외과수술로 시력을 회복하면, 그들이 처음에 보는 것은 단지 빛일 뿐이다. 그들은 이러한 자각을 의미있는 이미지로 만드는 법을 배우기 위해 분투해야만 한다.

우리는 또한 우리가 자각하는 것이 물질이 아니라 빛이라는 사실을 기억해야만 한다. 우리 주변의 세계를 볼 때 대상을 본다고 생각하지만 실제로 보는 것은 이 대상에 반사된 빛이다. 우리는 그들이 아닌 것을 보고 그들 사이와 그들 주변의 공간을 보지만, 실제 대상의 안을 들여다 볼 수는 없다. 만일 우리가 붉은 색을 본다면 대상은 붉은 빛을 제외한 모든 주파수를 흡수한다. 우리는 촉각으로 그의 존재를 확인하지만 우리의 손은 빈 공간을 통과해서 움직일 뿐이다. 손은 대상을 느낄 수 없고 오직 대상의 가장자리만을 느낄 뿐이다. 손이 느끼는 것은 빈공간의 질감으로 느껴지는 경계이다. 이러한 관점에서 물질은 현미경 아래의 빛이나 유리 그리고 수정구술을 통해서 투과하듯이 매우 얇은 조각을 제외하고는 들어갈 수 없는 세계로 일종의 애매한 상태로 보여 진다. 우리는 빈공간이라는 영역을 통해서만 우리의 세계를 경험할 수 있다.

투시력

보기 위해서 그대는 그림의 한가운데 멈추어 있어야만 한다.

스리 오로빈도

6번 차크라 단계에서 의식의 가장 중요한 측면은 사이킥 능력의 개발이다. 심령적 자각은 투청력(透聽/5번 차크라)이나, 투감력(透感/2번 차크라)에서와 같이, 언제나 시각적인 것은 아니기 때문이다. 그러나 천리안 정보의 불멸성은 여태까지 논의 되어온 어떠한 심령적인 능력보다 더 거대한 영역을 포괄한다.

투시력[149]이라는 단어의 의미는 명확하게 보는 것이다. 이것은 제한된 시간과 공간의 감각으로 정의되는 물질적 객체들로 일반적으로 정의되는 물질적 객체의 불명확한 세계와 혼동하지 않고 보는 것이다. '투명한[150]' 과 '봄[151]' 이라는 단어는 매우 정확하게 관련된 과정

---

149) clairvoyance
150) clear

을 언급한다. 천리안이 되려면 투명한 공간 속을 들여다볼 필요가 있다. 이것은 객체 그 자체가 아니라 에너지의 장을 보는 것이다. 다시 말해서 사물이 아닌 관계를 보는 것이며, 세상을 전체로 보는 것이다. 우리의 마음으로 직접적이고 명료하게 우리가 원하는 정보에 도달하는 것이다. 내면이 명료할수록 우리를 둘러싼 세상에 대한 더 미묘한 자원들을 더 잘 볼 수 있다.

명료하게 보는 것은[152] 단순히 보는 것[153]보다 더 깊이 자각함을 의미한다. 카를로스 카스테나다의 시리즈물인 돈주앙에서 보여주듯이 말이다. 카스타네다는 사람을 볼 때, 단지 몸매와 얼굴의 표정, 그리고 옷매무새를 인식했다. 그가 보는 것을 배웠을 때, 그는 몸을 둘러싸고 있는 빛나는 달걀같은 것을 지각했다. 우리가 오라라고 부르는 상호 침투하는 에너지망이 그것이다. 돈주앙이 자신의 동생이 죽은 것을 봤을 때 그는 깊이 슬퍼했다. 그러나 그가 자신의 상태를 앎으로 바꿨을 때 그는 죽음과 연관된 더 위대한 과정을 이해했고 죽음으로부터 배울 수 있었다.

보는 것은 알려는 행위이다. 그러나 이해하는 것은 이미지를 내면화함으로써 납득하는 것이다, "나는 안다.(I see)" 라는 흔한 표현으로 예를 들어보자. 이것은 일반적으로 어떤 사람이 정보의 작은 부분을 취해서 전체의 계획에 끼워 맞출 수 있음을 의미한다. 마치 홀로그램의 모든 조각들이 전체 그림을 명료하게 하는 것처럼, 인간이 보는 모든 새로운 사물들은 즉시 전체성의 감각 안으로 포함되어 내면의 그림에 명료성을 가져다 준다.

이것을 어떻게 하는가? 프리브람의 홀로그램 모델에 따르면 인간의 마음/두뇌는 일종의 무대의 역할을 한다. 그 무대 위에서 인간의 시각

---

151) look
152) see: 본다는 것은 꿰뚫어봄으로써 안다는 것을 뜻한다.
153) look: 본다는 것은 있는 그대로를 본다는 뜻으로 관찰을 뜻한다.

적 이미지들이 연극을 벌인다. 적절한 신호가 주어질 때(홀로그램의 참조빔), 무대 위에 이미지가 나타난다. 그러나 배우는 어디에 있고 무엇이 배우인가?

배우는 홀로그램식으로 저장되어 있는 색상, 형태, 소리, 그리고 촉각적 패턴과 같은 슬라이드다. 두뇌 속에서 완전하게 분리된 이미지를 가진 회전판154)이 있는 것이 아니라 두뇌의 일부가 붉은색, 따뜻함, 빠름, 조용함과 같은 성질을 생산해 낼 것이다. 독특한 방식으로 조합된 이러한 특질들은 우리가 보는 이미지들을 창조한다.

제 3의 눈을 멘탈 스크린으로 생각할 수 있다. 보기 위해서 스크린 위에 슬라이드들을 던진다. 눈을 감고 여러분의 첫 번째 자동차를 떠올려 본다면, 색상과 차 내부 장식품들의 질감을 볼 수 있을 것이다. 아마도 한 켠에 작은 홈집이 있을 지도 모른다. 마음의 눈으로 자신의 차 주변을 걸어다닐 수 있고 마치 홀로그램의 3차원의 효과처럼 여러분이 선택하여155) 차의 앞면과 뒷면을 볼 수 있을 것이다. 실제 자동차가 존재할 필요는 없다. 이미지는 그것과는 별도로 존재한다. 주의를 집중함으로써 이미지를 검색할 수 있다.

마음의 눈으로 자신이 보고자 선택한 것을 볼 수 있다. 만일 내가 여러분의 연인의 머리 색깔을 묻는다면, 여러분은 정신적으로 '슬라이드'를 검색해서, 그것을 본 후, 무슨 색인지 말해줄 수 있다. 우리의 기억은 홀로그램과 같다.

여러분은 가지고 싶은 자동차의 그림을 실물과 똑같이 선명하게 창조할 수 있는가? 자동차의 색상과 구조 그리고 차 뒤 부분의 번호판을 마음 속에 구현해 볼 수 있는가? 차를 운전하여 시골길을 따라 내려가는 모습을 시각화하고 손에 잡고 있는 운전대의 느낌을 느껴볼 수 있

---

154) carousel: 슬라이드 영사기가 달려있는 회전식 슬라이드 트레이를 의미함
155) 영화 스크린 속에서 허공에 뜬 터치 스크린을 누르면 사물이 보이는 장면을

는가?

그 차는 여러분의 차가 될 수 없다. 그래서 여러분의 시각화를 그저 상상이라고 부르는 것이다. 비록 여러분이 기억한 것처럼 실제와 똑같다고 해도 말이다. 그러나 만일 복권식 내기경마에 당첨되어 막 시각화한 자동차를 선물로 받게 된다면, 여러분의 시각화는 투시력의 일종인 사전인지156)로서 간주될 수 있다. 차이는 결과에 있다. 그러나 과정을 똑같다. 시각화와 상상력의 개발을 통하여 투시력이라는 수단을 동시에 개발할 수 있다.

투시력의 과정은 특화된 시각화 중의 하나다. 그것은 사전 인지 여부와 관계없이 필요할 때 요구되는 관련 정보를 체계적으로 불러낼 수 있는가의 문제다. 우리의 마음은 질문의 형태로 스스로 만든 참조빔을 이용하여 홀로그램 기억 은행에서 이전에 알지 못했던 데이터를 검색할 수 있다. 예를 들어, 여러분은 건강이나 관계에 연관된 답변이 필요한 특정한 질문을 받고 누군가의 심장차크라 주변을 볼 것을 스스로에게 요청하게 될지도 모른다. 그러한 질문은 홀로그래픽 패턴 안에서 특정한 정보를 비춰줄 참조빔이 된다.

우리는 6번 차크라 안에서 시간을 초월한다고 언급해왔다. 과거에 알던 정보만 접근 가능한 정보로 국한 시킬 필요는 없다. 미래로부터 정보를 불러올 수도 있다. 단 하나의 차이점은 상황이 그것을 창조하는 미래의 어떤 시점을 기다리기보다 이미지를 낳는 참조빔을 적극적으로 창조하는 것이다. 소설가 마리온 짐머 브래들리의 말을 인용하자면 "나는 내 이야기가 어디로 흘러갈지 결정하지 않아요. 나는 단지 미래를 엿보고 무슨 일이 일어날지 적을 뿐이예요." …

일상적으로 아는 것 외에 문자 그대로 본 적도 들은 적도 없는 무엇인가를 알 수 있다고 믿는 사람은 거의 없다. 이러한 정보를 얻는

---

156) preconitive

것이 일반적이지 않으며 그에 대한 통용되는 정보가 없기 때문에 대부분의 사람들은 찾아보려고 조차 하지 않는다. 무엇인가를 이해하기 위해서 어디서 어떻게 보아야 하는지 알 필요가 있다. 우리는 그것이 있을 만한 곳에서 사물을 찾는다. 우리는 단지 그러한 것들이 일어난 기본적인 질서를 이해할 필요가 있다. 도서분류 십진법이 주요한 예이다. 단골이 아닌 야채가게에서 필요한 야채도 그런 방식으로 찾는다. 여러분은 상점을 조사하고 일반적인 배치를 메모한다. 이제 물건이 위치한 범주를 안다. 이제 두 개의 정신적 이미지를 포개서 보다 면밀히 보기 위해 그 구역으로 간다. 와우! 여러분의 정신적 교차 참조빔이 제자리를 찾아냈다.

정신적인 정보에 접근하는 것도 결코 다르지 않다. 만일 어떤 파티에서 누군가 여러분에게 했던 농담을 기억하려고 한다면, 파티에 온 사람들 그리고 당신과 개인적으로 대화를 나눈 사람들을 떠올려보고 올바른 데이터가 제자리에 맞춰지기를 기다리면 된다. 올바른 기억을 떠올리기 위해서 당신의 마음 속에 이미지가 떠올라야한다. 이러한 과정 속에서 우리는 딱 들어맞는 정보를 찾을 때까지 수천 조각의 데이터를 뒤져보고 걸러내고 해독한다.

일단 데이터를 어디에서 찾아야할지 알게 되면 그들을 어떻게 봐야 하는지 알 필요가 있다. 특정한 장소에 있다고 믿고 있던 무엇인가를 찾았지만 여전히 찾지 못했던 적이 얼마나 많았는가? 기억에 접속했지만 거기 있다고 알고 있었던 정보를 꺼내는데 실패한 일이 얼마나 많았는가?

기억에 접속하는 일은 올바른 코드(올바른 참조빔)를 찾는 과정으로 홀로그램 이미지를 삶에 되돌려놓는 것이다. 컴퓨터가 오직 올바른 명령으로만 접근할 수 있는 데이터를 가지고 있는 것처럼, 우리의 정신적 이미지는 그들을 풀 수 있는 정신적 이미지를 요구한다.

투시력의 개발은 비주얼 스크린 개발과 스크린 정보에 접근할 수 있는 명령시스템의 창조에 달려있다. 만일 슬라이드에 이름을 붙이지 않는다면 지금 보고 있는 것이 무엇인지 모를 것이다. 시각화의 개발은 검색하고, 창조하며, 멘탈스크린 위에 이미지를 투사하는 능력이다. 일단 이것이 되고나면, 보는 것은 주로 올바르게 질문하는 것에 달려 있다.

슬라이드는 우리가 홀로그램화 한 것에 제한되지 않는다. 만일 홀로그램 모델이 어떠한 타당성을 가지고 있다면, 무한한 이미지에 접근할 것이고 그들은 뇌파패턴의 무한성에 의해 창조될 것이다. 우리는 단지 올바른 '참조빔'을 찾아내서 그들을 불러내기만 하면 된다.

많은 사람들이 참조빔을 공급할 수 있는 구조로 사용하기 위해 타로카드나 손금 또는 점성학으로 시작한다. 카드는 다양한 이미지를 불러내며, 당신이 읽고 있는 사람은 또 다른 다양한 이미지를 불러낸다. 어떤 점이 가장 중요한 것처럼 보이는가? 어떤 점이 가장 강조되 보이는가? 어디서 정보의 물결이 가로 질러와서 가장 강해지는가?

무엇인가를 투시해보기 위해서 데이터를 검색하기 위한 참조빔이 필요할 뿐만이 아니라 정보를 볼 수 있는 빈 스크린도 필요하다. 이것은 연습과 인내 그리고 조용함과 열린 마음이 필요하다. 명상을 통해서 이미지의 마음을 비우면 모순적이지만 그곳에 있는 이미지가 더욱 더 잘 보인다. 마음을 집중하는 법을 배우고 하나의 포인트를 만들어 그것을 더 깊숙이 들여다보면 더 많이 보게 된다. 투시력 안에서 명료하고 고요한 마음을 대체할 수 있는 것은 없다.

이러한 뉘앙스는 매우 미묘하기 때문에 그들을 무시하거나 인정하지 않는 일이 일반적이다. 시끄러운 세상 속에서 텔레파시의 속삭임을 들을 수 없는 것처럼 만일 그들이 네온으로 테두리가 돼있기를 기대한다면 에텔영역의 미묘한 움직임을 볼 수 없다. 다음 문답은 투시력을 배우는 새로운 학생과 나눈 전형적인 대화이다.

Aj: 오라를 본 적이 있나요?
학생: 전 잘 모르겠습니다. 본적이 없는 것 같습니다.
Aj: 보려고 한 적이 있나요?
학생: 시도해봤지만 몸 주변의 색깔이 보이지 않습니다.
Aj: 오라를 찾을 때 무엇을 보나요?
학생: 저는 그냥 몸을 봐요. 가장자리 주위를 보는데요. 그러니까 몸 뒤 공간 속에 사물을 봅니다.
Aj: 당신은 그것을 보지 않고 공간을 통해서 보는군요. 눈을 감고 오라를 느껴보세요. 무슨 색깔로 느껴지는지 말해줄래요.
학생: 어둡게 느껴져요. 색깔이 없는 거 같아요. 심장 위에 약간 금빛이 보이는 것 같네요. 그런데 내가 정말로 보고 있는 건지 잘 모르겠어요. 다리에 붉은빛이 좀 보여요...특히 오른쪽에서요. 그런데 잘 모르겠어요.
Aj: 오라를 보고 있는 것 같지는 않군요.
학생: 네. 정말로 보는 것 같지는 않아요. 눈을 감고 보는 것이...제 말은 제가 보는 것이 단지 상상 아닌가요?
Aj: 잘 모르겠네요. 한번 체크해볼래요? 그 사람에게 그들이 어떤 느낌인지 물어보세요. 그 색깔이 맞는지. 가서 테스트해보세요.

세 번째 사람: 글쎄요, 오늘 햇살을 맞으며 달렸는데요. 정말 좋았는데, 그만 나무 뿌리에 걸려서 넘어졌어요. 무릎에 살짝 멍이 들었고 아파요. 그것과 관련있는 것 같아요.
학생: 와우! 내가 정말 본 거네요. 당신 무릎 주변에서 붉은 색을 봤어요. (약간 소심하게) 혹시 머리도 부딪혔나요?
세 번째 사람: 네. 조금요. 심하지는 않나요.
AJ: 어떻게 그걸 알았죠?
학생: 글쎄요. 정말로 본 건 아닌데 머리가 좀 아파보였어요. 그래도 색깔을 본 건 아니에요. 그냥 그렇게 느꼈습니다.

AJ: 아파보였지만 본 건 아니라고요. 좋아요. 자 그럼 이제 다른 사람을 보세요.
학생: (눈을 반쯤 감은 채) 글쎄요. 머리 주변에 푸른색이 보이고 목 주변에는 파란색이 보여요. 배 주위에서는 보이는 게 없는데 손에서 빛이 많이 보여요.
Aj: 자 당신이 아직도 오라를 못 본다고 말할 건가요?

초심리학자들이 이런 종류의 봄을 사기나 거짓으로 간주한다면 요점을 벗어난 것이다. 왜냐면 앞서의 대화는 상급 투시력자와의 대화가 아니라 이제 막 보는 것을 배우기 시작한 초급 학생들과의 대화이기 때문이다. 과정은 여러분이 본 것에 대한 인지를 학습하는 것으로 시작한다. 이것은 미세한 것들을 검증해 보면서 강화된다. 검증이 맞는지 확인하는 가장 좋은 방법은 물어보는 것이다. 우리가 인식한 것을 더 많이 시험해 볼수록 자신의 능력에 대해 더 많이 알게 되고 나아가 자신의 강점을 더 많이 신뢰하게 된다. 또한 약점을 개발할 수 있게 된다. 세상에 물리적 시각 자극제가 너무나 넘쳐나서 내면의 이미지에 대해 너무나 무지하다. 검증은 결정적이다.

검증할 때 틀려도 괜찮다는 자각이 중요하다. 적어도 배우는 동안에는 말이다. 틀린 것이 불가능을 의미하거나 심령적 능력이 없는 것을 의미하지 않는다. 대신 피드백을 통해서 본 것을 다듬어라. 여러분이 봤다고 생각한 것을 검토해보라. 티끌만큼이라도 맞는 게 있는지를 찾아보라. 자신의 '추측'이 틀렸을 때 너무나 자주 그들의 반응은. "젠장! 그 대답은 나의 첫인상이었는데 이제 버려야겠다." 여러분이 어림짐작으로 답한 것이 아니라면, 모든 정직한 인식에는 일말의 진실이 있다.

투시력은 사물의 내적 관계를 보는 것의 문제다. 다시 말해서 부분을 전체에 맞추는 것이다. 그것은 우리의 질문과 우리가 창조한 공간에 가장 잘 들어맞는 정보와 질문(참조빔) 사이의 교차점이나 간섭패턴을 찾음으로써 완성된다. 장소에 딱 들어맞는 이미지의 잠재력은 무한한 수의 가능한 답변들과는 별개다. 명상, 시각화 그리고 훈련을 통해서 우리가 요청한 정보와 무한한 다른 가능성 사이의 미묘한 차이점을 인식하는 능력을 개발할 수 있다.

6번 차크라 운동

요가 눈 운동

다음은 신체의 눈을 강화하고 집중하기 위한 운동이다. 이 운동은 눈의 피로, 비전개발, 그리고 너무 많은 서류작업이나 과도한 독서로 인한 일반적인 눈의 피로회복에 좋은 운동이다.

척추를 곧게 세우고 앉은 명상자세로 시작한다. 눈을 감고 어둠을 느껴보라. 머리 중앙 그리고 두 눈 사이의 한 지점을 자각하라. 그곳에 어둠을 느끼고 조용한 고요함 속에 자신을 잠기게 하라.

집중이 되었다고 느낄 때 눈을 뜨고 정면을 바라본다. 천천히 위를 보면서 머리를 고정한 채 힘 있게 하늘 쪽을 바라본다. 조용히 눈을 수직으로 하강하여 내려오되 머리는 움직이지 않는다. 시야가 닿을 수 있는 만큼 낮게 응시하면서 아래로 직선을 따라가라. 다시 위를 보고 다시 아래를 본다. 그리고 나서 눈을 다시 중앙으로 옮긴다. 이제 눈을 감고, 어둠 속으로 돌아가라.

나시 눈을 뜨고 눈에 집중한다. 그리고 나서 다시 위의 동작을 되풀이하고, 눈을 구석에서 구석으로 움직인다. 처음은 오른쪽 위에서 왼쪽 아래로 움직이기를 두 번 반복 하고, 왼쪽 위에서 오른쪽 아래로 움직이기를 다시 두 번 반복한다. 다시 어둠으로 돌아온다.

다시 반복한다. 눈을 가장 오른쪽 끝에서 가장 왼쪽 끝으로 움직이기를 두 번 반복한 후 다시 어둠 속으로 돌아온다. 마지막에는 눈에 중심을 둔 후 눈으로 반원을 그린다. 처음에는 위에서 그리고 다음에는 아래쪽으로 반원을 그린 후 시계방향으로 완전히 한 바퀴를 굴린다. 이제 시계방향과 반시계 방향으로 눈을 최대한 굴려본다.

다시 눈을 감는다. 손이 따뜻해질 때까지 손바닥을 비빈다. 손의 열감이 충분히 느껴질 때 두 개의 눈꺼풀 위에 따뜻한 손을 올려놓고 여러분의 눈을 따뜻함과 어두움 속에 잠기게 하라.(그림 7.3) 열감이 줄어들면 눈꺼풀 위를 쓰다듬고 이마와 얼굴을 마사지하라. 여기서부터는 깊은 명상에 들거나 아니면 바깥 세상으로 돌아온다.

색상명상

이것은 치유와 차크라 정화를 위한 단순한 시각화로써 내면 눈의 능력을 개발하여 색깔을 창조하고 인식하도록 한다.

명상자세로 시작하되 앉는 자세가 바람직하다. 편안하고 안정된 자세로 앉아서 자신의 에너지에 집중하라.

충분히 안정감을 얻었을 때, 흰빛의 밝은 원반이 머리 바로 위에 떠 있다고 상상하라. 그 흰 원반에 여러 가지 색상을 입혀볼 것이다.

첫 번째 색상은 붉은 색이다. 붉은 색의 원반을 크라운 차크라를 끌어내려서 척추 전체를 통과해서 내려오게 한 후 붉고 진동하는 색깔이 첫 번째 차크라를 채우도록 하라. 이 붉은 색상이 1번 차크라에 몇 분 동안 자리하게 하라. 바디가 이 색상에 대해 어떻게 느끼는지 주목하라. 이 색상을 좋아하는가? 에너지가 충만하다고 느끼는가? 아니면 불편한 느낌이 드는가?

다음은 크라운차크라의 위로 돌아가서 흰 원반 밖으로 오렌지 빛을 끌어오라. 오렌지 색상이 바디를 통과하여 내려오도록 한다. 그리고 이 색상이 몸에 미치는 영향력에 주목하라. 오렌지 색상이 2번 차크라로 내려오게 해서 배를 진동하는 오렌지 색상으로 채운다.

크라운 차크라로 돌아가서 금빛 노랑 색상을 끌어당겨 몸을 따라 내려오게 하고 3번 차크라에 도달하도록 하라. 따뜻한 금빛이 태양신경총에서 몸 밖으로 나와서 빛이 당신 몸의 각 부위를 통과하여 흐르게하고 채우게 하고 따뜻하게 하라. 3번 차크라는 몸을 통과하는 에너지 공급과 관련이 있기 때문에, 이 빛은 내면불의 감각을 퍼지게 하는데 중요하다.

이제 우리는 가슴으로 왔다. 초록색이다. 이 색상이 여러분을 씻어주는 것을 느껴보라. 이 초록색에 여러분을 둘러싼 세계에 대한 사랑과 동질감을 가져오라. 여러분의 심장 주변에서 따뜻하게 빛나는 에머랄드처럼 초록색상을 바라보라.

다음으로 우리는 파란 색상을 만들기 위해 흰 원반 속으로 도달하여, 그것을 목 차크라 안으로 끌어당길 것이다. 파란 색이 목을 부드럽게 하고 팔과 어깨의 긴장을 풀게 하라. 파란 색상이 목 둘레에 확장되는 것을 느껴보라. 그리고 여러분을 둘러싼 모든 것과 소통하라.

다음은 제 3의 눈으로 간다. 이것은 일반적으로 진한 인디고 블루를 간주된다. 이 색상의 시원함이 제 3의 눈을 씻어주는 것을 느껴라. 그 색상으로 하여금 이길직인 이미지를 씻어내리도록 하고 내면 스크린

그림 7.3 손바닥으로 눈 가리기

을 정화하고 진정시키라.

끝으로 크라운 차크라는 밝은 색의 진동하는 보랏빛으로 보인다. 이 보랏빛이 크라운 차크라 안에서 흐르는 것을 느껴보고, 각각의 차크라에 에너지를 주고 조화롭게 하라.

모든 차크라가 자신의 색상을 함유하고 있는지 검토하라. 바디 전체를 살펴보고 여러분이 몸을 연속적인 무지개색으로 이해하고 있는지를 보라. 자신의 몸을 점검해본 후 어떤 색상이 가장 강하고 가장 밝은지 주목하라-그 색상이 가장 풍요롭고 에너지가 넘치는 색상이다. 가장 반갑게 느껴지지 않는 색상은 여러분이 전형적으로 피하는 영역이거나 어려운 부분임을 나타낸다. 희미하거나 바랜 색상은 약한 영역을 나타낸다. 강한 색상은 강하고 견고한 부분이다. 색상과 여러분이 조화롭다고 느껴질 때까지 내면에서 색상과 함께 놀아보라. 이것은 오라가 균형 잡히는데 도움을 둔다.

포토블링크

만일 여러분이 오라를 보지 않는다면 이 운동은 누군가의 오라를 감각적으로 느껴보는 가장 단순한 방법이다. 이 운동은 또한 시각적 관찰력을 향상시키는데 도움을 준다.

보기 원하는 사람을 여러분의 반대편, 약 180cm~300cm 떨어진 곳에 상상으로 위치하게 한다. 눈을 감고 맨탈스크린을 정화하라. 마음에 특별한 생각이나 이미지가 지나가지 않아서 기반이 다져지고 집중됐다고 느껴질 때까지 기다린다.

아주 빠르게 눈을 떴다가 감아서, 앞에 있는 사람을 잠깐 빠르게 휙 볼 수 있으며, 마음 속에 일종의 얼어붙은 사진의 이미지를 각인시킨다. 이미지를 유지한 채 검토한다. 어떤 특징을 알아봤는가? 잔상이나 몸 주위에 빛이 보이는가? 잔상이나 바디 주위의 빛이 보이는가? 특정한 색상이나 두드러지는 몸의 자세가 있는가? 이미지가 사라지면 다시 빠르게 눈을 떴다가 감아서 이미지를 강화시켜라. 이 '잔상' 안에서 자세한 정보들을 얼마나 많이 해독할 수 있는지를 살펴보라. 처음에 어떤 부분이 희미해지고 어떤 특징이 남아 있는가? 이 모든 것들은 여러분에게 어떤 사람의 오라의 강점과 약점에 대해 말해준다.

명상

제 3의 눈을 강화시키는 가장 유용한 간단한 명상이다. 머리의 중앙이나 양 눈썹 사이에 주의를 집중하라. 더불어 색상이나 형태를 시각화하거나 마음이 청정해지고 텅 빌 때까지 마인드 스크린을 정화하는데 집중하라.

스크린이 비면, 여러분의 질문에 대한 대답으로 시각화를 사용할 수 있다. 예를 들어 누군가의 건강에 대해 알고 싶다면 그들의 신체 형상을 시각화하고 건강함과 질병의 위치를 검은색과 흰색으로 보여지게 한다. 질문에 대한 시각적 메타포를 찾는데 있어서 창조적이 되어라. 이 시스템에 한계가 있다면 자신의 상상력 제약 때문이다. 이 중앙부를 더 많이 개방할수록 상상력은 더욱 확장된다.

특정한 결정에 대해서 자신이 어떻게 느끼는지를 자각하는 또 다른 방법은 질문을 문장으로 만들어서 그것에 대해 예스나 노우로 답변할 수 있게 한다. 그리고 나서 각각의 대답을 시각화해서 보여준다. 스크린의 한 쪽 편에는 예스를 두고 다른 편에는 노우를 두라. 그리고 나서 바늘 끝이 수직으로 된 계측기를 상상한다. 셋을 세고 바늘이 가장 적절한 대답을 가르키도록 한다. 바늘을 통제하지 말고 그가 가려는 곳으로 가게 한다. 여러분은 아마 놀라게 될지도 모른다.

참고: 성공적으로 시각화하는 능력은 지속적인 사용에 달려있다. 근육과 마찬가지다. 전화받기 전에 전화 온 사람이 누군지 얼굴을 상상하는 습관을 들여라. 마치 여러분이 외부에서 보고 있는 것처럼 아침에 일을 시작하는 자신의 모든 스텝들을 추적해보라. 어린 시절 침실과 놀이친구들 또는 첫 연인을 상상 속에서 따라가 보라. 일을 시작하기 전에 일이 완수된 것을 시각화하고 더 쉽게 할 수 있는지 방법을 찾아보라. 수표 기록부에 더 큰 숫자를 시각화하고 새롭게 만날 사람을 시각화해 보라.

시각화는 활동적인 꿈이다. 더 많이 해볼수록 마음의 창조성을 더 선명하고 더 많은 가능성이 생긴다. 연습할 기회는 끝이 없다. 한 번 습관 들이면 자연스럽게 발전할 것이다.

7번 차크라

의식
생각
정보
앎
이해
초월
내재함
명상

제 8장
7번 차크라 : 사념(思念)
명상

여러분은 여행을 해왔다.
여러분은 만져봤으며, 맛을 느껴봤으며, 보아왔고, 그리고 들어 본적이 있다.
사랑했고 이별했으며 다시 누군가를 사랑했다.
여러분은 배웠고 그리고 성장했다. 이제 만져질 수 없는 영역으로 들어섰다.
그리고 이제 여행의 끝 무렵이고 거의 집에 도착했다.

한 단계만이 남아 있다. 그 모두 중 가장 크고 가장 작은 한 단계.
우리는 가장 먼 곳 7번 차크라에 도달했기에 이곳은 가장 큰 곳이다.
우리는 이미 거기에 있기 때문에 가장 작은 곳이기도 하다.
열어야 할 하나의 또 다른 문이 있다. 그 문은 초월적인 모든 것들에 대한 열쇠를 가지고 있다.

여러분은 열쇠를 쥐고 있다. 하지만 그것을 볼 수는 없다. 그것은 물건이 아니며 방법도 아니다.
그것은 신비 그 자체이다.
여러분이 지나온 경로들을 살펴보라.
흙과의 신선한 접촉, 움직임, 그리고 힘의 흐름을 기억하라. 그리고

가슴 속에 사랑의 노래와 마음속에 새겨진 기억을 상기하라.
누가 그것을 기억하는가?
누가 이 여행을 시작했는가?

그것은 여러분의 몸인가? 아니면 무엇이 여러분을 인도했는가? 성장한다는 것은 무엇인가? 여러분은 무엇을 통해 여행했는가?
이제 누가 그 보이지도 않으며 잠글 수도 없는 열쇠를 가지고 있는가? 이것에 대한 답은 열쇠 그 자체에 있다.
모든 지혜는 여러분의 내면에 있다. 어떤 것도 여러분을 넘어서지 못한다. 왕국은 여러분 앞에 있고 그리고 내면에 있으며 더 나아가 주변에 있다. 그것은 여러분의 내면에 있으며 또한 그것은 많은 바다들 중에 단지 하나의 마음으로 연결되어 있고, 포함되어 있으며, 지성적이고, 신성하다.

그것은 신들의 자리이며, 창조의 패턴이며, 무한의 광대함이며, 끝없이 펼쳐지는 연꽃잎으로, 완전히 가득 피어나서 지구의 모든 길과 연결된다.

우리는 이 모든 것을 상상 속에서 찾아낸다.(생각은 번뇌다. 이것은 상상이다. 생각 속에서 하는 것이 아니라 상상 속에서 하는 것이다.)
우리는 이 모든 것을 상상 속에서 찾아낸다.
형태 너머에, 소리 너머에, 빛 너머에, 공간 너머에 그리고 시간 너머에...
사념157)은 흐른다.
아래로, 뒤로, 위로, 주위로 그리고 뚫고 우리의 사념은 흐른다.
우리는 무한한 바다 속에 방울이다. 마음의 노래는 무한하다.
우리는 하나의 완전한 원을 이루고 그 패턴은 온전하다.
우리는 이러한 패턴을 창조하는 사념들이다.
그리고 우리는 사념을 창조하는 패턴들이다.
우리의 사념은 어디로부터 일어났는가?
휴식할 때 그들은 어디로 가는 것인가?
그들을 지각하는 것은 누구인가?

---

157) 사념이라는 것은 생사의 개념에서 사(死)자의 의미가 있다. 초월의 의미가 있다. 그래서 7번 차크라는 궁극의 차크라로 본다.

깊은 내면에서 우리의 마음을 열 수 있는 장소를 찾는다.
별빛 총총한 하늘로 끊임없이 올라가면, 물질의 견고한 실은 풀린다.
저 멀리 하늘의 베일 너머 아버지는 별 빛의 흔적을 지배한다.
밝은 패턴 속에서 빛으로 승화된 생각은 밤 동안에 낮처럼 되 밝힌다.
생각과 계속되는 연결과 감김과 짬과 지혜의 거미줄을 통해서...

　고대의 패턴들은 밀물과 썰물처럼 흘러들어와 흘러나간다.
상서로운 쉬바, 잠의 군주, 당신의 명상은 우리를 내면에서 찾아질 수 있는 고대의 지혜로 데려간다.

　여기는 신성한 장소요, 우리가 시작하고 끝나는 신성한 곳이요, 이 곳으로 우리는 돌아가야 한다.

　다시 연결된다면 우리는 신성이 내면에 있다는 것을 알게 될 것이고 영예로운 자존심을 찾게 될 것이다.

　우리가 지니고 있는 우리 마음속의 열쇠는, 우리가 펼쳐 보인 신비 넘어서의 초월적인 세계로의 관문...그리고 우리가 묶여있는...신성한 장소와 평화 속에서...

7번 차크라의 상징과 상응성

산스크리트어 이름: 사하스라라
의미: 1000의 부분으로 이루어진
위치: 머리 꼭대기
원소: 생각
발현: 정보
기능: 이해

내부 상태: 자각
외부 형태: 정보
샘: 뇌하수체
다른 몸의 부분: 대뇌피질, 중앙 신경 시스템
고장날 경우: 우울증, 소외감, 혼란, 식상함, 무감각, 배움에 대한 불가능
색상: 보라색에서 흰빛
종자소리: 없음
모음소리: 실제 모음은 아니지만 소래할 때 나는 Ngngng소리
꽃잎수: 960개라고 말하는 사람도 있고 1000개라고 말하는 사람도 있다. 힌두인에게는 1과 0의 숫자는 100, 1000, 10000 에서처럼 무한을 나타낸다. 그러므로 수 천개의 꽃잎은 무한을 은유적으로 표현한 것이다. 반면 960은 처음 다섯 개의 차크라의 꽃잎수(4+6+10+12+16)를 모두 합해서 6번 차크라의 두 개의 꽃잎수를 곱한 수에 열배를 한 수이다.
세피라: 케테르
행성: 우레너스
금속: 금
음식: 없음, 소화
상응동사: 안다
요가: 즈나나 요가 또는 명상
허브향: 연꽃, 고투 콜라
미네랄: 아미타이스트, 다이아몬드
연꽃 상징: 사하스라라 내부에 맑은 하늘에서처럼 토끼문양이 없는 보름달이 눈부시게 빛난다. 달은 엄청난 빛을 발산하며 촉촉하고 넥타처럼 시원하다. 그 안에는 번개처럼 끝없이 빛나는 삼각형이 있고 삼각형 안에는 모든 수라들이 비밀스럽게 모시는 위대한 텅빔이 빛나고 있다. 꽃잎이 하늘을 향하고 있다고 말하는 사람들도 있다. 고대문헌에 따르면 그들은 아래를 향하며 해골을 감싸안고 있다고 전한다. 꽃잎은 빛나는 흰색이라고 믿어진다.
힌두신: 쉬바. 아마칼라(샥티를 향하여 상승하는), 바루나

그 밖의 판테온: 제우스, 알라, 누, 이나나, 오딘, 미미르, 에노이아

천개의 연꽃

우주는 우리가 생각한 그대로이며 존재의 이유다.

존 우드

마침내 일곱층의 여행을 완결하고 천개의 연꽃잎이 활짝 핀 최상층부의 정수리로 올라간다. 여기서 일곱 번째 또는 크라운 차크라(사하스라라 차크라)[158]로 알려진 무한하고 심오한 우주의식의 자리를 발견하게 된다. 이 차크라는 우리를 신성한 지성 그리고 모든 물질화의 근원과 연결한다. 우리가 이해에 도달하여 의미를 찾는 곳도 바로 7번 차크라를 통해서이다. 자유 흐름의 최종 목표로서 이곳은 궁극적인 해탈의 장소이다.

왕의 왕관이 왕국의 질서를 보여주는 것처럼, 사하스라라 차크라는 인생의 지배법칙을 보여준다. 또한 만물의 기저에 놓인 질서와 의미가 궁극적으로 파악되는 곳도 바로 이 7번 차크라다. 생각하고, 추론하며 형태를 부여하는 것도 바로 이 편재된 의식으로 개인의 활동에 초점을 맞춘다. 그것은 내면에 거하는 자각으로서 존재의 진정한 정수다. 무의식 차원에서 7번 차크라는 몸의 지혜다. 의식적인 마음 안에서 7번 차크라는 지성이며 우리의 믿음 시스템이다. 초의식에서 7번 차크라는 신성한 자각이다.

산스크리트어로 사하스라라로 불리우는 크라운 차크라는 천 개의 수를 의미하며, 이것은 무한히 펼쳐진 연꽃잎을 언급한다. 나는 너무나 방대하고 복잡하고 아름나운 패턴을 드러내는 이 차크라를 잠깐

---

[158] 이후 크라운 차크라는 사하스라라 차크라로 통일함.

볼 수 있는 영광을 누린 적이 있었다. 그 상황은 거의 압도될 지경이었다. 꽃잎은 프랙탈처럼 문양 위에 문양이 무한히 중첩된 채, 활짝 피어 있었다. 자각하는 존재에게 이해의 감로를 떨어뜨리는 해바라기처럼 고개를 푹 수그리고 있었다. 각각의 완전한 꽃잎들은 지성의 단일체로서 그들은 함께 무엇보다 중요한 신성지(神聖知)의 형태를 취하고 있는데 이들은 민감했으며 인식할 수 있으며 반응하고 무한했다. 이 영역은 예민해서 가장 가벼운 생각조차도 잔물결을 일으킨다. 연꽃 속 깊은 곳에서 빛나는 보석은 궁극의 고요상태에서만 빛을 발한다. 이러한 기적을 목격하는 것은 심오하다.

우리가 이러한 수준에 도달하면 땅 속 뿌리로부터 발아한 우리 영혼의 씨앗은 물, 불, 공기, 소리 그리고 빛의 요소를 통과해 위로 성장한다. 그리하여 모든 것의 근원인 의식 그 자체에 도달하여 생각의 요소들을 두루 경험하게 된다. 매 단계마다 우리는 새로운 정도의 자유와 자각을 경험한다. 이제 크라운 차크라는 무한한 자각과 함께 활짝 피어나고 그의 안테나 같은 천개의 꽃잎은 보다 더 높은 차원에 도달한다.

요가 철학이 각성의 자리라고 간주하는 곳이 바로 이 7번 차크라다. 7번 차크라 의식의 궁극적인 상태는 이성을 넘어 서고 감각을 넘어서며 우리를 둘러싼 세계의 한계를 넘어선다. 요가수행은 이러한 궁극적인 상태를 증득하는데 필요한 정신적인 고요함을 성취하기 위해 감각을 포기하라고 조언한다. 반면 탄트라 철학은 감각을 의식 각성의 관문으로 간주한다. 차크라 이론은 이 두 가지 모두를 말해준다. 즉 우리에게 정보를 제공하기 위해 신비 지성을 강화할 것과 그리고 또 하나는 궁극적인 앎으로 정보를 걸러내기 위해 내면을 반추해 보는 것이다. 천개의 꽃잎을 지닌 연꽃은 개화 상태를 유지하기 위해서 땅 속 깊이 뿌리를 내려야 한다.

이 차크라의 요소는 사념이며, 근본적으로 명료하며 측정할 수 없는 실체로서 우리 주변의 거대한 의식의 장이 최초이자 있는 그대로 자신을 드러낸 것이다. 따라서 다른 차크라가 보고, 말하고, 사랑하고, 행위하고, 느끼고, 또는 소유하는 것과 연관되어 있는 것처럼 사하스라라의 기능은 '아는 것', 즉 '앎'이다. 우리가 무한한 정보체에 도달하는 것도 바로 이 7번 차크라를 통해서이다. 그리고 그 외의 다른 차크라들을 통과하고 순환하는 정보체를 운영하고 이들에게 자각과 현현을 부여하는 것도 바로 이 7번 차크라이다.

7번 차크라는 마음으로서 우리가 경험하는 것, 특히 마음을 활용하는 인식과 관련된다. 마음은 의식이 연극을 벌이는 무대로 우리에게 코메디와 비극, 흥분과 지루함을 일으킨다. 우리는 연극을 관람할 수 있는 특권을 가진 관객으로서 때때로 우리는 무대 위의 인물들과 우리자신을 너무나 동일시한 나머지 그것이 단지 연극이라는 사실을 잊어버리곤 한다.

생각이 벌이는 연극의 관람을 통하여 마음은 경험을 의미로 동화시키고 우리의 믿음체계를 건설한다. 이러한 믿음은 마스터 프로그램으로서 이로부터 우리는 자신의 실제(현상계)를 건설한다. 이러한 식으로, 크라운 차크라는 주요한 내분비선인 뇌하수체와 연관된다.

생리학적으로 크라운 차크라는 뇌, 특히 대뇌 또는 대뇌피질과 연결되어 있다. 우리의 놀라운 인간 두뇌는 상호 연결된 13억 개의 신경세포를 가지고 있으며 이들이 자신의 내부에서 스스로 연결할 수 있는 수는 천체 안에 존재하는 별들의 수보다 더 많다. 이것은 놀라운 사실이다. 자각의 도구로서 우리의 두뇌는 사실상 한계를 넘어 무한하다. 그러나 인체 내에는 1억 개의 감각수용체[159]가 존재하는데 특히 신경 시스템 안에 10조개의 시넵시스가 존재한다. 그리고 이 시넵시스는 외부 환경에서보다 내부 환경적인 면에서 마음을 10만 배나 더 민감하게 한다. 그래서 우리가 대부분의 지식을 받아들이고 동화시키는 곳은

---

159) sensory receptor

진정으로 이 내부에 존재하는 신성소로부터이다.

내면으로부터 우리는 시간과 공간 안에 어떠한 장소도 차지하지 않은 차원에 접근한다. 만일 각 차크라가 더 작은 차원과 더 빠른 진동을 나타낸다면, 우리는 이론상 무한 속도의 파동과 어떠한 파장도 가지고 있지 않는 크라운 차크라 내의 한 영역에 도달하게 될 것이며, 그러한 곳은 모든 곳에 동시에 편재하게 될 것이다. 이러한 방식으로 의식의 궁극적인 상태는 두루 편재한다고 말할 수 있다. 즉 세계를 어떠한 물리적 부피를 차지하지 않는 패턴 시스템으로 축소시킴으로써 우리는 상징적으로 무한한 저장능력을 가지게 된다. 바꿔 말하자면 우리는 머릿속에 전 세계160)를 가지고 있는 것이다.

내면에 존재하는 이 크라운 차크라는 의식의 자리이며 현현하는 흐름의 근원이다. 모든 창조의 행위는 개념에서 시작된다. 관념을 시행하기 전에 먼저 그것을 개념화161)해야 한다. 이것은 마음속에서 시작해서 차크라를 타고 하강한 후 현현된다. 우리에게 패턴을 부여하고 물질화162)로 이루어지게 하는 구상은 자신을 물질로 채워서 형태를 만든다. 패턴은 질서를 의미한다. 힌두인들에게 질서는 기저에 존재하는 우주의 진실이었다. 만일 우리가 자연과 천상계의 우주를 본다면 절묘한 질서가 보여주는 명백한 신비지성에 놀라게 될 것이다.

패턴(pattern)은 pater 즉 아버지(father)라는 단어와 관계가 있다. 아버지는 형태의 창조를 강화시키는 정보 혹은 패턴인 종자(DNA)를 제공한다. 패턴이 적절하게 얻어지면 수태가 된다. 패턴에 실체를 부여하는 것은 다름 아닌 모계적(DNA의 반을 차지함)인 측면이다. 어머니는 mater에서 비롯되었는데 이것은 matter(물질)라는 영어단어와 연관된다. 어떤 것을 실재로 만들어내기 위해서는 물질화되어야하고 현현

---

160) 홀로그램 이론을 설명한다.
161) 마음은 관념인데, 이 관념으로부터 개념이 추론된다.

되어야하며 어머니화 되어야 한다. 이러한 방식으로 쉬바는 형태나 패턴을 제공하는 반면 샥티는 우주의 어머니로서 형태를 물질화시키는 원천 에너지를 제공한다.

우리는 의식이 보이지 않는다고 생각한다. 그러나 우리 주변을 돌아볼 필요가 있다. 다양한 형태로 현현된 도시들의 구조와 우리 집들에 배치된 가구들, 혹은 책꽂이 속의 책들을 보라. 만일 의식이 어떻게 생겼는지 알고자한다면 자연이든 인공적이든 우리의 세계가 바로 의식의 표현이자 발현이다. 의식은 패턴의 장으로서 이로부터 물질화는 시작된다.

그러면 고차원 의식이란 무엇인가? 고차 의식은 보다 높고 보다 심오한 질서에 대한 자각으로, 포괄적인 것이다. 고차원의식은 때때로 우주 의식이라고 불리우며 우주나 천상계 질서에 대한 자각을 가리킨다. 우주의식은 물리적 세상과 인과적인 주기에 대한 수 백만 조각의 정보로 가득 찬 하위차크라가 위치한 곳에서, 멀리 은하계 혹은 은하계를 넘어까지 도달해서 통합된 진실에 대한 자각을 향해 문을 연다. 그것은 메타 패턴에 대한 인식으로 우주의 질서 시스템에 대한 무엇보다 중요한 조직적인 원리이다. 이 장소로부터 우리는 이 메타패턴의 하부구조로서의 구조와 기능에 대한 타고난 이해를 가지고, 보다 더 작은 질서로 다시 하강하게 된다.

사하스라라에 이르면 우리는 시간과 공간의 제한을 지닌 물질세상으로부터 가장 멀리 떨어져있게 된다. 이러한 의미에서 엄청난 다양성과 풍요로움을 지닌 7번 차크라는 그 어떤 차크라보다 더 광범위하고 무량한 해탈의 상태까지도 포괄한다.[163] 생각 안에서 우리는 고대 신석기 시대에서 미래의 비전으로 도약할 수 있다. 우리는 아주 순식간에 뒷마당에 있는 것을 상상하거나 먼 은하계에 대한 생각을 할 수 있다. 우리는 창조할 수 있고 파괴할 수 있으며 배울 수 있고 성장할

---

[163] 천개의 태양이 빛나는 곳으로 알려져 있다.

수 있다. 이 모든 것이 내면에서 존재하는 한 장소로부터 기인되며 어떠한 움직임이나 변화164)를 요구하지 않는다.

어떤 사람들은 사하스라라가 영혼의 자리로써 평생 동안 우리와 함께하는 영원하고 무한한 주시자라고 말한다. 또 다른 사람들은 사하스라라가 점으로 이 빈두를 통하여 신성한 쉬바의 불꽃이 몸 속으로 진입해서 지성을 가져온다고 말한다. 사하스라라는 모든 자각의 마스터 프로세서(최상급처리자165))로서 세상 너머로 가는 관문이자 동시에 세상의 내부로 진입하는 관문으로 존재하는 모든 것을 망라하는 무한한 우주무대이다. 우리는 사하스라라의 영역이 우리의 말로 전달할 수 있는 것보다 훨씬 더 거대하다는 사실을 기억해야만 한다. 사하스라라는 단지 경험으로서만 알 수 있다.

의식

우주의 힘은 하나의 우주 의식으로부터 비롯된다. 이것은 구도자가 발견한 것이다. 그가 자신 안에서 이러한 의식의 흐름에 연결했을 때, 그는 우주적 실제가 무엇이든 간에 어떤 차원으로든 전환할 수 있다. 그리고 어떤 점에서는 거기서 의식을 지각하고 이해할 수 있다. 심지어 그것을 활성화 시킬 수 있다. 왜냐하면 모든 곳에 다양한 주파수를 가지고 있는 의식의 동일한 흐름이 어디에나 존재하고 있기 때문이다.

스리 오로빈도

각각의 차크라는 서로 다른 다양한 차원의 현실을 반영하는 의식의 현현이다. 흙은 가장 밀도가 높다. 정 반대편의 7번 차크라는 현현되

---

164) 사하스라라 차크라는 쉬바가 존재하는 곳으로 쉬바는 움직이거나 변화하지 않는다.
165) 차크라는 모두 컴퓨터의 cpu와 같다.

지 않은 순수한 의식으로 요가철학에서는 푸루샤로 알려져 있다. 7번 차크라에서 우리는 질문을 하여야만 한다. 의식이라고 부르는 이것은 과연 무엇인가? 의식의 목적은 무엇인가? 우리는 어떻게 의식에 접근해야만 하는가?

이 질문들은 시간이 시작된 이래로 남성과 여성들에 의해 던져진 가장 큰 질문들이다. 그러나 마지막 영역, 즉 마음, 자각, 생각, 지성 그리고 정보의 차원으로 들어가기 위해서 우리는 탐구를 시작해야만 한다. 왜냐하면 질문하는 바로 그 능력이 의식 그 자체이기 때문이다. 의식은 우리의 탐구 대상이다.

이제 "누가 가장 의식의 내용물을 가장 잘 관리하는가?" 라고 스스로에게 물으며 내면을 바라보고 그 안에서 일어난 자각을 눈치채야만 할 때이다. 이러한 질문 없이 의식의 내용물에 대해 불평하는 것은 소용이 없다. 만일 우리가 변화를 원한다면 우리는 기꺼이 매니저와 함께 시작해야만 한다. 어떤 이들은 이 매니저를 신비로운 자아 안에 언제나 현존하며 자각하는 존재인 주시자라고 부른다. 우리의 자각을 주시한다는 것은 의식의 신비로운 소유물을 탐구하는 것이다.

이러한 현상은 기적과 다름이 없다. 이것은 우리가 모두 가지고 있는 능력이지만 볼 수 없고 만질 수 없으며 측량할 수 없고 소유할 수 없지만 없앨 수 없는 현실로서 우리를 살아있게 만든다. 몸을 조절하고 음악을 연주하고 다수의 외국어를 구사하며 그림을 그리고 시를 암송하고 전화번호를 기억하고 일출을 감상하고 퀴즈를 풀고 즐거움을 경험하고 사랑하고 바라며 연기하고 보는 의식의 엄청난 능력으로 놀랄만한 능력을 지닌 이 의식의 기능은 무한하다. 정말로 이러한 기적같은 의식의 기능에 주의를 기울인다면 그것은 자아의 진정한 원천이자 무한히 펼쳐지는 연꽃의 근원으로 들어가는 것이다.

자아는 기억이라는 창고와 일련의 믿음 체계, 그리고 새로운 데이터를 유입하는 능력을 유지하는 한편 어떻게든지 이러한 모든 정보를 일관성 있고 의미의 감각으로 통합한다. 의미에 대한 이러한 추구는 의식의 추진력이자 근원적인 경험의 통일성에 대한 추구이다. 우리가 삶에 대해 의미를 가질 때 그들은 보다 더 큰 구조의 일부가 된다. 어떤 것의 의미가 결여될 때 그것은 무엇에도 부합하지 않는다. 의미는 연결시키는 패턴이다. 의미를 통해서 사물이나 개념은 연결된다. 그것은 우리를 통일성에 더 가깝게 한다. 의미는 개인을 진정한 요가의 의미인 우주와 연결시킨다. 나는 이러한 의미의 추구를 크라운 차크라의 기본적 욕망이라고 믿는다.

속세의 삶에서부터 신비주의에 이르기까지 의미를 찾는 일은 대부분의 마음 활동 뒤에 있다. 만일 여러분의 보스가 당신에게 짜증을 낸다면 당신은 이게 무슨 의미지 하고 묻게 될지 모른다. 그녀가 오늘 기분이 안 좋은가? 그녀가 당신에게 너무 많은 것을 기대하는 것이 아닌가? 당신이 무슨 잘못이라도 했나? 불길한 조짐이 있을 때 사람들은 경험을 통합하는데 도움이 되는 의미를 찾는다. 치료사로서 나는 날마다 고객에게 일어난 일에 관한 이야기를 듣는다. 반복해서 사람들은 의문을 갖는다. "이게 무슨 의미인가요?"

일단 우리가 상황의 의미를 간파하면 우리는 무엇을 하는 것이 더 잘하는 것인지 혹은 어떻게 움직여야할지를 알게 되어 상황과 함께 흘러가게 된다. 이것은 우리에게 기본적인 운영체재를 제공한다. 그것은 우리를 무엇보다 중요한 질서감각과 연결하고 그리고 나서는 우리 경험의 나머지 부분을 전체에 통합시킨다.

의식은 사트바 구나와 관련된 힘이다. 이 힘은 통일성, 질서, 조직의 하나다. 그것은 디자인이고 패턴이며 지성이다. 두뇌 안의 교차하는 파동에서부터 분자의 구조, 빌딩, 도시에 이르기까지 의식은 만물에 내재한 질서를 부여하는 원리를 가지고 있다. 존재 그 자체가 의식 조직의 소용돌이일 뿐이다.

의식이라는 거대한 장으로 하강해 들어가면 그곳에서 의식은 기존 구조들 주변에서 스스로를 감싸서 정보를 만든다. 정보는 개인의 운영체계를 구성하는 자각된 일련의 질서망이다. 생각이라는 바로 그 행위는 질서망을 따라가는 과정이다. 의식이라는 매개체에서, 우리의 자연스러운 본성은 정보를 표현하고 정보를 사용하고 정보를 드러낸다. 궁극적인 표현은 물질적 형태다. 그러나 그것은 가장 제한적인 형태이다. 이러한 제한 때문에 현현된 후 의식은 물질의 구속으로부터 자유롭기를 원하고 다시 무한한 다양성을 누릴 수 있는 자신의 근원인 비물질성, 즉 정신성으로 돌아가기를 원한다. 그래서 의식의 본성은 현현과 자유 모두이며 쉬바와 샥티의 영원한 댄스다.

의식의 유형

우리 안에서 알기 원하고 진보하기 원하는 것은 마음이 아니라 그 뒤에 그것을 이용하고자하는 어떤 것[166]이다.

오로빈도

자각이란 주의의 집중을 말한다. 내가 자는 동안 여러분이 말을 한다고 해도 나는 그것을 자각하지 못한다. 내가 다른 곳에 관심을 두고 있기 때문이다. 내가 운전하는 동안 풍경들이 지나가지만 그것은 나의 지각을 벗어나 있다. 따라서 다음번에 그 풍경을 다시 본다고 해도 그 풍경이 익숙하지 않을 것이다. 자각하기 위해서 의식이 어느 곳을 향하고 있는지를 알아차려야 한다. 그리고 나서 우리는 마음대로 의식을 확장하고 그것에 집중할 수 있다.

삶의 매순간 우리는 엄청나게 많은 정보에 둘러 쌓여있다. 이 정보

---

[166] 즉 마음을 다스리는 그 뒤의 무언가를 쉬바라고 한다. 마음을 샥티라고 하고 그것을 지배하는 힘을 쉬바라고 한다.

를 사용하기 위해서 우리 주의를 한 번에 작은 양에 집중해야 한다. 본서를 읽을 때 책에 주의를 집중하기 위해서 여러분은 차 소리나 아이들의 떠드는 소리 또는 근처의 대화로부터 벗어나야할 필요가 있다.

사하스라라 차크라의 의식은 우리의 의식이 어디를 향하느냐에 따라 대체로 두 가지 타입으로 나뉜다. 즉 하강하고 견고한 정보가 되는 것과 더 추상적인 영역을 향해서 스스로를 확장하고 여행하는 것이 그것이다. 전자는 만물의 세계, 관계 그리고 구체적인 자아를 향하여 나아간다. 이것은 제한된 주의력의 결과이다. 이것은 적극적으로 생각하고 사유하고 배우고 정보를 저장하는 의식이다. 그것은 우리의 인지 의식이다. 우리는 이것을 크라운 차크라의 보다 하위 촛점(다시찾아보기)으로 간주하는데 이것은 한정된 조각들의 세부사안을 더 큰 구조적로 편성한다.

두 번째 타입의 의식을 초월의식이라고 부른다. 그것은 사물과 관계의 세계를 넘어선 영역과 접속한다. 그것은 대상이 없는 의식이며 개인적 자아에 대한 자각이나 고려가 없는 의식이자 인지 의식167)의 논리적이고 상대적인 생각 패턴 속에서 일어나는 동요가 없는 의식이다. 대신 이러한 형태의 의식은 메타 각성 속을 둥둥 떠다니며 특별히 어떤 하나의 특정한 대상에 집중하지 않고 동시에 모든 만물을 아우른다. 이러한 의식은 평범한 의식의 대상을 놓아버리기 때문에 무게가 없고 자유롭다.

인지 의식은 논리적인 질서 안에서 유한하고 특별하며 정리되고 논리적인 순서로 모아진 자각을 요구한다. 초월의식은 인지를 너머서 자각을 개화할 것을 요구한다. 보다 높은 질서를 인지한다는 것은 미세하고 특별한 곳으로부터 멀리 더 멀리 보는 것을 뜻한다. 역설적이게도 인지너머로의 개화는 우리의 주의력을 증가시킨 결과이다. 마음을 비움으로써 마음은 더욱 뚜렷해진다. 이것은 마치 붐비는 거리에서 사

---

167) 인지의식은 congnitive cosciousness다.

람들을 발견하는 것과는 대조적으로 눈밭 위에 홀로 남아있는 사람을 보는 것과도 같다.

정보

공간과 시간의 좌표는 물리적 실제의 주요 좌표가 아니라 정보를 순서대로 정렬한 의식에 의해 일어난 조직적인 원칙이다.

로버트 잔

우리는 경험을 통해서 자신의 마음속에 정보의 개인적 매트릭스를 구축한다. 어머니의 얼굴을 처음 본 탄생의 순간에서부터, 박사학위 논문과 그 너머의 것들을 일견함에 이르기까지, 우리는 주변에서 우리가 보는 감각적인 것들을 퍼즐처럼 맞추려는 시도를 하면서 삶을 살아왔다. 우리가 받아들이는 모든 정보들은 매트릭스의 일부분이 되고 매트릭스를 한층 더 복잡하게 만든다. 매트릭스가 더 복잡해질수록 그것은 주기적으로 자신을 재조직하는 경향이 있다. 따라서 매트릭스는 시스템을 단순하게 만들기 위하여 더 높은 차원의 질서를 모색해 나간다. 바닥이 떨어져나가면 재건립이 이루어지고, 이와 함께 에너지를 더 효율적으로 사용하게 된다. 이것은 우리가 잘 아는 '아하 반응[168]'인데, 어떤 조각이 제자리를 찾을 때 일어나는 작은 각성으로 새로운 전체성을 자각하게 한다. 깨달음은 보다 더 큰 전체성을 점진적으로 이해해가는 것이다. 우리의 홀로그램식 패러다임에서 각각의 새로운 정보 조각들은 기본적인 그림이 명료성을 얻도록 한다.

매트릭스 구조는 우리가 경험으로부터 추출한 의미에서 만들어진다. 이것은 우리의 개인적인 믿음체계가 된다. 또한 삶의 실서원리가 된

---

[168] aha reflex

다. 우리는 이러한 질서의 한 부분으로, 이 매트릭스를 따라서 만난 모든 것들을 조직한다. 우리는 내적 경험과 외적 경험을 일관되게 만들기를 좋아한다. 만일 내 믿음체계에서 여성은 열등하다라고 판단한다면 나는 그러한 사실을 확증하는 사람들을 찾아내는 것을 포함해 나의 모든 행동에서 그것을 구현할 것이다. 만일 오늘이 행운의 날이라고 믿는다면 오늘의 삶에서 긍정적인 상황을 만날 가능성이 높아진다.

우리의 믿음 시스템은 경험에서 얻어낸 다양한 조각의 의미들로 구성되어 있다. 만일 누군가 반복적으로 실패한다면 그는 스스로에게 자신이 바보라서 그렇다고 말할 것이다. 따라서 결국 자신이 바보라는 믿음을 만들어낸다. 이러한 믿음 체계는 매트릭스를 형성하며 모든 정보는 그 매트릭스 시스템 안으로 들어온다. 만일 내가 여러분에게 어떤 의견을 제시한다면 여러분은 자신의 배경지식에 반하는 그 데이터의 조각들을 동원해서 자신의 믿음 체계에 덧붙일 것이다. 당신은 "오, 나는 옳은 일은 어떤 것도 할 수 없어, 또는 나는 당신을 절대로 기쁘게 해줄 수 없어." 라고 말하게 될지도 모른다. 이것은 여러분이 얻어낸 어떤 의미로부터 나온 믿음이다. 또 다른 믿음 체계를 가진 어떤 다른 사람은 완전히 다른 의미를 찾아낼지 모른다.

의미와 믿음 사이의 관계는 너무나 강력해서 만일 몇 개의 데이터가 자신 내부의 매트릭스와 맞지 않는다면 우리는 "아! 나는 당신을 믿을 수 없어요." 라고 말하면서 특정한 정보를 완전히 버릴지 모른다. 만일 내가 외계인을 봤다고 말한다면 사람들은 나를 신뢰하지 않을 것이다. 왜냐하면 그러한 경험에 대한 매트릭스가 없기 때문이다. 만일 내가 같은 정보를 UFO 협회에서 만난 누군가에게 말한다면 그들은 정말로 나를 믿거나 혹은 완전히 다른 의미를 경험하게 해줄지 모른다.

이것은 마음의 함정이다. 만일 우리가 현재의 내면 패러다임에 맞지 않는다고 어떤 것을 거부한다면 어떻게 새로운 정보를 유입할 것이며, 또한 어떻게 의식을 확장할 수 있겠는가? 반면 내면 매트릭스를 무시한다면 어떻게 거짓과 진실을 구별할 것이며, 또한 매순간 수용하는 막대한 양의 정보들을 어떻게 다룰 것인가?

이것에 대한 최고의 답변은 명상에 있다. 명상을 통해서 마음은 그러한 데이터들을 걸러내고 쓸모없는 믿음 시스템과 불필요한 정보를 제거한다. 또한 개인적인 매트릭스를 근본적인 연합으로 재정립 한다. 명상은 여러분의 하드드라이브를 최적화하는 것과 비슷해서 시스템을 파괴하지 않고도 새로운 정보를 구동하고 기록할 여지를 남겨둔다. 그것이 바로 명상이다. 명상은 크라운 차크라가 압도당하는 일 없이 인식의 개방성을 넓혀서 무한함 속에서 길을 잃어버리지 않도록 한다. 명상은 매트릭스의 주요조직인 자아(Self)라는 중심부를 유지하도록 돕는다.

정보 다운로드

전생퇴행의 초심리학적 연구가 보여주는 바에 따르면 두뇌와 별도로 존재하는 특정한 성질을 지닌 마음이 있다. 과거 삶으로의 회귀를 다룬 몇몇 사례들을 보면 사람들은 나중에 객관적으로 증명할 수 있는 사실을 기억하곤 한다. 그들은 자신이 결코 본 적이 없는 집을 정확하게 묘사하고 외국어를 말하거나 후에 신문이나 편지 또는 책으로 기록된 사건들을 정확하게 묘사한다. 인간의 몸은 하드웨어처럼 변경 불가능하기 때문에 어떠한 정보는 두뇌 밖에 존재한다.

이 모든 데이터들은 별개로 존재하는 모종의 정보가 있음을 암시한다, 마치 전자파가 라디오와는 별도로 독립적으로 존재하거나 당신의 컴퓨터 소유 유무에 관계없이 인터넷이 존재하는 것처럼 말이다. 몸에는 놀랄만한 신경시스템과 반응능력이 탑재되어 있다. 마치 컴퓨터가 인터넷으로부터 정보를 받아들이고 다운로드할 수 있는 것처럼 말이다.

이러한 장은 물질세계에서 비물질적일지도 모르지만 그럼에도 불구하고 마치 보이지 않는 자기장이 금속가루에게 영향을 줘서 특정한 형태를 띄게 하듯이 매우 현실적인 원인요소이다. 이것이 바로 고차원장이 종종 캐주얼필드라고 불리우는 이유다. 우리가 주파수를 맞출 때 우리는 이 정보장에 접근하여 인과관계의 영역으로 진입한다.

생물학자인 루퍼트 쉘드레이크는 이러한 현상을 일컫는 형태공명장[169]이라는 단어를 만들었다. 이것은 형태를 의미하는 morphe와 발생을 의미하는 genesis를 조합한 말이다. 형태공명장이론은 우주가 불변의 법에 의해서 기능한다기보다 많은 시간동안 반복된 사건이 창조하는 패턴인 습관에 의해서 기능한다고 가정한다. 이러한 습관의 반복은 사건이 패턴으로 적용될 가능성을 확장시키는 하나의 장이자 더 높은 국면 안에서 형성되는 장이다. 형태공명장은 특유의 대상과 행위로써 소위 본능이라고 불리우는 많은 것에 대해서 설명해줄지도 모른다.

가령 토끼에 관한 형태공명장은 현재 존재하는 토끼와 과거에 존재해왔던 수많은 수의 토끼들에 의해 창조된다. 토끼와 유사하게 창조되어온 어떠한 존재도 형태공명장에 의해 창조되는 토끼가 될 가능성에 직면한다. 만약 여러분이 철물점에 가서 못을 박을 수 있는 손잡이가 달린 물건을 보여 달라고 한다면 주인이 망치얘기를 할 가능성이 매우 높다. 왜냐하면 너무 많은 망치가 이미 존재하기 때문이다. 그러나 20년 전이라면 그런 일은 없었을 것이다. 이제는 네일건이 흔하기 때문에 주인이 네일건을 권할 수도 있을 것이다. 왜냐하면 당시에 네일건은 결코 흔한 물건이 아니었기 때문이다.

---

169) morphogenetic field

형태공명장은 두 세계 사이에 두 가지 방식을 형성하기 때문에 의식과 발현사이의 관계에 부속된다. 형태형성학은 반복과 습관을 통해서 유형의 세계 안에서 발생하는 것을 통하여 건설된다. 적응하는 성향은 필드의 힘에 따라 다양하다. 이 필드가 한 번 형성되면 물질 세상 속에서 미래의 형태를 좌우한다.

쉘드레이크는 말한다.

"이미 존재하는 습관이 압도적인 영향력을 발휘할 때, 새로운 장을 세우는 것은 불가능하다. 이때 일어날 수 있는 일은 보다 수준 높은 장이 하위 수준의 장을 통합해서 새로운 장을 형성하는 것이다. 진화는 기초적 습관을 바꾸는 것이 아니라 그것을 흡수하여 진행되며 그들로부터 점점 복잡한 패턴을 형성한다."

이것의 예는 50킬로그램을 감량한 과체중의 남자가 감량한 몸무게만큼 다시 살이 찔 때까지 탐욕스러운 식욕을 갖는 것이다. 여러분은 비만인 사람이 반복적인 다이어트와 폭식에도 불구하고 대부분의 시간동안 동일한 몸무게에 머물러있다는 사실을 눈치 챈 적이 있는가? 몸의 형태공명장은 익숙한 상태에 머물러 있기를 원한다. 날씬하다고 생각하는 것이 체중감량에 더 효율적인 방법이다. 왜냐하면 그것은 몸의 형태에 익숙한 장을 바꾸기 때문이다. 믿음은 많은 사람의 지지를 받을 때 더 강해져서 반대되는 믿음이 부활하는 것을 막는다. 남성우월주의에 대한 믿음으로 창조된 장은 중요한 예이다. 왜냐하면 지난 수십 년간 그러한 믿음은 너무 완전하게 우리의 문화 속에 스며들어서 남성들에게 지대한 이익을 제공해 왔다. 그로 인해서 남성들은 더 많이 성취할 수 있었기 때문이다. 더 많은 여성들이 페미니즘을 통해 자신의 힘을 발견하고 있기 때문에 또 다른 장이 형성되고 있다. 이것은 기존의 형태를 바꿀 수 있다는 문화적 믿음을 만든다. 그러나 새로운 장을 건설하는 데는 많은 시간이 걸리고 다수의 여성 및 남성의 참여가 필요하다. 시간이 지날수록 이러한 장은 더 강력해져서, 다음 세대의 여성과 남성들은 새로운 믿음 시스템을 가지기가 더 쉬울 것이다.

생각은 구조다. 몸과 빌딩이 구조인 것과 마찬가지다. 그들의 세부 사항은 순간순간 변할지 모르지만 전반적으로 구조적인 매트릭스는 주어진 시간 동안 어느 정도 동일한 상태를 유지한다. 특히 그들이 많은 마음들에 의해서 지지받을 때 더욱 그러하다. 만일 우리가 의식을 바꾸고 싶다면 의식이 일어났던 장으로 접근해야만 하며, 그 안에서 더 높은 수준의 질서를 찾아야 한다. 그러한 초월적 차원으로부터 우리는 더 높은 질서를 지닌 새로운 장에 접근할 수 있다. 그러면 우리의 매트릭스와 매트릭스가 물질 세상 안에서 구현하는 것들을 바꿀 수 있다. 이것은 자기의식 혁명의 과정으로 오로지 의식으로의 여행에 의해서만 가능하다.

초월과 내재

의식이 수 천 개의 정신적이고 생명력 있고 육체적인 진동으로부터 해방될 때 비로소 희열을 얻는다.

스리 오로빈도

크라운 차크라는 무한과 유한, 인간과 신성, 시간적이고 무시간적인 것이 만나는 지점이다. 우리가 개인적 자아를 넘어서 자신을 확장하고 시공간의 제약을 넘어서며, 원초적 통일성과 초월적 희열을 경험하는 것도 바로 이 사하스라라 차크라를 통해서이다. 신성의식이 몸 안으로 들어와서 하강하는 것도 바로 이 지점으로 크라운 차크라는 모든 차크라에 각성을 가져오고 우리를 둘러싼 세상 속에서 작용하는 수단들을 제공한다.

우리는 인지의식과 초월의식을 창조하는 이 두 가지 흐름에 대해 논의해 왔다. 더불어 이 흐름은 두 개의 다르지만 보완적 영적상태를 창조하는데 그들은 초월과 내재다. 재차 언급하건데 상승하는 흐름은 우리에게 해탈을 가져오고 하강하는 흐름은 현실화를 초래한다. 전체성(깨달음이란 전체를 보는 것)에 대한 참된 이론을 성취하기 위해 개인은 이 두 가지 모두를 발전시킬 필요가 있다.

우리는 각 차크라와 관련된 일곱 가지 수준의 자각을 통해 진전해 왔다. 그리고 점진적으로 더 나아가 제약, 근시안, 즉각성, 고통 그리고 아픔을 초월해 왔다. 이것은 동양사유에서 가장 강조되어지는 이정표이다. 또한 우주의식으로의 본질적인 관문을 구성하는 요가 수행 그리고 요가 철학과 상통한다. 고통과 아픔은 유한한 세상의 원소들과의 잘못된 동일시로 인하여 발생한다. 그리고 이것은 무한한 세계의 궁극적인 실제를 모호하게 한다. 영적 성장에 장애가 되는 것은 바로 제한에 대한 집착이다. 이러한 집착은 사하스라라 차크라에 존재하는 주요한 악마다.

초월의식이 지닌 대표적인 특성은 공(空)이다. 그러므로 집착을 놓아 버림으로서 그 텅 빔 속으로 진입한다. 초월성은 평범하고 진부한 세속적인 삶을 넘어서 광활한 합일로 우리를 이끈다. 관찰자는 참여한다. 자아와 세계 사이에는 어떠한 분리도 존재하지 않는다. 시간의 감각은 사라져버린다. 컵이 비어야 채워질 수 있듯이 우리의 마음도 비어야 투명한 통로를 통해서 초월을 경험할 수 있다.

초월은 망상의 함정으로부터 해탈을 가져와서 우리를 지복과 자유의 상태로 들어서게 한다. 에고는 일반적으로 이기심과 안정감을 유지하기 위한 집착을 형성하지만 그러한 자아는 더 작고 더 제한된 자아로서 우리를 구성하는 의식의 기본적인 통합과는 분리된다.

그 기원으로서 신성한 자각을 지닌 하강하는 의식의 흐름은 내재를 가져온다. 내재성은 내면에 신성함을 자각하는 것으로 그곳에서 초월성은 외면의 신성함을 자각한다. 내재성[170]은 우리에게 영감, 발산, 그리고 힘을 가져다주며 마침내 현현하게 한다. 진실로 자아를 안다는 것은 초월과 내재함이 상보적이며 내면 세계와 외면 세계가 분리할 수 없는 하나라는 사실을 이해하는 것이다.

자유의 흐름이 우리에게 해탈 즉 무크티(mukti)를 가져오며 하강하는 흐름은 즐거움 즉 부크티(bkukti)를 가져온다. 아서 아바론이 언급한 바와 같이 차크라에 대한 가장 세심한 주의를 기울여서 번역해야 할 탄트릭 문헌에 대한 부분을 소개한다.

샥티 탄트라의 가장 중요한 원리들 중의 하나는 수행자가 해탈과 희열을 증득하는데 있다. 이것은 수행자의 자아가 세상의 영혼과 즐거움으로 하나 될 때 가능한 것이다.

물라다라 차크라가 상승하는 쿤달리니의 시작점이자 동시에 우리의 뿌리를 땅속으로 깊숙이 두는 장소인 것처럼 사하스라라는 모든 현현과 초월로 가는 관문이다. 초월과 내재함은 상호 배타적이지 않다. 그들은 의식의 기본적인 진동이요 크라운 차크라의 들숨과 날숨이며 삶의 진입점과 배출점이다.

명상: 연꽃에 대한 열쇠

성스러운 신이시여! 우리의 머리가 텅비도록 해주시고 그 안의 마음이 무한히 성장할 수 있도록 축복해 주십시오.

옛 산스크리트어 속담

---

170) immanance: 내면, 내재화, 내공 등의 여러 의미 중 역자는 내재를 사용했다. 저자는 의식의 하강과 상승을 내재와 초월로 바꿔서 응용하고 있다.

7번 차크라를 개발하기 위해서 명상보다 더 위대한 수행은 없다. 의식이 스스로를 자각할 수 있는 것은 명상을 통해서이다. 음식과 휴식이 몸에 영향을 주듯이, 명상은 영성에 영양분을 공급하는데 필수적이다.

수없이 많은 명상 기술들이 있다. 숨을 통제하거나 만트라를 발성하거나 색상, 형태, 신들을 시각화하거나 차크라를 통해서 에너지를 여러분의 차크라로 흘려보내거나 자각을 가지고 움직이거나 걷기 명상을 할 수 있으며 그저 멍 때리고 있을 수도 있다. 반면 이 모든 명상법들은 한 가지의 공통점을 가지고 있다. 즉 이들은 심신의 진동적인 측면을 향상시키고 부드럽게 하며 조화시킬 수 있어야 한다. 또한 습관에 찌든 마음을 정화시킬 수 있다.

우리는 샤워나 집안 청소 그리고 세탁 등을 하는 것은 당연하게 생각한다. 이런 일들을 하지 않으면 우리는 불편해질 것이다. 사회적인 비난의 대상이 됨은 말할 필요도 없고 말이다. 그런데 마음과 생각도 우리의 몸 이상으로 정화가 필요하다. 마음의 작동시간은 더 길다. 또한 마음은 더 넓은 차원과 조우하며 삶의 운영체제를 작동한다. 우리들 중에 어제 이미 사용했던 지저분한 그릇에 식사하는 사람은 거의 없을 것이다. 또한 어제의 산란한 마음을 가지고는 오늘 새로 닥친 문제를 해결할 수 없다. 만일 그렇다면 피곤하고 혼란스럽고 무지한 느낌이 들 것이다.

명상은 목적이자 수단이다. 우리는 명상을 통해 명료함과, 고양된 기분 더 나아가 신체적 조화를 경험한다. 그러나 마음은 모든 다른 것들 중에서도 분리할 수 없는 명령자로서 우리가 줄 수 있는 최고의 대접을 받아 마땅하다.

7번 차크라가 내적 차원 속에 존재하기 때문에 명상은 내면세계를 여는 열쇠이다. 우리는 명상을 통해서 체계적으로 외면세계를 조율할 수 있으며 내면 세계에 대한 감수성을 개발할 수 있다. 이러한 감수성을 통해서 우리는 만물을 연결하는 특이점으로 들어갈 수 있다. 우리는 우리가 경험하는 모든 것의 소용돌이다. 그 소용돌이의 중심에 이해가 있다.

우리는 몸과 호흡 그리고 생각의 조화를 통해서 자신의 차크라를 정렬하거나 바로 세우며, 또한 모든 창조의 통합적 정수를 지각한다. 그러나 이것은 단순히 물리적 실체의 정렬 즉 단순한 정렬이 아니라 원형적 에너지의 내적 정렬을 의미한다. 즉 다시 말해서 우리가 각 차크라에서 발견하게 되는 기본적인 통일성과 영적인 정렬을 의미한다.

명상이란 정확하게 무엇을 하는 것인가? 명상의 생리학적 효과와 심리적인 상태는 무엇이고 결과적으로 얻어지는 이득은 무엇인가? 아무것도 하지 않는 것 같은 이 이상한 수행이 왜 그렇게 가치가 있는가?

마하리쉬 마헤시 요기가 가르쳐서 널리 퍼진 바 있는 TM, 즉 초월명상은[171] 광범위한 주제에 걸쳐서 정신적이고 물리적인 효과를 주는 학습의 체계를 가지고 있다. TM 협회가 가르치는 초월명상은 하루 두 번 20분 정도를 조용하게 앉아서 스승이 명상가에게 부여한 만트라를 내면으로 읊조리는 수행이다. 이상한 자세나 호흡법도 없으며 식이요법에 대한 권고도 없어서 배우고 학습하기 쉬운 명상법이다.

뇌파패턴을 측정하는 EEG[172]라는 학습에서 가장 주목할 면모가 발견된다. 평범하게 깨어있는 상태에서 뇌파는 변칙적이고 혼란스러운 베타파가 일반적이다. 뇌의 두 개의 반구는 서로 다른 주파수를 생성하며 뇌의 전면부에서부터 후면부에서는 더 많은 차이를 일으킨다.

---

171) Transcendental Meditation
172) Electronencephalography의 약자로 뇌파검사를 의미함

명상은 이것을 드라마틱하게 변화시킨다. 명상을 시작하자마자 즉시 명상의 체험자의 알파파는 증가하는데 이 알파파는 뇌의 후면부에서 시작해서 앞쪽으로 파동 친다. 알파파라는 것은 마음의 휴식상태를 특징짓는 뇌파이다. 몇 분이 지난 후 알파파의 진폭은 확장된다. 뇌의 좌반구와 우반구가 그랬던 것처럼 뇌의 전면부와 후면부가 동기화된다. 이러한 공명이 계속 이어지며 많은 경우 알파파보다 더 깊은 상태인 세타파가 나타난다. 경험 많은 수행자의 경우에는 특히 더욱 더 그러하다. 대부분의 상급 명상가들의 경우 평범하게 깨어있는 상태에서도 알파파가 더 큰 진폭으로 나타나는 일이 흔하다. 이들의 명상 중에는 쎄타파가 일반적으로 나타나며, 깨어있는 평범한 상태에서조차 쎄타파가 나타나기도 한다.

명상은 생리학적인 효과도 있다. 산소흡입률은 16~18% 감소했으며 심장 박동수는 25% 줄어들었고 혈압도 낮아졌다. 이 모든 것들은 자율신경계173)에 의해 통제된다. 명상은 신체가 깊은 휴식상태에 들어가게 하는데 이것은 수면 상태의 휴식보다 더 깊은 휴식상태를 의미한다. 그리고 이러한 휴식은 깨어있는 의식상태를 더 기민하게 한다.

명상가가 깊은 휴식상태에 들어갈 때 주의력/자각력이 감소하지 않고 증가한다는 사실에 주목할 필요가 있다. 비명상가가 주기적으로 어떤 소리를 들을 때, 그의 뇌파는 소음에 점차 적응하여 반응이 점점 줄어들면서 점차로 소음에 주의를 기울이지 않게 된다. 반면 명상을 하는 동안 명상가는 소리가 날 때마다 그에 새롭게 반응한다. 그러므로 몸이 활동을 줄이면 마음은 근본적으로 몸의 제약으로부터 해방되서 새로운 지평선으로 자유롭게 확장된다.

명상은 대뇌피질174)과 대뇌변연계175)를 강화시켜서 뇌파공명을 통하

---

173) 자율신경계는 인체의 내장근, 샘 따위의 신경 지배를 통해서, 순환, 소화 따위의 식물성 기능을 통제, 조절하는 신경 계통/다음 사전
174) cerebral cortex
175) limbic system

여 오래된 두뇌와 새로운 두뇌 사이의 균열을 치유한다고 한다. 이러한 균열은 소외된 감정상태와 경계선적 행동으로 특히 인간에게 어려움을 주는 것으로 의심되는데 이러한 현상은 본질적으로 동물에게는 존재하지 않는다. 뇌의 두 반구 사이에 협력이 잘되면 인식과 지각능력이 확장된다.

심리적인 효과는 어떨까? 일반적인 긴장완화 느낌과 내적 평화 그리고 향상된 복지감과는 별도로 명상가의 학문적인 성과는 개선되고 직업에 대한 만족도와 생산성이 증가되었으며 약품 사용이 감소하고 반응시간은 빨라졌다. 이 모든 것이 단지 앉아서 아무것도 하지 않음으로써 얻어진다.

이러한 사실을 보건데 명상이 엄청난 보상을 준다는 사실은 부인하기 어렵다. 어느 누가 건강이 개선되고, 기분이 고양되며, 실적이 향상되기를 원하지 않겠는가? 이러한 모든 것이 어떤 비용도 들지 않고 어떤 기구도 요하지 않으며 어디서든 할 수 있는 명상을 통해 얻어진다. 그러나 왜 명상을 하는 사람이 적고, 명상을 하고 싶어하는 사람도 명상을 어려워하는 것일까?

이제까지 리듬과 공명, 그리고 형태공명장에 대해서 논의 했으며 어떻게 이들이 자신의 상태에 지속적으로 머무는지에 대해 소개했다. 진동차원이 주로 처음 세 개의 차크라를 지향하며 물질 세상에 더 많은 가치를 두고 있는 사람은 실생활에서 명상을 해야 할 시간과 타당성을 찾기가 어렵다. 또한 욕망을 버리고 다른 주파수로 진입하는 것도 어렵다. 특히 자신의 가치가 너무나 주관적인 사람의 경우에는 더 그러하다. 가령 명상에 대한 필요성을 실감하는 어떤 사람이 있다. 그러나 동시에 수 천가지에 이르는 그 밖의 '해야만 하는 일들'에 대한 생각이 날마다 그의 머리를 두드린다면 현실적으로 명상수행에 대해 거의 반감을 품을 수 있다.

그러나 진정한 명상은 마음의 상태이지 노력이 아니다. 일단 이러한 마음의 상태를 몇 차례 성취해보면, 스스로 영속되는 리듬의 형태공명장을 창조해서 자기 주변의 진동에 영향을 미치기 시작한다. 그리고 나면 명상은 인생에 필수적인 부분이 돼서 깨어있는 의식과 잠 그리고 모든 다른 활동 속에서 그와 함께 머무르게 된다. 이러한 점에서 명상은 즐거움이지 규율이 아니다. 그러나 그때까지 우리는 단지 명상의 효과를 논하며 명상에 대한 호기심이 실행의 의지에 불을 붙일 것이라는 희망을 가질 뿐이다. 적어도 대가는 올 것이다.

명상 테크닉

이제 명상방법론에 대해 알아볼 때가 됐다. 명상가의 수만큼이나 많은 명상기법이 있다. 어떤 면에서 그 명상법들을 모두 경험해 보는 것은 가치있는 일일 것이다. 경험 많은 재단사가 몸에 꼭 맞는 옷을 만들어 주지 않는가? 지속적인 명상의 시간이 거듭될수록 그것은 거대한 보답으로 돌아올 것이다.

방해받지 않고 명상할 수 있는 편안한 환경이 중요하다. 너무 덥거나 너무 춥지 않도록 하고 너무 꽉 끼는 옷은 좋지 않다. 소음은 최소화하는 것이 좋다. 명상은 일반적으로 위를 가볍게 비운상태에서 하는 것이 바람직하다. 그러나 극단적인 배고픔은 좋지 않다.

대부분의 명상은 척추를 긴장되지 않을 정도로 곧게 세우고 편안하게 앉은 상태에서 한다. 의자에 앉거나 가부좌로 마룻바닥에 앉은 상태에서 모두 가능하다. 다시 말해서 가부좌나 반가부좌, 혹은 단순한 인디안 스타일 모두 좋다. 이렇게 하는 이유는 몸은 에너지가 덜 나가는 자세에서 이완되기 때문이다. 그러나 너무나 편안한 자세를 취해서 졸음에 빠지지 않도록 하라. 곧게 세운 등은 모든 차크라를 정렬시키고 슈슘나를 따라 상승하고 하강하는 에너지 전송을 더 용이하게 한다.

반가부좌 상태에서 많은 것을 할 수 있다. 리듬에 맞춰 호흡을 들이마시고 내쉬는 자신을 지켜볼 수 있으며 만다라나 촛불을 바라보거나, 적절한 시각적 자극물을 주시할 수 있다. 또한 지나가는 생각을 따라가고 멈춤이나 판단 없이 그들을 그저 바라볼 수도 있다. 자아와 생각을 분리시키면 초월 상태를 성취하는데 도움이 된다.

TM 테크닉에서처럼 내적으로 만트라를 암송하면서 자신을 통해 흐르는 진동에 마음을 집중할 수 있다. 이 기법은 진동상태에 조화로움을 준다. 여러분은 자신의 감정 상태를 바라보고 그로부터 초연해질 수 있으며, 다양한 색상이 차크라를 통과해서 움직이는 것을 시각화하거나 그것을 명상하는 사람이 누구인지를 물으며 시간을 보낼 수도 있다. 일반적인 선수행은 공안[176]이라고 부르는 역설적인 화두에 집중하는 것이다. 그것은 논리를 없앰으로써 마음의 지적 상태를 해체시키는 것이다. "한손으로 박수를 치면 어떤 소리가 날까?" 이것인 전형적인 화두이다. "태어나기 전 당신의 본래 면목은 무엇인가?" 도 또 다른 화두의 일례다. 이것은 대답을 찾는 것이 아니라 자신의 일상적이고 논리적인 생각방식의 장벽을 허물어버리는 질문으로 보다 더 거대한 인식에 이르게 한다.

이 다양한 형태들 사이에 공통점은 그들 모두가 한 가지에 집중된 마음과 관련있다. 일반적으로 의식을 깨우면 마음은 순간순간 많은 것으로 날아간다. 마음의 한 가지 지향성은 명상의 목적이다. 즉 소리나 대상, 화두 어떤 것이든 이러한 기법 모두가 일상적으로 깊게 자국이 난 혼란스러운 의식으로부터 마음을 집중하도록 만들어진 것이다.

---

[176] 공안이란 골똘히 생각해서 물음을 탐구해 나가는 것을 일컫는다. 공안이란 화두와 비슷한 말로 화두가 들어야지 공안을 할 수 있다.

다양한 기법들의 이러 저러한 방식을 비교하거나 명상 기법에 대한 어떤 가치판단을 하기는 어렵다. 다양한 명상법들은 서로 다른 방식으로 사람들에게 영향을 준다. 중요한 것은 명상기법에 있는 것이 아니라 그 명상법을 어떻게 잘 활용할 수 있는가에 있다. 어떤 명상법을 사용하든 명상의 반복과 집중 행위는 시간이 거듭될수록 충전된다. 다른 규칙과 마찬가지로 명상도 연습할수록 더 쉬워진다.

그림 8.1 반가부좌 자세

깨달음-드디어 고향으로 귀환하다

해탈된 의식에 있어서의 열반이 나의 깨달음의 시작인 것으로 드러났다. 이것은 완전한 체험의 첫 번째 단계일 뿐이다. 깨달음을 얻은 다음부터가 공부의 시작이다. 진정한 공부의 시작은 깨달음을 얻은 다음부터 완성의 경지로 들어간다. 니르바나 얻었다고 최종목적에 도달할 것이 아니다.

오로빈도

깨달음은 상태가 아니다. 그것은 과정이다. 상태는 증득해야할 무언가이다. 과정은 무언가가 되는 것이다. 깨달음이 상태라면 그것을 발견해야한다는 견지에서 모순될 것이다. 왜냐하면 깨달음은 주시하는 자아로부터 분리될 수 없기 때문이다. 깨닫자마자 우리는 그것이 절대로 잃어버릴 수 없는 것이라는 사실을 알게 된다.

 사랑이 언급하기 어려운 개념이지만 본질적으로 자연스럽고 건강한 상태의 일부이듯이 깨달음 또한 자연스러운 상태로 똑같이 언급하기 어렵다. 이러한 방식으로 깨달음은 유위법보다는 무위법의 과정을 통해서 얻어진다. 지붕으로 인해 태양빛을 직접 받지 못하듯이 정신적인 장애는 우리의 깨달음을 막는다.

 그러나 우리가 이미 깨달은 상태라는 것이 그것을 개발해서 더 이상 얻을 것이 없음을 의미하는 것은 아니다. 깨달음이 우리 내면에 존재한다고 해서 우리가 항상 그것과 닿을 수 있는 것은 아니기 때문이다. 항상 더 깊은 상태와 더 높은 곳 그리고 그 너머에 더 탐구해야할 것들은 언제나 존재한다. 바로 지금 여기에서 무언가를 할 수 있을 때 우리는 정말로 무언가를 성취할 수 있을 것이다.

 대부분의 사람들이 깨달음을 모든 대답을 아는 상태로 생각하지만 그것은 마침내 바른 질문에 도달한 상태라고 생각한다. 초월을 경험함으로써 우리는 경이로움이나 신비감에 휩싸이게 된다. 대답은 상태가 될 수 있지만 질문은 바로 과정이다.

 차크라의 견지에서 볼 때 깨달음은 차크라를 통한 길이 완전할 때 일어난다. 이것은 단순히 사하스라라 차크라나 슈슘나 위의 또 다른 차크라를 개화하는 것 이상이다. 그것은 모든 것 가운데서 통합을 경험하는 것이며 그 경험을 참나와 융합하는데 있다. 참나와 연결되었을 때만이 이런 일이 일어난다. 그것은 변화되는 과정이다.

 그래서 우리는 마침내 끝에 도달했고 끝은 또 다른 시작[177]임을 알게 된다. 그러나 끝이 존재해야할 또 다른 이유는 무엇인가?

---

177) 주역의 마지막 괘는 화수미제로, 수화기제가 끝이 아니라 화수미제가 끝이다. 끝은 끝난 것이 아니므로 새로운 시작을 의미한다.

7차크라 운동

생각 따라가기

명상자세로 편안하게 눕거나 앉는다. 어떠한 기법이든 자신에게 효과적인 것을 사용해서 마음을 비교적 편안하고 고요한 상태로 머무르게 하라.

자신의 마음을 통과해서 지나가는 생각에 주의를 기울인다. 생각하나를 집어서 그 생각이 어디서 기인되었는지 그리고 그 생각에 앞선 생각이 무엇이었는지를 스스로에게 물어보라. 그리고 그 생각의 기원을 추적 해보라. 그것은 아마도 수년전에 일어났던 것일 수도 있으며 지금 현재 당신을 압박하는 것일 수도 있다. 그리고 다시 그 생각의 근원까지 따라가 보라[178]. 마침내 우리는 어떠한 객관적인 기원이 없는 일종의 무한한 근원에 도달한다.

돌아와서 마음을 통과해서 지나가는 또 다른 생각을 관찰해 보라. 같은 순서를 반복해서 보다 깊은 차원으로 생각을 되돌려 보라. 자신의 생각 중 얼마나 많은 생각들이 같은 근원에서 나왔는지를 주시하라.

몇 가지 생각들의 근원을 따라간 후에 생각을 추적하지 말고 자신의 생각을 그저 바라보기 시작하라. 생각을 부인하지도 붙잡지도 말고 그들이 그저 지나가도록 내버려두라. 생각이 조금 남거나 없어질 때까지 생각을 근원으로 돌리다보면 자신도 근원으로 돌아가게 된다. 적절히 그곳에 머무르고 있다가 천천히 자신의 일반 의식으로 돌아오라.

---

[178] 사유의 백트래킹으로 위빠사나 명상의 과정과 일치한다.

아카샤 레코드로의 여행
지도 명상으로서 행하기

마룻바닥 위에 편안하게 누워서 얼굴을 위로 향한 상태에서 머리와 목을 비롯해 천천히 모든 몸 부위의 긴장을 풀어준다. 마룻바닥에 몸을 지지한 채 다리와 등 배 그리고 팔과 어깨를 편안하게 풀어준다. 주먹을 꽉 쥐었다가 풀고 모든 손가락들을 구부려보라. 발끝을 세웠다가 다시 풀고 발가락들을 오글오글 움직여보라. 천천히 호흡을 들이마셨다가 내쉬고 들이마셨다가 내쉬기에 집중하라. 자신의 몸을 바닥 위로 약간 들어 올리고 모든 근육들의 긴장을 풀어준다.

호흡을 주시하고 생각을 자각하라. 그들을 주시하고 생각들이 천천히 자신의 마음을 비틀며 통과함을 바라보고 마음의 눈으로 편안하게 그들의 이미지를 재생하라. 생각을 바라볼 때 여러분이 알고 싶었던 모종의 정보들, 다시 말해서 자신 안에 깊게 묻어두었던 의문들을 자각하라. 그것은 연인이나 현재 닥친 딜레마, 또는 과거 삶의 정보에 관한 질문일 수도 있다. 잠시 쉬었다가 자신의 질문에 집중하고 여러분이 알기 원하는 것이 무엇인가를 명료하게 하라.

질문이 명확해지면 그것은 마음에서 털어내라. 적절한 시간에 질문이 돌아올 것이다.

아무 노력을 들이지 않고 편안하게 마룻바닥에 누워서 자신의 몸이 점점 더 가벼워진다고 상상해보라. 단단하게 덩어리 진 살들이 점점 가벼워지고 안개 속으로 상승하는 것처럼 빙빙 도는 느낌을 경험해보라. 여러분은 위로 날아오르면서 형태도 없고 모양도 없는 안개 속으로 빙빙 돌며 들어간다. 안개는 점점 더 형태를 취하기 시작하고 여러분은 위를 향하는 회전계단을 본다. 회전 계단을 따라 점점 더 높이 오를수록 계단은 점점 더 견고해진다. 오르는 모든 계단에서 여러분은 운명을 느낀다. 그리고 그것은 여러분이 알기 원하는 그 장소에 근접하게 여러분을 데려갈 것이다.

이제 계단들이 넓어지고 여러분은 커다란 빌딩에 도착한다. 빌딩은 여러분이 볼 수 있는 만큼 높고 멀리까지 닿아 있다. 빌딩에는 커다란 문이 하나 있다. 여러분은 그 안으로 쉽게 들어간다. 이제 더 많은 계단이 보이고 긴 복도와 문이 열린 많은 방들을 본다. 통로에 서서 자신에게 질문을 던지라. 그리고 전체 빌딩을 통과하며 울리는 메아리를 들어보라. 질문들은 여러분에게 되돌아온다.

여러분은 자신이 던진 질문의 메아리를 들으며 걷기 시작한다. 그리고 그 소리가 가장 크고 명확한 곳까지 따라가 보라. 그들이 이끄는 곳으로 발걸음을 옮기며 되풀이해서 질문을 던져보라. 마침내 어떤 방 안에 있는 여러분 자신을 발견할 것이다. 통로와 가구들을 인식하라. 복도에 무언가가 쓰여져 있나? 가구는 색상이 어떤가? 그들은 어느 시대에 만들어진 가구인가?

주변을 돌아보며 여러분은 방대한 책들로 가득 찬 큰 책꽂이를 발견한다. 도서관을 검토해보고 눈에 띄거나 여러분에게 손짓하는 책이 있는지 살펴보라. 여러분의 이름이 쓰여진 책 한권을 찾아내라. 그 이름은 이번 생애에 여러분이 사용하고 있는 이름이 아닐 수도 있다. 그러나 그것은 쉽게 여러분의 손에 들어왔다. 자신에게 다시 질문을 던져보라. 그리고 아무 곳이나 책을 펼쳐보라. 펼쳐진 부분의 문장을 읽어보라. 잠시 멈춰서 그 의미를 곱씹어보고 몇 페이지를 더 넘겨보라. 여러분을 둘러싼 정보들을 자각하라. 방안은 책으로 가득차 있고 고대의 지혜는 빌딩 속 깊숙이 묻혀있다. 그 지혜를 가슴까지 끌어당겨보라. 분석하려고 하지 말고 그냥 그렇게 해보라.

이제 준비가 되면 책꽂이에 책을 집어넣는다. 원한다면 언제든지 다시 그 책을 찾아낼 수 있다. 천천히 돌아서서 그 방을 떠나라. 이제 문이 가득한 복도로 다시 걸어 나오라. 로비로 들어가서 큰 기둥같이 생긴 문 밖으로 나가라. 그리고 걸으면서 이 높은 곳에서 여러분이 보았던 믿기 어려운 광경을 반추해보라. 상상할 수 있는 모든 색상과 형태를 지닌 이 장소에 소용돌이치는 패턴 위에 패턴이 밀물처럼 들어왔다가 빠져 나간다. 이제 대기권으로 진입하면 몸은 점점 무거워진다. 이제 몸이 마룻바닥위에 편안하게 휴식을 취하고 있는 지구권으로 천천히 미끄러지듯 내려오라. 여러분이 가져온 것을 검토해보라. 준비가 되면 일반 의식으로 돌아오라.

노트: 여러분이 가지고 있는 정보의 실질적인 중요성은 명료하게 드러나 보이지 않을 수 있다. 그것을 공유하기 전에 그것을 숙고하는 시간(아마도 며칠 동안)을 가질 필요가 있다.

제 3부
모두 모아서

제 9장
여정의 귀환

우주적 힘은 우주의식이다. 이것은 구도자가 발견하는 것이다. 그가 직접 의식의 흐름에 접속한다면 그는 어떤 차원에나 연결할 수 있다. 우주적 실제가 어떠하든, 어떤 지점이든 그곳에서의 의식을 지각하고 이해할 수 있고 심지어 그것에 따라 행동을 취할 수 있다. 왜냐하면 모든 곳에서 의식이라는 것은 똑같은 흐름을 타고 있고 다양한 진동성을 지니고 있기 때문이다.

오로빈도

  우리는 차크라 기둥을 따라 위로 올라왔다. 상승하는 흐름을 끝냈지만 여행을 끝낸 것은 아니다. 영성의 산 정상까지 올라와서 그 높이의 관점에서만 가능한 견해를 얻었다. 우리가 하위차크라의 에너지를 의식으로 가져왔기 때문에, 이제 고양된 의식을 다시 하위차크라로 가져올 임무가 있다. 이제 우리의 도전은 역행이며, 이것을 통해서 새로운 이해를 우리주변의 세상에 적용시켜야한다[179].

  푸루샤는 초정신의 광대한 장으로부터 개인에게 진입하는 순수의식이다. 그는 현현의 장으로 하강하면서 차크라를 통해 응결된다. 쉬바를 포옹하기 위해서 정상으로 올라간 샥티는 차크라를 통과해 하강한다. 그리고 처음으로 마음과 감각에 진입하며 유한한 물질의 다섯 가지 감각을 만난다. 샥티가 흙의 마지막 장에 도달하면 그녀는 해야 할

---

[179] 보살도를 의미한다. 쿤달리니 상승하강의 과정을 통해서 융박사의 개성화 과정이나 조셉캠벨의 영혼의 여정이 결국은 사하스라라 차크라로 올라갔다(바텀업) 내려가는(탑다운) 것이다. 내려가는 과정을 정명(正命)이라고 하고 올라가는 과정을 복명(復命)이라고 한다.

일이 없다. 휴식을 취하며 쿤달리니 샥티의 형태로 또아리를 틀어 잠들게 된다.

상승하는 여행에서 우리는 차크라를 해탈에 이르는 디딤돌로 이용했고 매 계단은 우리에게 제한된 형식과 반복된 습관 그리고 세속적 집착으로부터 더 많은 자유를 부여했다. 매단계마다 우리의 의식은 확장되었고 그 지평을 넓혔다. 하강하는 흐름에서 차크라는 의식의 힘을 응축시킨다. 그리고 그 에너지를 다양한 차원으로 교류 한다. 의식이 하강할 때 차크라는 빗방울이 하늘에서 떨어져서 산을 타고 바다로 흘러들어가는 풀장과 같다. 풀장에는 물이 모이고 그 물은 사용된다. 풀장처럼 차크라는 미세신 안의 방으로 신성 의식을 모아서 점진적으로 현현의 조밀한 장으로 응결시킨다. 만일 차크라가 막힌다면 에너지가 모일 수 있는 양도 제한된다.

이러한 비유는 또한 스펙트럼의 양쪽 끝에서 알 수 있는 통일성의 다양한 개념을 묘사한다. 비가 작은 구름 방울로 하늘에서 떨어질 때, 그것은 습기의 통합장과도 같다. 비가 땅 위에 떨어질 때 수 백만개의 작은 물방울로 분열되고 물방울은 더 큰 하천을 이루고 나아가 시냇물을 이루고, 더 큰 강을 이루어서 마침내 거대한 바다로 흘러 들어간다. 빗방울은 그들이 수증기로서 하늘로 다시 올라갈 때까지 통합된 물 상태로 존재한다. 하강하는 매 단계마다 보다 더 넓고 더 거친 무언가를 창조하지만 단순성과 특이성[180]을 향하여 움직인다.

그래서 우리는 순수의식으로부터 하강하는 여행을 시작한다. 최고의 상태인 무차원의 영역이자 완전하고 변함없는 순수의식으로부터 말이다. 초월의식은 주름이나 동요없이 완전히 부드러워질 때까지 다름의 기복을 지나 상승한다. 그러나 의식이 하강을 시작하자마자 바깥으로 주름지는 파동과 작은 자각점이 만들어진다. 이 자각점은 텅빈 배경으로 인해서 보다 더 도드라져 보인다. 잔물결들은 의식 최초의 포커스

---

180) singularity

로 어떤 존재의 최초의 여명이다.

우리가 의식을 집중할 때 자각의 파동이 외부로 발산되어 시공간 조직 속에 작은 동요를 일으킨다. 이러한 동요는 분리된 사건이 아니며 다른 파동들을 생성시킨다. 그리고 더 많은 파동들을 파급시킨다. 물결들이 횡단할 때 이러한 파동들은 간섭패턴을 형성하며 의식에서 방출된 에텔체는 더욱 조밀해진다. 6번 차크라에서 논의되는 홀로그래픽 원칙은 이러한 간섭패턴의 예이다. 횡단하는 각각의 파동들은 의식을 끌어당기는 교점이다.

이것은 6번 차크라의 단계이다. 가공되지 않은 정보들이 이미지를 형성하기 시작하는데 이 이미지들은 의식이 인식하거나 인지하는 어떤 것이다. 의식은 이제 스스로 피드백을 한다. 의식은 이러한 이미지를 지각하고 그에 반응하며 아마도 이미지를 수정할 수도 있다. 정보는 현현되기 시작하지만 이 단계에서는 단지 잘 형성된 생각일 뿐이다.

마음이 이렇게 표상화된 이미지에 집중할 때 마음은 보다 더 많은 파동을 방출한다. 또한 의식이 인식하고 그에 반응할 수 있는 더 많은 간섭패턴들을 형성한다. 장(field)은 더 밀도가 높아진다. 파동들은 이제 꽤 수가 많아져서 서로에게 반응하며 자각 생성장, 다양한 주파수 또는 진동의 물결장을 형성한다. 비슷한 주파수들은 조화를 이루는 경향이 있어 공명하면서 자신의 진폭을 깊게 한다.

이제 우리는 5번 차크라에 이르렀다. 이제 5번 차크라에서 의식이 샘솟는다. 반복되는 이미지들이 특별한 진동성향을 띨 때 이름[181]을 부여받는다. 이름은 한마음에서 다른 마음으로 아이디어를 전달하는 파동기능을 가진다. 그것은 우리의 간섭 장에서 다름을 구별하고 표시하며 그들 주위에 경계선을 그려서 그들은 드드러지고 특별[182]하게 한

---

[181] 이름은 파동함수다. 이름을 부르는 것은 의식화의 과정이다.

다.

어떤 사물에 이름을 붙인다183)는 것은 그것을 관계의 세계 속에서 정의하는 것이다. 4번 차크라에서 우리가 이름 붙인 존재들 사이에서 질서를 자각한다는 사실을 알게 된다. 파동이 있고 간섭이 있다. 사물이 있고 사물간의 관계가 있다. 관계 안에는 균형이 있어야지만 무언가가 계속해서 현현된다.

이제 3번 차크라에 이르렀고 몸의 물리적 차원에 진입하기 시작한다. 물결은 점점 더 조밀해지고 더 질서정연해진다. 의지를 사용해서 거친 에너지가 형태를 취하고 우리의 의도를 구현하도록 명령을 내린다. 이것은 생명력으로 충전된 장을 창조하는데 이 장은 비전과 의도에 따라 거친 물질의 형태를 연출하고 유지할 수 있다. 삶의 생명에너지는 인간의 몸을 지탱하게 한다. 즉 사랑의 생명 에너지는 관계를 지탱하게 하고, 아이디어의 생명에너지는 열정을 불러일으켜서 타인으로부터의 지원을 끌어낸다.

우리는 이제 중력의 힘에 접근하는 복잡하고 구조적 단계로 다가가

---

182) 꽃/ 김춘수
내가 그의 이름을 불러주기 전에는
그는 다만 하나의 몸짓에 지나지 않았다.

내각 그의 이름을 불러 주었을 때
그는 내게로 와서 꽃이 되었다.

내가 그의 이름을 불러준 것처럼
나의 이 빛깔과 향기에 알맞은
누가 나의 이름을 불러다오.

그에게로 가서 나도 그의 꽃이 되고 싶다.
우리들은 모두 무엇이 되고 싶다.

너는 나에게 나는 너에게 잊혀지지
않는 하나의 의미이고 싶다.

고 있다. 에너지와 의지는 변칙적인 물질을 함께 뭉치게 하기 때문에, 이종 에너지, 즉 서로 다른 에너지들은 더 조밀해진다. 그들이 더 조밀해지면 그들 고유의 중력장을 창조한다. 거친 에너지가 생각 패턴에 의해서 오래전 세워진 균열선을 따라 모였을 때, 나머지는 저절로 일어난다. 중력은 조직된 장을 잡아당기고 공간 시간의 천을 구부린다. 그리고 질량을 함께 모아서 지속적 변화를 제공하는 움직임을 야기한다. 이러한 움직임은 차이에 균형을 부여하고, 우리 장의 결합된 부분을 최초의 통합으로 돌려놓으려고 시도 한다.

마지막으로 이러한 중력의 힘을 통해서 건설적이고 구조적인 간섭 파문은 합체되고 질량을 창조한다. 우리는 무게와 질량을 가진 물질 객체(objects) 세계에 온 것이다. 우리는 별 바다 속에서 둥둥 떠다니는 셀 수 없이 많은 덩어리들 중 하나인 지구에 돌아온 것이다.

하향하는 흐름을 상향하는 흐름에 비교해본다면 재밌는 사실을 발견하는데 그것은 패턴이 거의 똑같다는 사실이다. 스펙트럼의 양쪽 끝은 놀랍게도 비슷하다.

1번 차크라에서 인간은 최초의 통합으로 시작했고, 통합에서 차이로 나아갔다. 차이로부터 선택과 결단력으로 움직였으며 결단력으로부터 정확하게 배열된 관계로 채워진 삼차원의 시공간 세계로 이동했다.

7번 차크라에서부터 균일한 의식으로서의 최초의 통합을 시작했다. 의식에 매우 미세한 파문이 생기자마자 통합은 와해되고 차이가 생겨났다. 생각 패턴이라는 이름으로 의지가 행사되고 창조성이 만들어졌다. 이 창조성은 관계의 정확한 패턴 속으로 합성 요소들을 조직하도록 설정된다.

스펙트럼의 물리적 끝에서 원자와 분자로 된 물질이 만들어진다. 그들을 면밀하게 검토해보면 원자는 그들 사이에 거대한 양의 텅빈 공간을 가진 집중된 에너지 노드를 포함하고 있는 에너지 장이라는 사실을 알게 된다. 원자보다 작은 알갱이들을 살펴보면 그들이 생각 패턴의 개념적 변형들 사이의 가능성들인 파동처럼 보임을 알게 된다.

스펙트럼의 에텔 끝에서 우리는 의식을 갖는다. 의식의 궁극적인 상태는 획일적이지만, 사실 그것은 미세한 파문을 지닌 시공간 밖의 장이다. 이들은 파동, 다시 말해서 생각 패턴의 개념적 변형들 사이의 가능성들처럼 보인다.

우리는 우로보로스를 쿤달리니로 잘못 알고 있는 것일까? 서펀트는 자신의 치아로 그녀의 꼬리를 물고 있는 것일까?

힌두인들은 질서 중 하나로 궁극적인 진실에 대해 말한다. 사물은 실제가 아니고 행위도 실제가 아니며 오로지 신성한 질서, 즉 우리가 현상계로서 경험한 모든 마야를 묘사하는 표현인 신성한 질서만이 있을 뿐이다. 이러한 질서는 모든 물질에 작용하는 조직적인 힘이다. 탄트라는 모든 시공간에 스며들어있는 수많은 힘들을 '쉬바의 머리카락'으로 묘사한다. 이 머리카락은 아카샤 내부의 조직원칙 즉 비물질적인 영성의 세계이다. 쉬바는 의식의 남성적 법칙이기 때문에 그의 머리 위의 세밀한 머리카락은 그러한 의식으로부터 진행되는 가장 최초의 어떤 숨김도 없는 생각의 발산이다. 최초의 차이는 샥티다. 그녀는 쉬바의 상대이며 여성이다. 그녀와 함께 세계는 만들어졌다. 춤은 시작됐지만 결코 끝나지 않는다.

그래서 우리는 끝이 시작임을 알았다. 우리는 1차원의 길을 여행하는 것이 아니라 서로 관통하는 길을 여행한다. 어떤 목적지도 없이 단지 여행할 뿐이다.

하강하는 흐름의 이론적인 면을 고려해본 지금 그것을 실생활에 적용해 볼 수 있다.

우리는 가공되지 않은 정보와 함께 시작했다. 머리 속에서는 생각들이 마구잡이로 윙윙거린다. 생각은 머리 뒤편에서 작용하는데, 그것은 다른 생각들을 수집해서 생각이 견고해지는데 도움을 준다. 아마도 명상을 할 것이기 때문에 생각은 보다 일관성을 지닐 것이다. 명상 중에 어떤 생각은 우리의 관심을 끌 것이고 심지어 아이디어가 될지도 모른다. 아이디어에 집중할 때 마음의 눈에 이미지가 형성된다. 공상하고 꿈꾸거나 아이디어의 다양한 측면들을 상상한다. 이때 이들은 형태와 모양 그리고 색상을 지닌 정신적 이미지의 모습을 취한다. 임의로 떠오르는 생각들은 견고해지기 시작하지만 그들이 현현되려면 먼 길이 남았다.

우리의 아이디어가 집을 한 채 짓는 것이라고 가정해보자. 우리는 먼저 집의 크기와 형태, 색상을 시각화 한다. 아마도 문 앞으로 걸어가서 부엌에서 요리하는 것을 상상할 것이다. 6번 차크라 안에 생각이 모이기 시작하고 상상력을 가지고 아이디어를 윤색하기 시작한다. 이미지가 구체화되면 우리는 누군가 다른 사람에게 아이디어를 말할 수 있다(5번 차크라). 이제 집의 크기와 형태를 묘사하고 계획하며 더 나아가 이미지를 구체화 한다. 다음으로 아이디어를 관계 속으로 가져와야만 한다(4번 차크라). 우리는 집을 어디에나 세울 수는 없다. 특정한 규칙을 가지고 있는 사회 속에서 약간의 땅을 사야한다. 건축가 및 시공업자, 입안 행정관 및 대출 담당자와 관계를 터야 한다. 무엇인가를 현현하기 위해서 이미 존재하는 것들과 모종의 관계를 가져야만 한다.

우리의 프로젝트들은 저절로 나타나는 것이 아니라 오직 시각화와 소통을 통해서 실현된다. 3번 차크라로부터 의지를 적용해야만 한다. 우리는 특정한 목표를 향한 돈, 물질 그리고 사람과 같은 거친 에너지를 관리할 것이다. 이것은 의식이 인도하는 반복적이고 의도된 행위의 형태로 에너지를 요구하고 물리적 신진대사 과정은 연료를 공급한이 에너지를 투자할 때 프로젝트는 물리적 장에서 형태를 띠기 시작한다. 땅(1번 차크라)위에 기반을 둔 건물이 모습을 드러낼 때까지 도구나 건설자재를 여기저기 옮기고 결합시킬(2번 차크라) 것이다. 이것이 완성되는 시점에 1번 차크라에서 쉬고 있는 샥티처럼 우리도 휴식을 취하며 만들어진 작품을 감상할 것이다.

　이러한 하강을 통해서 집의 디자인에 대한 엄청나게 많은 생각들은 점차로 발전하여 많은 이미지들과 대화, 관계와 활동 움직임 그리고 물질로 이루어진 하나의 빌딩으로 변한다. 현현은 많은 것을 하나로 증류하는 것과 관련된다. 그러나 집은 같은 과정에 의해 창조되는 다른 많은 수용시절 중에 하나일 뿐이다.

　명백하게 한다는 것은 생각을 조밀하고 견고하게 하는 것이다. 무언가에 대해서 더 많이 생각할수록 그것은 현실화될 가능성이 더 커진다. 그러나 1번 차크라에서 이미 언급했듯이 현실화는 한계의 수용을 요구한다. 또한 이것은 특정한 양의 반복을 요구한다. 피아노곡 하나를 연주할 수 있는 것은 그것을 여러 번 연습했기 때문이다. 만일 기억할 수 있을 정도로 충분히 연습한다면 언어로 말할 수 있다. 가장 자주 만나는 사람들과 가장 깊은 관계가 있다.

　하강하는 흐름은 반복되는 패턴으로 만들어지며, 하강할수록 점점 더 밀도가 높아진다. 만일 우리가 한계나 반복을 용인하지 못한다면 현실화시킬 수 없다. 상승하는 흐름은 반복의 무료함으로부터 자유를 가져다주고 새로운 것을 경험하게 해준다.

　상승하는 여행은 지평선을 확장하고 새로운 통찰력과 이해를 가져왔다. 샥티는 그녀가 쉬바에 도달할 때 우리에게 생명에너지를 가져다주었다. 그녀는 자유분방하고 격렬하다. 하강하는 여행은 우아한 존재감, 즉 쉬바의 영역인 지성적 질서로 표현된다. 상승하는 흐름은 초월을 하강하는 흐름은 내재를 가져왔다. 그것은 두 개의 높은 길로서 하늘과 땅, 즉 인간과 신성을 연결하는 무지개다리를 창조했다. 그것은 서로 빠르게 지나치는 두 개의 흐름으로 차크라를 형성하는 소용돌이를 창조한다.

우리는 인간 경험의 기본적인 대극을 형성하는 해방과 현현, 자유와 즐거움의 춤을 춘다.

제 10장
차크라의 상호작용

차크라를 자세히 검토해본 지금 우리의 시스템은 완전하다. 이제 우리 자신을 전체로서 검토해 볼 수 있다. 그리고 다양한 부분이 우리 자신 안에서 그리고 타인과 함께 어떻게 관계 맺는지를 볼 수 있다. 본 장은 차크라가 서로 어떻게 교류하는지에 대한 총람이 될 것이다. 이번 장에서는 차크라들 사이에 상대적인 강점과 약점, 개인의 관계 속에서 차크라들의 교류, 그리고 문화 속에서 차크라 패턴과 같은 차크라들의 상호작용 사이에 일반적인 패턴을 다룰 것이다. 이러한 정보는 시스템 조각들을 결속시키는데 도움을 줘서 차크라를 통합되고 상호침투하는 전체로 이해할 수 있다.

광범위한 정신적 생명 에너지 시스템의 구성요소로서 차크라는 독립적으로 작동하는 것이 아니라 인간의 몸/마음이라는 보다 더 큰 기계안의 바퀴나 기어로서 작동한다. 휠[184]을 연구하는 목적은 그들이 어떻게 서로 맞물리는지 알기 위해서이며, 어느 부분이 어디로 가고 무엇인가 잘못됐을 때 해결 방법을 알기 위해서다.

차크라 시스템이 요법을 위한 것이든, 개인적 성장을 위해서이든, 혹은 의학적 진단을 위해서이든, 시스템이 전체적으로 고려되어야 한다는 사실을 아무리 강조해도 지나치지 않다. 가령 인격의 전체구조 안에서 각 차크라가 어떤 역할을 하는지 점검하지 않은 채 3번 차크라 고장이라고 진단하는 것은 잘못이다. 시스템의 한부분에 영향을 주는 어떠한 장애도 다른 부분에 영향을 줄 것이다. 그것은 감독이 잘못했는데 무대 위의 여주인공을 교체하는 것과 비슷할 것이다.

---

[184] wheel

차크라 시스템의 근본적 이론에 대한 본서의 입장은 차크라끼리 균형을 이룰 필요가 있다는 것이다. 이상적으로는 어떤 특정한 차크라를 편애하거나 회피하지 않고 모든 차크라를 통과하는 균등한 에너지의 흐름이 있어야 한다. 시스템의 한쪽 끝에 어떤 불균형이 발생한다면 다른 쪽에 불균형을 만들 가능성이 있다.

개인의 차크라에서 그의 성격적 특성에 따라 특정 차크라가 다른 차크라보다 더 지배적일 수 있다. 예술가는 고도로 시각적일 수 있으며, 가수는 보다 더 5번 차크라 지향적일 수 있다. 이성적으로 참작하건데 이러한 불일치는 개성의 자연스러운 표현으로 다른 차원에서의 자각이 손상되지 않는 한도 안에서 그대로 두거나 심지어 고양되어야 한다.

특정한 차크라를 검토하는데 있어서 고려해야만할 첫째 사안은 모든 사람들은 고유한 향과 일정한 흐름을 지닌 자신만의 특별한 에너지시스템을 지니고 있다는 점이다. 6cm가 안 되는 구리관으로 15cm의 본선에 든 물을 다룰 수 없다.

그러므로 우리는 어떤 기준이 있어서 어떤 차크라가 특정한 방식으로 되어야만 하고 사람들이 서로 정확하게 비교[185]되야 한다는 생각에서 벗어나야 한다. 이로 인해 각 차크라는 각각의 고유한 방식으로 회전해야만 한다는 것을 알아야 한다. 어떠한 방식으로 차크라가 회전하는지 알게 된다.

우리는 그들 자신의 시스템 안에서만 특정한 개인의 차크라와 다른 사람의 차크라를 비교할 수 있을 뿐이다. 다음에 그들의 습관이나 욕망, 꿈, 그리고 행동범위에 대한 인터뷰를 통해서 개인의 특별한 향과

---

[185] 차크라는 각각 고유한 주파수가 있고 인간도 각각 고유한 성격이 있다. 따라서 차크라의 회전방식은 차크라마다 다르고 인간의 행동 방식도 인간마다 다르다.

흐름을 느껴보고 난 후에 이 작업을 시작한다. 이러한 과정을 통해서 특정한 패턴이 드러나게 되어있다. 어떤 사람은 조직적으로 자신의 감정을 억누르고 또 다른 사람은 계속해서 자신을 소모하여 자신의 에너지로 감당할 수 있는 것보다 더 넓은 범위의 활동을 할지도 모른다. 또 어떤 사람은 물질주의를 회피하고 강박적으로 영성의 영역 안에 머물러 있으며 또 다른 사람은 물질적으로 확인할 수 없는 것에 대해서는 냉소주의를 고수할지도 모른다.

이러한 패턴들이 나타날 때 특정한 봉쇄물들이 드러날 것이다. 이러한 봉쇄물들은 폐쇄된 차크라에서 기인될 수 있다. 이런 경우는 예를 들어 특정한 수준의 에너지를 다루기 불가능하거나 두려워하는 경우이다. 또한 과도하게 개방된 차크라에서 기인되기도 하는데 이 경우에는 모든 관심이나 활동이 다른 수준을 희생시키면서 특정한 수준에 지속적으로 이끌린다.

예를 들어 샌디는 3번 차크라에 과소한 에너지로 인해 문제를 겪는 경우다. 그녀는 겁이 많고 두려움이 많으며 열등감 컴플렉스로 고통받는다. 이러한 장애 때문에 수줍음이 많아서 친구를 사귀기 어렵고 급여가 낮은 직업을 고수하고 잦은 질병으로 고통 받는다. 따라서 그녀의 3번 차크라 장애는 4번 차크라(사랑과 우정)와 1번 차크라(생존)처럼 다른 차크라에 영향을 준다. 그러나 그녀의 문제를 치료하는 것은 자신의 몸과 더 낳은 관계를 설정함으로써 건강을 향상시키는데 있을지 모른다. 이것은 기반을 다지게 하고 그로부터 자존감의 향상과 개인적 힘의 개선이 이루어질 것이다.

프랭크의 경우도 역시 3번 차크라가 막혀있지만 상황은 정반대다. 그는 타인을 괴롭히는 행동을 하는 유형이다. 그는 항상 통제해야하고 새로운 형태의 자극을 필요로 하며 힘으로 타인 위에 서는 것을 즐긴다. 힘에 대한 욕구 때문에 같은 기반에서 사람들과 관계 맺는데 어렵다. 따라서 친구는 거의 없으며 일터에서 문제를 겪고 있으며 음주로 인해 건강이 좋지 않다. 이 두 경우 모두에서 블록(장애)이 차크라에 영향을 준다. 그러나 프랭크의 문제는 다른 수준이 효과적으로 다루어질 수 있기 전에 먼저 특정 수준에서의 치료가 필요한 감정영역(2번 차크라)에 있는 반면 샌디는 그라운딩이 필요하다. 보다 견고하고 빠른 규칙은 없다. 전체인격에 접근할 수 있는 직관을 사용해야한다.

차크라분석을 시작하는 가장 최고의 방법은 자신의 에너지 시스템을 검토하는 것이다. 즉 자신의 잘못과 미덕 그리고 변화시키고 싶은 자신의 바람을 검토해보는 것이다. 다음 제시되는 일련의 질문들은 자신의 분포도를 결정하는데 도움을 줄 것이다. 이 질문들에 정직하게 대답해보거나 친구들에게 그들의 견해를 질문해보라.

차크라 셀프 테스트

방향: 당신 능력의 최고치에 대한 질문에 대답하시오.

N(Never)= 전혀 그렇지 않음
S(Seldom)= 거의 그렇지 않음
O(Often)=자주 그렇다
A(Always)=항상 그렇다.

P(Poor)=전혀 그렇지 않다
F(Fair)=꽤 그런 편이다.
G(Good)=좋은 편이다.
E(Excellent)=훌륭하다.

첫 번째 기둥(N or P)은 1점, 두 번째 기둥(S of F): 2점, 세 번째 기둥(O of G): 3점, 네 번째 기둥(A or E): 4점이다. 각 차크라의 점수를 더해서 비교하라.

1번 차크라: 흙, 생존, 그라운딩

질문	답변	점수
1. 숲이나 공원을 얼마나 자주 산책하는가? 그렇지 않다면 자연과 자주 접촉하는가?	N S O A	
2. 의식적으로 얼마나 자주 운동하는가?(운동 또는 요가 등등)	N S O A	
3. 자신의 신체적 건강에 대해 어떻게 평가하는가?	P F G E	
4. 여러분은 돈 그리고 직업과 어떤 관계를 맺고 있는가?	P F G E	
5. 스스로 기반을 잘 다진 사람으로 생각하는가?	N S O A	
6. 자신의 몸을 사랑하는가?	N S O A	
7. 여러분이 이곳에 존재하는 권리에 대해 어떤 느낌을 가지는가?	N S O A	

2번 차크라: 물, 감정, 성

질문	답변	점수
1. 느끼고 감정 표현하는 자신의 능력을 어떻게 평가하는가?	P F G E	
2. 자신의 성생활에 대해 어떻게 평가하는가?	P F G E	
3. 인생에서 단순한 기쁨을 창조하는 시간이 얼마나 되는가?	N S O A	
4. 자신의 신체적 유연성을 어떻게 평가하는가?	P F G E	
5. 자신의 감정적 유연성을 어떻게 평가하는가?	P F G E	
6. 타인을 보살피거나 타인에 의해 균형잡힌 보살핌을 받은 일이 있는가?	N S O A	
7. 당신은 자신의 느낌과 성에 대한 죄책감으로 투쟁하는가?	N S O A	

3. 3번 차크라: 불, 힘, 의지

질문		
1. 자신의 일반적인 에너지레벨을 어떻게 평가하는가?	P F G E	
2. 자신의 신진대사/소화능력을 어떻게 평가하는가?	P F G E	
3. 자신이 하기로 한 일을 성취하는가?	N S O A	
4. 자신감이 있는가?	N S O A	
5. 자신 주변 사람들과 (필요하다면) 다르다는 사실을 편안하게 받아들이는가?	N S O A	
6. 타인 때문에 겁먹는가?	N S O A	
7. 당신은 신뢰할 수 있는 사람인가?	N S O A	

4번 차크라: 공기, 사랑, 관계

질문	답변	점수
1. 자신을 사랑하는가?	N S O A	
2. 성공적으로 오랜 관계를 유지한 적이 있나?	N S O A	
3. 타인을 있는 그대로 수용할 수 있나?	N S O A	
4. 자신을 둘러싼 세상과 연결됐다고 느끼는가?	N S O A	
5. 가슴 속에는 많은 슬픔이 있는가?	N S O A	
6. 잘못과 문제를 가진 사람들에게 연민을 느끼는가?	N S O A	
7. 타인에게 받은 과거의 상처를 용서할 수 있는가?	N S O A	

5번 차크라: 소리, 커뮤니케이션, 창조성

질문	답변	점수
1. 당신은 잘 들어주는 사람인가?	N S O A	
2. 자신의 생각을 타인이 잘 이해할 수 있도록 그들에게 설명할 수 있는가?	N S O A	
3. 당신은 필요할 때 신의를 가지고 소리 높여 진실을 말 할 수 있는가?	N S O A	
4. 당신은 자신의 삶에서 창조적인가?(창조적이기 위해서 반드시 예술과 관련될 필요는 없다. 어떤	N S O A	

것이든 창조적인 것이면 된다. 가령 테이블을 꾸미거나 친구에게 편지를 쓰는 등등)		
5. 당신은 예술적 취미생활을 하고 있는가? (그림그리기, 댄싱, 노래하기 등등)	N S O A	
6. 당신은 공명하는 음성을 가졌나?	N S O A	
7. 당신은 삶[186]과 잘 맞는다고 느끼나?	N S O A	

6번 차크라: 빛, 직관, 봄

질문	대답	점수
1. 당신은 주변에서 미묘한 시각적 요소들을 눈치챈 적이 있는가?	N S O A	
2. 꿈을 선명하게 꾸는가?(그리고 그들을 기억하는가?)	N S O A	
3. 심령적인 경험을 한 일이 있는가?(직관적 정확성, 오라보기, 미래사건에 대한 예지 등등)	N S O A	
4. 당신은 문제에 대한 해법으로 새로운 가능성을 상상할 수 있는가?	N S O A	
5. 자신의 삶 속에서 신비로운 주제(큰그림)를 볼 수 있는가?	N S O A	
6. 자신의 시각화 능력을 어떻게 평가하는가?	P F G E	
7. 삶에서 당신을 이끌어줄 개인적인 비전을 가지고 있는가?	N S O A	

7번 차크라: 생각, 자각, 지혜

질문	답변	점수
1. 당신은 명상을 하는가?	N S O A	
2. 당신은 신과 여신, 영성 등등과 같이 일종의 지고하거나 위대한 힘과 관련되어서 강한 느낌을 받는가?	N S O A	
3. 집착을 쉽게 놓아버릴 수 있는가?	N S O A	
4. 새로운 정보를 읽고 받아들이는 것을 즐기는	N S O A	

---

[186] 하늘에서 내려올 때 받아온 소명을 제대로 성취하며 살아가고 있는가?

가?	
5. 빠르고 쉽게 배우는 편인가?	N S O A
6. 당신의 삶은 개인적인 만족을 넘어서 중요한 의미를 가지고 있는가?	N S O A
7. 생각하거나 존재하는 방식과 관련해서 마음이 열려있는가?	N S O A

22점에서 28점까지는 매우 강한 차크라이다.

6점에서 12점까지는 약한 차크라이다

13점에서 21점까지는 평균이지만 개선될 수 있다. 그러나 분포가 중요하다. 다른 부분들 사이에서 점수를 비교해보아라.

분산 분석

차크라 시스템에서 두 가지 방식의 에너지 흐름이 있다. 수직적으로는 위 아래로 흐르며 모든 차크라를 연결하는 방식과 수평적으로는 각 차크라의 안팎을 통과하면서 외부 세계와 접속하는 방식이 그것이다. 수직채널을 기본 원천으로 생각할 수 있는 반면 수평흐름은 그 원천의 표현이다.

수직채널은 대극의 흐름으로 지구와 하늘, 즉 물질과 정신 사이의 흐름이다. 이 흐름을 극대화하기 위해서 스펙트럼의 양 끝은 개방되고 거친 에너지 원천과 정신의 흐름이 연결되어 있어야만 한다.

만일 1번 차크라가 닫혀 있다면 해탈 에너지의 상향 흐름이 차단된다. 사하스라라 차크라를 통해서 우주에너지가 여전히 유입될지 모르지만 하위 바디로부터의 현현을 향해 움직이는 어떠한 유인력도 없다.
아이디어가 많고 창조성과 자각력이 높을지 모르지만 프로젝트를 완수하거나 삶을 주도적으로 움직이는데 어려움을 겪게 된다. 의식이 느슨하게 형성된 생각이나 환상적이지만 결코 열매 맺을 수 없는 비현실적인 계획으로 구성될지 모른다.

반면 사하스라라 차크라가 막히고 1번 차크라가 개방된 경우 정반대의 문제가 생긴다. 흙 에너지는 표현을 향한 어떤 유인력도 없이 마치 댄스파트너를 기다리는 월플라워처럼 앉아있게 된다. 이런 사람은 매우 현실적이고 집중력이 뛰어나고 경제적으로 안정적일지 모르지만 창조력과 희망 또는 꿈이 없거나, 미세차원에 대한 자각이 결여된다. 수없이 발을 구르지만 결코 무대에 오르지는 못한다. 변화는 어렵고 관습과 습관이 자리하게 된다. 이 사람은 해탈흐름을 차단한다. 새로운 것을 현실적으로 만들어내지 못하는 무능력함은 그것이 무엇이든 이미 존재하는 안전한 것에 대한 집착으로 귀결된다.

이들은 물론 극단적인 예이다. 대부분의 상황이 그렇게 분명하지 않다. 이러한 조합들은 지구 에너지와 우주 에너지 중 어느 쪽이 지배적인 주제인가로 귀결된다. 어떤 사람들은 완벽하게 균형을 이루었지만 이것은 규칙이라기보다는 예외다. 어느 에너지가 지배적인지 아는 것이 막힌 차크라를 분석하는 첫 번째 단계이다.

상향흐름과 하향흐름 모두 차크라의 어떤 부분에 존재하는 불균형에 의해 변경될 수 있다. 만일 2번 차크라에 블록이 있고 우주에너지에 큰 역점을 두는 사람의 경우 대부분의 차크라에 에너지는 여전히 잘 공급되며 첫 번째 차크라에서 엄청난 손실이 일어난다. 첫 번째 차크라를 열면 지구에서 에너지를 끌어올려 하강을 시도하는 우주에너지와 만나 균형을 이룸으로써 문제를 완화시킬 수 있다. 만일 첫 번째 차크라가 막혀있다면 우주에너지는 2번 차크라 수준으로 낮게 필터링하는데 어려운 시간을 보내게 될 것이다.

상향흐름과 하향흐름은 차크라의 불균형에 의해서 바뀔 수도 있다. 2번 차크라에 블록을 가지고 있는 사람이 우주 에너지에 중점을 둔다면 대부분의 차크라에 에너지 유입이 잘된다고 하더라도 1번 차크라에서 엄청난 손실이 있을 것이다. 1번 차크라를 열면 하강하는 우주에너지를 만나서 균형을 이루기 위해 땅으로부터 에너지를 끌어올림으로서 문제를 경감시킬 수 있다. 만일 1번 차크라가 닫혀있다면 2번 차크라 단계에서 에너지를 필터링하느라 힘든 시간을 보낼 수 있다.

만일 육체 에너지가 지배적인 사람이 2번 차크라에 블록(차단)을 가지고 있다면 상태는 더 좋지 않다. 2번 차크라 위의 주요한 다섯 개의 차크라가 1번 차크라라는 주요한 원천으로부터 차단될 것이다. 이러한 사람을 다루는데 있어서 개인은 크라운 차크라를 여는데 주력하거나 (비록 어려울지라도), 2번 차크라에 직접 작업하여 지구 에너지를 상승시키도록 할 수 있다.

마찬가지로 중간 차크라는 수직 흐름 방향의 견지에서 분석될 수 있다. 정신적 타입의 경우에 5번 차크라의 블록은 창조성과 소통한 아이디어를 현현하기 불가능한 결과에 이르게 한다. 육체적인 유형의 경우에 내용이 결여되고 소통이나 그들의 기반이 될 지식이나 창조성이 부족하다.

3번 차크라에 블록이 있는 경우, 육체적 타입의 사람들은 통제력을 가질 수 없다. 불안정하거나 둔감할지 모른다. 정신적인 타입의 사람들은 내면에서 엄청난 힘을 가질지 모르지만 어떤 것도 '실제' 세상에서 성취하기 힘들다. 다시 말해서 보이는 것을 다루는 힘이 결여되어 있다.

심장 차크라가 차단되었을 때, 끝으로부터 올라오는 에너지 또한 차단된다. 몸과 마음의 소통이 닫혀져서 새롭게 열기 위해 재건될 필요가 있다. 마찬가지로 만일 한쪽이 막힌다면 다른 차크라에서 균형을 이루려고 할 것이다. 물론 그 흐름이 어느 차크라가 지배적인가에 따라 균형을 지배하는 차크라는 바뀐다.

각각의 차크라는 지구에너지와 우주에너지의 역동적인 조합이다. 이 두 에너지 사이의 비율은 차크라가 어떻게 자신을 표현하는지를 결정한다. 이 표현은 각각 차크라의 중심부로부터 구형방식으로 확장되는 수평채널을 구성한다. 각각의 채널은 우주와 물질 모두의 근원에너지를 가지고 있으며 이 에너지를 사용해 외부 세계와 교류한다. 이러한 교류 속에서 에너지는 세계로부터 흡수되서 근원과 결합하게 된다.

흙 지향적인 5번 차크라는 조각, 댄스 또는 연기를 좋아한다. 정신적 지향성이 더 강한 5번 차크라의 경우 글쓰기와 언어에 몰입하는 경향이 있다. 지구지향적인 3번 차크라는 과학과 기술에 관심이 있는 반면 정신지향적인 3번 차크라는 책임자적 역할에 끌리게 된다.

이러한 방식으로 각각의 차크라들은 자신의 패턴을 유지한다. 기술력을 지닌 여성은 정치 분야보다는 기술 분야에 있는 사람을 만나는 일이 더 많다. 댄서는 다른 댄서들에게 몸매를 유지하도록 자극을 받고 작가는 다른 작가들에 의해서 책을 읽도록 자극받는다.

나는 성과 상/하위 차크라 분포도 사이에 가벼운 일치성을 발견했을 뿐이다. 이러한 일치성의 대부분은 기원상 생물학적이라기보다 문화적이라고 믿는다. 전형적으로 감정센터가 차단된(이것은 물리적 영역에서는 중심 차크라이다) 남성들은, 정신적인 영역으로 밀려져서 몸 밖으로 나간다. 집안일, 요리, 육아와 같이 전형적으로 물질 유지를 위한 일을 할당받는 여성의 경우 하위차크라로 떠밀린다. 성 사이의 많은 불균형이 2번 차크라(감정과 섹슈엘러티) 근처에서 변화를 겪는다. 결과적으로 에너지가 스스로 균형을 이루려고 할 때 이 영역이 크게 강조된다. 감정방출을 부인하는 남성의 경우 자신의 몸을 재생하고 신체적 연결성을 재건하기 위한 방법으로 성적 접촉에 보다 더 역점[187]을

---

[187] 그러나 이것은 어리석은 행동이다. 성적 접촉을 많이 할 경우 정.기.신의 고갈로 수행에 어려움이 있을 것이다.

둔다. 남성의 이러한 성향에 의해서 억눌리는 여성은 자신의 섹슈엘러티를 차단하고 감정적 영역에서 보복하는 경향[188]이 흔하다.

이성 간에 보다 더 평등해지면서 이러한 패턴은 변화하고 있다. 예외가 규칙만큼 일반적이지 않을 정도로 그렇게 잘 확립되어 있지도 않다. 많은 여성들이 많은 시간을 정신적 영역에서 보내는 반면 남성들은 물질 세상에 나가서 일한다. 예를 들어 여성들은 영적인 추구에 더 흥미를 갖는 경향이 있으며 직관적인 방식으로 자신을 표현하는 반면 많은 남성들의 경우에 보다 더 구체적인 목표를 추구한다. 따라서 그들은 유형적 감각 안에서 보고 들을 수 있는 주제들에 대해 논하기를 더 좋아한다. 이미 언급했듯이 정해진 규칙은 없다.

차크라 교류에 있어서 한 가지 더 중요하고 일반적인 패턴이 있는데 나선형의 패턴이 그것이다. 아나하타 차크라를 다룬 챕터에서 이미 소개한 것처럼 전체 바디/마음의 패턴은 심장으로부터 방출되었다가 심장으로 다시 회귀하는 나선형으로 볼 수 있다. 만일 나선형의 외부로 나가는 시작이 소통을 향하는 것이라면 그것은 현현을 의미하는 1번 차크라에서 끝날 것이다. 나선의 시작이 3번 차크라를 향한다면 그것은 7번 차크라에서 끝날 것이다. 두 경우 모두에서 채널은 3번과 5번 차크라, 2번 차크라와 6번 차크라 그리고 1번 차크라와 7번 차크라를 연결한다.

이러한 조합의 상호관계를 보는 것은 어렵지 않다. 소통은 개인적 힘의 감각으로 촉진되고, 힘은 효율적인 소통을 통해서 고양된다. 심령과 직관적인 능력은 감정을 조율함으로써 강화되고, 감정은 심리적으로 수집된 잠재의식의 영향을 강하게 받는다. 1번 차크라와 7번 차크라는 기본적인 대극으로 연결되어 있으며, 그들의 춤은 전체 스펙트럼을 창조한다.

---

188) 여성이 남성을 컨트롤하는 것이 남성을 지키고 여성 자신을 지키는 길이다.

개인의 영적 기질, 신체적 문제, 일반적 성격의 철저한 분석은 이러한 모든 측면들을 포함하고 있어야만 한다. 다시 말해서 복잡한 시스템을 이해하고 사용하는 일반적인 규칙은 시스템을 전체로 보는 것이며, 여러분의 모든 차크라와의 특성을 가지고 그것을 분석하는 것이다.

제 11장
차크라와 관계

차크라가 외부세계와 교류할 때 그들은 계속해서 다른 차크라와 소통한다. 여러분이 거리에서 누군가를 만날 때나 혹은 누군가와 오랜 기간 친밀한 관계를 맺을 때, 각각의 차크라는 또 다른 에너지의 패턴에 반응한다. 우리의 관계와 타인과의 상호작용을 보다 더 잘 이해하기 위해서 차크라 수준에서 어떤 일이 일어나는지를 이해하면 도움이 될 것이다.

대인관계를 지배하는 두 가지의 기본 법칙이 있다. 첫째는 에너지가 스스로 균형을 맞추려는 성향이다. 다시 말해서 반대는 끌어당긴다. 잠재의식의 차원에서 정신적 영역의 지배를 받는 사람은 육체 에너지의 지배를 받는 사람에게 무의식적으로 끌린다. 비록 그들이 의식적으로 자신과 비슷한 유형의 파트너를 찾는다고 해도 말이다. 때로는 유사성보다는 차이점이 관계를 지속시킨다. 차이점이 성장의 양분이 되기 때문이다. 처음에는 너무 달라서 저들이 어떻게 어울릴 수 있을까 라고 생각했던 커플이 함께 살게 되는 경우를 얼마나 많이 보았던가?

두 번째 법칙은 에너지 패턴의 자기 영속적 경향이다. 정신지향적인 두 사람은 서로의 정신 영역에 머무르려는 성향이 있으며 육체지향적 사람들은 서로의 물질적 추구 안에서 서로를 지원할 것이다.

그래서 우리는 두 종류의 상호작용을 가진다. 다시 말해서 반대 성향을 지닌 사람들이 서로 균형을 이루려고 하는 것과 비슷한 사람들이 그 성질을 영속하려는 것이다. 관계에 대한 두 사람의 표는 그림 11.1과 비슷하다. 원이 클수록 차크라는 더 개방되어있고, 원이 작을수록 차크라는 닫혀 있다. B의 사람은 주로 자신의 상위 차크라를 지향

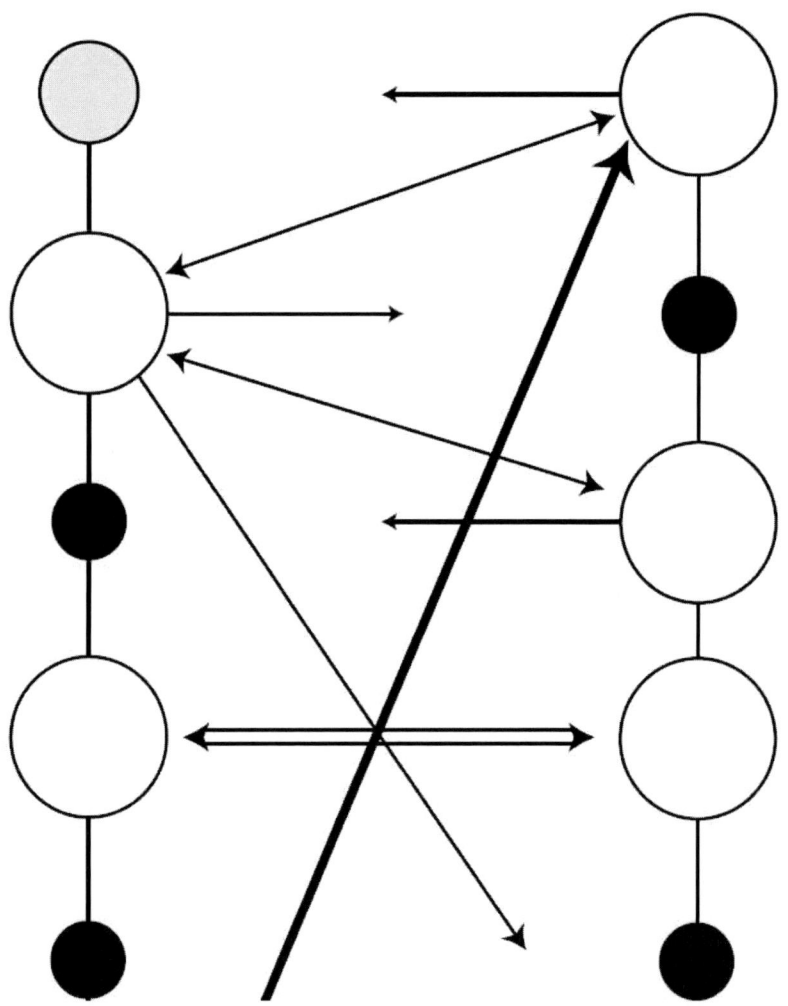

그림 11.1 대극적인 차크라 에너지를 지닌 두 사람의 차크라가 관계에 조화를 부여함

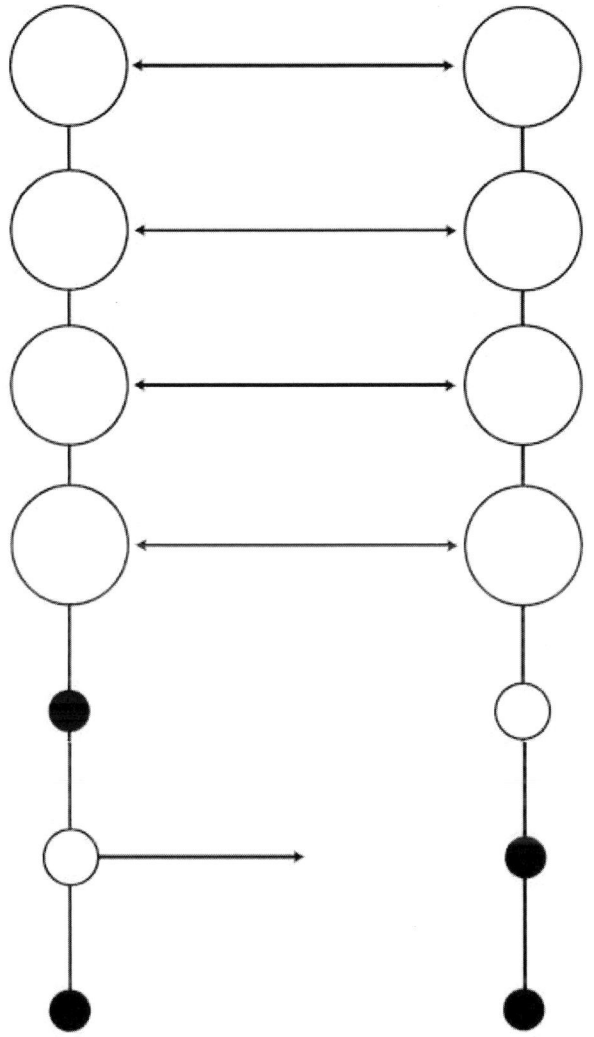

그림 11.2 비슷한 차크라 에너지를 지닌 커플의 차크라

하고 가슴이 어느 정도 열려있지만 직관적인 능력이 이것은 결핍됐거나 2번 차크라로부터의 감정적 정보가 결여되어있기 때문이다. A 사람은 기반이 잘 잡혀있고 성적으로나 감정적으로 개방적이며 고도로 직관적이지만 다른 차원은 다소 닫혀있으며 자신감이 부족하고 자긍심이 낮다. 실제로 이 두 사람은 균형이 잘 잡혀있다. 상위 세 차크라의 근접성은 높은 수준의 지적인 소통과 배움을 의미한다. A사람은 자신의 영적인 능력을 표현하기 위해 정보와 소통 자극을 받게 되는데 아마도 자신의 파트너 안의 그러한 성질을 깨워낼 것이다. 그녀는 또한 상위차크라에 중점을 두는 파트너에 의해 자신의 무거운 기반으로부터 들어 올려질 것이다. 그는 흙 에너지를 중시하는 그녀와의 성적 접촉을 통해 물질적 영역으로 들어갈 것이다. 결과는 심장 차크라 안에서 균형을 이루어지고 각 사람은 그 수준에서 개방한다.

만일 남녀 커플에게 문제가 생긴다면, 그것은 아마 3번 차크라 영역에서 생긴 문제일 것이다. 어느 쪽도 3번 차크라가 완전히 열리지 않았지만 에너지의 교차는 이 중심부에서 높은 수준의 활동성을 보여주고 있다. 그들 사이의 대극적 차이로 인해서 그들이 심장 차크라의 에너지 조화를 이루는 대신 권력투쟁에 초점을 맞춘다면 서로간에 상당히 소원해질 수 있다.

그림 11.2에서 또 다른 예가 소개된다. 여기 두 사람은 거의 비슷하다. 둘 다 상위 차크라 뿐만이 아니라 가슴 차크라가 열려있다. 그러나 물질적 영역은 닫혀있다. 이 사람들은 아마도 높은 수준의 정신적 소통을 하게 될 것이며 많은 지식을 공유할 것이고 심장이 강하게 연결될 것이다. 불행하게도 이들은 이러한 관계를 현실화하는데 어려운 시간을 갖게 될 것이다. 왜냐면 둘 중에 어떤 사람도 그러한 관계를 땅으로 끌어내릴 만큼 기반이 단단하지 않기 때문이다. 그녀는 관계를 땅으로 끌어내리기 위해 성적인 접촉을 원할 테지만 그의 권력 감각

은 이것을 허용하지 않는다. 어느 누구도 고정된 패턴의 타성을 극복할 수 있을 만큼 충분한 자성을 지닌 하위 차크라의 유인력을 가지고 있지 않다. 이 커플은 매우 강하고 사랑스럽고 플라토닉한 관계를 가지게 될 것이다.

차크라는 공명을 통해서 자신의 고유한 진동 수준에 맞추어 서로 관계를 맺는다. 그러므로 한 여성의 4번 차크라가 매우 개방되어 있고 동시에 그녀의 파트너의 4번 차크라는 닫혀있다면, 그녀의 굉장한 개방성은 그의 닫힌 차크라를 열려고 할 것이다. 반대의 경우189)도 마찬가지이지만 그런 경우는 흔하지 않다. 근처에서 상대를 찾을 수 없는 개방된 차크라는 일반적으로 다른 곳에서 출구를 찾는다. 그러나 개인의 시스템에서 하향성이 심하게 강조되면 다른 사람의 상위 차크라에서 에너지를 끌어당기는데 결과적으로 상대방의 차크라는 닫혀지는 것190)처럼 느낄 수 있다.

동일한 차크라 단계에서 개방된 차크라가 다른 사람의 폐쇄된 차크라를 지배하는 것도 가능하다. 5번 차크라가 개방된 존은 5번 차크라가 닫힌 폴과 짝이다. 존이 늘상 말하는 쪽이지만, 이때 Paul은 더 큰 침묵 속으로 들어간다. 빌과 메리의 예를 들어보자면, 3번 차크라 수준에서 빌의 개방성은 그 부분이 약한 메리가 지속적인 불이익을 받게 만들어 그녀의 무기력한 느낌을 고조시킨다. 만일 그가 이 문제에 대해 민감하다면 그녀는 그로부터 배우고 그들은 점차 균형을 맞춰나가게 될 것이다. 만일 우리가 관련된 역동성을 자각한다면 우리는 함정을 좀 더 잘 피할 수 있을 것이다.

사람들 사이에 존재하는 조합의 수는 무한하다. 만일 관계를 검토해 보기 원한다면 여러분이 느끼기에 각 사람들의 가장 개방되고 가장

---

189) 4번 차크라가 폐쇄된 사람이 반대로 4번 차크라가 개방된 사람의 차크라를 닫게 하려는 경우를 의미하는 것 같음
190) 만약 3번 차크라가 부실한 여자가 4,5,6,7번 차크라가 건강한 남자를 만나면 그 에너지를 끌어당겨 자신의 3번 차크라 에너지를 보충한다.

폐쇄된 곳을 도표로 만들어보면 도움이 될 것이다. 대부분의 정보는 날카로운 관찰을 통해 명백해진다. 차크라는 그러한 관찰을 설명해주는 메타포가 될 것이다.

문화-다수의 관계

관계에 있는 두 사람이 다른 패턴을 너무 많이 가질 수 있다면, 우리의 문화를 전체적으로 고려해 볼 때 어떤 일이 발생할까? 대체로 우리의 내면은 문화에 의해서 영향 받지 않는가?

이에 대한 대답은 물론 그렇다 이다. 만일 특정한 차원에서 한 사람이 다른 사람의 에너지를 강화하거나 약화시킬 수 있다면 여러 사람이 모여서는 그것을 더 잘할 수 있다. 이러한 이유로 문화는 긍정적이든 부정적이든 차크라 상태에 중요한 역할을 한다.

현재 서구문화는 돈, 섹스, 권력을 과도하게 초점을 맞추며 하위 세 개의 차크라를 상당히 지향하는 것으로 보인다. 이것을 하위 차크라를 덜 강조하고 더 영적이 될 필요로서 해석하고 싶기는 하다. 그러나 사실 처음 세 개 차크라의 신성함은 이미 부인되었고 이것은 그들의 그림자적 측면에 대한 병적인 집착을 더 강화한다.

특정한 차원에 대해 과도하게 집착할 때는 성취하지 못한 근본적인 무엇인가가 있는 것이다.

지구와 우리와의 신성한 연결성이 부인될 때, 그것은 물질주의로 대체된다. 금권 왕국은 안전에 대한 수단이 된다. 사람들은 더 큰 집, 더 큰 차, 또는 더 높은 봉급을 원한다. 이러한 집착은 스스로 지속된다. 이것은 지구를 오염시키고 인간을 자신의 근원으로부터 더 멀리 떨어지게 한다. 정크푸드처럼 물질주의는 1번 차크라를 만족시키는 것이 아니라 더 굶주리게 한다. 마찬가지로 만일 우리가 우리의 몸을 돌보지 않는다면 결국 병들어서 몸에 사로잡히게 될 것이다. 1번 차크라에 대한 과도한 집착은 에너지 기반의 결여와 자연에 대한 경건함 부족에서 온다. 서구의 물질주의는 어머니 자연으로서의 여신 상실에 대한 문화적 대체물로 볼 수 있다.

2번 차크라에서 성의 신성함은 공식적으로 부인되지만 성은 대부분의 광고에서 사용된다. 또한 우리를 보다 더 '섹시'하게 만드는 상품의 연간 매출액은 수십조에 이른다. 성적인 끌림은 성취를 약속해 주기도 한다. 부인된 성에 대한 그림자적 측면은 강간, 어린이 성추행, 성희롱, 포르노, 성중독, 그리고 정치인들의 섹스 스캔들에 대해 사람들이 공공연히 드러내 보이는 흥미이다. 이러한 단계에서의 우리의 집착은 성취의 부족을 반영한다.

3번 차크라에서 힘과 에너지의 문제는 우리의 삶에 영향을 미친다. 힘은 소수의 손에 있고, 희생과 무기력함으로 많은 사람은 울부짖는다. 힘은 자아외부에 존재하는 것으로서 간주되며, 높은 누군가가 당신을 법제정자로 만들어 줄 때까지, 더 많은 돈을 소유하고 성적으로 매력적이거나 규칙에 따라 행동함으로써 증가될 수 있다[191]. 4장에서 언급했듯이 힘은 함께 하는 권력이 아니라 군림하는 견지에서 모델링되는 경향이 있다. 대부분의 상황에서 순응은 보답받고 개인주의는 낙담한다. 우리의 위대한 공적 자산은 필요할 때 폭력과 겁주기를 통해서 힘을 휘두르고 통제할 단 한가지의 목적으로 만들어진 군대와 같다.

사랑의 문제에 관해서는 문화적 충돌이 적다. 왜냐하면 사랑은 삶에서 가장 중요한 요소 중 하나라고 거의 모든 사람들이 일반적으로 동

---

[191] 힘은 본래 내부에 있는데 현대 사회에서는 힘을 외부에서 찾아야할 만큼 그 만큼 세상이 타락했음을 저자는 말하고 있다.

의하기 때문이다. 그러나 사랑의 실행은 종종 이상에 미치지 못한다. 새로운 폭탄을 구입하는데 돈을 쏟아 붓지만 집 없는 사람들은 도시 거리의 문간에서 잠을 잔다. 인종주의, 성차별주의, 연령차별, 종교적 무관용 그리고 모든 종류의 편견들이 심장의 진정한 영역인 사랑과 연민의 실현을 좀 먹는다. 사랑은 이성(二性)인 어른 사이에 덧없이 지나가는, 로맨틱 관계로 축소되었고, 그나마 그것마저도 상심과 치솟는 이혼률 그리고 가정 붕괴와 같은 고통과 혼란의 위험이 따른다.

5번 차크라는 문화적 단계에서 광범위하게 개방되어 있다. 모든 종류의 대중 매체들은 우리와 문화적 매트릭스를 연결하고 우리에게 시시각각으로 즉각적인 정보를 공급한다. 그러나 앞서 이미 언급한 대중 매체는 폭력과 선정주의로 우리의 사고를 오염시킨다. 우리는 일상생활에서 전화와 교통에서부터 비행기와 산업소음에 이르기까지 일상의 소음으로 오염된다.

6번 차크라와 7번 차크라의 영적인 영역은 이제 막 개화되기 시작하는 중이다. 이전보다 더 많은 영적 서적들이 서점가에 판매되고 있다. 사람들은 자신의 직관을 사용하는 법을 배우고 심령술사에게 조언을 구하러 간다. 점점 더 많은 사람들이 동양과 서양 그리고 고대와 현대 기술을 결합해서 개인의 수행 체계 안에서 종교적 다양성을 탐구한다. 정보는 더 접근하기 쉬워지고 이전보다 더 다양해졌다.

그러나 상위 차크라로의 진입이 문화적으로 인정받으려면 아직 가야할 길이 멀다. 명상가보다 더 많은 사람들이 상업에 종사한다. 심령술사들은 사기꾼으로 의심받는다. 영성은 종종 냉소주의에 부딪히거나 비기독교적 수행을 '악마에게 가는 길'로 간주하는 사람들의 노골적인 판단에 부딪힌다. 하위 차크라를 지나치게 강조해서 문화의 리듬 자체가 명상을 하거나 창조적인 추구를 위한 시간을 찾기 어렵게 한다. 인간의 언어는 심령적 현상을 설명해주는 단어가 거의 없다. '심령적 타입'들은 오해받기 쉽다. 우리의 문화는 영성 가난으로 고통받는 것처럼 보인다.

문화가 다르면 강조하는 차크라도 다르다. 가령 인도는 영성의 추구를 강조하지만 개인적 힘과 물질주의 발전을 덜 강조한다. 인도는 상위 차크라를 지향하는 나라로 알려져 있고 많은 사람들은 영적인 가르침을 흡수하러 인도로 여행을 떠난다. 그러나 인도의 비참한 물질적 가난은 미국인들에게는 충격적이다.

물질적 강조가 너무 큰 역할을 하기 때문에 새로운 영역을 개척하기 바라는 사람들은 비슷한 기질의 사람들을 찾을 필요가 있다. 여기서 그들은 그들이 새로운 영역에서 배우고 성장할 때 자신의 분투에 대한 힘과 지원을 찾을 필요가 있다.

우리는 필연적으로 주변의 문화에 의해서 영향을 받지만 우리의 마음 상태에 의해서 주변 환경에 영향을 줄 수 있다는 사실을 깨달을 필요가 있다. 우리가 의식을 높이고 확장할 때 마다 문화적 기여를 하고 있는 것이다. 우리가 비슷한 마음을 가진 다른 사람을 찾을 때 마다 우리는 그러한 기여를 강화시킨다. 모든 대화는 우리의 전반적인 형태에 도움을 준다. 대화는 치유를 가져다준다.

우리 주변의 거대한 문화적 흐름과 차크라와의 관계를 이해하면 역사 전반에 걸친 의식 진화의 트랜드를 탐구하는 것이 도움이 된다. 이전에 존재했던 것을 알게 되면, 어떤 가능성이 미래에 우리를 기다리고 있을지 더 잘 알게 될 것이다. 그러면 미래에 대한 우리의 역할도 보다 명료해질 것이다.

제 12장
진화적 관점

차크라 시스템이 제안하는 함축적 의미들 중 아마도 가장 흥미진진한 것은 그의 진화적 관점이다. 차크라가 보편적 원칙의 편성을 상징하기 때문에, 전체성에 대한 이러한 심오한 공식이 개인의 발전뿐만이 아니라 문화에도 적용될 수 있다는 사실은 그리 놀랄 일도 아니다. 인간의 심리적 발전과정을 완전히 반영하는 서구의 사회 문화적 역사는 아래서부터 위까지 차크라 변화과정의 흔적이 발견된다. 이러한 공식을 렌즈로 사용하여 그로부터 현재 천 년간의 변형을 조망할 수 있다. 우리는 차크라 시스템이 또 다시 집단 여행을 위한 우아한 지도를 제공하며 다음과 같은 진부한 질문을 부각시킨다는 사실을 알게 된다. "우리는 어디에 있는 것일까? 어떻게 여기에 도달했는가? 그리고 어디로 가고 있는 것일까?"

"우리는 어디에 있는 것일까?" 라는 첫 번째 의문은 은유를 지닌 최고의 질문이 될 수 있다. 일반적으로 현안에 민감한 사람이라면 우리가 현재 우주적이고 집단적인 변형의 상태에 있다는 사실에 동의할 것이다. 이러한 변형은 집단적인 성인식에 비유할 수 있다. 즉 이것은 청소년을 유아에서 성인으로 데려가는 부족의식과 무척 흡사하다. 차크라 시스템의 관점에서 볼 때, 오늘날 우리를 직면한 문제는 바로 변형과 가장 관련있는 격렬한 3번 차크라의 통과하는 통로로 이해할 수 있다. 우리는 과거라는 연료를 태워서 미래의 궤도를 밝힌다. 3번 차크라는 힘, 의지, 에너지, 공격성, 에고, 그리고 자치권이라는 현대의 가장 지배적인 가치를 나타낸다. 이러한 가치들은 다음 단계이자 평화, 균형, 연민 그리고 사랑의 특성을 지닌 4번 차크라, 즉 심장의 영역으로 가는 여행 속에서 통합되어야하고 변화되어야 하며 더 나아가 초월되어야만 한다. 우리는 가슴에서 어른되기라는 집단적 의식으로서 이 통로를 바라볼 수 있다.

이러한 언급이 60년대부터 되풀이되었던 유토피아적 환상으로 생각되지 않도록 하기 위하여, 이것을 인간의 역사에서 삼 만년 이전으로 거슬러 올라간 진화적 시간선상의 관점에서 언급하고자 한다. 이것은 "우리는 어떻게 이곳에 도달한 것인가?" 라는 다음 질문을 제시한다. 더 나아가 이것은 세 번째로 가장 중요한 "우리는 어디로 가는 것일까?" 라는 질문에 실마리를 제공해 준다. 이 질문으로부터 지금 이 시대에 절실하게 필요한 새로운 지구의 비전이 나타나기 때문에..

우리는 어떻게 이곳에 도달했는가?

1번 차크라: 지구와 생존

1번 차크라에서 '흙' 원소와 '생존' 본능은 전체 차크라 시스템의 기반을 형성하기 위해서 서로 연결된다. 개인적 수준에서 인간은 또 다른 차원으로 진화하기 전에 자신의 생존을 보장해야만 한다. 마치 개인의 생존이 지구와의 연결성에 달려있는 것처럼, 미래의 전개를 위한 기반으로 간주하는 것이 온당한, 인간의 집단적 생존 특히 생태계의 건강 또한 그러하다. 그리고 우리는 이들을 우리가 개인적으로 물질적인 몸의 신성함을 되찾을 때 지구는 집단적인 일번 차크라인 행성문화의 신성한 몸이 된다.

우리는 1번 차크라를 산스크리트어로 뿌리를 의미하는 물라다라임을 기억한다. 우리의 뿌리는 우리를 단순성과 통일성이라는 핵심원칙으로 다시 데려다주는 과거, 종교 또는 다시 연결됨 안에서 발견된다. 우리의 구석기 조상들은 지구와 더 가까운 삶을 살았다. 그리고 그들의 삶의 망은 존재의 기반으로서 그들을 에워싸고 있었다. 그들은 사냥을 했고, 식물을 채집했으며, 동굴 속에 살았다. 때때로 유목민처럼 땅을 가로질러 여행했기 때문에 기류와 조류에 무척 민감했다.

자궁으로서의 지구는 우리의 기원이자 우리를 낳아준 어머니로서 우리의 시작이자 우리의 기반이다. 자연스럽고 신비한 지구는 구석기 사회에 종교적 영향력을 가진 중심으로 살아있는 여신처럼 조상들의 숭배를 받았다. 생명 부여자이자 생명 함유자인 지구와 생명 잉태자이며 창조자로서 지구 어머니는 생존 그 자체와 동의어이다. 자연은 생명의 기원의 태고 원형으로서, 생명이 형성된 기반이자 인간 존재의 바로 뿌리 자체이다.

몸과 지구 모두를 비하하는 문화적 가치와 더불어 과거를 부인함으로써 인간은 문자 그대로 자신을 뿌리로부터 단절시켰다. 그렇게 함으로써 스스로의 생존을 저해하고 이 단계를 넘어 성장할 수 있는 능력을 막는다. 의식의 진화적 방향은 마치 식물처럼 차크라를 통해서 위로 움직이는 것처럼 보이지만, 우리는 땅 속 깊숙이 뿌리를 내려야지만 더 크게 성장할 수 있다. 우리는 양방향으로 동시에 성장해야만 한다. 즉 미래의 복잡함을 향하여 위로 나아가야하고, 동시에 과거의 단순함 속에 단단히 뿌리내리기 위해 아래로 움직여야만 한다.

우리는 과거의 뿌리를 부인할 수도 지구와의 연결성을 부인할 수도 없다. 우리는 새로운 미래의 인류라는 종으로서 진화[192]해 나가야 한다. 고대 영성을 지구와 연결하고, 구석기 어머니 여신들과 연결하며, 더 나아가 우리를 단순하고 직접적으로 신화의식의 근본 차원과 함께하게 하는 원시 수행으로의 연결을 회복시키려는 움직임들이 많은 것은 그리 놀랄만한 일도 아니다. 영성의 중심으로서의 지구와의 이러한 재연결은 정말로 발생하게 될 대규모의 변화에 안정적인 영향력을 줄 수 있다. 그것은 우리의 발전을 저지하는 것이 아니라 보장하는 것이

---

192) 유발 하라리가 말한 호모데우스처럼 인류는 신이 될 수 있는 시대로 나아갈 것이다.

다. 마리온 우드맨193)은 "만일 우리가 물질 안에 신성함을 회복하지 못한다면 이 지구는 파멸될 것이다." 라고 언급한바 있다.

아이가 유아였을 때 그는 생존을 위해 어머니에게 매달린다. 그의 영역은 중심으로서의 어머니를 둘러싼 원으로 이해할 수 있다. 그는 단지 중심으로부터 멀리 이탈해도 여전히 생존194)한다. 이러한 단계를 심리학 작가인 그레스 힐195)은 이것을 정적이고 역동적인 남성성과 페미니즘 법칙의 변증법 안에 존재하는 네 가지 부류 중 하나인 정적 페미니즘으로 규정한다. 정적인 페미니즘의 상징은 중앙에 점이 찍힌 원으로 아이에게 모유를 수유하는 여성의 가슴과 흡사하다. 원은 제한 으로 우리는 그 중심부로부터 떠나도 여전히 생존할 수 있다. 인간이 성장할수록 그 한계는 확장된다.

어린아이가 어머니에게 묶여있는 것처럼 유아가에 있는 우리의 문화는 어머니 자연의 한계에 의해 완전히 묶여있다. 그녀는 전능한 중심부이며 인간 경험의 지배자이다. 지구의 아이들로서 우리는 어머니 자연이 드리우는 빛과 어둠, 따뜻함과 차가움, 촉촉함과 메마름의 리듬에 의해 유지된다. 그녀는 우리에게 관대함과 파괴 모두를 주는 힘 있고 훌륭한 어머니이며 동시에 악한 어머니였다. 우리의 영적인 뿌리는 우리가 살고 있는 이 놀랄만한 행성 안의 신성함을 회복하는데서 세워진다.

2번 차크라/ 물과 성(性)

유기체가 일단 자신의 생존을 확보하고 나면 즐거움과 성을 향해 눈을 돌리게 된다. 물 원소와 관련된 2번 차크라는 즐거움을 향한 욕구, 감각적인 탐구를 통한 개인 세계의 확장, 감정의 영역, 그리고 성

---

193) Marion Woodman
194) 어렸을 때 아이는 어머니를 중심으로 원을 그리면서 자신의 행동반경을 설정한다.
195) Gareth Hill

(性)을 통해 일어나는 대극의 작용을 나타낸다.

2번 차크라의 문화적 단계는 마지막 대 빙하기(기원전 10000-8000)의 후반부에 발생한 기후 변화로 알려졌다. 이러한 지구의 봄의 시기는 농업과 해양관련업의 시작, 그리고 물의 모든 측면을 다루는 관개기술의 궁극적인 발전과 일치한다. 점성학적으로 이 시기는 카디널의 물 싸인인 캔서 시대와 함께 시작됐다. 신석기 시대의 지배적이었던 다산이라는 근원적인 주제는 물의 생식적인 측면에 부합했고, 7000년이라는 안정적인 시기를 보내면서 인구는 약 5백만(5million) 명에서 1억명까지 늘어났다. 이렇게 두드러지는 확장은 도전을 불러왔으며 더 나아가 의식과 문화의 성장을 더욱 강화시켰다.

농업의 발전은 생존에 대한 요구를 완화시켰으며, 이로 인해 더 많은 인구가 상대적 안정성을 누렸다. 이것은 예술, 종교, 건축 그리고 초기 형태의 문학에 있어서 문화적인 전성기를 개척했다. 신석기 시대 동안에 위대한 어머니의 원형은 여전히 지배적인 원칙이었기 때문에 이 단계는 비록 새로운 것들이 태동하기 시작했음에도 불구하고 정적인 페미니즘을 특징으로 한다.

다산이 숭배되면 탄생 역시 숭배된다. 아이들과 더불어 남성과 여성 모두 성장했기에 필연적으로 두 성 모두가 숭배되었다. 위대한 어머니 신화 속에서 점차적으로 아들과 연인이라는 신화적 대응물이 점차로 나타나기 시작했다. 이 원형이 우위를 차지했기 때문에, 신화적 지위 안에서 양성(性)사이의 불평등이 점차로 명백해지기 시작했을 것이다. 구석기 시대에 사냥꾼으로서의 신성한 지위를 부여받았던 남성의 역할은 다산이 강조되는 농업사회에서는 훨씬 축소되었다. 이 시기 동안에 젠더 정치와 그 몰락에 대한 많은 추측이 전해진다. 라인 아이슬러[196]가 제안하는 바처럼 신석기 시대가 균형잡힌 파트너쉽의 사회였든 혹은 일부 열정적인 페미니스트들이 제시하는 바처럼 모계사회라

---

196) Riane Eisler

는 황금시대였든, 고고학이 보여주는 바에 따르면 이 시대는 일반적으로 요새화와 전쟁도구가 없는 대신 평화롭고, 성공적이며, 종교적으로 깊게 성장한 사회였다.

그러나 불평등은 마냥 안정적일 수는 없다. 마리야 김부타스[197]가 제시하는 바처럼, 북쪽 평야로부터 내려온 가부장적 종족들의 폭력적인 침략에 의해서였건, 혹은 내면으로부터의 점진적인 문화변형에 의해서였건, 자연의 지배원칙으로서의 신화적인 아들/연인과 위대한 어머니는 전사인 아버지 신에 의해 야만적으로 전복되었고, 궁극적으로 여신문화는 지배적이고 공격적인 가부장제에 의해 전복되었다. 이러한 공격적이고 소란스러운 변화는 3번 차크라의 시작인 현 시대의 시작을 알렸다.

3번 차크라: 불과 의지

3번 차크라는 불 요소와 관계있다. 3번 차크라는 의식이 개인의 자치권과 개인 의지의 발달을 깨워냈을 때 일어난 힘의 출현을 보여준다. 자유의지는 비교적 새로운 요소로써 최근에서야 진화적 혼합물로 소개되고 있다. 어떤 동물도 불을 가지지 않았으며 어느 누구도 인간이 할 수 있는 만큼 자신과 그의 환경을 변형시키지 못했다. 자유의지는 과거의 지배를 받는 수동적 습관으로부터 벗어나게 해주며 새로운 방향을 창조한다. 자유의지는 새로운 장을 여는데 필수적이다. 왜냐하면 모든 변화의 선구자인 혁신은 문화적 진화 그 자체이기 때문이다.

아이들의 발달에 있어서 이 단계는 충동조절의 시작으로 표시된다. 아이들은 사회적으로 더 용인되는 행동을 위해서 자신의 **본능적**인 욕

---

197) Marija Gimbutas

구를 줄이는 법을 배우기 때문이다. 이러한 숙달은 개인의 자율성에 대한 잠재성과 자신의 현실을 결정하고자하는 욕구가 깨워낸다. 이것은 비록 서투르지만 서양 나이로 '미운 두 살'이라는 고집 센 시기 동안에 일어난다.

문화 속에서 이 단계는 자연주기의 속박을 덜 받는 문명으로 나타났을 뿐만 아니라, 자연이 부과하는 한계를 넘어 점점 더 복잡해지는 기술력을 통해 확장됐다. 신석기 시대의 개인이 사회의 명령을 벗어나서 자신의 자치권에 대한 감각을 얼마나 많이 가졌을지는 확실하지 않다. 농부의 삶을 살아본 사람이라면 농사가 개인을 어떻게 자연의 주기와 변덕에 묶어놓는지 알 것이다. 추측컨대 기술력의 향상은 자연으로부터 일탈의 가능성을 허용했을 것이며, 자유의지에 대한 잠재성을 깨워냈을 것이다. 불행하게도 다른 이들보다 앞서 이러한 자각에 도달한 일부 사람들이나 종족들은 그들이 새로 발견한 의지를 이용해 자신의 의지를 아직 자각하지 못한 타인이나 약자들을 통제하고 지배했다.

다음 수천년 동안 창발하는 남성적 힘은 어머니 여신의 지배적인 신비성을 억눌렀으며, 현재까지 계속 이어지는 공격적인 문화의 시기를 낳았다. 의식적 시간의 시작 이래로 존재했던 근원적 종교 상징을 대체하기 위한 상당한 힘이 투여되었을 것이다. 도대체 무엇이 신비롭고 생명을 주는 여신의 힘에 필적할 수 있겠는가?

죽음은 삶을 창조하는 능력을 지닌 힘에 견줄 수 있는 단 하나의 힘이다. 그러므로 죽음에 대한 두려움은 문화와 행위에 대한 주요한 동기가 됐다. 오직 여성으로부터 기인될 수 있는 탄생의 기적은 의지를 지닌 남성적 신을 창조했다. 그리하여 미래는 몸이 아닌 머리로부터 그리고 신뢰보다는 두려움으로부터 나타났다. 주도권을 얻기 위한 남성적 원형은 지속적인 지배와 전쟁 그리고 영웅적 행위의 끊임없는 활약을 통하여 상당한 힘을 증명해야만 했다.

신석기 시대의 평화로운 여신문화에서 태양을 숭배하는 공격적인 문화로의 변화는 기원전 4300년 경 북쪽대초원에서 내려온 말 탄 부족의 침략과 함께 시작되었다. 다음 3천년 동안 일련의 침략과 연이은 폭동을 통하여, 철기시대(기원전 1500년 경)로 굳건히 건립되었고, 여신문화는 잃어버린 문명의 지하세계로 보내진 채, 힘과 지배 그리고 전쟁으로 규정되는 시대로 교체되었다. 철기시대는 점성학적으로 3번 차크라의 불 원소이자 카디날의 불싸인 에리즈의 시대와 일치하는데, 불은 3번 차크라의 요소다. 이러한 변화는 금속을 주조하는 불의 사용에 의해 가능했으며 이것으로부터 전쟁기구와 무기가 만들어졌다. 금속무기는 생존 투쟁에서의 이점과 타인에 대한 우월성을 부여했고 전략적 사고를 더욱 강화시켰다. 적은 힘으로 더 많은 것을 할 수 있는 능력은 곡물과 상품을 저장하고 분배하는 방법이나 수자원[198] 관리법과 같이 신정적 권력체제에 의한 더 큰 협력과 지배를 요구하는 생산의 확장을 가능하게 했다. 무기는 한 문화가 다른 문화를 지배하는 것을 가능하게 했다.

3번 차크라는 개인주의의 탄생을 알렸다. 이들의 신화적 주제는 영웅의 여정으로, 목표는 오래된 방식으로 용을 제거하여(과거의 무의식을 제압함)하여 개인의 힘을 발견하는 것이다. 이러한 개인주의 각성은 영웅적 행위, 기술이 가져다준 초월적 자유, 생존의 기본적 방식으로서의 공격성을 사용함으로써 일어났다. 신으로부터 불을 훔친 프로메테우스는 이 시대의 중요한 신화적 인물이다.

3번 차크라와 그에 상응하는 시대를 이해하기 위한 가장 중요한 점은 좋던 나쁘던 흙과 물이라는 이전의 두 단계와 관련된 가치를 일반적으로 초기에 부인함으로써 획득된다. 사실 이 두 가지 요소 중 어느 하나가 너무 많으면 불이 탈 수 없다. 우리의 기본적인 토대를 부인하

---

[198] 원저자는 쿤달리니 각성과 차크라 개발 그리고 나디의 확장을 통해서 인체 시스템을 금융경제 시스템에 비유한다. 인체가 하나의 생명체인 것처럼 금융경제 시스템도 하나의 생명체이다. 따라서 유기적 생명체라는 점에서 공통적이다. 생물이건 무생물이건…

는 것은 성장을 위한 좋은 방법은 아니다. 그것은 집단의식을 하위차크라의 수동적이고 습관적인 성향에서 새로운 방향으로 변경하려고 하는 성숙하지 못한 초기의 시도를 반영한다.

가부장 제도의 출현은 신석기 시대의 기본적인 가치에 대한 거부와 노골적 지배를 의미한다. 이것은 처음 두 차크라의 가치였던 지구의 신성함과 성(性), 감정, 여성, 사회 그리고 협력과 같은 근본적인 가치들을 정반대로 뒤집어버렸다. 그리하여 평화로운 지구의 여신은 천둥번개의 하늘신으로 교체되었고, 탄생의 신비는 죽음의 두려움으로 대체되었으며 성의 신성함은 억압되었고 협력적인 파트너쉽은 위계적 통치로 교체되었다. 이러한 변화와 함께 아마도 수십만 년 전 인간 의식이 동튼 이래로 알려져 왔던 삶의 기본적 질서가 파괴되었다.

힌두 신화에서 이것은 파탄잘리 요가수트라(Patanjali's Yoga Sutra)에서 보여주는 상승주의적 접근과 비슷할 수 있는데, 이들의 목표는 물질 안에 내재된 의식으로부터 그 의식을 분리시켜 해탈을 획득하는 것이다. 대부분의 가부장적인 종교에서 강조되는 목표는 상승으로, 하늘을 좋아하고 땅의 가치를 평가절하 한다. 실로 이러한 강조는 다른 차원의 진실이 있음을 일깨우기 위해 현재에 대한 관심으로부터 주의를 돌려놓을 필요가 있었던 시기에는 적합했을지 모른다. 우주적인 춤 안에서 또 다른 대극을 개방하는 것은 우리의 지평선과 선택을 확장한다. 이러한 남녀의 대극성은 힘을 창조하는데 필요한 역동적 상호작용을 가능케 한다.

3번 차크라의 시기는 역동적인 남성성을 특징으로 하는데 그의 상징은 화살을 지닌 원이다. 이것은 남성과 행성 마스 모두를 상징하며 공격적인 에너지를 표현한다. 화살은 새로운 진로를 정하기 위해 정적이고 여성적인 원으로부터 직진해서 밀고 나아간다. 새로운 방향이 건립되기 전에는 의식의 지배적인 구조였던 오래된 습관과 관습은 파괴되는 일이 많다

철기시대의 가부정적인 지배로부터, 과학과 산업혁명 그리고 두 번의 세계 전쟁 및 여타 셀 수 없이 많은 폭력적인 접전들을 거쳐 현대의 우주선과 컴퓨터 기술이 탄생에 이르기까지, 3번 차크라의 특징인 공격성과 기술 그리고 정치적인 힘은 오늘날 여전히 우리를 괴롭힌다. 힘과 에너지, 타인에 대한 과도한 통제와 지배의 이슈는 오늘날 가장 중요한 시사문제다. 끊임없는 에너지 창조에 대한 우리의 요구를 위해 세계의 자원을 사용하는 것은 생태계의 중심적인 관심사다. 부모, 학교, 보스 그리고 정부에 의해서 지배되어 왔던 우리의 개인적인 의지를 되찾는 문제는 현재 우리의 지배적인 패러다임의 희생자를 달래는 열 두 가지 단계의 그룹들의 중심적인 화두다. 권한위임은 희생적 광기에 대응하는 현대 심리학의 전문용어로 작금의 회복운동에서 너무나 중요한 주제다.

공격성과 폭력이 우리의 신문과, 엔터테인먼트, 그리고 정치를 지배한다. 핵전쟁을 통하여 우리 자신을 스스로 불살라버림으로써 역사를 흑화할 가능성은 여전히 잠재적인 위협으로 남아있다. 비록 냉전의 퇴거로 그러한 위협이 감소하고 있다고 하더라도 말이다. 그러나 새로운 기술과 의식의 통로에 불을 지피는 우리시대의 불 문화는 행성 수프에서 분리된 개인의 혼란스러운 움직임에 불을 지핀다. 그로 인하여 다음 단계로 향하는 거대한 변형을 향하여 서로에게 수렴함에 따라 그들을 더욱더 빨리 움직이고 있다.

개인주의, 의지, 기술 그리고 '권한위임'의 개발은 지구의식 창조에 있어서의 필수적인 단계다. 개인주의는 우리에게 다양성과 더 큰 새로움의 가능성, 그리고 개인의 의지를 각성시키는 분리 감각을 가져다주었는데, 이것은 수동적인 수혜자가 되기보다 진화의 역동적인 공동 창조자가 되기 위해 필요한 것이다. 흙과 물이 수동적으로 중력을 따라 아래로 흐르는 곳에서, 불은 움직임을 변형하여 위로 상승하게하여 우리가 상위 차크라에 이르는 것을 가능하게 하여 집단적으로 확장된 지구 의식에 이르게 한다. 아마도 50만년 전에 인간의 의식을 처음으로 자극하여 각성에 이르게 한 것은 불의 지배력이었을 것이다. 이제 지구의 의식을 각성시키는 것도-또는 대량살상 하는 것도- 우리의 현재 불의 기술이다. 이것이 이 변형의 밀레니엄 시대에 우리가 직면한 불확실성이다. 그러나 우리가 완전히 현대에 이르기 전에 검토해야 할 시대라 하나 더 있다. 그것은 인간이 마음에 이르고자한 최초의 시도인 기독교 시대이다.

4번 차크라 사랑과 균형

4번 차크라는 고유의 탄트라 도표에서 두 삼각형의 교차로 묘사된다. 즉 정신이 물질로 향하는 하향하는 삼각형과 물질이 정신으로 해체되는 상향하는 삼각형이 그들이다. 심장 차크라의 단계에서 이 대극들은 완전하게 균형을 이루는데 실로 균형은 심장차크라의 중심적인 특성 중의 하나다.

우리가 여전히 3번 차크라의 힘과 지배의 문제로 고분분투하고 있음에도 불구하고 나는 기독교의 발흥이 4번 차크라에 도달하려는 최초의 시도였다고 믿는다. 기독교에서 강조하는 철학적인 요소는 사랑, 통합(unity), 용서 그리고 보다 지고한 힘-아버지 하느님으로서 어느 정도 여전히 분노한 가부장적 천둥신 요소를 가지고 있으면서 동시에 부드럽고 사랑스러운 면을 가진-에 대한 개인 의지의 굴복이다. 하느님의 아들로 불리는 예수님의 탄생은 신성과 인간의 혼합, 즉 4번 차크라가 나타내는 특성의 중간지점을 상징한다.

기독교의 불행한 점은 기독교가 종교의 균형적인 측면을 진정으로 반영할 수 없었다는 점이다. 왜냐면 기독교는 하위차크라와 더불어 페미니즘, 야생성, 지구, 성, 그리고 더 나아가 개인의 책임 위에 놓여진 신성한 가치를 부인하는 패러다임이 주재하는 강력한 가부장적 시기에 출현했기 때문이다. 기독교는 오래된 관습199)을 최초로 거부함으로써 많은 파벌들의 경쟁과 전쟁 등 사회적 혼란을 야기했던 역동적 남성성을 안정시켰다.

이 안정화는 역동적 남성성을 십자가로 상징되고 법과 질서를 통해서 안정성을 강조하는 정적 남성성으로 바꿨다. 그리하여 우리의 기본적 성품에 대한 최초의 거부는 이제 조정된다. 이것은 더 이상 반작용이 아니라 한 부분을 댓가로 다른 부분에 영구적으로 과대평가하는 것이다. 즉 빛을 좋고, 어둠은 악하며, 남성은 힘이 있고 여성은 약하며 지구는 일시적이고 소모적이며 하늘은 영원하고 완전하다는 것이 그것이다. 이들은 안정성이라는 허상을 창조할지모르지만, 강력한 억압의 댓가로 나온 것이기 때문에 시스템의 약점이 있는 어느 곳에서든 드러날 수 밖에 없다. 따라서 사랑과 균형, 용서의 실천은 십자군 운동, 종교재판, 마녀 화형 안에서, 그리고 심지어 오늘날에조차 일부 극단적 형태의 기독교에서 발생하는 문화적 차이를 근거로 한 잔인한 악마화에서 그 처참한 실패를 보여준다. 성의 억압은 강간과 근친이라는 그림자적 측면을 만들었다. 지구의 신성함에 대한 억압은 물질적 그림자를 초래했으며 결과적으로 생태계 파괴가 만연하게 되었다.

그럼에도 불구하고 상대적인 안정성을 지닌 기독교 시대는 기술과 의식의 성장이라는 면에서 또 다른 문화의 확산을 가져왔다. 이 시기에 우리는 인쇄기술과 전화, 라디오, 텔레비전 그리고 컴퓨터를 생산했는데 이들 모두는 일종의 글로벌 연합체가 출현하는데 있어서 필요조건인 소통의 가능성을 열었다. 사실 산업 혁명은 지배적인 남성을 집 밖으로 몰아내서 날마다 일하게 함으로써 페미니즘을 최초로 부활시켰다. 그리고 남성의 지배 하에서 벗어난 여성들은 자신의 개체성을 인식하게 되었다. 이것은 몇 세대가 걸렸으나 결국 60년대에 의식을 끌어올린 주부 그룹을 양산했으며 남녀 평등이 이루어지는데 필요한 일자리를 창출했다.

---

199) 모계사회의 전통을 파괴하는 것을 표현함

가슴에서의 진정한 균형을 이루기 위해서는 하위 차크라로부터 상승하는 거친 리비도 에너지와 상위 차크라에서 하강한 자각된 의식의 균등한 혼합을 요구한다. 다시 말해서 전체성은 높은 의식과 비전 그리고 소통과 더불어, 개인 의지와 감정 더 나아가 원시적 본능의 통합과 균형을 필요로 한다. 기독교 시대 동안에 가슴 안에서의 진정한 각성이 일어나지 못했다. 왜냐하면 당시 사람들은 아직 숙련된 상위차크라의 힘을 얻지 못했기 때문이다. 하위 차크라에 대한 거부는 시스템에 불균형을 야기했다.

이러한 점에서 볼 때, 균형과 전체성 안에서 가슴이 공명하는 문화를 짜는 것이 가능한 상위차크라의 개발을 성취해 나가야 할 것이다.

5번 차크라 소리와 소통

5번 차크라는 의식 확장을 위한 본질적인 매개물인 커뮤니케이션(소통)으로 알려진 의미의 상징적인 표현을 나타낸다. 소통은 DNA라는 생식의 언어로부터 짝짓기 초반부에 동물의 신호에 이르기까지, 또한 인간 언어의 출현, 글쓰기, 출판, 방송의 출현과 현재 인터넷에 이르기까지 계속해서 복잡하게 발전하는 진화의 접착제로 이해할 수 있다. 소통에 있어서 이들 모두의 양자 도약은 의식의 진화적 도약으로 볼 수 있다. 각각은 정보가 더 빠르게 움직일 수 있는 가능성을 증대시켰다. 이 모두는 글로벌 의식을 건설하는 발판이다.

모든 종류의 소통을 수용함으로써, 배우고 변화시키고 적응하고 창조하면서, 우리는 보다 더 큰 의식을 향하여 계속해서 전진한다. 소통을 통하여 50년전에 테아르 드 샤르댕 신부가 인지권[200]이라고 언급했으며, 이제는 글로벌 브레인으로 불리우는 지구의 의식망이 형성되고

---

200) noosphere

있다. 인지권은 의식기관201)으로 볼 수 있으며, 가이아 행성의 몸 밖으로 자라나고 있는 지구의 대뇌피질과 유사하다. 인터넷은 가장 명료한 글로벌 두뇌의 표상이지만 전인류의 소통망과도 연관된다. 인쇄술이 개인의식을 확장202)시켰던 것처럼 인터넷은 실로 글로벌 의식의 진화에 잠재적인 진화 도약이다.

6번 차크라/ 빛과 직관

한 장의 그림은 1000마디 말 만큼의 가치가 있다. 6번 차크라와 더불어 정보를 표현하는 방법은 한 장의 종이 위에 단어를 나열하는 1차원적인 방법이나 인터뷰, 혹은 연설 등에서부터, 입체적이며 전체적으로 공간에 이미지를 제시하는 방법으로 도약했다. 말은 한 번에 하나씩 연속적으로 들리지만, 그림은 눈을 통하여 전체적으로 볼 수 있다. 컴퓨터 기술을 통하여 수학공식은 이제 영상으로 표현되어 이전에는 종이 위에 쓰여진 채 공식더미 안에 숨겨져 있었던 역동적 과정을 여실히 보여준다. 이것은 카오스, 복잡계 그리고 시스템 행위203)에 대해 보다 깊이 이해력을 낳았다. 웹204)은 이제 단어뿐만이 아니라 그래픽과 애니메이션을 포함한다. 이제 비디오 및 CD-Rom과 함께 시장을 공유하는 책은 정보를 흡수하는 보다 더 빠르고 전뇌적인 방식을 제공한다. 텔레비전 뉴스는 우리에게 폭발적인 이미지로 다가와서 시공을 초월하여 사건의 진실을 보다 직접적으로 알게 해준다. 이미지는 TV상업매체의 핵심메시지다. 다시 말해서 소리를 리모컨의 조절 버튼이나 음소거 기능으로 선택청취가 가능하게 한 것은 TV 매체의 중심요소가 이미지임을 암시한다.

---

201) 인지권과 같은 정신계도 일종의 생명 유기체이다.
202) 개인이 확장하여 전인류 의식이 되고 인쇄기술이 발달하여 개인의 의식은 꽃핀다.
203) 이 모든 이론들은 인류가 상호 연결되어 있다는 우주론을 말한다.
204) World wide web

영성분야에 투시력이 다시 돌아오고 있다. 뉴에이지 박람회에는 영적 리더들의 부스가 즐비하다. 그들은 인생에서 여러분이 자각하지 못한 패턴들을 직관적으로 읽어서 조언을 해준다. 창조적 시각화의 기술은 의식을 현실화 하는 방법으로 수 천명이 이용하고 있다. 또한 어떤 면에서 직관력은 과학수사의 요소로 인정받고 있다. 대중의 영적 수행은 비젼퀘스트를 성취하려고 한다. 비전을 얻지 못하면 우리 삶의 진로의 향방을 알 수 없다.

이미지를 전달하는 능력은 실로 단어의 소통에 앞선 양자 도약으로 이전에 이루어졌던 정보통신기술의 도약에 필적한다. 이미지가 있으면 더 작은 시간을 들이고도 더 소통을 잘 할 수 있으며 모호함도 줄어든다. 우뇌 기능인 이미지로 사고하기는 지난 수세기에 걸쳐서 집단의식을 지배해왔던 좌뇌 논리의 인지과정에 균형을 가져오고 있다.

7번 차크라 생각과 의식

문화적 차원에서 볼 때 7번 차크라는 행성 단계에서 정보와 의식의 조직인 전체적인 인지권[205]의 창조와 기능을 나타낸다. 무한하고 광대하게 펼쳐진 정보 네트워크[206]를 가진 이 글로벌 브레인은 거대한 매트릭스와 연결되는 각각의 꽃잎이 프렉탈 포인트인 수천개의 집단적인 연꽃잎에 대한 은유가 아니겠는가?

7번 차크라는 이성적 단계에서는 지식과 정보의 확산을, 신화적 차원에서는 영성에 대한 늘어난 흥미와 의식의 확장을 보여준다. 요가 그리고 명상, 초심리학 연구, 마음을 바꾸는 화학물질, 의식 연구의 인

---

205) noosphere는 테아르 드 샤르뎅 신부의 사상적 개념으로 정신계 또는 행성 수준에서의 의식권을 말한다.
206) 7 차크라는 전 지구적 두뇌에 중추적인 역할을 하고 있다. 전인류의 집단적 의식을 묶는다.

기는 의식이 다음의 개척분야임을 나타낸다. 뇌파의 공명 주파수를 바꾸기 위해 설계된 마인드 머신은 점점 더 복잡해지고 있으며 더 많은 인기를 구가하고 있다. 정보 고속도로의 창조는 우리가 지구 주위의 의식을 빛의 속도로 움직일 수 있게 했다. 몸보다 마음을 확장시키는 최초의 기구인 컴퓨터는 이제 인간으로서 가능한 것 너머로 의식을 데려갈 수 있으며, 엄청난 양의 기억 창고 및 계산능력 그리고 창조성을 허용한다. 엘고어[207]가 이렇게 말한다. '균형을 이룬 지구[208]'에서 지적한 것처럼 우리는 너무 많은 정보를 가지고 있지만 익스포메이션[209]-도 가지고 있다." 새천년에 들어서면서 우리는 방대한 양의 정보와 의식이해에 대한 잠재력에 의해 압도되고 있다.

그러나 인간의 발전하는 의식은 몸과 지구 안에서 기반을 두었으며 그의 생물학적 현실 속에 뿌리를 내렸다. 인간의 의식은 그의 신화적 구조, 가치 그리고 방향성을 수반한다. 또한 의식은 인간이 보는 모든 것들을 해석하고 그가 행하는 모든 것들의 패턴을 형성한다. 이러한 의식의 지혜는 지금 이 시기에 가장 중요하다. 어떤 종류의 작동 운영 체제를 원하는가? 이러한 질문에 답하기도 전에 우리의 의식을 진화시킬 필요가 있을까[210]?

의식이 진화하면 그와 함께 인간의 패러다임 구조도 변한다. 글로벌 네트워크를 통해서 우리가 내보내는 정보는 지구변화를 고무시키는 정보가 될 수도 있지만, 범죄 영화와 미디어 선정주의처럼 폭력과 공격성을 자극하는 정보가 될 수도 있다. 이들은 커뮤니케이션 네트워크를 오염시킨다. 이러한 정보들은 사실과 비전 그리고 감정과 이해에 기반을 두고 있어야만 한다. 또한 조화를 구현하는 4번 차크라의 특성을 기반으로 해야 한다. 우리의 새로운 신화는 전체성의 패러다임이

---

207) Al Gore
208) In Earth in the Balance
209) 인간의 마음에 의해 한 번도 검토되지 않은 채 쌓여있는 데이터 너비
210) 우리가 의식을 진화시키기 위해서는 앞에서 말한 질문들에 답할 수 있는 능력과 힘을 지녀야한다.

될 필요가 있다. 다시 말해서 이것은 우리가 만나는 모든 단계들을 통합하고 포용할 수 있는 것이다. 이제 우리는 마지막 질문을 던질 것이다.

우리는 어디로 가고 있는가?

'가슴에서 어른 되기'는 세상과 다시 한 번 사랑에 빠지는 것이다. 죄책감보다는 사랑, 의무감보다는 헌신, 그리고 태양신경총보다는 가슴으로 세계와 상호작용하는 것이다.

가슴의 시대를 깨워내기 위해서, 바야흐로 부상하는 시대에 균형을 부여하고 다양성을 통합할 필요가 있다.

인류는 성숙함과 힘의 평등한 위치에서 두 성이 상호관계를 맺는 원형 신화를 경험해본 적이 없다. 작은 아들/연인으로 어머니 지구를 경험했고, 복종적인 딸/아내로 아버지 신의 보완적인 요소를 경험한 지금 우리는 마침내 일종의 통합된 균형 안에서 모든 원형적 요소들을 포용할 준비가 되었다. 이제 우리는 남성과 여성의 성숙한 요소를 감싸안을 수 있으며 이러한 형태들이 평등한 힘을 지닌 채 서로 춤추게 하고, 마침내 태고 원형의 근친상간을 제거한 채, 젊은 후손들이 그들의 권리를 미래구현에 자연스럽게 펼치도록 해야 한다. 이러한 성스러운 혼인으로부터 성스러운 아이의 원형은 나오고 그것은 미래 그 자체가 될 것이다.

그러나 이들만이 이 부상하는 시대에 조화를 호소하는 단 하나의 요소는 아니다. 마음과 몸, 개인과 집단, 자유와 책임, 빛과 그림자, 진보와 보수, 일과 즐거움 이 모두가 전체성의 판도 안에서 동등한 특성으로써 인정받기위해 분투하는 중이다. 우리가 다른 것보다 하나에 더 가치를 두는 한 문화는 균형을 잃게 될 것이다.

바야흐로 다가오는 시대는 변화무쌍한 여성성을 특징으로 한다. 그리고 이는 정적이고 역동적인 여성성 및 남성성이라는 4가지 부류 중 한 부류에 해당한다. 이 역동적인 여성성은 나선형 모양으로 상징된다. 그리고 이것은 정적 남성 십자가의 중심부로부터 뻗어 나와 제한을 초월해서 밖으로 나아가고 오른쪽로부터 왼쪽, 아래쪽으로부터 위쪽 그리고 통합된 서클 위쪽으로 나아가서 분리된 대극들을 재통합한다.211) 역동적인 여성성은 창조성, 혼돈 그리고 열정을 특징으로 한다. 영성은 우리를 황홀경으로 도취시키게 함으로써 지적인 머리로 영성을 정의하기보다는 우리가 황홀경으로 도취된 채 독단적 종교를 초월해 무아의 경지로 나아가게 한다. 영성은 나누기 보다는 연결한다. 영성은 나선이 바깥으로 향하면서 원을 그리기 때문에 내면과 외면을 연결한다. 또한 개인과 집단을 연결한다. 그리고 위와 아래, 왼쪽과 오른쪽, 마음과 몸, 그 모든 것을 분리할 수 없는 역동적인 전체로 만들어낸다.

개인적이거나 집단적인 시스템 안에서 한 차크라에서 다른 차크라로의 이동이 이전 단계를 무시할 것을 요구하지 않으며, 오히려 그들의 통합이 강조되어야 한다. 몸을 개인의 사원으로 회복함에 의해 살아있는 신성의 현현인 지구와 여성성은 똑같이 중요한 원형으로서 신성한 남성성을 무시하지 않은 채, 우리는 지난 3000년에서 5000년에 이르는 기간 동안 하늘의 아버지 하느님에 의해 부과된 불균형을 해결하기 시작한다. 인종과 성, 일과 여가, 신성함과 세속, 진보와 보수, 그리고 개인과 집단 사이의 사회적 불균형을 다룸으로써 우리는 네 번째 차크라의 균형적 특성에 다가가고 있다. 균형은 어떤 것의 부인을 요구하는 것이 아니라 모든 것의 통합 심지어는 빛과 그림자의 통합까지도 요구한다.

---

211) 이 내용은 지자의 주관적 경험을 통해서 얻은 명상의 경험을 쓴 것이므로 정확한 해석은 불가능함을 양해 구한다.

융이론에서 4는 4원성의 완성으로서 균형에 안정을 가져오는 존재이며 원초적인 일(one)자와의 재통합이다. 4번 차크라는 3번 차크라의 영웅의 여정이 다음 단계로 이동하는 중요한 단계이다. 즉 "복명(復命)"이다. 이제 우리의 기술적 역량과 지구의 필요를 재통합하고 3번 차크라에서의 영웅적 행위의 열매를 가져와서 우리가 진화시키려고 애쓰는 행성문화를 복되게 해주어야 한다. 우리는 이제 반성하고 성찰하는 의식의 영역으로 들어서서 우리 자신과 그 과정을 자각하게 된다.

픽스드 에어 싸인인 어퀘리어스 시대의 여명기는 휴머니즘과 연민, 자기반성 그리고 힐링을 동반하는 심장 차크라 시대의 진정한 출발로 두드러진다. 그것은 근원적인 균형이 성취되었을 때 안과 밖에 출현하는 평화다.

1969년에 행성의 한계를 넘어 도약한 행성기술의 도래로 만약 정치적 합일체가 있었다면 단일화되고 푸르른 지구를 완성할 희망을 가질 수 있었을 것이다. 우주인들과 그들의 카메라를 통해서 영웅적 여행에서 수집한 지구의 이미지를 가지고 귀환했을 때 가이아가 인간의 눈을 통해서 처음으로 스스로를 살짝 들여다봤다고 할 수 있다. 이로 인해 귀환 다시 말해서 복명의 시작이 이루어졌고 지구의식의 여명기가 태동했으며 우리 자신을 집단적 실체의 한 요소로서 최초로 자각하는 시대가 열렸다.

행성이 깨어나는 시대의 여명기를 맞아 심리적 탐구가 인기를 누렸고 테라피에 드러서는 사람들이 현저하게 증가했으며 결국 심오한 자기 성찰로 나아갔다. 그것은 제임스 러브락[212]이 처음으로 가이아이론(지구가 거대한 생명체라는 아이디어)을 수립한 시기와도 일치한다. 뿐만 아니라 환각치료가 모든 생명의 상호연결성을 자각시켰던 시기, 그리고 양자물리학이라는 새로운 과학과 카오스이론, 더 나아가 소산구

---

[212] James Lovelock

조213)가 주류로 흘러들어가 환원주의와 제한주의라는 오래된 과학적 판도를 쇠퇴시킨 시기와도 같다.

요가와 같은 의식지향적인 수련이 서구사회에서 인기를 끈 것은 60년대였다. 또한 이 시기에 사람들은 내면을 들여다보았고 그것이 식상해지자 그 후에는 사랑, 평화, 균형이라는 신성한 원칙, 즉 새로운 패러다임의 근본적 원칙이 다시 부상하였다.

어퀘리어스 시대가 처음 시작된 시기도 바로 60년대였지만. 이제 우리 행성의 한계적 현실에서 어퀘리어스 시대의 지주를 내려야 하는 것은 바로 지금 뉴밀레니엄시대이다. 행성의식의 여명기에 의식적인 행위자가 되어야할 시간이다. 우리 자신이 살아있는 지구의 일부임을 자각하고 우리의 영웅적인 업적을 우리의 집인 이 행성에 돌려주어야 할 때이다. 왜냐하면 "성인되기" 의식의 결과가 새로운 정체성을 형성하기 때문이다.

우리의 새로운 진화적 질서는 행성과 모든 단계의 의식을 아우르고 통합해야만 한다. 우리는 가이아를 지구적인 참여자로서 우리에게 새로운 정체성을 부여하는 신화적 개념으로 포용할 수 있다. 벤자민 프랭클린은 자신의 가장 위대한 발명품이 미국이라는 단어라고 한때 말한 바 있다. 당시 프랑스, 영국, 독일, 인디안이 그 땅에 거주하고 있었다. 미국이라는 단어는 단일한 개념 안에서 이러한 다양성을 통합했다. 가이아라는 단어는 이제 모든 생명을 지닌 존재들을 포함한 새로운 정체성을 제공한다. 다른 인종과 다른 성별뿐만이 아니라 다른 종족, 식물 더 나아가 동물들도 모두 지구의 정체성을 공유한다.

자연 세계에 대한 관찰이 만들어낸 막대한 정보는 가이아와 너 조화로운 관계로 나아가도록 우리를 인도하고 있으며, 성장하는 기술을

---

213) dissipative structures

사용하여 자연 환경과 조화 그리고 균형을 이루도록 한다. 몸과 감정의 차원을 회복하는 것은 신체 건강과 개인 권한에 중요하다. 그리고 의지의 회복 또한 중요하다. 왜냐면 사랑의 새로운 단계, 감정과 균형의 새로운 단계로 나아가야 하고 독단과 영웅주의를 폐기해야 하며 아나하타 차크라의 새로운 여명기로 나아가야 하기 때문이다. 더 나아가 우리가 미래에 희망하는 평화와 힐링을 위하여, 글로벌 통신, 정보 네트워크, 일상생활 속으로 편입되는 영적 가치의 통합, 그리고 지속 가능한 미래의 비전 이 모든 것은 상위 차크라의 속성들이다. 그리고 이는 바로 가슴의 중심점으로 내려와서 모든 변화를 성취한다.

엄청난 변화와 무한한 가능성을 지닌 흥미로운 시대다. 미래는 불확실하기 때문에 추구하고 비전을 갖고 소통하는 것은 필수적이다. 진화적인 드라마에서 우리는 관객이자 캐스트의 맴버이며 드라마의 작가이다. 우리는 진화적 미래의 공동창조자이다.

제 13장
자녀의 차크라 강화

　미래에 대한 희망은 많은 사람들이 회복을 위해 투쟁하느라 고통 받는 트라우마나 유린 없이 어린이들을 성장시키는데 달려있다. 이러한 유린은 좋은 의도를 지녔지만 무지한 부모들의 손에서도 종종 일어나는데, 그들 중 많은 사람들은 자신의 치유되지 않은 상처로부터 단순하게 반응한다. 이러한 상처는 이전 세대로부터 받은 것이다. 그것은 이전의 많은 세대를 거쳐 가족과 문화를 통해 이어받은 것이다. 오늘날 어른들은 이러한 상처를 치유해야하는 어려운 여행을 경험한다. 그들은 당연히 어떤 대가를 치루고서라도 이것을 피하고자 하지만, 결국 자녀에게 비슷한 어려움을 주게 된다.

　오늘날의 어린이들은 몸과 마음 그리고 영성에 있어서 자신의 성장과 통합을 지원해주는 지성적인 가이드가 필요하다. 어린이들에게 적용할 수 있는 영적 모델-아이들 인생의 매 단계에서 그들을 지켜주는 방식으로 발달을 가져오는 모델-을 찾는 것은 어려울 수 있다. 학교에서는 마음을 교육하지만 뛰어놀고 싶은 자연스러운 신체적 욕구를 억압한다. 다니엘 골먼은 자신의 베스트셀러인 감정 지능[214]에서 지성 전에 감정을 교육하고 성숙시키는 교육이 필요하다고 말한다. 일부 어린이들은 종교를 완전히 도외시하며 성장하는데 딱딱한 교회 신도석에 앉아야 하거나 자신의 이해수준을 넘는 지성적인 책을 읽어야 하기 때문이다. 그래서 그들은 성숙한 후에도 영적인 문제에 흥미를 느끼지 못한다. 또 다른 사람들은 자신의 신체를 완전히 무시하고 성장하는데 결과적으로 건강문제를 초래한다. 또 어떤 사람들은 대학과 지성적인 요구를 하는 업무를 피한다. 이것은 자신이 필요한 지성을 가

---
214) Emotional Intelligence

지지 않았다고 믿으면서 성장했거나, 종종 아이로서 자신의 나이가 감당할 수 있는 능력을 넘어서는 일들을 해야 했기 때문이다.

차크라 시스템은 몸의 중심에 7개의 휠과 같은 에너지 중심부를 기반으로 한다. 이 시스템은 어린이의 발달 단계를 심오하게 반영한다. 이 시스템은 아이들이 탄생해서 어른으로 성장할 때, 그들의 차크라가 바닥부터 가장 높은 곳까지 연속적으로 개발되는 방식을 보여준다. 어른들이 과거의 트라우마와 현재의 어려움으로부터 치유되는 방식으로 이 모델을 가르치는데 기반을 둔 나의 개인적 성장 세미나에서 나는 관중석의 부모들에게 끊임없는 질문을 받았다. "지금 이 단계에 있는 아이가 있어요. 아이의 발전을 지원하려면 내가 무엇을 해야 할까요?"

이러한 질문은 단지 유린을 피하는 문제를 넘어서서 가장 바람직한 인간상의 창조에 대해 이야기하는 것이다. 이것은 아이들이 경험하는 모든 국면을 지원함으로써 일어난다. 신체적으로나 감정적으로 그리고 정신적으로 더 나아가 영적으로 그들의 현재 개발 단계에 적절한 방식으로 아이들을 지원해주어야 한다.

이어지는 내용은 차크라와 아이들의 발달 단계에 대한 간략한 소개다. 아이들의 인생에서 이러한 중요한 영역의 전개를 어떻게 지원해줄 것인가에 대해서 부모들에게 간단한 조언도 함께한다.

1번 차크라: 자궁속의 태아에서부터 1살까지

구체화를 활성화시켜라

이 단계에서 여러분이 할 수 있는 가장 중요한 것은 자녀가 자신의 몸에 완전히 심취하도록 돕는 것이다. 자주 만져주고, 안아주고, 데리고 다니고 영양공급을 해주고 신체적인 필요에 시중을 들어주는 것은 아무리 강조해도 지나치지 않다. 아이와 접촉하는 것은 아이의 운동능력을 강화시켜준다. 아이를 안아주는 것은 아이 스스로 자신을 안는 법을 가르쳐준다. 자녀와 놀아주면 아이의 운동협응력이 개발된다. 아가의 발과 손을 가지고 놀아주고, 아가의 잡을 수 있는 장난감을 제공해주고 목욕할 때 놀아주는 등 이 모든 것은 자동발달을 강화시킨다. 안전하고 편안한 적절한 환경을 만들어라. 나이에 어울리는 장난감을 주고 안전하고 편안한 적절한 환경을 구축해주면 아이가 긍정적인 방식으로 외부 세계와 관계 맺는데 도움을 준다.

애정과 유대를 허용함으로써 신뢰를 쌓아라.

아이의 안전에 대한 단 하나의 원천은 주요 양육자에 대한 애정을 통해서 이루어진다. 생후 1년 동안 엄마(또는 아빠가 주요 양육자라면 아빠)가 가능한 한 지속적으로 아이와 함께 있어주는 것은 아이의 그라운딩에 중요하다. 이것은 아기가 울 때 알아주고, 자주 껴안아주고, 포옹해주고, 말을 걸어주고 큰 소음이나, 배고픔, 추위, 또는 불편함으로부터 아기를 보호해주는 것을 의미한다. 일부 부모들은 이러한 애정을 형성하는데 어려움을 느낀다. 아이의 자연스러운 필요가 너무 지나친 요구로 느껴지기 때문이다. 이러한 애정을 허용하면 후에 아이가 더 독립적으로 성장하는데 도움이 된다.

유아기 동안의 태도의 일관성은 희망과 자신감을 가져오는 방식으로 믿음과 불신의 딜레마를 화해시키는데 도움을 준다. 부모가 항상 그곳에 있다는 사실을 앎으로써 아이는 긴장이나 과경계[215]를 일으키기보다 일어날 필요가 있는 발전을 편안하게 들어서게 된다.

---

215) 과각성

적절한 아이보살핌

직장을 다녀야하기 때문에 아기의 생 후 첫 해를 함께 보내지 못한다면 엄마는 자녀에게 불이익을 주는 것이다. 불행하게도 경제적 환경은 종종 대안을 찾을 수 없는 문제다. 최고의 부모는 가능한 가장 건강한 아이 돌봄을 제공하기 위해서 아이가 필요한 보살핌을 받을 수 있는지를 확인하려는 변호사처럼 행동한다. 낮 동안 아이를 돌볼 탁아시설을 선택할 때 부모가 반드시 확인해야 할 것들이 있다. 아이가 자주 잘 만져지는지 아이가 요구할 때 적절한 이유식이 공급되는지, 나이에 합당한 환경에서 경쟁력 있는 어른에게 양육을 받는지 등 부모는 낮 동안의 케어에 대해서 면밀히 살펴봐야 한다. 아이가 타인의 보살핌에 익숙해질 때까지 낮 동안의 탁아를 경험하는 아이와 함께 시간을 보내는 것도 도움이 된다. 가족이나 베비시터가 집에서 아이를 돌보는 것은 지속성과 일관성에 있어서 훨씬 더 바람직하다. 더불어 엄마는 저녁시간에 아이가 별도의 보살핌과 피부접촉, 그리고 엄마 아기간의 유대감이 필요하다는 사실을 이해할 필요가 있다. 이것은 하루 일과가 끝난 후 피곤한 싱글맘이나 워킹맘에게는 너무 지나친 요구가 될 수도 있다. 그러나 첫 해에 아기를 보살피는데 들어간 시간은 결국 더 안정되고 건강한 아이가 되는 결실로 이루어지고 나중에는 아이의 요구가 훨씬 더 줄어들게 된다.

안전한 느낌은 안전한 환경에서 온다. 가정의 평화와 큰 소음, 날카로운 물건, 낙상, 추위, 어른이나 형제의 폭력으로부터의 아이를 보호하는 것은 필수적이다. 기억하라. 환경은 아이에게는 자신(self)과도 같다. 그들이 포함된 환경은 아이의 정체성에 첫 번째로 영향을 준다.

가게나 공원, 의사가 있는 병원, 또는 친구의 집같이 낯선 곳에 있을 때 부모는 아이에게 안전한 섬과도 같다. 자녀가 불안함을 느끼면, 확인하기 위해서 여러분에게 반복해서 올 필요가 있다는 사실을 이해하라.

건강한 식사

아이가 수유 시간의 리듬을 설정하도록 해서는 안 된다. 그것이 비록 부모에게 편안하다고 할지라도 말이다. 뿐만 아니라 세상이 자신의 필요에 따라 반응한다고 가르쳐서도 안 된다. 모유수유가 감정적으로나 신체적으로 더 건강한 것은 증명된 사실이다. 모유는 중요한 항체를 포함하고 있으며 모유수유는 신체접촉을 통하여 엄마와 아이 간의 유대를 강화한다. 그러나 연구결과에 따르면 모유수유를 하던 우유병으로 수유를 하던, 중요한 것은 수유 동안의 엄마의 감정 상태다. 사랑으로 우유병 수유를 하는 것이 분노상태로 모유수유보다 훨씬 바람직하다. 모유에 유입될 수 있는 약물이나 알콜 같은 해로운 물질을 자제한 엄마의 건강한 식생활과 아이가 음식을 먹기 시작할 때 건강한 식생활은 또한 건강한 바디를 만드는데 필수적이다.

이 단계를 성공적으로 잘 다룬다면 여러분은 자녀에게 건강한 기반을 마련해 주는 것이고, 그로부터 자녀는 인생이 가져오는 많은 도전을 만나게 될 것이다. 아이는 자신의 몸과 생명력에 대한 감각을 가지게 될 것이고 세상이 자신의 필요를 충족시켜 줄 수 있고 또 그렇게 해줄 것이라는 희망과 낙관적 감각을 가지게 될 것이다.

2번 차크라: 6세에서 18세까지

분리와 애정을 허용하라

당신의 자녀는 알을 깨고 나오는 단계를 가지게 될 것이며, 신체 발달이 더 많은 움직임을 허용할수록 부모로부터 분리되기 시작할 것이다. 이것은 아이에게 두려운 일이기 때문에 아이는 우물쭈물 할 것이다. 저만치 갔다가 다시 돌아오면서 만사가 순조로운지를 살필 것이다. 어떤 점에서 아이는 더 집착하는 것처럼 보이기도 하는데, 이것은 자연스러운 일이다. 탐구할 수 있는 안전한 기회를 제공해주고, 확신이 필요할 때는 따뜻함과 사랑을 줌으로써 이러한 움직임을 지지해주는 것은 중요하다.

오감 중심 환경을 제공하라

여러분의 자녀는 자신의 감각을 통해서 세계를 탐구할 것이다. 이것은 바로 지금 아이의 주요한 경험 방식이다. 색상, 소리, 재미있는 장난감, 놀이를 통한 접촉, 그리고 탐구할 수 있는 안전한 환경을 제공하는 것이 중요하다. 여러분의 목소리와 관심은 감각적 경험의 주요한 부분이다.

움직임을 통한 탐험을 지지하라

여러분의 자녀는 지금 당장 움직이기를 원한다. 아직은 어린이 놀이터에 데리고 다닐 시기가 아니다. 만일 그렇게 해야만 한다면 짧은 시간동안 놀이터를 사용하라. 대신 아이가 안전하게 기어다니고 걸어다릴 수 있는 장소나, 뛰어다닐 수 있는 공원과 돌아다닐 수 있는 운동장을 찾아서 자녀의 몸이 새롭게 찾아낸 움직임의 즐거움을 배우도록 하라.

감정 반응

여러분의 감정언어를 배울 것이다. 만일 당신이 감정 지식을 아이에게 가르치기를 원한다면 아이의 감정 거울이 되어 주는 것이 중요하다. 아이가 울거나 분노, 두려움, 필요, 그리고 혼란을 표현할 때 반응해주라. 자녀의 감정을 부정하거나 그에 대해 벌하지 말라. 아이는 자신 느끼는 것을 피할 수 없다. 여러분이 이해한 것을 아이에게 언어로 반응해주어라. "지금 너무 슬퍼 보이는구나!" "두려웠니? 엄마가 손을 잡아줬으면 좋겠니?" 아이가 지금 당장은 말을 잘 하지 못하더라도 들으면서 단어들을 이해하기 시작할 것이다. 아이는 자신의 감정이 이름을 갖는다는 사실을 이해할 것이고 말이 없이도 자신이 필요한 것이나 원하는 것에 대해 누군가와 소통할 수 있다는 사실을 이해하게 될 것이다.

여러분의 감정적 필요성과 상태뿐만이 아니라 가정 안에서 감정적 '장(field)'을 자각하라. 자녀들은 우리의 분노와 두려움, 걱정과 즐거움을 알아차린다. 순진한 자녀에게 여러분의 감정이 투사되지 않도록 가능한 자신의 욕망에 잘 살펴라. 긍정적인 환경을 창조하라.

3번 차크라: 18개월부터 3세까지

자녀의 자치권과 의지를 지원하라

자녀가 분리되기 시작하면, 아이의 독립을 축하해줘라. 가능할때마다 선택권을 줌으로써 자녀의 고집을 지지해줘라. "치리오스(Cheerios) 먹을래?" "안돼!" "콘플레이크를 먹을래?" "안돼!" "오트밀을 먹고 싶니?" "안돼" 라는 식으로 말하며 짜증을 내기보다 "치리오스와 콘플레이크, 오트밀 중에 먹고 싶은 게 뭐니? 또는 두 벌의 옷 중에서 아이가 마음에 드는 옷을 선택할 수 있는 기회를 주라. 자녀가 안전하고 적절한 방식으로 고집스러움을 느낄 수 있는 기회를 주어라.

자존감 칭찬

이 단계에서 에고 정체성이 형성되기 때문에 자녀가 스스로 성취한 것에 대해서 기쁨과 감사를 느끼도록 하라. 거부반응을 보이지 말고 자녀의 독립을 지지하라. 만일 성공적으로 성취할 수 있는 임무를 준다면 자녀는 자신감을 개발할 수 있을 것이다. 나이에 적당한 퍼즐과

장난감을 박스에 넣거나 봉재 인형을 줍게 하는 것은 자녀의 기본적인 자신감각을 강화하는데 도움을 준다. 신발끈을 묶는 일과 같이 자신의 능력범위를 넘어서는 일을 한다고 주장한다면, 그것을 성취하도록 자녀를 도와라. 어떤 일이 있더라도 자녀를 비난하거나, 단순한 일을 하는데 서투른 노력을 하는 모습에 대해 과하게 짜증내는 일을 삼가라. 인내심을 가져라. 결국 그것은 보답으로 돌아올 것이다.

성공적인 배변 훈련

자녀가 배변 훈련을 할 준비가 되었을 때 여러분에게 표시를 할 것이다. 아이는 변기나 어른의 욕실 활동에 흥미를 보일 것이다. 아이는 당신에게 소변을 봤다고 말하거나 여러분이 기저귀를 갈아주려고 할 때 거부할 것이다. 아이는 더 오랜 시간 동안 소변을 참을 수 있게 될 것이다. 아이가 18개월에서 2살이 될 때가지는 괄약근을 통제가 불가능하다. 3살이 되어야 밤 시간 동안 귀저기 없이도 잠자리에 들 수 있다. 만일 여러분이 그 시기가 될 때까지 기다려 준다면 아이는 쓸데없는 의지의 싸움을 벌이기보다 자신이 새로운 어른의 행동을 익혔다는 사실에 자부심을 가지게 될 것이다.

성공적인 행동에 보답을 해주는 것은 실수에 대한 체벌로 수치심을 주는 것보다 훨씬 더 효과적이다. 안아주고 박수치고 말로 칭찬을 해주는 것뿐만이 아니라 강화제로 아이에게 줄 간식을 준비하라.

적절한 규율

자녀의 자율권과 의지를 지원한다고 자녀에 대한 모든 통제권을 포기해서는 안 된다. 단호하게 제시되는 적절한 제약은 있어야 한다. 자녀가 복잡한 논리를 이해하지는 못하겠지만, "개는 물어! 그러니까 만지지마!"와 같이 단순한 인과적 언어는 이해할 수 있을 것이다. 혹독한 체벌은 공격적 행동과 수치심을 촉발한다. 사랑을 주지 않으면 아이의 3번과 4번 차크라 사이에 이견이 생겨서, 불안함과 승인에 대한 필요를 자극한다.

　대신 자녀의 관심을 보다 적절한 것으로 돌리게 하라. 아이가 입에 물고 있는 리모트 컨트롤을 빼앗아야한다면, 소리를 질러서 아이가 울게 하지 마라. 자녀가 가질 수 있는 다른 것을 주라. 아이를 위험한 상황에 놓이도록 하지 마라. 짧은 시간 동안에 단호하고 지속적으로 제약을 설정하는 것(가령 몇 분 동안 방에 혼자 있는 상태로 모든 활동을 정지하게 하는 것)은 화를 내거나 냉정하게 행동하는 것 보다 훨씬 효과적이다. 아이들은 이 단계에서 부모의 승인에 대해 매우 민감하다. 여러분이 그렇게 해야만 할 때는 아이의 행동을 승인하지 말라.

4번 차크라: 4세에서 7세까지

관계 모델에 관심을 주라

　이 연령대의 아이들은 동일시와 모방에 의한 사회적 역할을 배운다. 부모와의 일체감은 그들이 비록 신체적으로 부모와 함께 있지 않을 때도 부모와 함께 있다는 느낌을 갖게 한다. 이것은 자녀가 여러분의 행동을 자신의 일부분으로 내면화했음을 의미한다. 여러분이 분노하고 공격적이면, 자녀에게 그 자신과의 관계나 타인과의 관계에서 분노하고 공격할 것을 가르치는 것이다. 자녀가 주변 인연을 바르게 인식하고 롤모델에 대한 균형을 잡고 그가 관찰한 인연들을 사랑하게 될 때 그는 그들과 하나가 된다.

연민심과 도덕적 행위의 모범 만들기

부모로서 자녀를 여러분과 동일시하는 것은 아이에게 도덕적 행위의 기반을 부여하는 것이다. 자녀에게 여러분이 왜 특정한 일을 하고 다른 일은 삼가는지 설명하라. "우리는 스미스 부인에게 쿠키를 드리러 가는 거야. 왜냐면 그녀는 가족이 없기 때문에 쿠키를 드리면 기분이 좋아지실 거야." "너가 아가에게 웃어주면 아가가 어떻게 반응하는 한 번 볼래?" "우리는 저녁 식사 전에 사탕을 먹지 않을 거야. 왜냐면 사탕을 먹으면 뼈와 근육을 만들어주는 음식을 먹을 수 있는 배가 남아있지 안 잖아."

또한 여러분이 성의 모범이 된다는 사실을 자각하라. 과도하게 성차별주의자가 되거나, 남성과 여성이 행동하는 방식에 대해 너무 편협한 해석을 하지 않도록 주의하라. 여러분의 아들이나 딸을 동등한 애정과 책임과 그리고 존경심을 가지고 대하라. 자녀가 수용될 수 있는 행동을 넓은 범위로 보도록 하라. 딸이 강한 여성의 모델을 자각하도록 하라. 아들에게는 자신의 부드러운 모습을 보인다고 해서 남성성을 잃는 것이 아니라는 사실을 알려줘라.

관계 설명하기

여러분의 자녀는 자신이 발견한 모든 것들이 그 밖의 다른 것들과 어떻게 어울리는지를 이해하려고 할 것이다. 그러한 관계에 대해서 더 많이 설명해 줄수록 자녀는 더 안전함을 느낀다. "우리는 퍼즐을 치울 거야. 그래야 조각을 잃어버리지 않지." "우리는 자동차에 기름을 넣을 거야. 음식이 우리에게 돌아다닐 수 있는 에너지를 주는 것처럼. 그래야 우리가 가고 싶은 곳에 자동차가 데려다 줄 수 있어." "엄마는 일을 해야만 해. 그래야 음식을 살 수 있는 돈을 얻을 수 있어." 등등

반복적인 일과는 매우 중요할 수 있다. 일과가 방해받는다면 이유를

설명해줘라. "오늘은 마리 이모가 집에 오시니까 공원에 갈 수 없어."

자녀의 친구 관계를 지지하라

여러분의 자녀는 이제 감독 하에 또래의 친구들과 어울릴 수 있다. 아직 취학 전이라면 자녀가 다른 아이들과 함께 어울릴 수 있는 방법을 찾아보라. 만일 학교에 다닌다면 자녀가 어울리고 있는 친구에 대해 물어보라. 학교 밖에서 우정을 강화시킬 수 있는 기회를 찾아라.

5번 차크라: 7세에서 12세까지

소통 지지하기

당신의 자녀는 이제 언어를 구사능력이 견고해졌다. 자녀가 언어를 사용할 수 있도록 도우라. 자녀와 함께 세상의 특성에 대한 긴 대화를 나눠보라. 자녀가 질문을 하도록 격려하고 시간을 내어 자녀의 질문에 대답해줘라. 자녀에게 자녀 자신과 자녀의 느낌, 그리고 함께 대화를 나누는 친구들에 대해 물어라. 자녀의 말을 세심하게 들어주라.

이 시기에 엄청난 인지학습이 이루어진다. 학교는 배움과 자신감 개발에 주요한 영역이다. 자녀의 학습에 흥미를 보여라. 자녀의 숙제를 도와줘라. 질문을 하고 부가적 정보를 제공하고 여러분이 아는 지식을 공유하라. 학교 프로젝트에 참여하라. 좋은 학습 습관의 모델이 되라. 성과가 좋을 때는 상을 주라.

창조성 강화하기

성공은 자신감을 개발하는 훌륭한 동기부여자다. 당신의 자녀에게 예술품과 음악악기, 공예품, 댄스클래스와 같이 노력의 표현을 할 수 있는 창조적인 기회를 제공하라. 식사 준비를 하는 것과 같은 일상적인 일일지라도, 일을 하는 새로운 방법을 찾게함으로써 창조적인 사고 과정을 형성하게 하라. 기구를 사용하는 방법을 알려주어라. 독서나 연극, 영화, 콘서트 관람같은 창조적인 활동을 하도록 독려하라.

당신의 자녀가 창조할 수 있는 무엇인가를 당신에게 제시하면 비록 어눌하게 보이는 작품일지라도 반드시 감상하도록 하라. 당신의 행위는 자녀에게 자신의 창작품의 가치를 생각하게 함으로써 자녀의 창조적인 정체성을 지원하게 된다. 작품을 냉장고와 같은 곳에 걸어두거나 학교 연극에 할머니를 초대해서 자녀의 작품이나 창조적인 활동을 다른 사람들에게 보여주라.

보다 더 큰 세계에 대한 경험

당신의 자녀를 새로운 곳으로 데려가라. 박물관이나 거리 시장, 동물원등을 여행하고, 방학 때 여행을 하며, 산으로 캠핑가라. 자녀가 다른 방식의 삶에 노출할 수 있도록 허용하고 그녀의 지평선을 확장하도록 격려하라.

6번 차크라: 청소년기

정체성 형성 지원

이제 청소년으로 성장한 당신의 자녀는 자신의 정체성을 찾고 있다.

이 시기는 자녀들의 머리, 옷, 또는 음악 감상처럼 직접적인 해가 되지 않는 사소한 일들을 통제할 시기가 아니다. 자녀의 개인적인 표현을 존중하라. 답해주기보다 질문을 통해서 자녀의 생각방식을 격려하라. 여러분이 자녀의 나이에 무엇을 했는지 말해주기보다, 만약 아빠가 되면 자신의 아들에게 어떻게 말해줄지에 대해 물어라.

자녀가 어른으로서의 정체성을 확립하기 전에 의지를 가지고 시도하는 역할들은 자주 바뀔 것이다. 여러분이 좋아하지 않는 것을 자녀가 한다고 해도 걱정하지 말라. 너무 강하게 반대하면 더 오래할 가능성만 강화할 뿐이다.

독립 지지하기

당신의 자녀가 자신의 삶을 더 많이 살도록 허용하라. 자녀가 스스로 돈을 벌 수 있는 방법을 격려하고 옷을 사고 자신의 교통수단을 갖는 등, 자신의 인생의 많은 측면에서 책임을 지도록 독려하라. 자녀가 실수를 하도록 하라. 만일 자녀가 생각하기에 당신이 자신을 믿는다고 느끼면, 그는 더욱 책임있게 행동할 것이다.

명확한 바운더리를 설정하라

청소년은 그럼에도 불구하고 한계에 대한 명확하고 지속적인 감각을 가져야만 한다. 복잡한 사고를 할 수 있을 만큼 충분히 나이가 들었기 때문에 그러한 한계 뒤에서 생각하는데 있어서 자녀를 포함시키는 일은 중요하다. 내 아들을 예로 들면 고등학교의 1학기 중간고사에서 영어 성적이 F 였다. 그는 즉시 다음 성적이 나올 때까지 텔레비전과 컴퓨터에 대한 권리를 상실했다. 6주 후 다음 성적이 나올 때까지 4주가 남았을 때 아이가 영어 선생님이 자신이 얼마나 영어실력이 향상되었는지를 말해주는 노트를 가져와서 잃어버린 일부 권리를 회복해도 되겠냐고 물었다. 그는 주도적으로 행동했고 영어선생님으로부터 받은 A에 관련된 학업리포트를 집으로 가져왔다. 관찰기관중이었지만 나는 개선에 대한 상으로 일부 권리를 회복시켜 주었다.

7번 차크라: 성인 초기와 그 너머

7번 차크라 모범은 사실 어린 시절을 통해 생긴다. 여러분의 아들이나 딸이 7번 차크라의 단계에 도달할 때 쯤, 그들은 스스로 헤쳐나가게 될 것이며 여러분의 영향력은 줄어들 것이다. 그러나 여기에 미리 연습해 두어야할 일반적 원칙들이 있다.

질문 강화하기

물어보라, 말하지 말라. 여러분의 가정이 가치에 대해 질문하고 토론할 수 있는 안전한 장소라면 여러분의 자녀는 스스로 생각할 수 있는 법을 배울 것이다. 만일 자녀가 자신의 문제를 통해서 생각하는 법을 배운다면(부모의 지지를 받아), 하나의 상황에 다양한 답이 있다는 사실을 배우게 될 것이고 마음은 더 열릴 것이다. 자녀와 지성적 토의에 참여하고 자녀의 의견을 물어봄으로써 아이들은 자신의 생각 과정을 가치 있는 것이라고 느낀다.

영적 다양성 제공하기

자녀에게 영성을 강요해서는 안 된다. 의식적 행위를 모범으로 보이고 여러분이 할 수 있는 것을 자녀와 공유하는 것이 보다 좋은 시작이다. 여러분의 종교가 무엇이든 보여주는 것과 더불어, 자녀가 다른 종교에도 노출되도록 하라. 이것은 그들의 영성을 보다 더 단단하게 할 수 있다. 왜 여러분의 가족이 그 종교를 선택했는지를 설명하라. 자녀가 다른 문화와 다른 신앙 방식을 탐구하도록 허용하라. 만일 여러분의 종교가 자녀에게 최선이라면 아이는 스스로 그 종교로 돌아올 것이다. 선택의 기회를 제공받았기 때문에 자녀는 책임감 속에서 더 다져질 것이다. 만일 자녀가 더 만족스러운 또 다른 종교를 선택한다면, 그것은 반항의 행위가 아니라 정보에 근거한 선택일 것이다.

교육의 기회 제공하기

배움은 7번 차크라에게 양분을 주고 자신의 운영체제를 업데이트하는 방법이다. 자녀의 학습을 지원하라. 그것이 지역 사회 학교에 참여하는 것이든, 주말 워크샵이든, 히말라야 산맥 등반하는 것이든, 아니면 자가 학습이든 여러분이 할 수 있는 방법으로 지원하라. 자녀가 경험 속에서 교훈을 찾도록 가르쳐라. 다른 활동으로부터 무엇을 배우는지를 물어보라.

가자

이제 여러분의 젊은 어른이 집을 떠날 시기가 되면 그들의 독립을 지지하고 축복해주라. 자녀에게 매달리거나 자녀를 문 밖으로 밀어내는 것도 도움이 되지 않는다. 부모로서의 통제와 애정을 철회함에 따라 젊은이는 자연스럽게 자신의 세계로 나아가게 된다.

결론

아이들은 차크라를 통해서 성장하기 때문에 앞선 차크라가 즉각적으로 필요 없어지지 않는다. 아이들은 단지 1번과 2번 차크라에서 만이 아니라 인생 전반에 걸쳐서 신체적인 애정을 필요로 한다. 그들은 자신의 자존감에 대한 계속적인 승인이 필요하다. 그들은 대화의 대상이 되어야하고 가족 구성원을 포함한 활동에 연루되어야 한다.

부모가 자신의 자녀에게 성적 행위나 육체적 고통 또는 수치심을 느끼는 비난을 가하는 것은 절대로 정당화될 수 없다. 만일 이런 일이 일어난다면 즉시 부모 스스로 지역 부모 지원 그룹이나 자체 치료를 통해 도움을 받아야 한다. 주기를 깨뜨리지 마라. 학대를 넘어가지 마라.

아이들은 사랑과 관심, 시간과 승인을 필요로 한다. 아이들의 사기가 꺾여서는 안 된다. 그들은 격려받을 필요가 있다. 그들은 어른 사회의 부분이 되어야할 필요가 있으며, 자신의 몸과 영혼 그리고 정신과 조화를 이루는 방식으로 자신의 인격을 개선할 필요가 있다. 아이들은 미래의 신성한 존재다. 그들은 인류의 희망이다.

용어해설

아디티(Aditi): 우주의 베딕여신
아그니(Agni): 불의 힌두 신
아힘사(Ahimsa): 해를 끼지치 않는 수행
에어라바타(Airāvata): 바다의 격랑 속에서 탄생한 희고 네 개의 엄니를 가진 코끼리. 물라다라 차크라와 비슈다 차크라 안의 동물로 에어라바타는 지하세계로부터 물을 끌어와 구름을 뿌린다.
아즈나(Ājnā): 알기, 인식하기, 명령하기. 6번 차크라의 이름
아카사(Ākāsha): 에텔, 공간, 진공; 모든 존재와 사건의 흔적이 남아 있는 곳
아나하타(Anāhata): 어떤 두 개의 사물도 부딪힘 없이 만들어지는 소리; 가슴(4번 차크라) 차크라의 이름
아난다칸다 연꽃(Ānandakanda lotus): 8개의 작은 연꽃잎으로 3번 차크라와 4번 차그라 사이의 슈숨나에 위치한다. 이것은 제단과 '천상의 소망 나무'를 가지고 있다. 이 연꽃을 명상하면 해탈(모크샤)을 가져온다.
아사나(Āsana): 다양한 하타 요가 자세를 말함
아트만(Ātman): 영혼, 자아, 영원의 법칙
아비드야(Avidyā): 무지, 이해와 지식의 결핍
박티 요가(Bhakti yoga): 타인, 보통 그루에 대한 헌신과 봉사의 요가
부크티(Bhukti): 즐거움. 보다 높은 의식이 낮은 차크라로 하강할 때 일어나는 것
비자 만트라(Bīja mantra): 종자 소리; 각 차크라의 중앙부에 글자 상징으로 나타남, 이 소리는 그 차크라의 근원에 접근하거나 통제한다고 믿어짐
빈두(Bindu): (1) '음(mmm)' 소리를 나타내는 특정한 글자 위에 작은 점 (2) 상상의 기본 입자, 물질이 기반을 둔 무차원의 모나드 (3)정액

방울

브라흐마(Brahma): 창조 신, 사라스바티의 파트너. 원심력과 구심력의 균형을 맞추는 자.

브라흐마 차크라(Brahma chakra): (1) 브라흐마의 바퀴, 즉 우주; (2) 특별한 마법 서클의 이름

차크라(Chakra): (1) 수용 즉 동화의 원이자 생명력 에너지의 표현; (2) 몸의 일곱 개 에너지 센타; (3) 다른 장들의 교차점으로부터 만들어진 원반같이 생긴 에너지의 회오리; (4) 바퀴, 전차에 있는; (5) 원반, 비슈누 신이 가장 좋아하는 무기; (6) 신의 회전하는 바퀴; (7) 시간의 바퀴; (8) 법과 천체 질서의 바퀴; (9) 사람들의 탄트릭 의식의 바퀴

하누만: 원숭이의 형태를 띤 영리

차크라사나(Chkrasana): 휠 자세(등을 구부리는). 전면의 모든 차크라를 동시에 여는 중급의 요가 자세

차크라발라(Chakravāla): 메루산의 중심부에서 세계를 둘러싸는 아홉 개의 상상의 산맥

차크라바르틴(Chakravartin): 지배자, 왕, 슈퍼맨. 초기 베다와 베다 이전 아리안 시대로부터, 모든 힘 있는 군주들은 그들이 행진할 때 태양 바퀴의 형태를 빛나는 환영이 그들을 앞장섰다고 전해진다. 차크라바르틴은 자신을 굴리는 자이며 거대한 카르마 바퀴의 허브로써 자신을 바라보았다. 차크라는 그가 자신의 임무를 성취하는 순간에 받게 될 일곱 개의 상징 중 하나였다.

차크라스바라(Chakre ś vara): 원반의 신, 비슈누의 별명.

다키니(Dakini): 4대 원소 샥티 중 하나로 물라다라 차크라의 흙과 관련됨

데비(Devi): 여신을 총칭하는 용어

데바(Deva): 신을 총칭하는 용어; 또한 천체의 힘

다르마(Dharma): (1) 신성한 우주의 질서; (2) 도덕적 종교적 의무, 사회 관습, 도덕 법칙; (3) 종교적 의무를 따르는 행위

디

드야나(Dhyāna): 명상

가네샤(또는 가나파티): 코끼리 머리를 가진 신, 장애의 제거자. 성격이 좋으며 번영 그리고 평화와 연관된다.

가우리(Gaurī): '노랗고 밝은 존재'-5번 차크라인 비슈다 차크라에 쓰여있는 여신의 이름으로 쉬바 또는 바루나의 배우자. 때로는 풍요의 여신이고 때로는 원초적 물(메모), 때로는 신성한 소와 연관된다. 가우리는 우마, 프라바티, 람바, 토탈라 그리고 트리푸가를 포함하는 여신 계급의 하나다.

구나스(Gunas): 성질들. 만물에서 발견되는 모든 성질을 함께 엮은 세 가지 실: 타마스, 라자스, 사트바

구루(Guru): 종교적 스승, 특히 계시를 주는 자

하키니(Hākinī): 아즈나(6번) 차크라의 샥티

함(Ham): 비슈다(5번) 차크라의 종자 소리

하누만(Hanuman): 원숭이의 형태를 한 영리한 신

하따요가(Hatha yoga): 바디를 훈련시키는 통로를 통한 요가

이다(Idā): 달 즉 인간의 여성적인 에너지를 상징하는 중앙에 위치한 세 개의 나디 중 하나. 이것을 또한 갠지즈 강과 연관된다. 색상은 노란색이다.

인드라(Indra): 힌두 신들 중 주요한 하늘의 신들 중 한명으로 치료의 신이자 비의 신이다. 보통 소를 타고 다니는 신이다

이스바라(Īśvara): 가슴 차크라에 위치한 신으로 하나됨을 나타낸다. 문자 그대로 '하느님'으로 그는 일원적인 신과 가장 가깝다.

자이나(Jaina): 베다 힌두 시스템 이전의 이단 중 하나로 주로 카르마로부터의 해탈을 위해 금욕주의와 모든 생명체(아힘사)들을 보호하는 데 초점을 맞춘다. 근본 철학은 세 개의 이상에 있다. 그들은 믿음, 바른 지식, 바른 행동이다.

지바(jīva): 개인적 영혼 또는 정신(psyche)으로 생명력으로서 통합되며 보다 더 우주적이며 영적 감각의 영혼인 아트만과는 대립된다.

즈나나 요가(jnāna yoga): 지식을 통해서 해탈을 성취하는 요기

카키니(Kākinī): 아니하타 차크라의 샥티

칼리(Kali): 마고할미 여신으로 끔찍한 어머니이자 힘 있는 파괴자로서

시바의 배우자다. 그녀는 또한 영원한 시간의 상징이다. 그녀는 일반적으로 검은 색(영원한 밤)이며 입은 벌린 채 혀는 내밀고 있으며 네 개의 팔로 무기를 휘두르고 있으며 피를 흘리고 머리는 절단되었다. 그녀는 무지와 과도함에 대한 파괴자다.

칼파타루(Kapataru): 천상의 소망나무로서 심장 차크라 아래의 아난다 칸다 연꽃에 위치한다.

카마(Kāma): (1) 사랑, 욕망, 허영-존재의 근원적 이동자 (2) 허영과 사랑의 신인 카마는 명상 상태에 있는 시바를 유혹하여 분노한 시바가 몸이 없는 상태로 줄어들게 한다. 그것은 왜 그가 섹슈얼한 상태에 있는 연인들 위를 맴도는지를 설명해준다.

카르마, 카르만(Karma, karman): 행위: 과거행위와 현재 행위의 결과에 의해 묶여있는 개인안의 원인과 결과의 지속되는 사이클

카르마요가(Karma-yoga): 올바른 행위를 통해서 해탈에 도달하려는 요가의 길

쿤달리니(Kudalinī): (1) 물라다라 차크라 주위에 세바퀴 반 또아리를 튼 채 앉아있는 뱀 여신. 그녀가 깨어나면 슈슘나를 타고 상승해서 모든 차크라들을 관통한다. (2) 차크라들을 연결하고 활성화시키는 활동적인 에너지 (3) 상승하는 심리적 에너지의 상승흐름을 특징으로 하는 일종의 자각

쿤달라(Kundala): 감겨진

라키니(Lākinī): 마니푸라 차크라의 샥티

락슈미(Laksmī): 부와 미의 모신(母神)으로 비슈누신의 배우자이며 널리 편재하는 자이자 보호하는 자이다.

람(Lam): 물라다라 차크라의 종자소리

링감(Ligam): 성기의 상징이며 일반적으로 쉬바와 연결된다. 남성 생식력의 상징이자 남성 잠재성의 상징

만달라(Mandala): 명상에 도움을 주도록 제작된 둥근 형태의 도형

마니푸라(Manipūra): 문자 그대로 연꽃의 보석. 태양신경총에 위치한 3번 차크라의 이름.

만트라(Mantra): 문자 그대로 '생각의 도구': 신성한 단어, 구, 또는

소리를 나타내는데 내적으로나 외적으로 반복되는 소리로서 명상이나 수행할 때 도구로 사용된다.

마야(Māyā): 환상이자 여신으로 의인화된 존재. 마법 또는 초자연적인 힘이자 위대한 기술이다.

마하샥티(Māhashakti): 문자 그대로 어머니의 힘이다. 지속적인 진동력을 지닌 원초적이고 거대한 에너지 장이다.

모크샤(Moksa or Mukti); 방출, 해탈. 이것은 집착에서 벗어나고 칼파타루에 기원함으써 성취된다.

무드라(Mudrā): 손의 특별한 위치에 의해서 만들어지는 싸인으로 때때로 명상에 사용된다.

물라다라(Mūlādhāra): 1번 차크라이자 척추의 기저에 위치한 흙의 원소로써 뿌리의 지탱을 의미한다.

나디(Nadīs): 미세신에 존재하는 심령적 에너지 통로. 뿌리 즉 나드(nad)는 움직임이나 흐름을 의미한다.

오자스(Ojas): 지복의 넥타. 빈두로부터 증류된 것

파드마(Padma): 연꽃; 때때로 차크라의 또 다른 이름으로 사용됨

파라 사브다(Para sabda): 고요한 소리이자 생각의 형태로 들을 수 있는 소리에 앞선다.

핑갈라(Pingala): 세개의 주요 나디 중 하나로 남성 또는 태양에너지를 나타냄. 야무나(Yamuna)강과 연관이 있고 색상은 붉은 색이다.

프라크리티(Prakrti): 원초적 물질의 성질로 활동성과 수동성 모두를 가진다. 현현이 이루어지는 기본적 물질. 푸루샤의 여성적 대응물

프라나(Prāna): 인생의 호흡이자 첫 번째 단위, 다섯 가지 인생의 바람(the pranas), 우주를 움직이는 힘

프라나야마(Prānayama): 정화와 영적 각성을 목적으로 호흡을 통제하거나 훈련하는 수행

퓨자(Pūjā): 신에게 바치는 존경이나 의례 형태의 숭배

푸루샤(Purusa): 창조적이고 활동적이고 정신적인 남성의 법칙. 프라크리티의 상대방인 의식이다. 프라크리티와 함께 세계를 창조한다.

라자스(Rajas): 거친 에너지와 관련된 구나로 움직이는 자, 변화하는

자, 격렬한 구나

라키니(Rakinī): 스와디스타나(2번 차크라)에 있는 샥티의 형태

람(Ram): 마니푸라(3번 차크라)차크라의 종자 소리

루드라(Rudra): 쉬바의 다른 이름이며 보다 어두운 불의 신들 중 하나로 천둥과 번개, 폭풍, 소, 그리고 풍요와 관계된 신

사하스라라(Sahasrara): 문자그대로 수 천개. 7번 차크라 또는 크라운 차크라

샥티(Sakti or Shakti): 신성한 힘 또는 에너지, 여성 신, 쉬바의 상대, 그녀는 만물의 활동 법칙으로 지속적으로 변한다. 샥티는 많은 형태와 하위 차크라 안의 다키니, 라키니, 카키니와 같은 여러가지 이름으로 보여진다.

사마디(Samādhi): 각성이나 지복의 상태

삼사라(Samsāra): 탄생과 죽음의 흐름과 주기

사라스바티(Sarasvatī): 문자 그대로 강의 여신: 말과 글의 어머니, 순수의 전형이며 브라흐마의 배우자

사트바(Sattvas): 구나 중 가장 가벼우며 생각, 영성, 균형과 관련 있음

시디스(Siddhis): 요가 수행이나 쿤달리니 각성의 특정 단계에서 습득가능하다고 믿어지는 마법적인 힘

시바(Siva or Shiva): 인도의 남성신들 중 하나로 추상적이고 형태가 없는 측면의 생각과 영성과 관련 있음.

슈슘나(Sushumn-a): 모든 차크라를 연결하는 중앙에 새로 위치한 나디. 쿤달리니를 완전히 각성시키기 위해서 에너지는 슈슘나를 타고 위로 상승해야만 한다.

스와디스타나(Sva-dhistha-na): 2번 차크라의 이름으로 아랫배와 성기 주변에 위치한다.

타마스(Tamas): 물질을 대표하는 구나로 휴식 중에 타성적이며, 대립되는 힘에 저항한다. 세 가지 구나 중 가장 무겁고 가장 제한된 힘이다.

탄트라(Tantra): (1)문자그대로 천짜기 또는 베짜기. (2) C.E600년에서 700년에 유명했던 인도 철학의 많은 맥락으로 짜여진 가르침의 큰 단

체를 말함 (2)감각을 통해 해탈을 성취하는 수행

탄트라(Tantras): 탄트릭 철학과 수행을 언급한 원칙

타파스(Tapas): 개인적인 힘과 영성의 진화를 위한 방법으로 간주되는 금욕 수행에 의해 생성되었다고 믿어지는 열의 힘

타자스(Tajas): 격렬한 에너지, 생명력, 위엄있는 권위. 태양으로부터의 테자스와 함께 비슈누(Visnu)의 차크라는 만들어졌다.

트리코나(Trikona): 몇 개의 차크라와 다른 얀트라안에서 나타나는 삼각형. 아래로 향한 꼭지점을 샥티를 나타내고 위로 향한 꼭지점을 시바를 나타낸다. 심장 차크라 안에서 서로 엇갈려있는 이 삼각형들은 신성한 결혼을 나타낸다.

우파니샤드(Upanishads); 베다를 따르는 한 쌍의 가르침 교리로 기원전 700년에서 300년 사이에 쓰여진 것으로 믿어짐

바이크하리(Vaikhari): 들을 수 있는 소리

밤(Vam): 스와디스타나(2번 차크라) 차크라의 종자소리

바루나(Varuna): 초기 베다의 하늘 신들 중 한명, 법과 신성한 질서와 관련된 후기의 많은 신들의 아버지; 근원적 물의 지배자로서 종마 그리고 마카라와 관련있다.

바유(Vāyu): (1) 바람, 바람의 신으로 정화의 힘을 지녔다고 믿어진다. (2) 몸 안의 다섯가지의 프라나적 흐름을 언급함: 우다나(udana), 프라나(prana), 스마나(smana), 아파나(apana), 바야나(vyana)

베다(Veda): 문자 그대로 '지식', 일련의 초기 성문 교리로 본래 아리아 성직자 계급에 의한 것으로 대부분 신성한 찬송가와 의식(ritual)을 기술한 것이다.

베단타(Vedānta): 베다 이후 철학으로 자아 내부의 신성감각을 강조함: " 그대가 그것이다."

비슈누(Visnu): 주요한 인도의 남성 신으로 세 명의 주요한 신 들(브라흐마, 비슈누, 쉬바)중 한 분으로 널리 퍼진 존재자이자 락슈미의 파트너

비슈다(Bissuddha): 문자 그대로 정화: 목에 위치하는 5번 차크라의 이름

얌(Yam): 아나하타 차크라의 씨소리

야마(Yā-ma): 죽음의 신

얀트라(Yantra): 만다라와 유사함, 명상을 위해 만들어짐.(얀트라가 언제나 원형일 필요는 없다). 요가 시스템은 시각적 상징물을 사용하는 명상을 기반으로 한다.

요가(Yoga): 문자 그대로 결합(yoke)하기: 마음과 몸, 개인적 자아와 우주 또는 신적 자아를 연결하도록 만들어진 철학과 기술 시스템

요니(Yoni): 여성 성기: 때때로 성배의 형식으로 묘사되거나 숭배됨: 남성 성기 숭배에 대응됨

이스턴 드래곤의 책들

서양 예측 점성술의 기예 1
캐롤 러쉬맨 저
로즈 임지혜 역
정가 27000원

결혼운, 재물운, 이혼운, 자녀운, 직업운, 건강운 보는 법이 실려있는 초, 중급 수준의 섬성술 전문서적!

서양 점성술의 12별자리 씨크릿
로즈 임지혜 저
정가 17000원

팁 형식으로 구성된 12싸인에 대한 실전 사용 지침서!

점성술사가 들려주는 예이츠의 사랑과 운명
로즈 임지혜 저
정가 14000원

이원성의 풀을 예이츠라는 신비주의 시인의 삶 그리고 그의 사랑과 관련된 스물 두가지 이야기를 통해 다양한 관점으로 풀어낸 책!

타로의 철학과 실전노하우
피크닉 신영호 저
정가 35000원

타로카드 리딩 뿐만 아니라 타로에 대한 철학 및 이론을 보다 정교하게 다질 수 있는 타로 전문 서적!

마법사의 그리모어 오컬트 힐링 강의노트
피크닉 신영호
로즈 임지혜 공저
정가 50000원

마법사로서 구비해야할 기본적인 오컬트 힐링에 관한 노하우를 담고 있는 책!

카발라 마법과 오컬트 타로
피크닉 신영호
로즈 임지혜 공저
정가 30000원

카발라 마법과 오컬트 타로에 관한 내용을 토대로 인류가 걸어가야 할 정신세계에 도정을 서술한 책!

감사합니다!